AF344200

HISTOIRE ANCIENNE

(DEUXIÈME PARTIE)

HISTOIRE DE LA GRÈCE

NOUVEAU COURS
D'HISTOIRE ET DE GÉOGRAPHIE

RÉDIGÉ

Conformément aux nouveaux programmes de l'Université

Par M. l'abbé DRIOUX

CHEVALIER DE LA LÉGION D'HONNEUR,
VICAIRE GÉNÉRAL ET CHANOINE HONORAIRE DE LANGRES,
DOCTEUR EN THÉOLOGIE, ANCIEN PROFESSEUR D'HISTOIRE ET DE RHÉTORIQUE, MEMBRE
DE LA SOCIÉTÉ LITTÉRAIRE DE L'UNIVERSITÉ CATHOLIQUE DE LOUVAIN.

CLASSE DE CINQUIÈME

HISTOIRE ANCIENNE
(DEUXIÈME PARTIE)
HISTOIRE DE LA GRÈCE

NOUVELLE ÉDITION, ENTIÈREMENT REFONDUE

PARIS
LIBRAIRIE CLASSIQUE EUGÈNE BELIN
Vᵛᵉ EUGÈNE BELIN ET FILS
RUE DE VAUGIRARD, Nº 52

1883

SAINT-CLOUD. — IMPRIMERIE V^e EUG. BELIN ET FILS

HISTOIRE ANCIENNE

SECONDE PARTIE

HISTOIRE DE LA GRÈCE

CHAPITRE PREMIER

GÉOGRAPHIE DE LA GRÈCE ANCIENNE ET DU LITTORAL DE LA MÉDITERRANÉE.

RÉSUMÉ. — Avant d'étudier l'histoire de la Grèce, il importe de bien connaître les contrées occupées par cette nation. C'est pour ce motif que nous commencerons par étudier sa géographie physique. Nous traiterons d'abord de la Grèce proprement dite et ensuite des îles.

1. La Grèce proprement dite est une presqu'île qui se rattache au reste de l'Europe par le nord et qui est de tous les autres côtés baignée par la mer. Elle se divise en trois parties, la Grèce *septentrionale*, la Grèce *centrale* et la Grèce *méridionale* ou *Péloponèse*.

Les mers qui la baignent sont : la mer *Ionienne* qui forme le golfe d'*Ambracie*, les golfes de *Crissa* et de *Corinthe* et la mer des *Alcyons* ; la mer *Égée* qui forme, sous le nom de mer de *Myrtos*, les golfes *Argolique* et *Saronique*, et sous son propre nom le détroit de l'*Euripe*, les golfes *Maliaque*, *Pélasgique*, *Thermaïque*, *Toronaïque*, *Singéthique* et *Strymonique*.

La Grèce est une presqu'île. L'Attique peut être aussi considérée comme telle, et le Péloponèse ne se rattache à la Grèce centrale que par l'isthme de Corinthe. A l'extrémité méridionale de la Laconie, faisant suite au mont Taygète, se trouvait le promontoire de Ténare (Matapan), d'où sortaient des vapeurs noires et pestilentielles qui le faisaient considérer comme une bouche des enfers.

Les principales montagnes de la Grèce septentrionale sont : l'*Olympe*, l'*Ossa* et le *Pinde*. Les cours d'eau qui l'arrosent sont : le *Pénée*, qui parcourait la vallée de Tempé dont les poètes ont chanté les délices, l'*Achéron*, le *Cocyte*, l'*Avas* et l'*Aréthon*.

Dans la chaîne de l'Hellade, on remarque le *Parnasse*, l'*Œta*,

---

1. Voyez dans notre atlas la carte de la *Grèce ancienne et du bassin de la Méditerranée*.

l'*Hélicon*, le *Pentélique* et l'*Hymette*. Ses principales rivières sont : l'*Achéloüs*, l'*Evenus*, le *Céphyse*, l'*Ilissus*, l'*Æsopus* et le *Sperchius*. On y remarque aussi le lac Copaïs.

Les montagnes les plus célèbres du Péloponèse sont : le *Taygète*, l'*Erymanthe*, le *Ménale*, le *Lycée* et le mont *Ithome*. Les cours d'eau les plus importants sont : l'*Alphée*, le *Neda*, le *Pamisus*, l'*Eurotas*, le *Phryxus* et l'*Inachus*. Il y avait trois lacs principaux : le lac *Stymphale*, le lac d'*Orchomène* et les marais de *Lerne*, célèbres par la victoire qu'Hercule, aidé d'Iolas, son ami, remporta sur l'hydre aux cent têtes.

II. Les îles de la Grèce appartiennent à la mer Égée, à la mer Intérieure, ou à la mer Ionienne.

Elles forment trois groupes dans la mer Égée : les *îles des côtes orientales de la Grèce*, les *Cyclades* et les *Sporades*.

Il n'y en avait que trois dans la mer Intérieure : *Cythère*, *Ægilée* et la *Crète*.

Les îles de la mer Ionienne étaient : *Corcyre*, les îles de *Paxos*, *Leucade*, *Ithaque*, *Céphalénie*, *Zacinthe* et les *Strophades*.

§ Ier. — De la Grèce proprement dite.

1. Bornes et divisions générales. — La Grèce était bornée au nord par le prolongement des Alpes carniques, qui la séparent de l'Illyrie et de la Macédoine, et qu'on a quelquefois comprises dans la Grèce même ; au sud et à l'est par la mer Égée ; à l'ouest par la mer Ionienne. Cette contrée se divise naturellement en trois parties : la *Grèce septentrionale*, qui ne comprenait que la Thessalie et l'Epire ; la *Grèce moyenne* ou l'*Hellade*, qui s'étendait depuis la chaîne de l'OEta et du Pinde jusqu'à l'isthme de Corinthe ; et la *Grèce méridionale* ou le *Péloponèse*.

2. Mers et golfes. — Elle était baignée par la Méditerranée, qui prenait le nom de mer *Ionienne* à l'ouest et celui de mer *Egée* à l'est.

La mer Ionienne formait le golfe d'*Ambracie* au nord de l'Acarnanie, et la mer des *Alcyons*, où l'on remarquait le golfe de *Crissa* et le golfe de *Corinthe*, au nord du Péloponèse, le golfe de *Messénie* et le golfe de *Laconie* au sud de cette presqu'île.

La partie de la mer Égée qui baignait les côtes du Péloponèse prenait le nom de mer de *Myrtos*. Elle formait deux golfes très-remarquables, le golfe *Argolique* au sud-est et le golfe *Saronique* (le golfe d'Égine) qui resserre la presqu'île en s'avançant vers le golfe de Corinthe.

De l'autre côté de l'Attique, on remarquait le détroit de l'*Euripe* qui séparait l'Eubée de la Grèce centrale, le golfe *Maliaque* et le golfe *Pélasgique* qui étaient au nord de ce détroit, enfin les golfes *Thermaïque*, *Toronaïque*, *Singétique* et *Strymonique*, qui étaient au sud-est de la Macédoine.

3. Presqu'îles. — La Grèce est elle-même une des grandes presqu'îles méridionales de l'Europe, puisqu'elle est de toutes parts baignée par la mer, à l'exception de sa partie septentrionale, par laquelle elle tient au continent. Cette grande presqu'île est terminée par deux presqu'îles plus petites, l'Attique à l'est et le Péloponèse à l'ouest. Le Péloponèse ne se rattache à la Grèce centrale que par une étroite langue de terre qui forme l'isthme de Corinthe. Il est lui-même terminé par deux presqu'îles montueuses qui sont séparées par le golfe de Laconie. On remarque le promontoire de *Ténare* à l'extrémité de la presqu'île occidentale, et le promontoire de *Malée* à l'extrémité de la presqu'île orientale.

4. Montagnes et cours d'eau de la Grèce septentrionale. — Les montagnes les plus célèbres de la Grèce septentrionale étaient l'*Olympe*, l'*Ossa* et le *Pinde*. La mythologie grecque a enrichi tous ces noms des souvenirs les plus poétiques, parce que les Hellènes étaient issus des anciens monarques de cette contrée. Le *Pénée* est le seul fleuve qui soit vraiment considérable. Il traverse toute la Thessalie, reçoit un grand nombre d'affluents, et se décharge dans la mer Égée, après avoir parcouru la belle vallée de *Tempé*, dont les poëtes ont chanté les délices. Les fleuves de l'Épire sont beaucoup moins considérables, mais plusieurs d'entre eux ont reçu de la mythologie une grande célébrité. Tel est en particulier l'*Achéron* (rivière noire) qui traverse le marais *Achérusien*, et se jette dans un petit golfe de la mer Ionienne, après avoir reçu les eaux du *Cocyte*. Ces deux fleuves ont été placés par les poëtes dans les enfers, sans doute à cause de leurs eaux noires et épaisses. A l'est de l'Achéron, dans le golfe d'*Ambracie*, on remarquait encore l'*Avas* (Lourcha) et l'*Aréthon* (Arta), qui avaient en cet endroit leur embouchure.

5. Montagnes et cours d'eau de la Grèce centrale. — Les montagnes de l'Hellade n'étaient qu'un prolongement du Pinde, qui venait aboutir sous le nom de *Corax* (Coraca), au promontoire d'*Anti-Rhium*, à l'entrée du golfe de Corinthe. Mais cette chaîne et ses ramifications prenaient des noms différents qu'il importe de connaître. Ainsi, entre la Thessalie et la Phocide, au nord de l'Hellade, on trouvait le *Parnasse*, que ses dix sommets ont fait choisir par les poëtes pour la demeure d'Apollon et des neuf Muses. Il donnait naissance à la fontaine de *Castalie*, dont les eaux avaient la réputation d'exciter l'enthousiasme des poëtes. Non loin du Parnasse s'élevait l'*OEta*, qui va se terminer sur les bords du golfe Maliaque. Une de ses croupes forme avec les marais qui bordent le golfe le célèbre passage des *Thermopyles*, ou *Portes chaudes*, ainsi nommé des sources thermales qui s'y trouvent.

Dans la Béotie, on remarquait l'*Hélicon*, qui était aussi consacré aux Muses, ainsi que la fontaine de l'*Hippocrène* et la petite rivière du *Permesse* qui en découlaient. L'Attique se glorifiait du mont *Pentélique*, fameux par ses marbres blancs, et de l'*Hymette*, célèbre par son miel, qui passait pour le meilleur que l'on connût. Le Pentélique et l'Hymette se rattachaient au mont *Parnasse*, qui n'était lui-même qu'un prolongement du *Cythéron*, célèbre par la fin tragique d'OEdipe.

Tous les fleuves de l'Hellade peuvent être ainsi répartis entre les trois grandes mers qui environnent la Grèce.

La mer Ionienne recevait l'*Achéloüs* (fleuve blanc) dont le cours était large et impétueux. Comme il roulait beaucoup de limon, ses dépôts successifs formèrent les Iles *Œniades* et *Echinades*, et les unirent ensuite au continent. Il est célèbre dans la Fable par son combat contre Hercule, qui lui ravit une de ses cornes, ce qui signifie probablement que le héros tarit une de ses branches pour rendre à la culture le terrain qu'elle occupait.

Le golfe de Corinthe, dont l'extrémité formait la *mer des Alcyons*, recevait l'*Evénus*, sur les bords duquel Hercule tua le centaure Nessus.

Enfin la mer Égée reçoit le *Céphise* et l'*Ilissus*, deux ruisseaux qui arrosaient la campagne de l'Attique; l'*Æsopus* qui coulait dans la Béotie et tombait dans le détroit de l'Eubée, et le *Sperchius* qui se jetait dans le golfe Maliaque.

Au milieu de l'Hellade on remarquait le lac *Copaïs*, qui recevait les eaux d'un petit fleuve appelé *Céphise*, mais qu'il ne faut pas confondre avec la petite rivière de l'Attique, et le marais *Hylica*, voisin du lac Copaïs, mais moins considérable. Il recevait la petite rivière d'*Isménus* qui arrosait les murs de Thèbes.

6. Montagnes et cours d'eau de la Grèce méridionale et du Péloponèse. — Toutes les montagnes du Péloponèse forment une chaîne unique dont le sommet principal est le *Taygète*. Cette chaîne s'étend depuis l'isthme de Corinthe jusqu'au promontoire de Ténare, où se trouve une caverne obscure et profonde que les poëtes désignaient comme un des soupiraux des enfers. Elle séparait les eaux qui coulent vers la mer Ionienne de celles qui se rendent dans les golfes d'Argos et de Laconie. Parmi les principales ramifications de cette chaîne de montagnes, on remarquait au nord l'*Erymanthe*, où Hercule tua le fameux sanglier qui ravageait les environs; au sud-est, toujours dans l'Arcadie, le *Ménale*, consacré au dieu Pan, et célèbre par la biche aux pieds d'airain qu'Hercule seul put atteindre, et le *Lycée*, également renommé par les honneurs qu'on y rendait aux divinités champêtres. En se prolongeant vers le sud-ouest, la chaîne des monts Lycée donne naissance au mont *Ithôme*, si connu par les guerres et les malheurs de la Messénie.

Les fleuves du Péloponèse étaient fort peu considérables. L'*Alphée* (Orphéa), qui était le plus important, n'avait pas un cours de plus de cent kilomètres. Il prend sa source dans l'Arcadie, traverse l'Élide et se jette dans la mer Ionienne. On remarque encore le *Néda*, qui a son embouchure au sud de l'Alphée ; le *Pamisus* (Pirnatza), qui se jette dans le golfe de Messénie ; et l'*Eurotas* (Hélos), qui tombe dans le golfe de Laconie. Les Spartiates plongeaient leurs enfants dans les eaux de ce fleuve pour les fortifier.

Il y avait trois lacs principaux dans l'intérieur du Péloponèse : le lac *Stymphale*, au pied du mont Cyllène, sur les bords duquel Hercule détruisit un grand nombre d'oiseaux qui se nourrissaient de chair humaine ; le lac d'*Orchomène*, près de la ville de ce nom ; et les *marais de Lerne*, près du golfe Argolique, célèbres par l'hydre qu'Hercule fit périr.

La partie de la mer Égée qui baignait les côtes du Péloponèse était appelée *mer de Myrtos*. Elle ne recevait du Péloponèse que les petits fleuves du *Phryxus* et de l'*Inachus* (Xera), qui sortaient de l'Argolide.

QUESTIONNAIRE.

1. Quelles étaient les bornes de la Grèce? Comment se divisait-elle?

2. Par quelles mers était-elle baignée? Quels sont les golfes que formait la mer Ionienne au nord du Péloponèse? Quels sont ceux qu'elle formait au sud? Où se trouvait la mer de Myrtos? Quels golfes formait la mer Égée sur les côtes du Péloponèse? Quels sont ceux qu'elle formait au nord de l'Euripe? — au sud de la Macédoine?

3. Quelles sont les presqu'îles qu'on remarquait en Grèce? Quel était l'isthme qui unissait le Péloponèse à la Grèce centrale?

4. Quelles sont les montagnes célèbres de la Grèce septentrionale? Citez les fleuves que la Fable a rendus célèbres. Indiquez leur cours.

5. Quels noms prenait la chaîne de montagnes qui traverse l'Hellade? Quelles étaient les montagnes remarquables de la Béotie? — de l'Attique? Quels sont les fleuves qui se jettent dans la mer Ionienne? — dans le golfe de Corinthe? — dans la mer Égée? Quels étaient les principaux lacs de cette partie de la Grèce?

6. Quelles étaient les montagnes du Péloponèse? Par quels fleuves était-il

arrosé? Citez les principaux lacs qu'on y remarquait. Quel est le marais qu'Hercule a rendu célèbre par un de ses exploits? Quels étaient les fleuves qui se jetaient dans la mer de Myrtos? D'où sortaient ces fleuves?

§ II. — Du littoral de la Méditerranée et des îles de la Grèce.

1. Du littoral de la Méditerranée. — Le bassin de la Méditerranée s'étend entre l'Europe qui le borne au nord et l'Afrique qui le borne au sud et s'arrête à l'est sur les côtes occidentales de l'Asie.

La Méditerranée est mise en rapport avec le Pont-Euxin par l'Hellespont, la Propontide et le Bosphore.

Elle forme sur les côtes de Grèce la mer Egée à l'est et la mer Ionienne à l'ouest.

Elle conserve au sud le nom de mer Intérieure.

2. Des îles de la mer Egée. — Les îles de la Grèce qui se trouvent dans la mer Egée peuvent se diviser en trois groupes : les îles des *côtes orientales de la Grèce*, les *Cyclades* et les *Sporades*.

L'île d'*Eubée* était la plus considérable des îles orientales. Elle avait pour capitale *Chalcis*, et n'était séparée de la Grèce que par son détroit de l'Euripe.

Les autres îles des côtes orientales étaient *Scopélos*, *Halonèse*, renommées pour leurs excellents vins ; *Scyros*, où fut élevé Achille : puis *dans* la mer Saronique, à l'ouest de l'Attique, *Salamine*, qui vit Thémistocle triompher de la flotte immense des Perses ; et *Ægine*, célèbre par la résistance courageuse qu'elle opposa aux Athéniens qui voulaient l'asservir.

Les *Cyclades* comprenaient ce groupe qu'on remarque au midi de la mer Egée. On leur donna ce nom, parce que les Grecs les considéraient comme rangées en cercle (κύκλος). Les plus remarquables étaient : *Délos*, où naquirent, dit-on, Diane et Apollon, et où l'on remarquait, au pied du mont *Cynthus*, le fameux temple de ce Dieu ; *Andros*, la plus septentrionale de toutes les Cyclades et la plus importante ; *Ténos* et *Mycone*, où la

Fable plaçait le tombeau des derniers centaures; *Céos*, la plus voisine de l'Attique, où naquit le poëte Simonide; *Paros*, célèbre par ses marbres blancs; *Naxos*, la plus fertile des Cyclades, surtout en vins excellents, ce qui l'a fait consacrer à Bacchus; *Amorgos*, également couverte de vignobles; enfin à l'ouest les îles de *Mélos* et de *Siphnos*.

Les *Sporades*, voisines des Cyclades, formaient avec elles l'*Archipel*. On leur donna le nom de *Sporades* (de σπείρω, semer), parce qu'elles sont, pour ainsi dire, semées dans la partie sud-est de la mer Egée. Les principales étaient : *Ios*, peuplée par des Ioniens; *Théra*, qui paraît avoir été formée par un volcan; *Anaphé*, qui était une colonie dorienne; et *Astipalæa*, que ses beaux vergers firent appeler la *Table des Dieux*.

3. Des îles de la mer Intérieure. — Dans la mer Intérieure, il y avait trois îles qui se trouvaient dans la dépendance de la Grèce : *Cythère*, *Ægilée* et la *Crète*. *Cythère* (Cérigo), au sud-est du golfe de la Laconie, était couverte de rochers. Elle avait été consacrée à Vénus; mais les poëtes prétendaient que la gracieuse déesse n'avait pu se plaire dans ce pays rocailleux, et qu'elle lui avait préféré l'île de Cypre. *Ægilée* était une île fort peu importante qui se trouvait entre Cythère et la *Crète*. Cette dernière était la plus grande de toutes les îles de la Grèce. Elle avait plus de deux cents quarante kilomètres de long sur soixante de large. Son territoire léger produisait les vins et les fruits les plus exquis. La Fable supposait que Jupiter était né dans cette île sur un des sommets de la chaîne de l'Ida qui la traverse. Ses villes principales étaient *Gnosse*, où régna le roi Minos, un des plus célèbres législateurs anciens, et que la Fable a placé parmi les juges des enfers avec Éaque et Rhadamante; *Cydonie*, qui avait un port fameux; et *Gortyne*, qui fut peut-être dans les temps anciens la ville la plus considérable de l'île.

4. Des îles de la mer Ionienne. — Les îles de la mer Ionienne étaient au nord *Corcyre* et les îles de *Paxos*.

Corcyre (Corfou) est appelée par Homère l'île des Phéaciens, du nom de ses premiers habitants. C'est là que le poète place les jardins d'Alcinoüs, où Ulysse, après son naufrage, reçut un si magnifique accueil. Ses villes principales étaient *Corcyre* et *Cassiope*. Les îles de *Paxos*, aujourd'hui Paxo et Anti-Paxo, n'avaient rien de remarquable.

En allant vers le sud, on trouvait *Leucade*, *Ithaque*, *Céphalénie*, *Zacinthe* et les *Strophades*. *Leucade*, en face de l'Acarnanie, n'avait été d'abord qu'une presqu'île. Une colonie corinthienne qui s'y établit coupa l'isthme et la sépara ainsi du continent. Mais comme le détroit n'avait pas plus de 50 pas de large, on y jeta un pont, et les communications n'en furent pas moins faciles. *Ithaque* était la capitale des États d'Ulysse immortalisé par Homère. Il paraît que le roi d'Ithaque régnait alors sur la presqu'île de Leucade, sur les îles de *Céphalénie* et de *Zacinthe* et sur d'autres parties du continent. *Zacinthe* et le petit groupe des *Strophades* devinrent ensuite une dépendance de l'Élide.

QUESTIONNAIRE.

1. Comment peut-on diviser les îles de la Grèce?

2. Combien les îles de la mer Egée forment-elles de groupes? Quelles sont les îles qu'on remarque sur les côtes orientales? Qu'ont-elles de célèbre? D'où est venu aux Cyclades leur nom? Citez les plus importantes. Qu'est-ce qu'on appelait l'Archipel? Quelles étaient les plus importantes des Sporades?

3. Quelles sont les îles qui se trouvaient dans la mer Intérieure? Quelle en était la plus grande? Nommez ses villes principales.

4. Quelles îles remarquait-on dans la mer Ionienne? Quelles sont les plus célèbres de ces îles? Quels étaient les États d'Ulysse? Quelle en était la capitale? Que devinrent Zacinthe et les Strophades.

CHAPITRE II

LA RELIGION. ÉLÉMENTS DE MYTHOLOGIE GRECQUE.

RÉSUMÉ. — La mythologie est l'expression de la religion des Grecs. On divise les divinités en trois classes : les dieux du premier ordre, les dieux inférieurs et les divinités allégoriques.

I. Le Destin était à la tête de tous les dieux. C'est du Chaos que le monde est sorti. Saturne a été exilé du ciel par Jupiter, son fils ; Cybèle était appelée la mère des dieux. L'Olympe, présidé par Jupiter, se composait de Junon, sa sœur, Cérès, Apollon, Diane, Mercure, Minerve, Mars, Vulcain, Bacchus et Vénus. Neptune avait l'empire des mers, et Pluton celui des enfers. Au souverain des dieux, à Jupiter se rattachent la révolte des Géants, la boîte de Pandore et le déluge de Deucalion. Junon, sa sœur et son épouse, était vindicative, et enflamma le courroux des Grecs contre les Troyens. Cérès était la déesse de l'agriculture ; Apollon, le dieu du soleil et des beaux-arts ; Diane, la déesse de la chasse sur la terre, était la Lune dans le ciel, et Hécate dans les enfers ; Mercure, le messager des dieux, le dieu de l'éloquence et du commerce ; Minerve, la déesse de la sagesse ; Mars, le dieu de la guerre ; Vulcain, le dieu du fer ; Bacchus, le dieu du vin ; et Vénus, la déesse de la beauté. Neptune avec son trident commandait aux mers, et passait après Jupiter pour le plus puissant des dieux. Pluton régnait sur les champs Élysées et sur le Tartare.

II. Au-dessous de ces dieux du premier ordre il y avait une foule de dieux subalternes. On distinguait entre autres les dieux champêtres, les dieux domestiques et plusieurs autres divinités terrestres. Les dieux champêtres principaux étaient Pan, Flore, Pomone, Vertumne, Priape et Terme. Les dieux domestiques qui jouaient le plus grand rôle étaient les Lares, les Pénates, les bons et les mauvais Génies. On peut ajouter à ces dieux inférieurs Comus, le Sommeil, Morphée, Momus, l'Aurore, Hébé et Ganymède.

III. Non contents de diviniser ainsi la terre et les moindres accidents de la vie, les Grecs firent encore des dieux avec des êtres abstraits. Ainsi ils divinisèrent les vertus, les biens, les vices, et les maux, et une foule d'êtres purement imaginaires. Les principales vertus qu'ils divinisèrent sont la Vérité, la Vertu, la Justice, la Force, la Pudeur et la Miséricorde. Parmi les biens, ils honorèrent surtout la Paix, la Victoire et la Liberté. Ils divinisèrent le Vice en général, la Méchanceté, la Vengeance, l'Envie, la Discorde, la Paresse, le Mensonge, et la Fraude en particulier. Bellone, les Tempêtes, la Vieillesse, les Maladies et la Pauvreté, eurent des autels. Il en fut de même de la Fortune, de la Nécessité, de l'Occasion, du Silence et de la Renommée.

§ Iᵉʳ. — Des dieux du premier ordre.

1. Définition et division de la Mythologie. — La *Mythologie* est l'histoire fabuleuse des divinités qu'adoraient les païens. Elle tire son nom de deux mots grecs, *mythos* et *logos*, qui signifient discours fabuleux.

Parmi les anciens, les uns ont adoré le bois et la matière; d'autres, les astres, les plantes et les animaux. Il y en a qui ont déifié l'homme. Chaque peuple a sa mythologie.

Ici nous nous proposons de donner les éléments de la mythologie grecque, c'est-à-dire de faire connaître les dieux chantés par Homère et les poëtes grecs, célébrés par les peintres et les sculpteurs

Or ces dieux se divisent en trois classes : les dieux du premier ordre, les dieux d'un ordre inférieur et les divinités allégoriques.

2. Du Destin. — Les Grecs plaçaient le Destin au-dessus de tous les dieux. Ils le représentaient sous la figure d'un vieillard aveugle, tenant sous ses pieds le globe terrestre, et dans ses mains l'urne dans laquelle était renfermé le sort de tous les humains. On le représentait aussi avec un sceptre de fer, emblème de l'inflexibilité de sa puissance. Le paganisme avait ainsi substitué la fatalité, le *Fatum*, au dogme si consolant de la Providence.

3. Du Chaos. — Le Destin avait pour père le Chaos, le plus ancien des dieux. On appelait Chaos cette masse informe qui existait à l'origine des choses avant que le ciel, la terre et les mers fussent créés. Du Chaos sortirent la Nuit, la Terre, Uranus et le Ciel avec sa voûte étoilée. L'alliance de la Terre et d'Uranus produisit Saturne ou le Temps.

4. Saturne. — Saturne eut pour épouse Cybèle, la mère des dieux. Il dévorait tous ses enfants. Cybèle, ayant mis au monde Jupiter et Junon, usa de stratagème pour tromper la cruauté de son époux. Au lieu de ses enfants, elle lui donna une pierre emmaillotée à dévorer. Elle eut recours à de semblables moyens pour sauver les jours de Neptune et de Pluton, ses autres fils.

Jupiter se révolta contre Saturne et prit sa place dans le ciel. Le dieu exilé se retira sur la terre et son règne fut celui de l'âge d'or. Saturne était la personnification du Temps : les poëtes et les peintres l'ont représenté sous la figure d'un vieillard ailé, armé d'une faux, symbole de sa puissance de destruction.

5. De l'Olympe. Jupiter. — L'Olympe, qu'Homère nous représente comme le séjour des dieux, avait pour chef Jupiter, autour duquel siégeaient Junon, Cérès, Apollon, Diane, Mercure, Minerve, Mars, Vulcain, Bacchus, Vénus, Neptune et Pluton.

Jupiter, le souverain des dieux et des hommes, avait été élevé dans l'île de Crète et avait partagé l'empire de l'univers, après l'expulsion de Saturne, avec ses deux frères Neptune et Pluton. Il avait donné à Neptune l'empire des mers et à Pluton celui des enfers, et il avait gardé pour lui le ciel.

Les Géants, fils de la Terre, Porphyrios et Éphialtès, Briarée aux cent bras, et Typhon aux cent têtes, ayant voulu le détrôner, il les foudroya. Il créa ensuite les hommes. Prométhée ayant voulu l'imiter, il le punit de son orgueil en l'enchaînant sur le mont Caucase, où un vautour dévorait son foie toujours renaissant.

Les dieux jaloux firent une femme qu'ils appelèrent *Pandore*, de deux mots grecs qui signifient *tout don*, parce que chacun d'eux avait voulu lui faire un don particulier. Jupiter lui remit une boîte magnifique parfaitement fermée. Quand on ouvrit cette boîte, tous les maux qui pouvaient affliger l'humanité se répandirent sur la terre ; il ne resta que l'Espérance au fond.

Jupiter parcourut la terre, et fut si frappé de la corruption qui y régnait, que dans son indignation il résolut la perte du genre humain. Il ne fit d'exception que pour Deucalion et Pyrrha, qui vivaient dans la Thrace. A la voix du maître du monde, toutes les tempêtes furent déchaînées, et un déluge universel fit périr tous les hommes.

Deucalion et Pyrrha échappèrent montés dans une barque qui s'arrêta sur le mont Parnasse en Béotie. C'est d'eux que sortit la nouvelle race d'hommes qui peupla la terre.

Ces fables ne sont évidemment qu'un reflet des traditions primitives sur la révolte des anges rebelles, la chute de l'homme et le déluge.

6. Junon. — Junon était la sœur et l'épouse de Jupiter, et elle était, à ce titre, honorée comme la reine des dieux. Elle était d'une humeur jalouse, vindicative, et d'une colère implacable. Homère nous la représente dans l'Iliade comme l'ennemie des Troyens, parce que Pâris, fils de Priam, avait osé lui préférer Vénus, en donnant à celle-ci le prix de la beauté. Elle n'eut d'attachement que pour Iris, sa messagère et sa confidente. Elle la récompensa de son dévouement en la plaçant au ciel, après l'avoir métamorphosée en arc-en-ciel.

Cette déesse était spécialement honorée à Samos, à Argos et à Carthage, où on lui éleva des temples splendides. Le paon, l'épervier et les oisons lui étaient consacrés. On la représente assise sur un trône, un diadème sur la tête, tenant d'une main un sceptre d'or et de l'autre un fuseau; un paon, son oiseau favori, se tient à ses pieds.

7. Cérès. — Cérès était fille de Saturne et de Cybèle. Jupiter, son frère, l'épousa, et elle en eut une fille appelée Proserpine, qui devint elle-même l'épouse de Pluton, le dieu des Enfers.

Cérès, inconsolable de la perte de sa fille, se mit à parcourir la terre. Elle enseigna aux hommes l'art de la cultiver, et mérita d'être adorée comme la déesse de l'agriculture. L'agriculture étant la première source de la fortune pour un pays, la Fable ajoute que Cérès a pour fils Plutus, le dieu des richesses.

Les Athéniens ont un culte spécial pour Cérès, et ses mystères sont restés très-célèbres dans l'antiquité. On représente Cérès sous la figure d'une femme à la taille majestueuse et forte; sa tête est couronnée d'épis et de pavots, ses cheveux sont blonds; elle tient d'une main une faucille ou une gerbe de blé, et de l'autre, des pavots.

8. Apollon et les Muses. — Apollon était fils de Jupiter et de Latone, de la race des Titans. Il naquit à Délos. Il conduisait au ciel le char du Soleil, ce qui lui fit donner le surnom de *Phœbus*. Comme dieu du soleil, la Fable dit qu'il va tous les soirs se coucher dans l'Océan ; que, le matin, les Heures attellent ses quatre chevaux, Pyroüs, Œthon, Eoüs et Phlégon ; que l'Aurore sa fille lui ouvre les portes du ciel, et qu'il a dans la région des astres douze demeures, qui sont les douze constellations du zodiaque.

Sur terre, il porte le nom d'Apollon, et il est le dieu de la médecine, le dieu des sciences et des arts, et il préside particulièrement à la musique et à la poésie. Les Grecs imaginèrent qu'il habitait sur les monts célèbres du Parnasse, de l'Hélicon et du Pinde, et que là il donnait des leçons aux neuf Muses. Ces neuf sœurs, filles de Jupiter et de Mnémosyne, avaient chacune un talent particulier : Calliope présidait à l'éloquence et au poëme héroïque ; Clio, à l'histoire ; Érato, aux poésies érotiques ; Melpomène, à la tragédie ; Thalie, à la comédie ; Terpsichore, à la danse ; Euterpe, aux instruments ; Polymnie, à l'ode ; et Uranie, à l'astronomie.

On représentait Apollon sous les traits d'un beau jeune homme à longue chevelure blonde, sans barbe et le front couronné de lauriers. A ses pieds étaient réunis les emblèmes de tous les arts. Il tenait à la main sa lyre d'or, dont les sons charmaient les hommes et les dieux. Quand il est représenté comme le dieu du soleil, il est couronné de rayons de lumière, porte un coq sur la main, et parcourt le zodiaque sur un char traîné par quatre chevaux.

Le coq, le laurier et l'olivier lui étaient spécialement consacrés.

9. Diane. — Diane était la sœur d'Apollon ; elle était, comme lui, fille de Jupiter et de Latone. Apollon était le dieu du soleil et présidait au jour ; Diane était la déesse de la lune et présidait à la nuit. Elle avait trois noms qui répondaient à ses différentes fonctions : on l'appelait

Lune ou Phébé dans le ciel, Diane sur la terre, et Hécate dans les enfers.

Sur la terre, elle était la déesse de la chasse. La Fable raconte qu'elle errait dans les forêts avec ses nymphes, qui étaient comme elle armées d'un arc et d'un carquois rempli de flèches. On la représente ordinairement en habit de chasse, chaussée d'un cothurne, portant un carquois sur l'épaule, tenant un arc à la main et ayant un chien à ses côtés. Quand on la prend pour la lune, on lui met un croissant sur le front. Les poëtes disent encore qu'elle se promenait sur un char traîné par des biches et des cerfs blancs.

Le plus fameux de tous ses temples était celui d'Éphèse, qui passait pour une des sept merveilles de l'antiquité. Un fou nommé Érostrate y mit le feu pour s'immortaliser; c'était le jour de la naissance d'Alexandre.

10. Mercure. — Mercure était fils de Jupiter et de Maïa, une des filles d'Atlas, astronome célèbre qu'on représente portant le monde sur ses épaules. Mercure était le messager des dieux, et, comme tel, on lui donne des ailes à la tête et aux pieds. Il était le dieu des voleurs, du commerce et de l'éloquence. On lui attribue aussi l'invention de la musique et de la médecine, et on suppose qu'il fut le maître d'Apollon. Comme dieu du commerce, il imagina les poids et mesures.

Ses fonctions variées l'ont fait représenter de différentes manières. Comme dieu de l'éloquence, on le voit avec une chaîne d'or qui lui sort de la bouche, pour signifier la magie de ses paroles, qui enchaînaient tous les esprits et tous les cœurs. Comme divinité tutélaire des marchands, il tient une bourse d'une main et de l'autre un rameau d'olivier et une massue : le rameau marquait l'utilité de la paix pour le commerce, et la massue, la force et le courage dont les navigateurs anciens avaient besoin pour parcourir les mers. Enfin, comme messager des dieux, il avait la figure d'un jeune homme, la taille svelte et dégagée, et tenait à la main son merveilleux *caducée*. On appelait ainsi une baguette entrelacée de deux serpents et surmontée de deux ailes, à laquelle on attribuait la puissance magique du dieu.

11. Minerve. Minerve était fille de Jupiter. Elle sortit du cerveau du souverain des dieux, armée de pied en cap. Elle vainquit Pallas et prit son nom en souvenir de sa victoire. Elle était la déesse de la sagesse et des beaux-arts, et sous le nom de Pallas, elle présidait à la guerre. Athènes, qui se trouvait placée sous sa protection, lui éleva un temple magnifique, le Parthénon.

Elle était représentée avec une figure belle, simple et modeste, un air grave et majestueux. Elle était coiffée d'un casque, portait une égide sur la poitrine, et tenait d'une main sa lance et de l'autre son bouclier. Auprès d'elle, on voyait une chouette, son oiseau consacré, et divers instruments de musique et de mathématiques. Quelquefois aussi son casque est ombragé d'un panache flottant et surmonté d'une chouette.

12. Mars. — Mars est le dieu de la guerre. Les uns disent qu'il était fils de Jupiter et de Junon ; d'autres disent que Junon seule lui donna le jour, comme Jupiter l'avait donné seul à Minerve.

On représente ce dieu terrible sous la figure d'un guerrier armé de pied en cap. On place auprès de lui un coq, symbole de la vigilance militaire. Quelquefois il est sur un char traîné par des chevaux fougueux conduits par *Bellone*. Cette déesse était son épouse. Elle préparait ses armes, lorsqu'il allait au combat ; elle se mettait à ses côtés sur son char ; le casque sur la tête, les cheveux épars et l'œil en feu, elle portait à la main une torche ensanglantée. On immolait, sur les autels du dieu de la guerre, des loups et quelquefois des victimes humaines.

13. Vulcain. — Vulcain était fils de Jupiter et de Junon. Quand il vint au monde, son père le trouva si laid, qu'il lui donna un coup de pied et le précipita du ciel. Il alla tomber dans l'île de Lemnos et il établit là ses forges. Sous ses ordres travaillaient les Cyclopes, géants robustes qui n'avaient qu'un œil au milieu du front.

Vulcain, le dieu du fer, fabriqua dans ses cavernes profondes les foudres de Jupiter, et une foule d'ouvrages ingénieux. D'après la Fable, il fit pour Pluton le casque qui le rendait invincible, pour Neptune le trident qui soulevait les flots, et fit aux mortels les plus magnifiques présents. Les armes d'Achille, les armes d'Énée, le palais du Soleil, la couronne d'Ariane, le sceptre d'Agamemnon et une foule d'autres merveilles sortirent des ateliers de ce dieu industrieux.

Vulcain n'a point été embelli par les fictions de la poésie. On le représente toujours sous une figure hideuse et difforme, portant une longue barbe, ayant une chevelure négligée, un bonnet rond et pointu, des jambes cagneuses; il tient un marteau dans une main et des tenailles dans l'autre.

14. Bacchus. — Bacchus était le dieu du vin. Il était fils de Jupiter et de Sémélé, fille de Cadmus, roi de Thèbes. Il eut pour précepteur le vieux Silène, qui était un buveur insatiable, qu'on représente assis sur un tonneau, le visage couvert de lie et la tête couronnée de pampres de vigne. Il communiqua à son élève tous ses vices.

La Fable donne à Bacchus une vertu que n'avait pas Silène, le courage militaire. Elle suppose que le dieu fit de grandes expéditions dans l'Inde, qu'il planta la vigne dans les pays qu'il conquit, et apprit aux hommes à la cultiver. Il devint ainsi le compagnon glorieux de Cérès.

Ses fêtes s'appelaient *Orgies* ou *Bacchanales*. On s'y livrait aux plus honteux excès. On le représente avec des cornes, symbole de sa force et de sa puissance. Il a la figure d'un beau jeune homme imberbe, au visage riant et à la chevelure flottante; il est couronné de pampres ou de lierres et tient d'une main des grappes de raisin ou une coupe, de l'autre un thyrse. Quelquefois il est assis sur un tonneau ou bien monté sur un char traîné par des tigres ou des panthères. Une peau de léopard couvre ses épaules. On lui immolait des pies parce que le vin rend indiscret, et des boucs parce que ces animaux détruisent les bourgeons de la vigne. On lui consacrait le lierre, qui, disait-on, dissipe par sa fraîcheur les fumées du vin.

15. Vénus. — Vénus est la déesse de la beauté. Les Grâces et les Ris s'empressèrent autour d'elle immédiatement après sa naissance, et les Heures se chargèrent de l'instruire. Jupiter la donna pour épouse au hideux Vulcain, pour le récompenser des services qu'il lui avait rendus.

Ses enfants furent l'Hymen et Cupidon. L'Hymen présidait aux unions conjugales, et Cupidon était la personnification de l'Amour. On le représentait sous la figure d'un enfant ailé, portant un arc et un carquois remplis de flèches. Il avait un bandeau sur les yeux et quelquefois un doigt sur la bouche en signe de discrétion.

Vénus avait pour compagnes les trois Grâces : Aglaé, Thalie et Euphrosyne. Elle était honorée surtout à Amathonte, à Paphos et à Cythère.

On la représente ordinairement sur un char traîné par des colombes, des cygnes ou des moineaux. Sa tête est couverte de myrtes et de roses ; son fils Cupidon est à ses côtés et les trois Grâces l'environnent. Ou bien encore, elle est portée sur une conque marine, la tête surmontée d'un voile enflé par le souffle des zéphyrs. Les Tritons se jouent autour d'elle, une rame est à ses pieds et son fils Cupidon nage à ses côtés. Les poëtes ont souvent célébré cette déesse ; les peintres et les sculpteurs se sont efforcés de la représenter. La Vénus de Praxitèle passait pour le chef-d'œuvre de la sculpture grecque.

16. Neptune et les divinités maritimes. — Neptune était le dieu des mers. Il épousa une des filles de Nérée et de Doris, Amphitrite, et il en eut beaucoup d'enfants, dont les plus célèbres furent les Tritons et les Harpies.

Les Tritons étaient des monstres marins qui ressemblaient à l'homme par la partie supérieure de leur corps,

et pour le reste, depuis la ceinture, à un poisson. Les
Harpies étaient d'autres monstres qui avaient un visage
de femme, des oreilles d'ours, des ailes de chauve-sou-
ris, un corps de vautour, des griffes aux pieds et aux
mains, et qui infectaient tout ce qu'elles touchaient.

Parmi les autres dieux marins, on distinguait Protée,
aux mille formes, qui était le gardien des troupeaux
de Neptune ; les Sirènes, qui charmaient les voyageurs
par leurs chants mélodieux ; Éole, le dieu des vents, qui
avait son antre dans les îles Lipari ou de Sicile ; Cha-
rybde et Scylla, que Jupiter métamorphosa en deux gouf-
fres affreux qui se trouvent dans le détroit de Sicile.

On célébrait en l'honneur de Neptune les jeux Isthmiques, ainsi appelés, parce qu'ils se tenaient dans l'isthme
de Corinthe. Le cheval était spécialement consacré à
cette divinité qui l'avait, dit-on, fait sortir de terre d'un
coup de trident.

On représentait Neptune un trident à la main, debout
sur les flots de la mer ou monté sur un char en forme de
conque, traîné par des chevaux marins. Les roues de
son char sont d'or et paraissent voler à la surface des
ondes. Les Tritons, les Néréides et les Dauphins, recou-
verts de leurs écailles d'or et d'argent, lui font un nombreux cortége.

17. Pluton et les divinités infernales. — Pluton
était le dieu des enfers. Son sombre empire était arrosé
par l'Achéron, le Cocyte, le Phlégéton, le Styx, l'Érèbe
et le Léthé. Pour y arriver, il fallait monter sur la barque
de Caron, fils de l'Érèbe et de la Nuit. On représentait le sombre nocher sous la figure d'un vieillard austère et inexorable, à la barbe longue et négligée, aux
yeux perçants et noirs, cachés sous d'épais sourcils.

L'entrée des enfers était gardée par l'implacable Cerbère. C'était un chien à trois têtes, dont le cou était hérissé
de serpents. Il se montrait doux et caressant pour les
Ombres qui demandaient à entrer dans le noir séjour,
mais il était impitoyable pour celles qui tentaient d'en
sortir.

Quand on avait franchi l'entrée des enfers, on rencontrait les trois juges, Minos, Éaque et Rhadamante, qui avaient mission d'interroger les Ombres et de prononcer sur leur destinée. Ils envoyaient les bons aux champs Élysées et condamnaient les méchants au Tartare. Là régnaient les Furies ou Euménides, divinités vengeresses, acharnées à tourmenter les criminels. Les champs Élysées étaient, au contraire, un séjour délicieux, où les justes trouvaient la récompense de leurs bonnes actions.

On n'immolait à Pluton que des taureaux noirs et on lui consacrait le cyprès. On le représente de différentes manières; quelquefois il emporte Proserpine évanouie sur son char traîné par des chevaux noirs, d'autres fois il est sur un trône d'ébène entouré des Furies et des Parques; sa main droite est armée d'un sceptre à deux pointes ou d'une large fourche, et de l'autre il tient la clef qui ferme la porte du séjour infernal.

QUESTIONNAIRE.

1. Qu'est-ce que la Mythologie? Quelles ont été les erreurs des anciens sur la Divinité? Comment se divise la Mythologie?

2. Qu'est-ce que le Destin? Comment le représentait-on?

3. Qu'est-ce que le Chaos? Qu'a-t-il produit?

4. Quelle fut l'épouse de Saturne? Comment sauva-t-elle ses enfants? Quel fut le sort de Saturne?

5. Qu'est-ce que l'Olympe? Quel en était le chef? Quelle fut la révolte des Géants? Racontez la fable de Pandore et le déluge de Deucalion.

6. Qu'était Junon? Où était-elle surtout honorée? Comment la représente-t-on?

7. Qu'était Cérès? Quel service a-t-elle rendu aux humains? Comment la représente-t-on?

8. Où naquit Apollon? Quel surnom lui donne-t-on? Quelles étaient ses différentes attributions? Comment le représentait-on?

9. Qu'était Diane? Quels étaient ses différents noms? Comment le représentait-on? Quel fut le plus célèbre de ses temples?

10. Qu'était Mercure? Quelles furent ses différentes fonctions? Comment était-il représenté? Qu'était-ce que le caducée?

11. Qu'était Minerve? Quel était son temple à Athènes? Comment était-elle représentée?

12. Qu'était Mars? Quelle était son épouse? Comment le représentait-on?

13. Qu'était Vulcain? Quels sont les ouvrages que la Fable lui attribue? Comment le représentait-on?

14. Qu'était Bacchus? Quelles furent ses expéditions? Quelles fêtes célébrait-on en son honneur? Comment était-il représenté?

15. Qu'était Vénus? Qui eut-elle pour époux? Quels furent ses enfants? Quelles étaient ses compagnes? Comment la représentait-on?

16. Qu'était Neptune? Quels furent

les plus célèbres de ses enfants? Citez les autres dieux marins. Quels jeux célébrait-on en son honneur? Comment était-il représenté?

17. Qu'était Pluton? Quels étaient les fleuves des enfers? Comment y arrivait-on? Quel était le gardien des enfers? Par qui était-on jugé? Où allaient les méchants? Quel était le séjour des bons?

---

§ II. — Des divinités inférieures.

1. De leur origine. — Les païens, ayant perdu de vue l'unité de Dieu et son infinité, ne virent plus dans les divinités que des êtres bornés qui avaient chacun une fonction particulière à remplir. Au-dessous des grands dieux qui habitaient l'Olympe et qui formaient le conseil de Jupiter, ils créèrent une multitude de dieux subalternes qu'ils chargèrent de missions spéciales, comme dans un royaume, au-dessous du souverain et de ses principaux ministres, il y a une foule d'employés secondaires qui exécutent, sous leur direction, les ordres donnés. Parmi les divinités de second ordre, on peut distinguer les divinités champêtres, les divinités domestiques et plusieurs autres dites terrestres.

2. Des divinités champêtres. — Les principales divinités champêtres étaient Pan, Flore, Pomone, Vertumne, Priape et Terme.

Pan était le dieu des bergers. Les Grecs le vénéraient comme le protecteur des troupeaux. Son culte était surtout répandu en Arcadie où la population des vallées ne se composait que de bergers qui vivaient du produit de leurs animaux.

Flore était la déesse des fleurs et du printemps. On la représentait sous la figure d'une jeune fille parée de bouquets et de guirlandes, et portant une corbeille de fleurs. Elle eut pour époux Zéphire qui lui accorda une jeunesse perpétuelle et la fit déesse des fleurs.

Pomone était la déesse des fruits et des jardins. Elle

est unie par la Fable à Vertumne, le dieu de l'automne, parce que c'est dans cette saison que les fruits parviennent à leur maturité. Cette déesse tient dans ses mains une corne d'abondance, en signe des bienfaits qu'elle répand sur la terre, et elle est couronnée de feuilles de vigne et de raisin, parce que la vendange se faisait sous ses auspices.

Priape était le dieu des jardins. On le représentait avec des jambes et des cornes de bouc, une couronne de feuilles de vigne et de laurier, portant des fruits et tenant une serpette, une baguette ou une corne d'abondance.

Terme était le gardien des propriétés. Il veillait sur les bornes des champs et empêchait les usurpations.

3. Des dieux domestiques. — Les dieux domestiques étaient les Lares, les Pénates et les Génies.

Les *Lares* étaient les Dieux protecteurs de chaque maison et les gardiens de chaque famille.

Les *Pénates* étaient les dieux protecteurs des villes et des empires. Chaque famille avait le droit de choisir ses Pénates et les prenait souvent parmi les divinités du premier ordre. Les Pénates avaient leurs statues dans le lieu le plus secret de la maison, et on leur offrait, comme aux dieux Lares, un culte et des sacrifices dans l'intérieur de la famille; c'est ce qui les a souvent fait confondre avec ceux-ci. On consacrait aux Pénates le chien, symbole de la fidélité domestique.

Le *Génie*, fils du Ciel et de la Nature, était aussi une divinité protectrice des nations et des individus. Chaque hameau, chaque ville, chaque province avait son Génie. On distinguait le bon et le mauvais Génie. Le premier inspirait le bien, le second poussait au mal. Le jour de l'anniversaire de sa naissance, chaque citoyen sacrifiait à son Génie et lui offrait du vin, de l'encens et des fleurs, mais jamais de victimes sanglantes.

Le bon Génie était représenté sous la figure d'un jeune homme riant et gracieux, couronné de pavots et portant des pampres chargés de raisins. Le mauvais Génie avait la physionomie d'un vieillard chagrin, à la barbe longue et négligée. Sur la main il porte un hibou, oiseau de mauvais augure.

4. De quelques autres divinités du second ordre. — Pour les autres divinités du second ordre, nous citerons Comus, le Sommeil, Morphée, Momus, l'Aurore, Hébé et Ganymède.

Comus était le dieu de la joie et des festins. Pour l'honorer, les jeunes gens couraient la nuit à la clarté des flambeaux, la tête couverte de fleurs, chantant et jouant des instruments.

Le *Sommeil*, fils de l'Érèbe et de la Nuit, habitait des antres où le soleil ne pénétrait jamais. Près de lui habitaient les *Songes*, ses enfants.

Morphée était leur chef. On croyait qu'il endormait les mortels avec des plantes de pavots.

Momus était le dieu de la raillerie et des bons mots. Son esprit satirique le fit chasser du ciel. On le représente le masque levé, parce que les railleries démasquent les vices des hommes ; il tient une marotte à la main en signe de folie.

L'Aurore était fille du Soleil et de la Terre, et mère des Vents, des Astres et de Lucifer. Les peintres la représentent sortant de son palais de vermeil, montée sur un char couleur de feu et traîné par les chevaux Lampus et Phaéton. Elle portait une torche à la main, et était vêtue d'une longue robe de safran. Homère dit qu'elle ouvrait de ses doigts de rose les portes de l'Orient et lui met sur la tête un long voile rejeté en arrière, parce qu'elle dissipe les ténèbres qui voilent la clarté du jour.

Hébé, que l'on supposait la fille de Junon et de Jupiter, était la déesse de la jeunesse. Le souverain des dieux lui avait confié le soin de verser le nectar aux immortels. Elle tomba un jour et renversa le vase qui renfermait cette précieuse liqueur. Par cette maladresse, elle perdit sa charge, qui fut donnée à Ganymède, fils de Tros, roi de Troie et le protégé de Jupiter. Junon, touchée du malheur de sa fille, la retint près d'elle, la chargea d'atteler son char, et lui donna pour époux Hercule, qui fut ainsi récompensé de ses illustres travaux.

Ganymède, par l'innocence de ses mœurs et la pureté de sa vie, avait mérité d'être l'échanson des dieux. Il méditait, loin de la cour du roi son père, dans les forêts du mont Ida, lorsque Jupiter le jugea digne du séjour des immortels. Il vint lui-même, sous la figure d'un aigle, s'abattre à ses côtés et le transporta dans l'Olympe.

QUESTIONNAIRE.

1. Pourquoi les païens multiplièrent-ils les dieux à l'infini? Quelles étaient pour les Grecs les principales divinités du second ordre?

2. Quels étaient les dieux champêtres? Quelles étaient les attributions de Pan? — de Flore? — de Pomone? — de Vertumne? — de Priape et de Terme?

3. Quelles étaient les divinités domestiques? Quels étaient les Lares? — les Pénates? Quelles étaient les fonctions des Génies? Comment les représentait-on?

4. Quelles étaient les attributions de Comus? Par qui le Sommeil était-il accompagné? Quel était le chef des Songes? Pourquoi Momus fut-il chassé du ciel? Comment représentait-on l'Aurore? Quelles étaient les fonctions d'Hébé et de Ganymède?

§ III. — Des divinités allégoriques.

1. De leur origine. — Les païens, non contents de diviniser la terre et ses productions, le ciel et ses phénomènes, donnèrent encore la vie et le mouvement aux êtres les plus abstraits et prêtèrent des formes allégoriques aux biens et aux maux, aux vices et aux vertus, aux sentiments et aux passions. Toutes les pensées qui agitent l'intelligence humaine prirent corps et visage pour recevoir l'encens des mortels abusés. Ces divinités allégoriques furent si nombreuses qu'il serait impossible de les énumérer. Nous ferons seulement connaître ici celles qui furent les plus célèbres.

2. Des vertus. — Les principales vertus que les Grecs divinisèrent sont: la Vérité, la Vertu, la Justice, la Force, la Pudeur et la Miséricorde.

La *Vérité*, fille du Temps ou de Saturne, et mère de la Vertu, était représentée sous les traits d'une jeune fille légèrement vêtue, à l'air noble et majestueux, aux yeux étincelants comme des astres. Elle tenait d'une main un livre ouvert et une palme, de l'autre un miroir orné de fleurs et de pierreries : cela signifiait que la vérité peut se passer de tous les ornements du langage. On disait aussi qu'elle se tenait cachée au fond d'un puits, sans doute pour faire entendre qu'elle est rare dans le commerce de la vie.

La *Vertu*, fille de la Vérité, était représentée avec un vêtement blanc, symbole de l'innocence, et les ailes déployées, pour signifier qu'elle élève les cœurs où elle habite. On lui donnait l'air simple et modeste qui sied si bien au mérite et qui inspire toujours le respect. Elle était assise sur un socle de marbre, pour montrer sa solidité ; elle tenait une pique en signe de combat et un sceptre pour rappeler qu'elle donne à celui qui la pratique un empire souverain sur lui-même et sur les autres ; on la couronnait de lauriers pour annoncer les grandes récompenses qui lui sont réservées.

La *Justice*, appelée *Thémis* par les Grecs, avait pour filles l'Équité, les Lois et la Paix. On la représentait sous la figure d'une femme terrible et sévère. Elle tient d'une main une balance et de l'autre une épée. Ses yeux sont couverts d'un bandeau, et quelquefois elle a les oreilles bouchées en signe d'impartialité. Astrée, sa fille, présidait aussi à la justice. On disait qu'elle avait fixé son séjour sur la terre pendant l'âge d'or et qu'elle en avait été plus tard bannie par les crimes des hommes. Elle était alors remontée au ciel, où elle forme maintenant le signe de la Vierge dans le Zodiaque. C'est une de ces mille allégories qui font allusion à la chute de l'homme et aux progrès continuels de sa dégradation morale.

La *Force* était fille de Thémis ou de la Justice et sœur de la Tempérance. Son symbole était le lion, roi des animaux. Elle est représentée en amazone. D'une main elle embrasse une colonne, et de l'autre elle tient un rameau de chêne.

La *Pudeur* et la *Miséricorde* avaient des temples à Athènes. On représentait la Pudeur sous la figure d'une femme voilée ou d'une vierge, portant la main droite au visage et un de ses doigts au front, en signe de réserve et de discrétion.

Le temple de la Miséricorde jouissait du droit d'asile, c'est-à-dire que les criminels ne pouvaient pas y être arrêtés.

Les Grecs honoraient encore parmi les vertus la Bonne Foi, la Prudence, la Piété et la Tempérance.

3. Des biens. — Les biens sont toujours le fruit de la vertu, et les Grecs les considéraient pour ce motif comme issus des divinités dont nous venons de parler. Les principaux biens étaient pour eux la Paix, la Victoire et la Liberté.

Ils disaient la *Paix* fille de Jupiter et de Thémis. Elle avait présidé à l'âge d'or et elle avait un temple superbe à Athènes. On la représentait sous la figure d'une femme belle, douce et modeste ; elle avait sur la tête une couronne de lauriers et tenait à la main une corne d'abondance. Quelquefois elle portait une baguette ou un caducée en signe de sa puissance, des épis et des roses, comme symbole de ses douceurs et de ses plaisirs. Plutus, le dieu des richesses, reposait sur son sein.

La *Victoire* était une des divinités auxquelles on rendait le plus d'honneurs, sans doute parce que dans les temps anciens la guerre décidait souvent du sort des individus et des nations. On lui donnait des ailes et on la plaçait sur un globe pour montrer que son empire s'étend sur tout le monde. Elle tenait d'une main une couronne de lauriers et de l'autre une palme entourée de trophées. On lui offrait des fruits, des fleurs et des couronnes.

La *Liberté*, que les anciens considéraient comme la plus noble des prérogatives de l'homme, était représentée sous la figure d'une femme vêtue de blanc, symbole de l'innocence, tenant un bonnet de la main droite en signe d'affranchissement, et une pique de la main gauche, ce qui voulait dire qu'on ne peut acquérir et conserver ce bien précieux qu'en combattant.

4. Des vices. — Les Grecs avaient divinisé le Vice en général. Ils lui prêtaient les grâces d'un jeune adolescent demi nu, courant avec agilité dans un sentier couvert de fleurs sous lesquelles s'agitaient des serpents. Il avait pour attributs un masque qu'il tenait à la main, des hameçons et des filets.

La Méchanceté, la Vengeance, l'Envie, la Discorde et la Paresse étaient les vices particuliers qu'on honorait le plus spécialement.

La *Méchanceté*, que les Grecs appelaient *Até*, était une déesse malfaisante qui ne prenait plaisir qu'à tourmenter les hommes. Jupiter, son père, irrité de tous les maux qu'elle causait, la chassa du ciel et jura qu'elle n'y rentrerait plus. Depuis ce temps, Até parcourut la terre avec une effrayante rapidité, semant partout les calamités et les afflictions. Les Prières, qui sont comme Até filles de Jupiter, la suivaient en boitant et réparaient le mal produit par leur malencontreuse sœur.

La *Vengeance* ou *Némésis* était fille de l'Océan et de la Nuit. On la représentait avec des ailes, pour indiquer la rapidité avec laquelle le châtiment suit ordinairement le crime. Elle était armée de serpents et de torches ardentes, et avait une couronne sur la tête.

L'*Envie*, fille de la Nuit, fut toujours flétrie comme un des vices les plus infâmes. On lui donnait la physionomie d'une vieille femme, horriblement maigre, au front ridé, au teint livide, aux yeux louches et enfoncés, au regard inquiet, à l'air sombre et sinistre. Sa tête était couverte de serpents au lieu de cheveux ; elle tenait trois serpents d'une main et de l'autre une hydre. Un reptile monstrueux lui dévorait le sein et lui communiquait son poison.

La *Discorde* portait chez les Grecs le nom d'*Eris*. Elle était sans cesse occupée à semer le trouble et la guerre parmi les hommes. Hésiode dit qu'elle était fille de la Nuit. Virgile la représente avec une chevelure hérissée de serpents et attachée par des bandelettes ensanglantées. Les peintres lui donnaient un air hagard, des vêtements déchirés, et lui faisaient tenir, d'une main, des torches enflammées ou un poignard, et de l'autre, un rouleau sur lequel on lisait : *Guerres, confusion et querelles*.

La *Paresse* était fille du Sommeil et de la Nuit. La tortue était son emblème, et on lui offrait pour victimes des limaçons.

Le *Mensonge*, la *Fraude*, le *Parjure* et une foule d'autres vices monstrueux avaient aussi leurs autels.

5. Des maux. — Parmi les maux que l'on divinisait, nous ne citerons que Bellone, les Tempêtes, la Vieillesse, les Maladies et la Pauvreté.

Bellone, l'épouse de Mars, était la personnification de la guerre. Elle représentait ce fléau dans ce qu'il a de plus terrible. Ses prêtres se faisaient des incisions sur le corps pour lui offrir du sang.

Les *Tempêtes* étaient renfermées avec les Vents dans l'antre d'Éole, et ce dieu avait toute puissance sur elles. Jupiter les faisait déchaîner surtout contre les marchands avares qui parcouraient les mers pour amasser des richesses. On les redoutait tellement, qu'avant d'entreprendre un voyage, on leur offrait des sacrifices pour prévenir leur fureur.

La *Vieillesse* était une divinité couverte de rides; on la disait fille de la Nuit. Les Grecs lui élevèrent un temple, où ils la conjuraient de leur épargner les infirmités qui lui font cortége. On rendait également un culte public à la Fièvre, à la Goutte et à une foule de maladies.

La *Pauvreté*, que le christianisme a ennoblie, était elle-même placée parmi les dieux funestes à la terre. On la faisait naître du Luxe et de la Paresse, qui trop souvent, il faut l'avouer, l'engendrent encore parmi nous. Les poëtes la représentaient comme une femme d'une pâleur extrême, mal vêtue, demandant l'aumône en glanant dans un champ dont la récolte était enlevée.

Un peintre l'a revêtue de mauvais habits et l'a couronnée de rameaux aux feuilles desséchées, symbole de la perte des biens.

6. De quelques autres divinités allégoriques. — Nous pouvons encore citer parmi les divinités allégoriques qui étaient les plus honorées la Fortune, la Nécessité, l'Occasion, le Silence et la Renommée.

La *Fortune* avait une foule de temples et d'adorateurs. On la vénérait sous tous les noms : il y avait la Fortune virile, la Fortune publique, la Fortune privée, la Fortune libre, la Fortune affermie, la Fortune équestre, la grande, la petite, la bonne, la mauvaise Fortune.

La *Nécessité* était sœur de la Fatalité et du Destin. On disait qu'elle était sourde aux prières et aux plaintes des mortels. On la représentait pour ce motif entourée de chaînes, de clous et de marteaux; ses mains étaient de bronze. A Corinthe, elle avait un temple où les prêtres seuls avaient le droit d'entrer.

L'*Occasion* était la déesse de l'à-propos. On la représentait sous la figure de la Fortune; mais elle avait la tête chauve, à l'exception d'une mèche de cheveux qu'elle avait sur le devant de la tête, pour indiquer qu'il fallait la saisir au passage. On la représentait aussi passant avec vitesse sur le tranchant d'un rasoir sans se blesser.

Le *Silence*, appelé aussi *Sigalion* et *Harpocrate*, était également révéré comme un dieu. Ses statues, placées sur la porte des temples, indiquaient que la Divinité demande à être honorée par un recueillement profond, plutôt que par des paroles. Il apprenait la discrétion à ses adorateurs, et on le représentait tenant un doigt sur ses lèvres.

La *Renommée* était fille de Titan et de la Terre et messagère de Jupiter. Elle publiait dans l'univers entier toutes les nouvelles bonnes ou mauvaises. On la représentait avec des ailes et sonnant de la trompette. Les poëtes imaginèrent qu'elle était couverte d'yeux et d'oreilles et qu'elle avait cent bouches pour annoncer ses nouvelles.

QUESTIONNAIRE.

1. Quelles sont les abstractions que les païens personnifiaient pour en faire des dieux?

2. Quelles sont les principales vertus qu'ils ont divinisées? Comment représentait-on la Vérité? — la Vertu? — la Justice? — la Force? — la Prudence? Quelles sont les autres vertus que les Grecs honoraient?

3. Quels étaient les principaux biens qu'ils avaient divinisés? Comment représentaient-ils la Paix? — la Victoire? — la Liberté?

4. Comment représentaient-ils le vice en général? Quels étaient les principaux vices qu'ils divinisaient? Comment représentaient-ils la Méchanceté? — la Vengeance? — l'Envie? — la Discorde? Qu'offraient-ils à la Paresse?

5. Quels sont les maux principaux qu'ils avaient divinisés? Qu'était Bellone? Où étaient enfermées les Tempêtes? Quel était le cortége de la Vieillesse? Comment représentait-on la Pauvreté?

6. Quelles sont les autres divinités allégoriques qui étaient encore le plus honorées? Quels sont les noms qu'on donnait à la Fortune? Comment représentait-on la Nécessité? — l'Occasion? Où les statues du Silence étaient-elles placées? Comment représentait-on la Renommée?

CHAPITRE III

LES LÉGENDES. LA RACE HELLÉNIQUE. LA GUERRE DE TROIE. INVASION DES DORIENS.

RÉSUMÉ. — C'est une curieuse étude que celle de la formation de la nation grecque. On peut la diviser en deux époques : la plus ancienne que l'on désigne sous le nom de temps primitifs et la seconde qui embrasse les temps héroïques. Ces deux périodes appartiennent à la fable plus qu'à l'histoire ; cependant, malgré la rareté des documents et leur défaut de clarté et de précision, nous pourrons y recueillir un certain nombre de faits généraux qui ont tous leur importance et qui aident à comprendre le caractère de ce peuple.

1. Les temps primitifs de la Grèce sont très-obscurs parce que ce pays se trouve très-éloigné des régions de l'Orient dont la Bible nous a conservé le souvenir. Tout ce que l'on remarque à l'aide des traditions primitives, c'est que la Grèce fut d'abord habitée par une race de géants, la race pélasgique. A cette race vinrent se mêler des éléments étrangers, des Égyptiens conduits par Cécrops, puis par Danaüs ; des Phéniciens commandés par Cadmus et des Phrygiens amenés par Pélops. Chacun de ces peuples a ses divinités, ses usages, ses lois particulières. Ils les substituent aux divinités, aux usages et aux lois pélasgiques, ou du moins il en résulte une fusion qui, sans effacer la race indigène, affaiblit son influence et laisse à

chacun de ces petits peuples son caractère particulier. Les Hellènes, qui viennent plus tard, s'emparent de la plus grande partie de la péninsule, comme on le remarque au temps de la guerre de Troie, mais il n'y a pas non plus d'unité absolue parmi eux. Les Doriens, les Éoliens, les Ioniens et les Achéens sont autant de branches particulières dont les différences de caractère se reflètent jusque dans la différence du langage.

II. Cette division n'empêcha pas les Grecs de se réunir dans les temps héroïques toutes les fois qu'ils eurent à se défendre contre l'ennemi commun. Des pirates ayant infesté les mers, ils se coalisèrent, et, sous la direction de Jason, ils firent la fameuse expédition des Argonautes, qui eut pour résultat de les délivrer de ces brigands. Dans l'intérieur du pays il fallait faciliter les communications par des travaux immenses. C'est ce que firent les héros de cette époque, dont les exploits sont personnifiés dans les douze travaux d'Hercule et dans les brillants succès du roi d'Athènes, Thésée. Dans la guerre de Thèbes ils s'unirent pour venger le droit social et la sainteté du serment; et la guerre de Troie eut pour objet la défense du droit des gens et de l'honneur national.

III. La guerre de Troie fut occasionnée par l'injure que Pâris, fils de Priam, avait faite à Ménélas, en enlevant Hélène, son épouse. Toute la Grèce se souleva pour venger le fils d'Atrée, et la rivalité des Grecs contre les Asiatiques éclata. Le siége de Troie dura dix ans. C'est dans les derniers temps que se placent les événements qu'Homère a racontés sur Achille et Agamemnon. Après la prise de Troie, les vainqueurs ne furent pas plus heureux que les vaincus. Le plus célèbre des Grecs par ses malheurs fut Ulysse, qui erra dix ans sur les mers avant de pouvoir rentrer dans sa ville d'Ithaque. La guerre de Troie, qui marque la limite entre les temps demi-historiques et les temps fabuleux, fut chantée par Homère dans l'*Iliade* et l'*Odyssée*. Ces deux poëmes contribuèrent beaucoup aux progrès de la civilisation grecque et furent en quelque sorte la source de ses plus belles institutions. Malheureusement les guerres intérieures qui suivirent la guerre de Troie retardèrent les progrès des sciences et des arts. L'invasion des Doriens dans le Péloponèse fut comme une nouvelle invasion de barbares. Elle donna au Péloponèse cette vigueur sauvage dont Lycurgue saura tirer un si beau parti en faveur du génie militaire, mais elle fut momentanément funeste aux progrès des sciences et des lettres.

---

§ Ier. — Des premiers habitants de la Grèce.

1. Origine des Grecs. — Les origines des Grecs sont si obscures, que Plutarque, ne pouvant porter la lumière au milieu de cet effroyable chaos, s'écriait de désespoir : *Ils ont vraiment à dessein embarrassé de fables les avenues de leur histoire ; jamais on ne connaîtra leurs antiquités.* En effet, les travaux et les recherches des savants ont abouti à des résultats contradictoires. Les uns ont voulu rattacher les anciens Grecs à la race slave, et les autres leur ont assigné une origine purement asiatique. Les saintes Écritures, qui sont toujours d'un si grand secours pour décider ces questions d'origine, ne nous apprennent qu'une chose, c'est qu'ils sont de la race de Japhet. Cependant, parmi cette multitude de peuplades primitives, on a constaté l'existence de deux grandes races, les Pélasges et les Hellènes.

2. Des Pélasges. — Les Pélasges précédèrent les Hellènes et dominèrent du XVIIIe au XVIe siècle. Ils fondèrent leurs premiers établissements dans le Péloponèse, constituèrent les États d'Argos et de Sicyone, les plus anciens de la Grèce, s'étendirent ensuite vers l'Attique, et se fixèrent en Thessalie sous leurs chefs Achæüs, Phthius et Pélasgus. Leurs migrations ne se bornèrent pas à ces contrées. Ils occupèrent toute la Grèce jusqu'au Strymon, et renfermèrent dans le cercle de leur puissance les tribus arcadiennes, argiennes, thessaliennes, macédoniennes et épirotes. D'autres Pélasges occupèrent les îles de Lemnos, d'Imbros, de Samothrace, et s'étendirent de là sur les côtes de l'Asie, dans les pays appelés plus tard Carie, Éolide, Ionie, jusqu'à l'Hellespont. Ils colonisèrent aussi toutes les côtes de l'Italie, et bâtirent, selon la tradition, douze villes dans l'Étrurie, douze sur les bords du Pô, douze au midi du Tibre.

Cette race a partout marqué son passage par des monuments indestructibles ; ce sont des constructions colossales formées de roches énormes qu'on croirait entassées par des bras de géants. Ces blocs sont tantôt bruts et informes, tantôt taillés en polygones réguliers. Quoiqu'ils ne soient point unis ensemble par le ciment, leur masse gigantesque les rend inébranlables comme des montagnes, et chaque jour ils voient crouler à leurs pieds les constructions plus modernes des Romains et des Grecs sans éprouver la moindre atteinte. On retrouve encore de ces imposants édifices, auxquels on a donné le nom de *cyclopéens*, dans toutes les contrées de la Thessalie, de l'Épire, de la Grèce centrale et du Péloponèse.

3. Des colonies étrangères. Cécrops (vers 1650).— Des colonies étrangères sorties de l'Asie et de l'Afrique ne tardèrent pas à venir se mêler à ces terribles descendants d'Inachus et à introduire ainsi en Grèce de nouveaux éléments de civilisation. La première de ces colonies fut celle de l'Égyptien Cécrops. Ses compagnons étaient originaires de Saïs, et appartenaient à ces *Hycksos* que la tyrannie des Pharaons avait voulu exterminer en Egypte. Ils remontèrent le long des côtes de la Phénicie après avoir quitté l'Afrique, s'arrêtèrent dans les îles de Cypre et de Rhodes, et atteignirent enfin la pointe de l'Attique. Ils enseignèrent l'agriculture aux indigènes de cette contrée ainsi que plusieurs arts utiles, et enrichirent leur sol par des plantations d'oliviers et par la culture de plantes qui leur étaient inconnues. Cécrops fonda une partie des douze *dèmes* ou bourgades dont Athènes devint la capitale, établit pour les indigènes un tribunal qui fut plus tard le tribunal de l'Aréopage, leur fit respecter les lois du mariage, et se concilia leur affection par toutes les institutions heureuses dont il les gratifia. Ses bienfaits lui méritèrent même la main d'Agraule, fille d'Actæus, l'un des principaux habitants du pays. Cette alliance fut le symbole de l'union des deux peuples. Les divinités auparavant vénérées par chacune des nations furent confondues, et à côté du *Saturne* des Pélasges vint se placer l'*Athéné* égyptienne (Minerve), qui fut ensuite la grande déesse d'Athènes et de tout le pays qui en dépendait.

4. Cadmus (1550). — Un siècle plus tard une autre colonie formée d'*Hycksos* et de Phéniciens, conduite par Cadmus, s'établit aussi à Rhodes, où elle bâtit un temple au *Poseidôn* (Neptune) phénicien et à l'*Athéné* égyptienne, trahissant ainsi sa double origine. Ils vinrent ensuite se fixer au nord de l'Attique, où ils bâtirent la Cadmée, qui servit plus tard de citadelle à la ville de Thèbes. La ville elle-même ne fut construite que par ses descendants, Penthée, Polydore et Labdacus. Amphion l'entoura de murailles, et la Fable dit que les pierres vinrent se ranger à leur place au son de sa lyre. C'est à Cadmus que les Grecs attribuent l'invention de l'écriture, comme l'a si bien dit Brébeuf, le traducteur de Lucain :

> C'est de lui que nous vient cet art ingénieux
> De peindre la parole et de parler aux yeux,
> Et par les traits divers de figures tracées,
> Donner de la couleur et du corps aux pensées.

Mais les monuments anciens et une foule de témoignages historiques prouvent que l'écriture alphabétique était connue en Grèce avant l'arrivée de Cadmus; seulement après lui elle devint d'un usage bien plus général et plus fréquent.

5. **Danaüs** (1572). — Les colonies qui avaient suivi Cécrops et Cadmus n'étaient composées que de fugitifs et de proscrits. Quelques années avant l'arrivée de Cadmus eut lieu une émigration plus nombreuse et plus puissante. Un prince de Tanis (*Tanaos*, *Danaos*), Danaüs, chassé de l'Égypte par son frère Sésostris contre lequel il avait conspiré, s'empara d'Argos où régnait Gélanor, le onzième descendant d'Inachus. Il s'établit même en vainqueur dans la plus grande partie du Péloponèse, et y opéra une révolution analogue à celle que Cécrops avait produite en Attique, à cette différence près, qu'il exécuta par la force ce que l'autre avait fait par la persuasion. Il remplaça le culte des Pélasges, en l'honneur de Saturne, par les fêtes égyptiennes des Thesmophories, en l'honneur d'Isis, la grande déesse, et força cette race de géants à élever les murs *cyclopéens* de Tyrinthe et de Mycènes que les voyageurs admirent encore. Cette conquête de Danaüs fut le commencement des malheurs des Pélasges.

6. Pélops (vers 1362). — Les fils de Danaüs ne restèrent pas seuls maîtres de cette contrée. Les Mysiens, conduits par Pélops, fils de Tantale, roi de Sipyle, leur en disputèrent bientôt la possession. Contraint de s'expatrier à la suite d'une guerre qui s'éleva entre Ilus, roi de Phrygie, et Tantale son père, ce prince s'arrêta dans la Thessalie, grossit sa troupe des Achéens Phtiotes qui s'attachèrent à lui, et se fixa dans l'Elide, à l'occident de la péninsule qu'on devait un jour appeler de son nom *Péloponèse* (île de Pélops). Il épousa la fille d'un des petits souverains du pays, et insensiblement ses descendants subjuguèrent ceux de Danaüs. Les Phrygiens avaient aussi leurs divinités particulières, leurs sciences et leurs arts, et ils ajoutèrent ainsi un nouvel élément à la civilisation grecque.

7. Des Hellènes. — Toutes ces colonies étrangères affaiblirent considérablement la puissance des Pélasges. Mais ceux qui les effacèrent entièrement de l'histoire furent les Hellènes. Ces derniers dominateurs de la Grèce ont inscrit dans leurs traditions le nom de Japet, comme celui de leur premier ancêtre, et ils se sont rappelé le Caucase, comme leur première patrie. Prométhée, leur chef, eut un fils appelé Deucalion, qui vint s'établir avec sa tribu aux environs du mont Parnasse dans la Phocide. Il avait conquis ce pays sur les Pélasges; mais une inondation, le déluge de Deucalion, que la Fable a confondu avec les souvenirs du déluge universel, arrêta ses progrès et le porta à envahir les domaines des Pélasges Thessaliens. Deucalion eut deux fils, Amphictyon et Hellen. Amphictyon alla en Attique, où il s'unit aux anciens habitants et aux compagnons de Cécrops.

Hellen, qui donna son nom à la nation des *Hellènes* [1], eut à son tour trois fils : Dorus, qui fut père des *Doriens;* Æolus, des *Éoliens;* Xutus, des *Ioniens* et des *Achéens,*

----

1. La Grèce se nommait anciennement *Hellade* et ses habitants *Hellènes.* Le nom moderne de la Grèce (*Græcia*) lui fut donné par les Romains.

par ses deux fils Ion et Achæüs. C'est ainsi qu'on peut
expliquer la division de la race hellénique en quatre
branches principales : les Ioniens, les Éoliens, les Doriens
et les Achéens. Ces familles restèrent à jamais distinctes
les unes des autres par la différence de leurs dialectes,
de leurs mœurs, de leurs coutumes et de leurs institutions (1358).

Les Éoliens s'arrêtèrent dans la Phtiotide, où avait
vécu leur père Hellen, et se répandirent de là dans
l'Acarnanie, l'Étolie, la Phocide, la Locride, l'Élide et
les îles occidentales. Les Doriens, fixés d'abord dans
l'Estiotide, en furent chassés par les Perræbiens, et
allèrent fonder des établissements dans la Macédoine et
l'île de Crète. Mais ils revinrent ensuite dans leur premier pays, auquel ils donnèrent le nom de Doride, en
attendant qu'ils émigrassent dans le Péloponèse, après
la guerre de Troie. — Xutus, chassé par ses frères, se
réfugia dans l'Attique, où il eut ses deux fils Ion et
Achæüs. Ion se fit encore expulser d'Athènes, et alla
occuper avec sa tribu la partie nord du Péloponèse,
l'Ægialus; mais l'invasion des Doriens refoula ses descendants en Attique et dans l'Asie Mineure, où une colonie
porta son nom. — Les Achéens, après s'être emparés
de la Laconie et de l'Argolide, reculèrent aussi devant
les Doriens, et se fixèrent dans l'Ægialus, qui s'appela
ensuite *Achaïe* [1].

QUESTIONNAIRE.

1. Que sait-on sur l'origine des Grecs? Quelles sont les deux grandes races primitives qui ont contribué à la formation de cette nation?

2. Où s'établirent les Pélasges? Quelles furent leurs migrations? Quels sont les monuments auxquels ils attachèrent leur nom?

3. Quelle est la première colonie étrangère qui vint s'établir en Grèce?

Quel en fut le chef? Quelle ville fonda Cécrops? Comment ses compagnons s'unirent-ils aux indigènes?

4. Quelle ville fonda Cadmus? Quelle invention lui attribue-t-on?

5. Qu'était Danaüs? Où s'établit-il? Quel fut le résultat de l'établissement de cette colonie?

6. D'où venait Pélops? Où se fixa-t-il?

1. Ce tableau doit être étudié sur notre carte de la *Grèce ancienne*.

§ II. — Les légendes. Expédition des Argonautes. Hercule et Thésée. Guerre de Thèbes.

1. Des principaux événements des temps héroïques. — Les temps héroïques de la Grèce nous offrent quatre grands événements dont la tradition a conservé le souvenir : l'expédition des Argonautes; les exploits d'Hercule, de Thésée et de tous les héros qui ont suivi Jason dans la Colchide; la guerre de Thèbes, et la guerre de Troie. Il est à remarquer que chacun de ces événements correspond à un progrès social. L'expédition des Argonautes fut entreprise pour défendre la civilisation naissante dans la Grèce contre les invasions des pirates; les exploits d'Hercule et de Thésée sont le symbole des efforts qu'il a fallu faire pour établir l'ordre à l'intérieur et le maintenir contre les fureurs du brigandage; la guerre de Thèbes est une vengeance du droit social et de la sainteté du serment; enfin, la guerre de Troie est tout à la fois une défense du droit des gens et de l'honneur national.

2. Expédition des Argonautes (1349). — L'expédition des Argonautes eut lieu vers le quatorzième siècle avant Jésus-Christ. Des pirates, semblables à ces Normands qui bouleversèrent l'Europe pendant le neuvième siècle de notre ère, infestaient les mers et se jetaient sur le continent pour tout ravager et détruire par leurs dévastations. Minos, roi de Crète, en purgea la mer qui baignait ses États. Les différentes peuplades de la Grèce, encouragées par le succès de leurs voisins, résolurent d'attaquer ces barbares dans leurs repaires, sur les rives du Pont-Euxin, en Colchide. La jeunesse thessalienne et les plus courageux habitants du Péloponèse s'armèrent pour cette entreprise, et choisirent pour chef un Eolien, Jason, roi de Thessalie. Le navire *Argo* était le plus considérable de toute la flotte, et on appela pour ce motif *Argonautes* les guerriers qui firent partie de l'expédition.

La flotte partit du cap de Magnésie en Thessalie. Tiphys, habile pilote, tenait le gouvernail; Lyncée, avec sa vue perçante, découvrait les écueils, et Orphée enflammait le courage de ses compagnons ou trompait leurs ennuis par les sons de sa lyre. La traversée fut pleine de périls et d'aventures. Les héros voyageurs abordèrent dans l'île de Lemnos où ils furent accueillis avec empressement par les Amazones qui venaient d'égorger leurs époux. Ils séjournèrent deux ans dans cette contrée, passèrent de là en Samothrace où Phinée leur promit de les conduire en Colchide, s'ils voulaient délivrer son pays des Harpies. Ils entrèrent ensuite dans l'Hellespont, côtoyèrent l'Asie Mineure, et, après bien des combats, des aventures et des tempêtes, ils arrivèrent sous les murs d'Æa, capitale de la Colchide. Ils triomphèrent des pirates, s'emparèrent de leur pays et revinrent chargés de butin. C'est ce qui donna lieu à la fable de la toison d'or. Mais, à son retour, Jason ayant trouvé son trône occupé par un usurpateur fut obligé de se retirer à Corinthe.

3. Exploits d'Hercule. — Après avoir fait respecter leur pays par les étrangers, les Grecs le purgèrent des brigands qui l'infestaient. Ils s'appliquèrent en même temps à rendre les communications plus sûres et plus faciles en perçant les forêts, en coupant les montagnes et en multipliant les routes. La Fable a accumulé ces exploits sur un des Argonautes les plus célèbres, Hercule. Il était fils de Jupiter et d'Alcmène, femme d'Amphitryon, roi de Thèbes. Les maîtres les plus habiles furent chargés de son éducation. Autolycus lui apprit à conduire un char et à lutter; Eurite, roi d'Œchalie, à tirer de l'arc; Eumolpe, à chanter; Castor et Pollux, à se livrer à tous les exercices du gymnase;

Chiron le Centaure lui enseigna les sciences et la morale, et Linus l'art de jouer de la lyre.

Les exploits qu'on lui attribue sont restés célèbres sous le nom des douze travaux d'Hercule. Nous allons les énumérer.

1° Il y avait dans la forêt de Némée un lion furieux et terrible qui dévastait ce pays. Hercule fut chargé de l'attaquer. Après de grands efforts, le héros le saisit, l'étouffa entre ses bras, le dépouilla de ses propres mains et se fit de sa peau une espèce de bouclier et de vêtement.

2° Le marais de Lerne près d'Argos renfermait une hydre à sept têtes. Quand on en coupait une, il en renaissait aussitôt plusieurs autres. Hercule les écrasa toutes d'un seul coup de sa massue et envenima ses flèches en les trempant dans le sang de ce monstre épouvantable.

3° Une biche consacrée à Diane, et que pour ce motif on n'osait percer de flèches, habitait sur le mont Ménale. Elle avait les cornes d'or et les pieds d'airain ; elle était si agile que personne ne pouvait l'atteindre ; Hercule la poursuivit pendant un an entier, la saisit enfin au passage du fleuve Ladon, et l'apporta sur ses épaules à Eurysthée.

4° Il prit aussi tout vivant un sanglier affreux qui avait sa retraite sur le mont Erymanthe, et le présenta à ce même prince qui faillit en mourir de frayeur.

5° Il fit la guerre aux oiseaux monstrueux qui couvraient le lac Stymphale en Arcadie. Ces oiseaux étaient si nombreux et si gros qu'ils obscurcissaient la lumière du soleil. Hercule les perça de ses flèches empoisonnées.

6° Il alla ensuite combattre les Amazones. C'était un peuple de femmes guerrières qui habitaient la Scythie. Eurysthée avait dit à Hercule de lui apporter la ceinture d'Hippolyte, leur reine. Hercule les attaqua, les vainquit et fit leur reine prisonnière.

7° Les écuries d'Augias, roi de l'Élide, n'avaient pas été nettoyées depuis trente ans et infectaient toute la Grèce. Hercule détourna le fleuve Alphée, le fit passer à travers et les purifia en quelques instants. Augias n'ayant pas voulu récompenser Hercule, comme il le lui avait promis, le héros pilla la ville d'Élis et tua le monarque perfide.

8° Il mit en pièce Diomède, roi de Thrace, qui nourrissait ses chevaux de chair humaine, et il extermina en Égypte le roi Busiris, qui s'était rendu coupable du même forfait.

9° Il attaqua encore Géryon, autre brigand qui régnait sur la Bétique, et nourrissait aussi ses bœufs de chair humaine. Les poëtes ont fait de ce tyran un monstre à trois corps qui faisait garder ses troupeaux par un chien à deux têtes et par un dragon qui en avait sept. Cette fiction tient sans doute à la forme des États de Géryon qui comprenaient les îles Majorque et Minorque, ainsi que des possessions sur le continent ; les gardiens faisaient allusion à l'organisation de son administration civile et militaire.

10° Il enleva les pommes d'or du jardin des Hespérides, bien qu'elles fussent gardées par un dragon qui avait cent têtes poussant à la fois cent espèces de sifflements.

11° Il attaqua un taureau qui jetait le feu par les narines et que Neptune avait lancé contre Minos dans l'île de Crète, d'où il menaçait toute la Grèce.

12° Enfin il descendit aux enfers pour délivrer Thésée son ami. Il enchaîna Cerbère et vint à bout de son entreprise.

4. Exploits de Thésée. — L'imagination des Grecs inventa aussi en l'honneur de Thésée, roi d'Athènes, divers exploits merveilleux. Ils disaient que dans sa retraite de Trézènes, où il passa ses premières années, son âme s'enflamma d'une émulation généreuse au récit des actions héroïques d'Hercule. Dès l'âge de seize ans il alla chercher des aventures, tua les brigands Corynète, Sinnis, Sciron, Procuste, qui rendaient extrêmement dangereuse la route de Trézène à Athènes, délivra les plaines de Marathon d'un taureau furieux qui les désolait, tua le minotaure et affranchit ainsi les Athéniens d'un tribut honteux que leur avait imposé le roi de Crète, Minos II (1322). Tous les ans ils étaient obligés de lui offrir sept jeunes garçons et sept jeunes filles dont ce monstre faisait sa pâture. Les Athéniens perpétuèrent la mémoire de cet événement en envoyant chaque année à Délos offrir des sacrifices en actions de grâces.

5. Guerre de Thèbes (1317). — L'influence que Thésée exerça sur la civilisation d'Athènes ne peut être mise en doute. Après sa mort, vers le treizième siècle avant Jésus-Christ, les Grecs se montrent avec des idées plus élevées. Ils n'honorent pas seulement la force physique et ne s'occupent pas uniquement de la défense de leurs intérêts matériels ; mais nous les voyons, dans la guerre de Thèbes, prendre les armes pour venger les droits de la justice et la sainteté du serment. OEdipe, le huitième roi des Thébains depuis Cadmus, après avoir vu fondre sur sa tête les malheurs les plus terribles, avait été chassé par ses deux fils, Étéocle et Polynice. Ces deux princes dénaturés étaient convenus ensemble de se partager le pouvoir et de passer tour à tour un an sur le trône. Étéocle, l'aîné, lorsqu'il eut placé la couronne sur sa tête, refusant, malgré ses serments, d'abandonner le pouvoir, Polynice alla implorer le secours d'Adraste, roi d'Argos. La Messénie, l'Arcadie, l'Argolide prirent aussitôt sa défense et envoyèrent contre Thèbes des forces considérables, sous la conduite des sept chefs que le talent du poëte Eschyle a rendus si célèbres ; les généraux Polynice, Adraste, Tydée, Capanée, Amphiaraüs, Hippomédon, et Parthénopée, gardèrent les sept portes de Thèbes avec leurs sept corps d'armée. Dans une sortie, Étéocle et Polynice se rencontrèrent, et, après un rude combat, se percèrent mutuellement de leurs épées. On les brûla sur le même bûcher, et la Fable raconte qu'en signe de leur haine la flamme se divisa pour ne pas confondre ensemble les cendres de ces deux *frères ennemis*. Les sept chefs périrent tous sous les murs de Thèbes, à l'exception d'Adraste. Mais leurs fils, les *Epigones*, vengèrent leur mort. Thèbes fut détruite de fond en comble, et sur ses ruines fumantes ils établirent roi Thersandre, fils de Polynice.

QUESTIONNAIRE.

1. Quels sont les principaux événements des temps héroïques? Quel en a été le but et le caractère moral?

2. Que se proposaient les Argonautes? Quel fut le chef de l'expédition? Quels furent les héros qui y prirent part? Quel fut le résultat de l'entreprise?

3. Que firent les héros qui parurent dans les premiers temps de la Grèce? Qu'était Hercule? Par qui fut-il élevé?

Quels sont les douze travaux qu'on lui attribue?

4. Qu'est-ce que la fable raconte de Thésée? De quels brigands et de quels monstres a-t-il délivré la Grèce?

5. Quels changements remarque-t-on chez les Grecs après la mort de Thésée? Racontez la guerre de Thèbes. Quel fut le sort d'Étéocle et de Polynice? Que firent les Epigones?

---

§ III. — Guerre de Troie. Invasion des Doriens.

1. Origine et importance de cette guerre. — Il y eut dans les temps héroïques de la Grèce deux guerres qui portèrent ce nom. La première fut faite par Hercule, irrité de ce que le roi de Troie, Laomédon, lui avait refusé les chevaux qu'il lui avait promis pour la délivrance d'Hésione, sa fille. Laomédon périt dans cette guerre, Troie fut prise, et un jeune prince, appelé Priam, en devint roi (1280-1270).

La seconde guerre, qui fut beaucoup plus importante et beaucoup plus célèbre, fut entreprise par les Grecs pour venger l'injure qu'avait faite Pâris, fils de Priam, roi de Troie, à Ménélas, roi de Sparte, en lui enlevant Hélène, son épouse. A l'époque de cette guerre (1198-1193), on comptait dans la Thessalie, la Grèce centrale, le Péloponèse et les îles cinquante et un États de quelque importance. Trente-quatre étaient Hellènes et dix-sept étaient ou Pélasges, ou Phéniciens, ou Phrygiens. Tous ces petits États prirent part à cette guerre. Ils armèrent ensemble une flotte de mille vaisseaux, selon

Euripide, Virgile et Lycophron, de onze cent quatre-vingt-
six selon Homère, et de douze cents selon Thucydide.
Sur chaque vaisseau il y avait de cinquante à cent cinquante hommes, ce qui porte l'armée à environ cent
mille hommes. Les îles de Crète, de Rhodes et les colonies de l'Asie Mineure fournirent en outre cent vingt-
deux navires et environ dix mille soldats. Agamemnon,
roi de Mycènes et d'Argos, eut le commandement en
chef; les autres princes combattirent sous ses ordres.
Les plus célèbres furent Achille, fils de Thétis et de
Pélée, roi de la Phtiotide; Ajax, fils de Télamon, roi
de Salamine; Ménélas, roi de Sparte, et frère d'Agamemnon; Ulysse, fils de Laërte et d'Anticlée, roi de l'île
d'Ithaque; Diomède, fils de Tydée et de Déiphile, roi
d'Étolie; Protésilas, roi d'une partie de la Thessalie;
Patrocle, roi des Locriens, l'ami et le compagnon
d'Achille; le vieux Nestor, roi de Pylos, qui se distingua
par son éloquence, sa justice et sa sagesse; Philoctète,
fils de Pœan, qui était en possession des flèches d'Hercule sans lesquelles la ville de Troie ne pouvait être
prise; Idoménée, roi de Crète, qui devint le fondateur
de Salente.

La ville de Troie avait eu le temps de se relever des
premiers revers qu'elle avait essuyés sous Laomédon.
Elle était redevenue riche et puissante et pouvait compter sur le secours des autres peuples de l'Asie Mineure
qui s'empressèrent de voler à sa défense, lorsqu'ils la
virent menacée. Rhésus, roi de Thrace, et Memnon, roi
d'Éthiopie, lui amenèrent eux-mêmes des renforts considérables. Cette ville soutint un siège de dix années.

2. Siége de Troie. Achille et Agamemnon. — Pendant neuf ans, les deux armées se livrèrent une foule
de combats avec d'égales alternatives de succès et de
revers. Dans la dixième année du siége, Agamemnon,
d'après Homère, eut la bassesse de vouloir se venger
d'Achille qui l'avait obligé à rendre à Chrysès, prêtre
d'Apollon, sa fille Chryséis. Par représailles, le chef des
Grecs usa de son souverain pouvoir pour s'emparer de

la captive Briséis, que le sort des combats avait destinée à Achille. Cette injustice et cet affront irritèrent ce dernier, qui se retira dans sa tente, laissant tout le poids de la guerre à Ménélas et aux autres Grecs. Les Troyens profitèrent de cette retraite pour attaquer les assiégeants avec plus de vigueur. Ils les avaient déjà vaincus dans plusieurs rencontres, les tenaient renfermés dans leurs camps, et étaient sur le point de forcer leurs retranchements ; Achille restait inexorable. Le spectacle des malheurs des Grecs et des victoires des Troyens, non plus que les prières de ses amis, ne purent le fléchir. A la fin, pourtant, il se décida à remettre ses armes à Patrocle, son cher compagnon, et lui permit de marcher à l'ennemi avec ses troupes. Patrocle fut vaincu et tué de la main d'Hector. Ce malheur remplit de chagrin le bouillant Achille, qui jura de venger la mort de son ami.

Thétis, sa mère, lui fit don d'une armure nouvelle qui sortait des ateliers de Vulcain. Achille la revêtit et marcha au combat. Rien ne pouvait lui résister; les Troyens effrayés prirent la fuite au seul son de sa voix, et, dans leur épouvante, ils se jetèrent dans le Xanthe. Achille les y poursuivit et en tua un si grand nombre que le fleuve fut retardé dans son cours par les cadavres amoncelés. Le Xanthe irrité se soulève alors contre le héros victorieux; il appelle à son secours le Simoïs et toutes les rivières qui lui payent tribut, et une lutte surhumaine s'engage entre le fleuve et le fils de Thétis. Mais Vulcain arrive et, de la part de Junon, ordonne à tous ces fleuves de rentrer dans leur lit, afin de laisser Achille poursuivre ses succès contre les Troyens. Le fougueux guerrier, s'avançant jusque sous les murs de Troie, rencontre Hector, le meurtrier de son cher Patrocle. Le prince troyen n'ose se mesurer avec le plus vaillant des Grecs, et trois fois il fait le tour des murs de Troie pour éviter sa rencontre. Enfin, forcé de combattre, son courage ne se dément pas ; malgré tous ses efforts pourtant, il finit par succomber. Achille lui perça les talons, l'attacha avec une courroie à son char et le traîna trois fois autour des remparts d'Ilion.

Après cette atroce vengeance, le fils de Thétis vint rendre les honneurs funèbres aux mânes de Patrocle. Il lui éleva un grand bûcher, immola de sa main douze captifs et célébra des jeux magnifiques. La nuit suivante, sa tente fut témoin de l'une des scènes les plus déchirantes. On y vit entrer le roi Priam qui venait redemander en pleurant les restes inanimés de son fils Hector. Cet auguste vieillard se jeta aux pieds d'Achille, lui parla au nom de son père, et lui baisa la main en prononçant ces belles paroles : « Juge de mon malheur en me voyant baiser la main qui a tué mon fils ! » Achille avait juré de laisser le corps d'Hector sans sépulture et de l'abandonner en pâture aux chiens et aux oiseaux. Mais son cœur ne put être insensible aux larmes de Priam, et il remit à ce père malheureux les restes sanglants de son cher fils. Quelque temps après, Achille demanda en mariage à Priam sa fille Polyxène. Elle lui fut accordée ; mais, au moment où il allait l'épouser, Pâris, qui avait appris d'Apollon l'endroit où ce guerrier était vulnérable, le blessa au talon d'une flèche empoisonnée qui lui donna la mort Thétis vint avec une troupe de nymphes pleurer sur le corps de son fils ; les neuf Muses firent entendre leurs chants lugubres ; l'oracle de Dodone fit l'apothéose du guerrier, et les Grecs, après la ruine de Troie, immolèrent Polyxène sur son tombeau.

3. Prise de Troie. — Troie ne fut prise qu'à l'aide d'un stratagème. Les Grecs, lassés de combattre, firent construire un grand cheval de bois dans les flancs duquel ils cachèrent l'élite de leurs guerriers. Ils répandirent ensuite le bruit de leur départ et feignirent d'abandonner cette colossale machine qu'ils disaient être un présent offert à Minerve, pour obtenir du ciel un retour favorable. Les Troyens trompés firent tous leurs efforts pour introduire ce cheval dans leurs murs. Laocoon, fils de Priam et d'Hécube et prêtre d'Apollon et de Neptune, se douta de la perfidie des Grecs. Mais ses discours ne purent tirer ses concitoyens de leur aveuglement. Ils crurent même qu'en lançant sa javeline dans les flancs du cheval il avait commis une impiété, et que c'était pour l'en punir que deux serpents monstrueux, sortis de la mer, s'étaient jetés sur ses deux fils et l'avaient ensuite étouffé lui-même dans leurs replis tortueux. Les Troyens traînèrent donc à force de bras la fatale machine au sein de leur cité et commencèrent à se réjouir du départ des Grecs. Le traître Sinon, qui s'était fait passer pour un transfuge, ouvrit les flancs du cheval d'où une foule de valeureux guerriers sortirent tout armés. Les Troyens surpris virent leur patrie en feu avant d'avoir pu courir aux armes.

4. Du sort des Troyens. — Priam fut tué par Pyrrhus, fils d'Achille, sur l'autel de Jupiter qu'il tenait embrassé. Hécube, son épouse, devint le partage d'Ulysse, qui la reçut au nombre de ses captives. Elle fut conduite chez Polymnestor, roi de Thrace, le meurtrier de son jeune fils Polydore. Elle se vengea en lui faisant crever les yeux par des femmes troyennes pendant qu'elle-même exterminait ses enfants. Les poëtes ont dit que les dieux l'avaient métamorphosée en chienne, sans doute pour peindre les imprécations que, dans sa rage, elle vomissait contre les Grecs. Pâris, blessé par une des flèches d'Hercule que lui avait lancée Philoctète, eut en vain recours à la science de la nymphe Œnone qu'Apollon avait instruite de la vertu des plantes, il ne put guérir et mourut de sa blessure. Le pieux Énée, fils d'Anchise et de Vénus, après avoir vaillamment défendu Troie contre les Grecs, perdit Créuse, son épouse, dans le désordre qui accompagna le sac de la ville, et s'enfuit tenant son fils Ascagne par la main et portant sur ses épaules Anchise et ses dieux pénates. Il se retira sur le mont Ida, y construisit une flotte de vingt vaisseaux, côtoya la Grèce, la Thrace et l'Épire, et fut jeté par une tempête en Afrique, où Virgile suppose, grâce à un anachronisme de trois cents ans, qu'il vécut quelque temps à la cour de Didon qui venait de fonder Carthage. En

quittant ce séjour enchanté, une nouvelle tempête le jeta
en Sicile, où il célébra des jeux funèbres en l'honneur
d'Anchise. Il consulta la sibylle de Cumes et pénétra
avec elle dans les Enfers où il apprit ses destinées et
celles de sa postérité. Il fonda ensuite en Italie Lavi-
nium qui fut le berceau d'Albe et de Rome. Cet illustre
fondateur disparut dans un combat contre les Rutules,
et fut, dit-on, enlevé par Vénus. Virgile a chanté les
aventures d'Énée dans son admirable poëme de l'*Enéide*,
dans lequel il a rattaché Rome aux destinées fameuses
de la ville de Troie.

5. Du sort des Grecs. — Les Grecs ne furent guère
plus heureux que les Troyens. Agamemnon et sa postérité furent en proie aux calamités les plus terribles.
Agamemnon fut, à son retour, égorgé par Clytemnestre,
son épouse, qui avait conçu une passion criminelle pour
Égisthe qu'elle désirait faire couronner roi d'Argos.
Pour s'assurer la possession paisible de son trône usur-
pé, Égisthe médita la mort d'Oreste, fils d'Agamemnon.
Électre, sœur d'Oreste, déjoua ce complot en envoyant
secrètement son frère dans la Phocide, chez le roi Stro-
phéus, leur oncle. Oreste revint après douze ans d'exil et
tua de sa propre main Clytemnestre, sa mère, et Égisthe, son beau-père. L'horreur de ce parricide le tour-
menta sans cesse. Il consulta l'oracle à ce sujet, et
l'oracle lui répondit qu'il n'échapperait à ce tourment
qu'en allant dans la Tauride enlever la statue de Diane.
Pylade, son cousin et son ami, qui avait toujours partagé ses revers et sa fortune, le suivit dans cette grande
expédition. L'un et l'autre furent faits prisonniers en
Tauride, où l'on immolait, sur les autels de la déesse,
tous les étrangers qu'on saisissait. Mais comme on avait
décidé pourtant qu'un des deux seulement périrait, il y
eut entre eux un combat d'amitié pour savoir lequel don-
nerait sa vie pour son ami. Le sort tomba sur Oreste. Il
allait être immolé, lorsque Iphigénie, sa sœur, qui servait à
l'autel, le reconnut. Ils s'enfuirent ensemble, emportant
la statue de la déesse. Oreste épousa Hermione, fille

de Ménélas, et Pylade épousa Electre, sœur d'Oreste.

Dans le partage des esclaves, Pyrrhus ayant obtenu Andromaque, veuve d'Hector, la préféra à Hermione, son épouse. Oreste vengea cette princesse en le mettant à mort.—Diomède, à son retour de Troie, trouva ses États dans un tel désordre qu'il fut obligé de se réfugier avec ses compagnons chez Daunus, roi d'Apulie, où, dit la Fable, ils furent tous changés en hérons. — Idoménée, assailli par une violente tempête, promit à Neptune, s'il rentrait dans l'île de Crète, de lui offrir la première créature vivante qui se présenterait à lui. En arrivant, il aperçut son fils; il ne crut pas devoir être infidèle à son serment et le sacrifia. Les Crétois, indignés d'un tel forfait, le renversèrent du trône et le chassèrent de leur île. Idoménée fugitif alla se fixer sur les côtes de la grande Hespérie, où il fonda Salente. — Les deux Ajax eurent aussi l'un et l'autre des destinées fort tragiques. Le fils de Télamon, ayant disputé à Ulysse les armes d'Achille et ayant été vaincu par l'éloquence de son astucieux rival, devint furieux jusqu'à la folie. Il se jeta sur des troupeaux qu'il prit pour Ménélas et ses juges, et lorsqu'il reconnut sa méprise, il se perça de son épée. — Le fils d'Oïlée se vit à son retour assailli par une violente tempête, que Minerve souleva contre lui. Il parvint à se sauver sur un rocher, et dans son orgueil il s'écria : *J'en échapperai malgré les dieux*. Neptune, irrité de ce blasphème, fendit le rocher d'un coup de trident et engloutit le présomptueux guerrier.

6. Aventures d'Ulysse. — Mais le plus célèbre de tous les Grecs par ses aventures fut Ulysse, dont Homère nous a, dans l'*Odyssée*, raconté lui-même tous les périls. Aussitôt qu'il se fut embarqué pour regagner sa chère Ithaque, il fut battu par une tempête qui brisa plusieurs de ses vaisseaux. Les vents le poussèrent vers l'île africaine des Lotophages, dans laquelle se trouvaient des arbres dont les fruits délicieux faisaient oublier jusqu'au nom de leur pays à ceux qui en mangeaient. Les compagnons d'Ulysse eurent la témérité d'y toucher et suc-

combèrent sous leurs charmes. Ulysse eut mille peines
à les détacher de ces lieux et à les faire remonter sur
leurs vaisseaux. Dans cette seconde navigation, ils
éprouvèrent encore une tempête qui les jeta sur les côtes
de Sicile où habitaient les Cyclopes. Le plus célèbre
d'entre eux était le géant Polyphème. Il était fils de
Neptune, avait une taille élevée, un aspect hideux, et
son œil placé au milieu du front lançait la flamme
comme une fournaise. Le matin, il quittait son antre
pour mener paître ses nombreux troupeaux, et le soir,
quand il était rentré, il fermait sa caverne avec un bloc
immense de rocher. A son retour, il surprit Ulysse et
ses compagnons dans sa demeure. A leur vue, il fit éclater une joie féroce, saisit deux des compagnons d'Ulysse,
les brisa contre le roc et les dévora. Il recommença
le lendemain. Ulysse, s'approchant alors du géant, lui
offrit une coupe d'un vin délicieux. Polyphème la but à
longs traits, en demanda une nouvelle, et supplia Ulysse
de lui dire son nom. « Mon père et ma mère, lui dit Ulysse,
m'appellent *Personne*. — Eh bien ! reprit le Cyclope, en
récompense de tes services, je te mangerai le dernier. » A
peine eut-il prononcé ces mots qu'il s'endormit. Ulysse
profita de l'ivresse et du sommeil du monstre pour lui
crever l'œil avec un pieu durci au feu. Polyphème
poussa de grands cris. Ses sujets accoururent et lui demandèrent qui l'avait frappé. *Personne !* s'écria-t-il, *Personne !* Ils crurent qu'il avait perdu la raison et se retirèrent. Ulysse trouva moyen de sortir de la caverne en
se cachant ainsi que ses compagnons sous le ventre des
béliers dont la toison était la plus épaisse.

Dans l'île d'Æa, la magicienne Circé enchanta les
compagnons d'Ulysse et les changea en pourceaux. Le
roi d'Ithaque, aidé des conseils de Mercure, obligea cette
enchanteresse à rendre à ses compagnons leur forme
première et reprit le cours de ses voyages qui furent encore remplis d'aventures. Enfin, après vingt ans d'absence, il revit sa chère patrie. On le croyait mort depuis
longtemps et une foule de princes se disputaient la main

de Pénélope, sa fidèle épouse. Cette princesse avait d'abord renvoyé sa décision au jour où elle aurait achevé une tapisserie à laquelle elle travaillait depuis plusieurs années. Mais, pour gagner du temps, elle défaisait la nuit ce qu'elle avait fait le jour. Elle promit enfin sa main et sa couronne à celui qui se servirait de l'arc d'Ulysse et ferait passer une flèche à travers douze anneaux disposés à la suite l'un de l'autre. Ulysse, déguisé en mendiant, se mêla à la foule des prétendants. Il sollicita l'honneur d'entrer en lice, et sa flèche, après avoir traversé tous les autres, alla tomber au-delà du dernier anneau. Il se fit ainsi reconnaître. Télémaque, son fils, l'aida à détruire tous ses ennemis; il régna dès lors tranquillement.

7. Homère. L'Iliade et l'Odyssée. — La prise de Troie est l'événement le plus célèbre de toute l'antiquité. Il forme la limite entre les temps fabuleux et les temps demi-historiques, et il eut pour résultat d'ouvrir aux Grecs l'Asie Mineure, dont les côtes se couvrirent ensuite de leurs brillantes colonies. Il fournit le sujet des deux poëmes les plus beaux et les plus anciens de la Grèce, l'*Iliade* et l'*Odyssée*. L'*Iliade* roule sur un des principaux épisodes de cette guerre, la colère et la retraite d'Achille; l'*Odyssée* en décrit les derniers événements et raconte les aventures d'Ulysse pendant son retour de Troie à Ithaque.

Quoique leur auteur, Homère, soit le plus fameux des poëtes, rien n'est moins connu que sa vie. Sept villes, Cumes, Smyrne, Chio, Colophon, Pylos, Argos et Athènes, se disputaient l'honneur de lui avoir donné le jour. Quelques-uns supposent qu'il vécut au temps de la guerre de Troie, d'autres prétendent qu'il n'exista que longtemps après. Ses partisans lui ont composé la plus brillante généalogie : ils le font descendre d'Apollon et nous le représentent jouant dans son berceau avec neuf tourterelles et imitant le ramage de neuf espèces d'oiseaux. Ses détracteurs, au contraire, en ont fait un misérable obligé de mendier de ville en ville et recueillant dans ses voyages toutes les traditions populaires qui avaient alimenté le génie des poëtes qui avaient écrit avant lui sur la guerre de Troie. Plusieurs même prétendent que le nom d'Homère n'est qu'un symbole, et que les poëmes qu'on lui attribue ont été composés par plusieurs poëtes de divers pays et mis ensuite en ordre par des grammairiens.

Quoi qu'il en soit, il est certain que l'*Iliade* et l'*Odyssée* exercèrent sur l'éducation des Grecs l'influence la plus décisive et la plus heureuse. Le goût délicat et pur qui distingue Homère, et qui lui fit garder un juste milieu entre les extravagances fantastiques de l'Orient et la raison trop froide, trop positive des nations prosaïques, lui a mérité l'admiration de tous les siècles de lumière et de vraie civilisation. Ses chants s'emparèrent de l'imagination de tous ses concitoyens pour les conduire par une route enchanteresse vers le perfectionnement social. Sans se jeter dans de vagues moralités, il inspira à tous les Grecs un vif amour de la patrie, un grand respect pour l'unité nationale, et un véritable enthousiasme pour le courage et la valeur. Il embrassa en même temps la religion dans le cercle magique de sa poésie, et, par la peinture qu'il fit des dieux et de l'Olympe, il éloigna pour jamais les Grecs de toutes les vagues conceptions de l'Asie. Sa parole créa également les beaux-arts en leur traçant des modèles à reproduire; le Jupiter de Phidias n'était que le Jupiter d'Homère exprimé par le marbre. Tout l'avenir de la Grèce était comme en germe dans ses vers. Car, comme l'a dit un historien, en consacrant la généalogie des héros, il fonda le principe de la noblesse des races; en chantant les jeux de la lice, il donna du prix à la vigueur physique et à la force morale; et en célébrant les braves, il prépara les journées de Marathon et d'Arbelles.

8. Invasion des Doriens dans le Péloponèse (1104). — Parmi les princes qui contribuèrent à la ruine de Troie, les uns furent, comme nous l'avons vu, à leur tour, assaillis par les tempêtes et jetés dans des pays étrangers, les autres trouvèrent leurs trônes occupés par des usurpateurs, et ces deux causes amenèrent des guerres civiles extrêmement violentes. Alors les Doriens et les Héraclides descendirent tout à coup des montagnes où ils avaient été refoulés, et se précipitèrent sur ces royaumes divisés comme sur une proie. Les Héraclides envahirent l'Hémonie et l'appelèrent Thessalie du nom de Thessalus, un de leurs aïeux. Les Doriens, après avoir ravagé toute la Grèce centrale, se jetèrent sur l'île de Pélops. Pélasges, Égyptiens, Achéens, Phrygiens, toutes les peuplades enfin qui habitaient cette contrée furent complétement subjuguées. Les Eoliens de la Messénie et les Ioniens de l'OEgialus furent même obligés de se retirer dans l'Attique, où ils élurent pour roi Codrus. Les Doriens, craignant qu'ils ne tentassent un jour de reprendre les terres qu'ils venaient de leur abandonner, les poursuivirent jusque dans leur dernier asile. Mais le dévouement de Codrus, qui alla chercher la mort dans leurs rangs, pour assurer, d'après un oracle, la victoire à ses sujets, les effraya, et ils abandonnèrent leurs projets.

Cette conquête des Doriens détruisit tous les germes de civilisation qui s'étaient développés en Grèce depuis plusieurs siècles. Ils condamnèrent les vaincus à l'esclavage et en firent de misérables ilotes. Les Ioniens et les Eoliens, qui prirent la fuite devant eux, transportèrent dans l'Attique leurs arts et leurs sciences. Dès lors, une profonde divergence d'idées et de caractère sépara Sparte et Athènes. La cité dorienne resta sauvage, barbare, et se déclara ennemie des lettres, tandis que sa rivale fut au contraire le sanctuaire des sciences et des beaux-arts. Cependant le grand mouvement civilisateur qui, de la Grèce, s'étendit sur le monde entier, avait pris naissance dans les colonies. Là était toute la vie politique et intellectuelle des métropoles et le secret de leur puissance.

QUESTIONNAIRE.

1. Y eut-il plusieurs guerres de Troie? Quelle fut la plus célèbre? Pourquoi les Grecs prirent-ils les armes contre les Troyens? Quelles étaient les forces de leur armée? Quels furent leurs principaux chefs? Combien de temps dura le siège de Troie?

2. Comment se passèrent les neuf

premières années? Quelle fut l'occasion de la brouille d'Achille et d'Agamemnon? Racontez les exploits d'Achille. Quels honneurs rendit-il à Patrocle? Quelle fut son entrevue avec Priam? Comment mourut Achille?

3. Par quel stratagème les Grecs s'emparèrent-ils de la ville de Troie? Quel était l'avis de Laocoon? Pourquoi fut-il méprisé?

4. Quel fut le sort de Priam? — d'Hécube? — de Pâris? Que fit Énée? Quelles furent ses aventures? Où alla-t-il s'établir? Comment mourut-il?

5. Quels furent les malheurs d'Agamemnon? Que devint sa famille? Quel crime commit Oreste? Comment parvint-il à calmer les remords qui troublèrent sa conscience? Quel fut le sort de Pyrrhus? — de Diomède? — d'Idoménée? — des deux Ajax?

6. Qui a fait le récit des aventures d'Ulysse? Qu'arriva-t-il à ses compagnons dans l'île des Lotophages? Racontez leurs aventures en Sicile parmi les Cyclopes. Quels enchantements Circé opéra-t-elle sur les compagnons d'Ulysse? Comment ce roi rentra-t-il dans ses États? Que faisait Pénélope pour tromper les ambitieux qui l'obsédaient? Comment Ulysse se fit-il reconnaître.

7. Par qui la guerre de Troie a-t-elle été chantée? A quels poëmes a-t-elle donné lieu? Que sait-on sur Homère? Quelle fut l'influence de ses poëmes sur la civilisation grecque?

8. Que devinrent les chefs des Grecs après la prise de Troie? Que se passat-il dans l'intérieur de la Grèce? Où s'établirent les Doriens? Quelles furent les conséquences de leur conquête? Où se retirèrent les Ioniens et les Eoliens?

CHAPITRE IV

DES INSTITUTIONS DE LA GRÈCE PENDANT LES DERNIERS TEMPS. L'ORACLE DE DELPHES. LES AMPHICTYONIES. LES JEUX OLYMPIQUES.

RÉSUMÉ. — Le territoire de la Grèce étant très-morcelé, les nations qui s'y établirent furent naturellement très-divisées. Elles étaient toutes jalouses de leur indépendance, mais elles avaient des institutions communes qui entretinrent parmi elles une constante unité. Ces institutions étaient religieuses et politiques.

I. La religion, tout en reconnaissant un certain nombre de divinités, avait engendré des rites et des usages qui reliaient entre elles les différentes villes de la Grèce. Car, malgré la diversité de leur caractère, elles honoraient les mêmes dieux et célébraient les mêmes fêtes. Elles avaient confiance dans les mêmes oracles. C'était celui de Delphes qui était le plus consulté et on venait de tous les pays chercher ses arrêts. On vénérait aussi les mêmes mystères et ces institutions exerçaient partout la même influence.

II. Sous le rapport politique, il y avait aussi des institutions qui avaient pour but d'unir les cités entre elles. Les ligues amphictyoniques furent un des moyens les plus puissants pour entretenir l'esprit d'association. Les jeux publics y contribuèrent également et eurent l'avantage d'exciter entre toutes les cités une vive émulation qui favorisa le développement des arts et des lettres. Les plus remarquables furent les Jeux Olympiques, que l'on peut considérer comme la source féconde de la plupart des succès militaires et des progrès artistiques et littéraires de la Grèce.

---

§ Ier. — Des institutions religieuses. L'oracle de Delphes.

1. De la Religion. — Les dieux que nous avons fait connaître plus haut (ch. II) étaient honorés dans toute la Grèce. Ils avaient des temples dans toutes les villes et partout on leur offrait des sacrifices particuliers, selon le rite admis par leurs prêtres. A Jupiter on n'offrait que des chèvres, des brebis et des taureaux. Le premier jour de chaque mois on immolait à Junon une truie pleine, une jeune brebis, et on lui consacrait, parmi les oiseaux, l'épervier, le paon et l'oison. Dans des temples de Vesta on voyait brûler le feu sacré que les prêtresses devaient perpétuellement entretenir. On dédiait à Minerve l'olivier parmi les plantes, le coq et la chouette parmi les oiseaux, et le dragon parmi les reptiles. Diane voyait ses autels, comme ceux de Saturne, souillés par des sacrifices humains. Vénus ne recevait point de victimes sanglantes; on lui consacrait, parmi les fleurs, la rose; parmi les fruits, la pomme; parmi les arbres, le myrte; parmi les oiseaux, le passereau, le cygne, et surtout la colombe. Mars fut plus en honneur chez les Romains que chez les Grecs; le taureau et le bélier ensanglantaient ordinairement ses autels. Mercure avait pour agréables les langues des victimes, le lait et le miel, symbole de l'éloquence. Le bœuf et le cheval étaient réservés à Neptune. Les sacrifices offerts à Vulcain avaient ceci de particulier, c'est que la victime était entièrement consumée, sans qu'il en fût rien conservé pour le festin sacré. Enfin, on dédiait au grand

Apollon le palmier, l'olivier, le myrte, le laurier, le cyprès, la jacinthe, le tournesol et le lotos. Dans ses fêtes on lui offrait de l'orge et on brûlait en son honneur le laurier sacré.

2. Des demi-dieux et des héros. — La Grèce adorait aussi les demi-dieux, que l'on supposait nés d'un dieu et d'une mortelle, et les héros, qui étaient des hommes que l'on avait divinisés pour leurs exploits ou pour les services qu'ils avaient rendus à l'humanité. Comme on croyait qu'après leur mort ces hommes extraordinaires s'intéressaient encore à ce qui se passait sur la terre, on vénérait leur mémoire. Mais il y avait cette différence entre le culte des dieux et celui des héros, que ce dernier consistait en cérémonies funèbres où l'on rappelait leurs vertus et leurs actions, tandis que l'autre exigeait des libations et des sacrifices.

3. Des fêtes religieuses. — La plupart de ces grandes divinités jouissaient d'un culte universel, et leurs fêtes étaient célébrées dans toutes les cités de la Grèce. Jupiter était adoré non-seulement par les Grecs, mais encore par un grand nombre d'autres nations. Il avait des temples dans la Lybie et l'Égypte, et on lui avait donné une quantité infinie de surnoms empruntés soit aux fonctions qu'il exerçait, soit aux lieux où il présidait. Le culte de Junon était très-répandu et la pompe la plus extraordinaire y présidait; il existait en Asie et en Afrique, comme en Europe; mais ses temples les plus splendides furent ceux de Samos, Argos, Carthage et Rome. Vesta dut spécialement sa célébrité à Numa, second roi de Rome, qui exalta beaucoup son culte, transporté en Italie par Énée. Les *Panathénées* et les mystères d'Éleusis étaient les grandes fêtes où l'on honorait Minerve et Cérès à Athènes. La cruelle Diane, particulièrement vénérée par les habitants de la Tauride, avait un grand nombre de temples, dont le plus renommé fut celui d'Éphèse. Gnide, Paphos, Amathonte et Cythère honoraient Vénus d'un culte particulier. Elle fut la divinité principale des Corinthiens, comme Mars était le dieu des Romains. Neptune et Apollon avaient partout des autels vénérés, mais ce dernier était renommé par ses oracles dans un grand nombre de villes.

4. Des oracles. — Les Grecs attachaient une grande importance aux oracles. Dans le premier âge du monde, la divinité, comme l'attestent nos livres saints, s'était mise souvent en rapport direct avec les hommes. Les prêtres et les prêtresses des idoles exploitaient au profit de leur puissance la foi que le peuple avait dans ces communications célestes. Ils se dirent inspirés par le Dieu qu'ils servaient et se mirent à faire des prédictions. Chaque dieu avait ses oracles. Ainsi Jupiter avait les siens à Dodone, Olympie, Ammon et en Crète; Mars, dans la Thrace; Mercure, à Patros; Esculape, à Épidaure; Minerve, à Mycène; Hercule, à Athènes; Pan, en Arcadie; Apollon, à Delphes, à Claros, à Héliopolis et à Patare, etc. On consultait les dieux non-seulement sur les affaires publiques, mais encore sur tous les événements de la vie privée. Tantôt on les interrogeait sur l'avenir, tantôt sur un fait accompli dont on voulait connaître la signification ou la cause. Les prêtres usaient de ruse pour se tirer des difficultés que présentaient les questions qu'on leur adressait. Souvent leurs réponses étaient vagues, obscures, ambiguës, et comme on pouvait les entendre en divers sens, on ne manquait pas de les trouver toujours véridiques. D'autres fois elles décidaient elles-mêmes de l'événement qu'elles annonçaient. Car quand il s'agissait d'une bataille, si l'oracle promettait la victoire, on allait à l'ennemi avec confiance et courage et on réussissait par là même qu'on avait l'assurance de vaincre. Au contraire, si l'oracle avait annoncé un revers, on était à l'avance découragé et on était par là même vaincu avant d'en être venu aux mains.

5. De l'oracle de Delphes. — Un des oracles les plus célèbres fut celui d'Apollon à Delphes. Il s'était établi dans une grotte d'où s'étaient primitivement exhalées des vapeurs malsaines. Des chèvres s'étant approchées du rocher dont les fissures laissaient échapper des gaz extraordinaires, on avait remarqué qu'elles avaient été saisies de convulsions étranges. Des habitants du bourg voisin, s'étant arrêtés au même endroit, éprouvèrent une espèce de vertige et prononcèrent dans leur délire des paroles obscures qu'on prit pour des prédictions. On prétendit que les vapeurs de cette grotte étaient un souffle de la divinité et on y établit un oracle.

La prêtresse qu'on appelait Pythie, ou Pythonisse, montait sur un trépied pour rendre ses arrêts au nom d'Apollon. Aussitôt qu'elle était assise sur son siége, elle agitait le laurier fatal pour appeler l'inspiration du dieu. Sa bouche devenait écumante, ses cheveux se hérissaient et elle laissait tomber de ses lèvres les paroles fatidiques que l'on recueillait comme l'expression de la pensée du dieu.

On venait de tous les pays de la Grèce consulter l'oracle de Delphes sur toutes les questions qui divisaient les villes ou les particuliers. Chacun lui offrait des présents pour se le rendre favorable et son temple devint un des plus beaux de la Grèce, et la ville de Delphes une des cités les plus florissantes du monde. Cet oracle aurait pu rendre de grands services, si dans ses décisions il s'était inspiré de l'intérêt général de la nation. Mais l'intérêt particulier l'emporta presque perpétuellement chez la prêtresse sur le bien public, et elle excita les rivalités des villes les unes contre les autres, plutôt que de maintenir l'union et la paix entre elles. Dans la lutte de Philippe contre les Grecs, la Pythie abandonna la cause nationale pour soutenir le roi de Macédoine. Ses prédictions tombèrent dans le plus grand discrédit lorsqu'on reconnut qu'elles étaient vénales et on ne craignait pas de dire que l'or du Macédonien la faisait *philippiser*.

6. Des devins. — Indépendamment des oracles il y avait encore les devins qui avaient beaucoup de vogue. Les devins avaient la réputation de connaître l'avenir. Les plus célèbres furent Tirésias, Amphiaraüs et

Calchas. Tirésias était né des dents du serpent tué par Cadmus au temps de la conquête de la *toison d'or*. Il avait reçu de Jupiter la science de l'avenir, et il vécut au delà de la durée de cinq âges d'homme. Amphiaraüs était fils d'Apollon et d'Hypermnestre et se distingua dans les guerres de Thèbes. Jupiter le foudroya et le fit entrer avec son char dans les entrailles de la terre. Calchas, qui devait à Apollon la connaissance du passé, du présent et de l'avenir, fut le devin des Grecs au siége de Troie. Ils n'entreprenaient rien que par son ordre, et son caractère prophétique le rendait maître des événements. Il mourut pour n'avoir pu deviner des énigmes que lui avait proposées un autre devin appelé Mopsus.

7. Des mystères. — Le plus grand tort des prêtres païens fut de renfermer dans le secret de leur sanctuaire la science des vérités primitives. Pour maintenir leur puissance et rendre le peuple esclave de leurs caprices, ils eurent deux doctrines : l'une *ésotérique* ou intérieure, et l'autre *exotérique* ou extérieure. La doctrine exotérique était cette doctrine grossière, remplie de superstitions et d'absurdités, qu'on enseignait au peuple. La doctrine ésotérique n'avait pas conservé, il est vrai, toute la pureté des anciennes traditions. Elle avait été défigurée par le magisme et ses pratiques, ainsi que par les théories nuageuses et spéculatives des prêtres philosophes ; mais elle était plus voisine de la vérité et renfermait même des dogmes très-élevés. C'était elle qu'on dévoilait dans les *mystères*. La première loi de ces mystères était le secret le plus absolu ; il a toujours été si bien gardé, que l'érudition la plus patiente et la plus profonde n'a pas encore pu satisfaire son avide curiosité, en cherchant ce qui s'y passait. A Eleusis se trouvaient les mystères de Cérès et de Proserpine, qu'on a toujours considérés comme les plus célèbres de la Grèce. Les Athéniens s'y firent initier, lorsqu'ils se furent rendus maîtres de ce pays. Les philosophes, les guerriers, les littérateurs et tous les grands hommes ambitionnèrent l'honneur d'y être reçus. Ces mystères se célébraient chaque année et duraient quinze jours. Pendant ce temps, on ne pouvait arrêter personne, ni présenter aucune requête en justice.

Il nous semble impossible d'ajouter foi à la description qu'on a faite des cérémonies et des épreuves de l'initiation. Nous ne voyons dans ce tableau qu'un récit poétique, imaginé à plaisir pour environner d'un certain air de grandeur des mystères déjà si profonds. Nous nous contenterons de donner les noms de ceux qui remplissaient quelques fonctions importantes dans cette cérémonie. Celui qui y présidait portait le nom d'*hiérophante* ou révélateur des choses sacrées, et vivait dans le célibat le plus austère; le second ministre était appelé *dadouche* ou porte-flambeau; le troisième *héryx* ou chef des hérauts sacrés, et le quatrième *épibôme*, parce qu'il servait à l'autel. Il y avait encore au-dessous de ces prêtres du premier rang plusieurs officiers inférieurs, tels que l'*archonte-roi*, qui faisait des prières et des sacrifices, et les *épimélètes* ou administrateurs, qui étaient choisis par le peuple.

Les savants sont partagés à l'égard de l'influence morale de ces mystères. Les uns prétendent qu'ils ne servaient qu'à voiler des obscénités, et les autres soutiennent au contraire qu'ils révélaient aux initiés les doctrines les plus pures et les plus consolantes. Il nous paraît que pour accorder ces opinions et se rendre compte de tous les témoignages contradictoires qu'on trouve à ce sujet dans les auteurs de l'antiquité, il faut distinguer différentes époques. Dans le commencement les mystères ne renfermant, à notre avis, que des doctrines révélées à l'homme par Dieu, ils devaient contribuer aux progrès de la civilisation, en inspirant le goût de la vertu aux initiés. C'est ce qui explique comment Cicéron a pu, d'accord avec Platon et avec les hommes les plus instruits de la Grèce, en faire un si magnifique éloge, en les appelant le plus grand des bienfaits qu'Athènes ait reçus, parce qu'ils enseignèrent aux Athéniens non-seulement à vivre heureux, mais à mourir tranquilles, en se confiant dans un plus bel avenir. L'hymne d'Orphée qu'on y chantait est un acte de foi aux vérités les plus sublimes. Mais, à mesure qu'on s'éloigna des temps anciens, l'enseignement primitif s'obscurcit, la morale s'altéra et les plus grands désordres souillèrent le sanctuaire. C'est pourquoi les Pères de l'Église, et particulièrement Clément d'Alexandrie, nous font une peinture si effrayante des horreurs qui se commettaient dans ces initiations monstrueuses.

QUESTIONNAIRE.

1. Quels sacrifices offrait-on aux dieux? Comment leur culte unissait-il les différentes cités de la Grèce?

2. Qu'appelait-on demi-dieux? — héros? D'où est venu le culte des héros? Quelle différence y avait-il entre ce culte et celui des dieux?

3. Quelles étaient les fêtes qui se célébraient dans toute la Grèce? Où adorait-on principalement Jupiter? — Junon? — Minerve et Cérès? — Diane? — Vénus?

4. D'où est venue la coutume de consulter les oracles? Quel était le caractère de leur réponse? Comment se discréditèrent-ils?

5. Quel fut le plus célèbre des oracles? Comment s'établit-il? Comment la Pythie rendait-elle ses oracles?

6. Que faisaient les devins? Quels furent les plus célèbres?

7. Quel fut le plus grand tort des prêtres? Que se passait-il dans les mystères? Quels étaient les plus célèbres? Quelles étaient les fonctions des prêtres qui y figuraient? Quelle fut l'influence des mystères?

---

§ II. — Institutions politiques. Les amphictyonies; les jeux olympiques.

1. Des amphictyonies. — Sous le rapport politique, le premier besoin qui se fit sentir à la Grèce divisée fut un besoin d'unité. Elle comprit que jamais elle ne pourrait jouer un rôle comme nation, si elle ne se faisait respecter au dehors, en unissant fortement les petits États qui la partageaient. Amphyction, fils de Deucalion, fut le premier qui proposa aux diverses tribus de se liguer pour se défendre contre les attaques de leurs voisins. On applaudit à son dessein; le bourg d'Anthela fut le lieu de réunion des assemblées; on promulgua des lois générales appelées amphictyoniques, pour régler le but et les conditions de cette ligue, et on offrit des sacrifices communs à Cérès pour faire de la divinité et de la religion le centre et le lien de la confédération. Cette première ligue ne comprenait que douze peuplades ; mais bientôt on en forma cinq autres sur le même modèle. Leur siége fut à Delphes, à Oncheste en Béotie, dans l'île d'Eubée, à l'isthme de Corinthe et à Calaurie.

Ces ligues donnèrent naissance à de grandes confédérations, et contribuèrent à la prospérité de la Grèce, en prévenant les guerres intestines et en rendant la nation formidable au dehors. L'esprit d'association se développa considérablement pendant la période héroïque, et les grands hommes qui parurent alors le favorisèrent de toute la puissance de leur génie.

2. Des jeux publics. — C'est dans ce but que furent institués les jeux publics. Les plus célèbres étaient les *jeux pythiques*, *néméens*, *isthmiques* et *olympiques*. Les jeux *pythiques*, établis en l'honneur de la victoire d'Apollon sur le serpent Python, durent leur origine aux amphictyons qui les fondèrent après la guerre sacrée contre les habitants de Cirrha et de Crissa. On les célébrait tous les cinq ans, et on couronnait de lauriers les vainqueurs. Les jeux *néméens* se tenaient près de la forêt de Némée ; ils acquirent de l'importance après la défaite des Perses. Le but de leur institution était de rappeler le souvenir des guerriers morts pour le salut de la patrie. Celui qui les présidait portait des habits de deuil et récompensait les athlètes victorieux avec des couronnes d'ache mortuaire. D'après quelques auteurs, ils se célébraient tous les trois ans, mais le plus grand nombre croient qu'ils n'avaient lieu que tous les cinq ans. Les jeux *isthmiques*, qui doivent leur nom à l'isthme de Corinthe, où on les célébrait, eurent tant d'éclat, qu'ils survécurent à la ruine de Corinthe elle-même. Il y avait une si grande affluence, qu'on ne pouvait y placer que les principaux membres de la Grèce. On y disputait successivement le prix de la lutte, de la course, du saut, du disque et du javelot. C'est ce qu'on appelait le *pentathle*. D'après Plutarque, il y avait aussi des combats de musique et de poésie : on décernait aux vainqueurs des guirlandes de feuilles de pin.

3. Des jeux olympiques. — Mais les plus célèbres de tous les jeux de la Grèce furent les jeux *olympiques*. Hercule Idéen les inventa, et voulut qu'ils fussent célébrés tous les cinq ans pendant cinq jours. On supposait que Jupiter et Saturne y avaient ensemble combattu à la lutte, que Mercure y avait remporté le prix de la course, Mars celui du pugilat, et qu'Apollon s'y était signalé par son adresse. On interrompit ces jeux jusqu'au temps de Pélops, qui les fit représenter en l'honneur de Jupiter. Ils furent encore négligés après lui jusqu'à Iphitus, législateur de Sparte, qui les rétablit en 884, pour faire cesser une peste qui désolait toute la Grèce. On convint alors de les célébrer tous les quatre ans pendant cinq jours. Comme on gravait sur une table de marbre les noms des vainqueurs, un historien eut l'idée de fonder sur cette base la chronologie, et son système fut si universellement adopté, que les Grecs ne comptèrent que par *olympiades*. Dans ces jeux, on donnait des prix pour la course, le saut, la lutte, le jet du disque et du dard. Il y avait la course des chars, la course des chevaux, la course des gens armés. Le lieu où l'on courait était une arène de 800 pieds de long qu'on appelait *stade* et qui servit de mesure de distance aux Grecs. Le vainqueur ne recevait qu'une couronne d'olivier, mais à Sparte on lui confiait un grade distingué dans les armées, et à Athènes il avait droit de se placer au prytanée à côté des magistrats. Les Éléens avaient la présidence des jeux, et le nombre des juges fut réduit à dix, à cause des dix tribus qui partageaient l'Élide. Pendant ces jeux, toutes les inimitiés, toutes les guerres cessaient. C'était une sorte de trêve religieuse qui rappelle la *trêve de Dieu* au moyen âge. On ne peut dire tous les avantages que la religion et l'État en tirèrent.

Une disposition générale à diriger ce qui n'était qu'un divertissement vers un but d'éducation intellectuelle, et à convertir les amusements publics en une récréation pour l'esprit, fit bientôt, dit Cantu, associer aux exercices du corps la musique et la poésie. Alcibiade conduisait à Olympie six chars dans un jour ; Pythagore y discutait au milieu des lutteurs ; les princes éloignés y envoyaient leurs chevaux pour remporter le prix de la course ; peintres et sculpteurs y exposaient au jugement du public, les uns leurs tableaux, les autres leurs statues ; Hérodote y lisait son histoire ; Pindare et Corinne y disputaient le prix de la poésie ; Eschyle, Sophocle, Euripide, y représentaient leurs tragédies ; les orateurs y prononçaient leurs harangues ; les grands hommes y jouissaient de leur gloire ; Thémistocle y obtint sa plus douce récompense, et Platon y eut un avant-goût de son immortalité.

QUESTIONNAIRE.

1. En quoi consistaient les amphictyonies? Quel était leur but? Quel fut le résultat de ces confédérations?

2. Dans quel but institua-t-on les jeux publics? Où se tenaient les jeux pythiques ? — néméens ? — isthmiques?

3. Quels furent les jeux les plus célèbres de la Grèce? Par qui furent-ils institués? Quels prix y décernait-on? Qui les présidait? Quelle fut leur influence sur le développement de la civilisation? Qu'a-t-on appelé olympiades ?

CHAPITRE V

GÉOGRAPHIE POLITIQUE DE LA GRÈCE A L'ÉPOQUE DES GUERRES MÉDIQUES. COLONIES GRECQUES EN ASIE. LE COMMERCE ET LES ARTS EN IONIE (1).

RÉSUMÉ. — Avant les guerres médiques, Sparte domine sur la Grèce méridionale ou Péloponèse, et Athènes sur l'Hellade et la Grèce centrale, mais la suprématie de ces deux cités n'empêcha pas ce pays d'être divisé en plusieurs petits États.

I. La Grèce septentrionale renfermait deux grands États, la Thessalie et l'Épire.

La Thessalie était divisée en cinq contrées : la *Pélasgiotide*, l'*Histiæotide*, la *Thessaliotide*, la *Phtiotide* et la *Magnésie*.

1. Voyez dans notre atlas la carte de la *Grèce*.

L'Épire en comprenait quatre : la *Chaonie*, la *Thesprotie*, le pays des *Molosses* et l'*Athamanie*.

La Grèce centrale renfermait sept États principaux : l'*Acarnanie*, l'*Étolie*, la *Locride*, qui se divisait en deux parties, la Locride occidentale et la Locride orientale, la *Phocide* et la *Doride*, la *Béotie*, la *Mégaride* et l'*Attique*.

On en comptait huit dans le Péloponèse : la *Corinthie*, la *Sicyonie*, et l'*Achaïe*, qui furent comprises toutes les trois d'abord sous le nom d'*Egialée*, et plus tard sous celui d'Achaïe, l'*Élide*, l'*Arcadie*, l'*Argolide* qui comprenait le royaume d'*Argos*, celui de *Mycènes*, l'*Épidaurie*, la *Trézénie* et l'*Hermionide*, la *Laconie* et la *Messénie*.

II. Le territoire de la Grèce était trop étroit pour contenir sa nombreuse population. C'est pour ce motif que dans tous les temps elle envoya au dehors de nombreuses colonies. Ainsi les Pélasges, dans les temps les plus anciens, les Argonautes, les guerriers qui allèrent au siége de Troie dans les temps héroïques, les invasions des Doriens furent la source d'autant d'émigrations. Ces émigrations prirent des directions différentes, et à l'époque où nous sommes arrivés, la Grèce possédait des colonies dans toutes les parties du monde connu des anciens.

Elle en avait en Asie sur la côte occidentale de l'Asie Mineure. C'est là que s'étaient établis les Ioniens et les Éoliens à la suite de l'invasion des Doriens, et plus tard les Doriens eux-mêmes. Ces colonies en formèrent elles-mêmes d'autres ; c'est ainsi que Milet couvrit de ses établissements la Propontide et les côtes du Pont-Euxin.

En Europe, des colonies grecques s'établirent dans l'Italie où elles formèrent dans le midi la Grande-Grèce, dans la Sicile et dans la plupart des îles de la Méditerranée, dans le midi de la Gaule et sur le littoral oriental de l'Espagne.

Il y en eut moins en Afrique ; ils se contentèrent de quelques entrepôts dans le nord de l'Égypte et dans la Cyrénaïque.

Parmi ces tribus, les Ioniens se distinguèrent par leur industrie et leur commerce et par l'éclat de leur civilisation. C'est d'Ionie que sont sortis les poëtes les plus anciens, les premiers prosateurs, les peintres, les sculpteurs et les architectes qui ont donné à l'art son premier essor.

§ Ier. — Divisions politiques de la Grèce.

1. Division générale. — La Grèce est naturellement divisée en trois grandes parties, comme nous l'avons déjà dit : la Grèce septentrionale, la Grèce centrale et la Grèce méridionale.

2. Des principales provinces de la Grèce septentrionale. — Dans la Grèce septentrionale on ne distinguait que deux grands États : la *Thessalie* à l'est, et l'*Épire* à l'ouest.

La *Thessalie* occupait un vaste bassin formé au nord par les monts Olympe et Cambuniens qui la séparaient de la Macédoine, à l'ouest par le Pinde qui la séparait de l'Épire, et au sud par le mont OEta qui la séparait de la Phocide. Ce bassin offrait une multitude de vallées extrêmement fertiles où l'on nourrissait une quantité considérable de bestiaux. Les chevaux thessaliens étaient surtout fort estimés. Tout ce pays était divisé en cinq cantons : la *Pélasgiotide* au nord, l'*Histiæotide* à l'ouest, la *Thessaliotide* au centre, la *Phtiotide* au sud et la *Magnésie* à l'est.

La *Pélasgiotide*, ainsi nommée des Pélasges, une des colonies les plus anciennes de la Grèce, comprenait la Perrhébie, et avait pour capitale *Larisse*, où régnait Achille. L'*Histiæotide*, située vers la partie supérieure du Pénée, avait pour capitale *Tricca* (Tricala) sur la rive gauche de ce fleuve.

La *Thessaliotide*, ou la Thessalie proprement dite, occupait le centre de cette contrée, et avait pour ville principale *Pharsale*, qui devait être plus tard témoin de la défaite de Pompée par César. La *Phtiotide* était occupée par la nation des *Maliens*, qui donna son nom au golfe *Maliaque*. Phères en était la capitale. Enfin la *Magnésie*, qui s'étend le long des côtes de la mer Égée, avait pour capitale *Magnésie* et pour villes principales *Iolchos*, la patrie de Jason, et *Pagasæ* sur le golfe Pélasgique, où fut fabriqué le navire monté par les Argonautes.

L'*Épire*, dont le nom grec ('Ήπειρος) signifie *continent*, fut ainsi nommée par opposition à l'île de Corcyre qui se trouve en face. Elle avait pour bornes au nord l'Illyrie, à l'est le Pinde, qui la séparait de la Thessalie, au sud le golfe d'Ambracie et l'Étolie, à l'ouest l'Adriatique et la mer Ionienne. Son sol, couvert de montagnes, n'était presque pas cultivé. D'abondants pâturages faisaient la richesse du pays. Les chevaux de cette contrée n'étaient pas moins célèbres que ceux de la Thessalie.

Tout ce pays était divisé en quatre cantons : au nord les *Chaones* et les *Atintans*, qui ne faisaient qu'une même province sous le nom de Chaonie ; au sud, la *Thesprotie* ; au centre, le *pays des Molosses*, qui comprenait la *Molosside* et l'*Hellopie* ; et à l'est, l'*Athamanie*.

La *Chaonie*, traversée par les monts Acrocérauniens, avait pour capitale *Chimæra*, qui porte encore aujourd'hui le même nom. La *Thesprotie*, arrosée par l'Achéron, avait pour ville principale *Buthrote* (Butrinto) et *Ambracie*, qui a donné son nom au golfe qui se trouve au sud de l'Épire. Le pays des Molosses avait pour capitale *Passaro* (Passaron). Ses rois s'établirent ensuite à *Ambracie*, et la ville la plus célèbre, non-seulement de cette province, mais encore de tout l'Épire, fut *Dodone*, qui était environnée d'une forêt dont les chênes passaient pour rendre des oracles. L'*Athamanie*, qui s'étendait à l'est, le long de la chaîne du Pinde, n'offrait aucune ville bien remarquable.

3. Des principaux États de la Grèce centrale. — La Grèce centrale ou l'Hellade, qui s'étendait depuis la chaîne de l'Œta et du Pinde jusqu'à l'isthme de Corinthe, renfermait sept principaux États : l'*Acarnanie*, l'*Étolie*, la *Locride*, la *Phocide* et la *Doride*, la *Béotie*, la *Mégaride* et l'*Attique*.

L'*Acarnanie*, la contrée la plus occidentale de la Grèce proprement dite, était bornée à l'ouest et au sud par la mer Ionienne, à l'est par l'Achéloüs, qui la séparait de l'Étolie, et au nord par le golfe d'Ambracie. *Stratos*, ville aujourd'hui ruinée, était sa capitale. Elle formait une confédération presque toujours en guerre avec les Étoliens ses voisins.

L'*Étolie* était bornée à l'ouest par l'Achéloüs qui la séparait de l'Acarnanie, au sud par le golfe de Corinthe, à l'est par la Doride et la Locride, au nord par la Thessalie. C'était une des plus grandes contrées de la

Grèce, mais son sol n'était pas cultivé, et ses habitants étaient des barbares habitués à vivre de rapines et de brigandages. *Thermus* en était la capitale. Cette ville est actuellement ruinée.

La *Locride* était divisée en deux parties par la Phocide, la Locride *occidentale* et la Locride *orientale*. — La Locride occidentale, qu'on appelait la Locride *Ozolienne* (puante), parce que les habitants se vêtaient de peaux de chèvres non tannées, s'étendait au nord du golfe de Corinthe, depuis le promontoire *Anti-Rhium* à l'ouest jusqu'au golfe de *Crissa* à l'est. Sa capitale était *Naupacte* (Lépante), près du golfe de ce nom sur lequel elle possédait un port très-remarquable. — La Locride orientale, située au nord-est, vers le golfe Maliaque, se divisait elle-même en deux parties, la Locride *Epi-Cnémidienne* et la Locride *Opuntienne*. Les Locriens *Epi-Cnémidiens* occupaient la partie septentrionale, et leur surnom venait du mont *Cnémis* qui les séparait des Locriens Opuntiens. Ils avaient pour villes principales *Thronium* à l'est, sur le petit fleuve Boagrius, et *Cnémides* près de la mer, au pied du mont Cnémis. Les Locriens *Opuntiens*, placés au sud, devaient leur surnom à la ville d'Oponte, leur capitale.

La *Phocide* et la *Doride* étaient situées entre les deux Locrides qui les bornaient à l'est et à l'ouest ; du côté du nord elles touchaient à la Thessalie, et du côté du sud au golfe de Corinthe. La Doride renfermait seulement quatre petites villes qui n'eurent jamais d'importance. Dans la Phocide proprement dite on remarquait *Delphes*, bâtie sur la pente du mont Parnasse et célèbre par ses oracles ; *Anthela*, près du défilé des Thermopyles, bourg célèbre parce qu'il fut le siége du premier conseil amphictyonique ; et *Crissa*, le port et l'arsenal de Delphes, sur la partie du golfe de Corinthe appelée *Crisseus sinus* (baie de Salone).

La *Béotie* était située au sud-est de la Phocide. Le mont Cithéron la séparait de l'Attique, et elle se trouvait resserrée par la mer entre le golfe de Corinthe, qu prenait le nom de *mer des Alcyons*, et le canal de l'Eubée. Cette contrée était très-fertile quoiqu'elle fût couverte de montagnes, de lacs et de marais. Nous avons déjà cité le lac *Cupaïs*, dont les eaux stagnantes rendaient l'air épais et brumeux, ce qui contribuait, disaient les anciens, à rendre les Béotiens lourds et grossiers. En dépit de cette réputation que les Athéniens firent aux Béotiens, cette contrée n'en eut pas moins la gloire de produire beaucoup de grands hommes et de jouer un rôle brillant dans les affaires de la Grèce. *Thèbes*, fondée par le Phénicien Cadmus, en était la capitale. Parmi ses autres villes on remarque *Chéronée*, la patrie de Plutarque, célèbre par la victoire de Philippe sur les Athéniens ; *Orchomène*, qui disputa dans les temps anciens la prééminence à la ville de Thèbes ; *Platée*, où fut défaite l'armée des Perses commandée par Mardonius ; *Leuctres*, bourgade qu'Épaminondas a rendue célèbre par sa victoire sur les Lacédémoniens ; et le port magnifique d'*Aulis*, où les Grecs sacrifièrent Iphigénie avant de partir pour le siége de Troie.

La *Mégaride* n'était qu'une petite contrée qui n'avait pas plus de trente-six kilomètres de long sur vingt de large. Elle occupait l'isthme de Corinthe, qui joint le Péloponèse au reste de la Grèce. Sa position la rendait très-importante, et c'est pour ce motif qu'elle eut de si longues guerres à soutenir contre les Athéniens. Elle avait pour capitale *Mégare*, près du golfe ou de la mer Saronique. On remarquait au sud-ouest, sur la côte, les *rochers Scironides*, d'où le brigand Sciron précipitait les voyageurs dans la mer.

L'*Attique* comprenait la péninsule montueuse qui termine la Grèce centrale, et qui va en se rétrécissant jusqu'au promontoire de *Sunium*. Elle était environnée à l'ouest, au sud et à l'est par le golfe Saronique et la mer de Myrthos. Au nord le mont Cythéron la séparait de la Béotie. Son territoire était divisé en trois parties : la *Diacrie*, ou région montagneuse; le *Pédion*, ou la plaine ; et la *Paralie*, ou le rivage. Chacune de ces parties était subdivisée en cantons ou *dèmes*. L'Attique ne renfermait qu'une seule ville considérable, c'était *Athènes*. Elle était dominée par l'*Acropolis*, sa citadelle, et elle avait trois ports sur la mer Saronique, celui du *Pirée*, celui de *Munichie* et celui de *Phalère*. Périclès les fit fortifier et les entoura de murailles. Hors d'Athènes on remarquait les *jardins de l'Académie*, du *Cynosarge* et du *Lycée*, destinés aux promenades et aux exercices des jeunes gens.

Parmi les lieux auxquels se rattachent des souvenirs historiques nous citerons *Eleusis*, qui communiquait avec Athènes par la *voie sacrée*, et où l'on célébrait les grands mystères de Proserpine et de Cérès, et le bourg de *Marathon*, immortalisé par la victoire des Athéniens sur les Perses.

4. Des principaux États de la Grèce méridionale ou du Péloponèse. — Le Pélopouèse avait d'abord été appelé *Apis*, du nom d'Apis, roi de Sicyone. Il reçut ensuite le nom de *Pélasgie*, parce que les Pélasges s'y étaient établis ; et enfin, après l'invasion de Pélops, on l'appela *Péloponèse* ou île de Pélops. Cette dernière dénomination lui est restée pendant toute la durée du monde ancien. Cette partie de la Grèce était divisée en huit États principaux : la *Corinthie*, la *Sicyonie*, l'*Achaïe*, l'*Élide*, l'*Arcadie*, l'*Argolide*, la *Laconie* et la *Messénie*.

La *Corinthie* occupait la partie occidentale de l'isthme qui unit la Grèce méridionale à la Grèce centrale. *Corinthe* en était la capitale. Cette ville avait deux ports considérables, le port de *Léchée*, sur le golfe de Corinthe, et celui de *Cenchrée*, sur le golfe Saronique. Ces deux ports la rendaient très-riche et très-commerçante, et elle devait son importance politique aux jeux Isthmiques, qui se célébraient tous les quatre ans sur son territoire en l'honneur de Neptune.

La *Sicyonie* était située à l'ouest de la Corinthie. Elle tirait son nom de Sicyone, sa capitale, qui avait sur le golfe de Corinthe un port assez fréquenté. Elle eut la gloire de posséder des écoles de sculpture et de peinture très-célèbres. C'était la patrie des sculpteurs Polyclète et Lysippe, et des peintres Pausanias et Thimanthe.

L'*Achaïe*, située à l'extrémité nord-ouest du Péloponèse, avait pour ville principale *Ægium*, où se tenaient les États d'Achaïe, *Patra* (Patras), et *Dyme*, ou la ville *occidentale*, ainsi nommée à cause de sa position.

Ces trois contrées avaient été d'abord réunies sous le nom d'*Egialée*, et elles obéissaient au même chef. Avant la guerre de Troie, Agamemnon en était le roi. Plus tard elles furent encore réunies, mais sous le nom général d'*Achaïe*.

L'*Élide*, située au sud-ouest de l'Achaïe, jouait un grand rôle dans l'ancienne Grèce, parce que les *jeux Olympiques* se célébraient sur son territoire à *Olympie*. Les habitants de l'Élide avaient seuls le droit de présider à cette solennité. Sans ce privilége, cette contrée eût été peu importante. Elle n'avait pas plus de 48 kilomètres de long, et ne possédait pas d'autres villes que celle d'*Elis* sur le Pénée, et celle de *Pise* sur l'Alphée.

L'*Arcadie*, placée au centre du Péloponèse, était un pays couvert de montagnes. Ses habitants étaient simples et paisibles, et ne s'occupaient que du soin de leurs troupeaux. *Arcas* les initia à la connaissance des arts et des lettres, et c'est pour ce motif que leur contrée prit le nom d'Arcadie. Les villes célèbres de l'Arcadie furent *Orchomène*, fondée par un des fils de Lycaon; *Mantinée*, où périt Epaminondas après avoir vaincu les Spartiates; et *Tégée*, qui vit mourir Pausanias, le vainqueur de Platée, qui avait déshonoré son nom par une lâche trahison. *Mégalopolis*, qui fut plus tard la première ville de l'Arcadie, et qui vit naître l'historien Polybe et le général Philopémen, qu'on a appelé le dernier des Grecs, avait été fondée par Epaminondas pour servir de boulevard au reste de la Grèce contre les Lacédémoniens. C'est pourquoi elle est appelée par les historiens *la ville la plus nouvelle de la Grèce*.

L'*Argolide*, située à l'est de l'Arcadie et au sud de la Corinthie, comprenait le royaume d'*Argos*, le royaume de *Mycènes*, l'*Épidaurie*, la *Trézénie* et l'*Hermionide*. Le royaume d'Argos, qui avait pour capitale *Argos*, était très-puissant au temps de la guerre de Troie. Diomède en était roi, et Homère appelle cette contrée *Hippobotos*, la nourrice des chevaux, parce que sa cavalerie était très-renommée. Dans toutes les guerres de la Grèce cette ville eut beaucoup d'influence. — Le royaume de Mycènes avait pour capitale *Mycènes*, où régnait Agamemnon. Au nord de cette ville, on distinguait la petite ville de *Némée*, où se célébraient tous les trois ans en l'honneur de Jupiter les *jeux Néméens*. — L'*Épidaurie* renfermait la ville d'*Épidaure*, au sud-ouest de laquelle s'élevait le fameux temple d'Esculape. — La *Trézénie* avait pour ville principale *Trézène*, célèbre par la mort d'Hippolyte. L'*Hermionide* avait pour capitale *Hermione*, sur le golfe de ce nom. Sa pourpre passait pour la plus précieuse qu'il y eût au monde.

La *Laconie*, au sud de l'*Argolide* et de l'*Arcadie*, se terminait par deux presqu'îles montueuses séparées par le golfe de Laconie. Le promontoire de *Ténare* était à l'extrémité de la presqu'île occidentale, et le promontoire de *Malée* à l'extrémité de la presqu'île orientale. La Laconie comme l'Attique n'avait qu'une ville importante, *Sparte* ou *Lacédémone*. Au temps d'Homère, ces deux villes étaient distinctes, mais elles furent ensuite réunies, et cette cité unique devint la métropole du Péloponèse. Son port et son arsenal étaient *Gythium*, située à 40 kilomètres au sud-est sur le golfe de Laconie. *Hélos* avait été dans les temps primitifs une ville assez considérable, mais les Spartiates en réduisirent les habitants à l'esclavage sous le nom d'*ilotes*.

La *Messénie* était à l'extrémité sud-ouest du Péloponèse. C'était un pays plat d'une grande fertilité. *Messène* en était la capitale. Elle était défendue par le mont *Ithôme* qui la dominait et lui servait de forteresse. Ses habitants se rendirent très-célèbres par la belle résistance qu'ils firent contre les Spartiates, qui entreprirent de les asservir. Nous devons encore citer *Pylos*, la patrie de Nestor, à l'entrée d'un petit golfe de la mer Ionienne qui lui servait de port et au pied du mont *Egialée*.

QUESTIONNAIRE.

1. Quelle est la division générale de la Grèce?

2. Quelles étaient les principales provinces de la Grèce septentrionale? Où se trouvait la Thessalie? Comment était-elle divisée? Quelles étaient les villes principales de la Pélasgiotide? — de l'Histiæotide? — de la Thessaliotide? — de la Phtiotide? — de la Magnésie? D'où est venu à l'Epire son nom? Comment était-elle divisée? Quelles étaient les villes principales de la Chaonie? — de la Thesprotie? — du pays des Molosses? — de l'Athamanie?

3. En combien d'États se divisait la Grèce centrale? Indiquez la position et les villes principales de l'Acarnanie? — de l'Etolie? — de la Locride occidentale? — de la Locride orientale? — de la Doride? — de la Phocide? — de la Béotie? — de la Mégaride? — de l'Attique? Où se célébraient les grands mystères de Proserpine et de Cérès?

4. En combien d'États se divisait la Grèce méridionale ou le Péloponèse? Où était située la Corinthie? — la Sicyonie? — l'Achaïe? Citez leurs villes principales. Sous quel nom ces trois contrées ont-elles été réunies? Où se trouvait l'Elide? — l'Arcadie? — l'Argolide? Quels sont les divers États que renfermait cette dernière province? Comment se terminait la Laconie? Quelle en était la capitale? Où était située la Messénie? Quelle en était la capitale? Par quelle forteresse était-elle défendue?

---

§ II. Colonies grecques en Asie. Extension de la race grecque en Italie, en Sicile, en Afrique. Le commerce et les arts en Ionie (1).

1. Division générale. — Aucun peuple n'enfanta autant de colonies que le peuple grec. Les métropoles laissant aux tribus qui les quittaient une pleine liberté pour fonder leurs établissements et fixer leurs constitutions, cette indépendance ouvrit une large carrière aux intelligences et permit d'épuiser toutes les combinaisons les plus variées des sciences politiques et sociales. A chaque événement important qui éclata au sein de la Grèce, nous voyons se former de nouvelles colonies. Ainsi, l'expédition des Argonautes, les désastres qui suivirent la guerre de Troie, l'invasion des Doriens dans le Péloponèse eurent pour résultat de grandes migrations. Les

---

1. Voyez dans notre atlas les cartons pour les *colonies grecques*.

colonies qui furent fondées à la suite de toutes ces révolutions étant très-nombreuses, nous les diviserons en trois grandes classes, suivant la division générale du monde ancien. Ainsi, nous ferons connaître celles qui furent fondées en Asie, en Europe et en Afrique.

2. Des colonies fondées en Asie. — Sur la côte occidentale de l'Asie Mineure, en face de la Grèce proprement dite, les colonies grecques formèrent de grands établissements qui prirent les noms des différentes races helléniques auxquelles les colons primitifs avaient appartenu. Ainsi on distinguait les *Éoliens*, les *Ioniens* et les *Doriens*.

Les *Éoliens* étaient établis au nord dans la Mysie et la Lydie. Leurs villes principales étaient *Elée*, sur le golfe Élaïque, et *Cume*, ou mieux *Cyme*, sur le golfe qui portait son nom. Elle était célèbre par sa sibylle et elle se vantait avec raison d'être une des plus belles villes du continent. Parmi les îles, les Éoliens possédaient *Ténédos* et *Lesbos*. *Mitylène*, la capitale de cette dernière, était la plus importante de toutes les cités éoliennes. Son commerce la rendit riche et puissante, et elle fut la patrie d'Alcée et de Sapho, dont les poésies furent si renommées, et de Pittacus, un des sept sages de la Grèce.

Les *Ioniens* s'établirent au sud des Éoliens, et occupèrent la côte occidentale de l'Asie Mineure, depuis les monts Sipyle jusqu'au-dessous de Milet. Ils bâtirent *Phocée* sur la côte méridionale du golfe de Cume, dont une des colonies fonda dans les Gaules *Massilia* (Marseille); *Smyrne*, qui avait un port excellent, et qui s'enrichit extraordinairement par son commerce; *Éphèse*, célèbre par son temple de Diane, qui passait pour une des sept merveilles du monde; et *Milet*, qui se rendit maîtresse de la navigation du Pont-Euxin, et fonda au nord de l'Asie Mineure une multitude de colonies.

Les plus célèbres de ces établissements étaient : sur l'Hellespont, *Lampsaque*, remarquable par la beauté de son port et renommée pour ses excellents vins; sur la

Propontide, *Cyzique*, que les avantages de son double port rendirent plus florissante, et *Chalcédoine*, à l'entrée du Bosphore de Thrace, en face de l'endroit où s'éleva plus tard Byzance ; sur les côtes méridionales du Pont-Euxin, *Heraclea-Pontica*, ainsi surnommée pour la distinguer d'une multitude d'autres villes qui portaient anciennement le même nom, et *Sinope*, qui donna elle-même naissance aux colonies d'*Amisus*, de *Cotyora* et de *Cérasonte*, qu'on remarque en suivant de l'ouest à l'est les rives méridionales du Pont-Euxin ; sur les côtes orientales de cette même mer, *Phasis*, à l'embouchure du Phase, et les *Dioscuries*, qu'on prétend avoir été fondées par les Argonautes ; sur le Palus-Méotide, *Tanaïs*, à l'embouchure du fleuve qui porte son nom ; et sur les côtes septentrionales de l'Euxin, la *Chersonèse Taurique*, dont l'intérieur des terres était habité par des pirates, et *Olbia* ou l'Heureuse, située à l'embouchure de l'*Hypanis*.

Nous avons suivi le développement de toutes ces colonies autour du Pont-Euxin pour qu'on pût se faire une idée de l'étendue du commerce des Milésiens, qui fondèrent presque toutes ces villes, et de l'importance de leur propre cité. Outre ces établissements immenses, les Ioniens possédaient encore dans l'Archipel les îles de Chios et de Samos.

Les *Doriens* s'établirent, au sud-ouest de l'Asie Mineure, sur les côtes de la Carie. Leurs villes principales sur le continent étaient *Halicarnasse*, la patrie des historiens Hérodote et Denys ; *Cnide*, célèbre par le culte qu'on y rendait à Vénus. Ils possédaient dans l'Archipel l'île de *Cos*, la patrie d'Hippocrate, et l'île de *Rhodes*, la plus grande des Sporades. On y remarquait les villes d'*Ialysos*, *Camiros* et *Lindos*.

Sur les côtes méridionales de l'Asie Mineure, les Grecs fondèrent également une foule de colonies. Les plus remarquables étaient : *Phasélis*, colonie dorienne située au sud-est de la Lycie ; *Aspendus* et *Side*, dans la Pamphylie ; *Paphos* et *Salamine*, dans la grande île de Cypre.

Cette dernière fut fondée par Teucer, fils de Télamon, roi de Salamine en Grèce, au retour du siége de Troie.

3. Des colonies fondées en Europe. — Mais les Grecs ne se contentèrent pas de se disperser sur les côtes de l'Asie, un très-grand nombre émigrèrent vers l'Occident. Leurs colonies s'étendirent dans l'Italie, la Sicile et les îles voisines, dans l'Espagne et la Gaule.

Les colonies établies au midi de l'Italie furent si nombreuses que le pays en prit le nom de *Grande-Grèce*. Nous citerons seulement ici : *Cumes*, fondée dans la Campanie, avant la guerre de Troie, par les habitants de Cyme, en Eubée, et qui devint ensuite la métropole de *Neapolis* (Naples, la nouvelle ville), située au sudouest; *Tarente*, dans la Messapie, fondée par les Crétois, et agrandie par des Doriens de Lacédémone, qui lui donnèrent toute son importance; *Métaponte*, fondée sur le golfe de Tarente par les Pyliens d'Elide à leur retour de la guerre de Troie; *Sybaris*, qui commandait dans un temps à plus de vingt-cinq villes ou cantons, mais qui se laissa ensuite énerver par la mollesse; *Crotone*, la rivale de Sybaris, bien que fondée, comme elle, par des Achéens; *Locres*, dans le Brutium; et *Rhégium*, à l'extrémité du détroit qui sépare l'Italie de la Sicile.

Dans l'Italie centrale on remarquait, sur l'Adriatique, *Spina*, à l'embouchure du Pô; *Ancône*, fondée par une colonie grecque qui fuyait la tyrannie de Denys le Syracusain; *Pallante*, sur une colline voisine du Tibre et qui devait être un jour renfermée dans l'enceinte de Rome; et *Tibur* (Tivoli), au nord-est de Pallantium, sur une délicieuse colline dont le pied était baigné par l'Anio.

Dans la Sicile, les Grecs prédominèrent sur les Sicules, qu'ils trouvèrent en possession du pays. Nous ne citerons que les plus importantes de leurs colonies. C'étaient, sur la côte orientale, *Zancle*, fondée par la colonie ionienne de Cumes et ensuite conquise par des Messéniens qui lui donnèrent le nom de *Messane* (Messine); *Naxos*, fondée par les Chalcidiens d'Eubée et détruite par Denys le Tyran, qui enrichit de ses dépouilles *Tauromenium*; *Catane*, fondée, ainsi que Léontium, par les Chalcidiens; et *Syracuse*, qui fut non-seulement la ville la plus importante de la Sicile, mais encore la plus belle, la plus riche et la plus puissante de toutes les villes grecques de l'Europe. Pendant la guerre du Péloponèse les Athéniens furent défaits sous ses murs.

Sur la côte méridionale on remarquait : *Géla*, qui donna naissance à Gélon, le premier roi de Syracuse; *Agrigente*, la première ville de la Sicile après Syracuse; et *Sélinonte*, qui était aussi très-florissante avant de tomber entre les mains des Carthaginois.

Sur la côte septentrionale on trouvait *Ségeste*, la rivale de Sélinonte qu'on disait fondée par Énée, et *Himéra*, qui n'était qu'une colonie de Messine.

Presque toutes les autres îles de la Méditerranée reçurent aussi des colonies grecques. Telles étaient *Lipara*, dans l'île de Lipari, la plus grande du groupe des îles d'Éole; *Olbia*, dans la Sardaigne; *Aléria*, dans la Corse, et d'autres villes moins importantes dans l'île de *Mélite*, (Malte) et dans les îles *Baléares*.

La Gaule et l'Espagne, quoique très-éloignées de la Grèce et de l'Asie Mineure, virent également leurs côtes occupées par des colonies grecques. La plus célèbre des colonies de la Gaule fut *Massilia* (Marseille). Ses établissements s'étendaient le long des côtes de la Méditerranée depuis le nord de l'Italie jusqu'en Espagne. On distinguait à l'est de Marseille le petit port d'Hercule, *Monacus* (Monaco), sous les derniers escarpements des Alpes; puis venaient *Nicæa* (Nice), *Antipolis* (Antibes), *Athénopolis*, *Olbia* (Eaube) et *Tauroentum* (le bras de Saint-Georges). A l'ouest, entre Massilia et les Pyrénées, se trouvaient *Heraclea Cacabaria* (Saint-Gilles) et *Agatha* (Agde); enfin, au delà des Pyrénées, sur le littoral espagnol, *Rhodæ*, *Emporiæ* (Ampurias), *Halonis*, *Homeroscopium* ou *Dianium* (Dénia).

Indépendamment de ces colonies qui relevaient de Marseille leur métropole, les Grecs fondèrent encore en Espagne *Sagonte*, à peu de distance de la mer.

4. Des colonies fondées en Afrique. — Les Grecs fondèrent beaucoup moins de colonies en Afrique que dans les autres parties du monde, cette contrée leur étant presque entièrement inconnue. Ils se contentèrent d'établir quelques entrepôts au nord de l'Egypte et dans la Cyrénaïque. Leurs principaux établissements en Egypte furent *Naucratis*, sur la branche canopique du Nil, et *Chemnis*, surnommée *Paralia*, la maritime, pour la distinguer d'une ville du même nom située dans la moyenne Egypte. — La première ville de la Cyrénaïque, *Cyrène*, était une ancienne colonie grecque. Sa situation avantageuse la fit rapidement prospérer, et elle put elle-même former les villes d'*Apollonie* et de *Barce*.

5. Du commerce et des arts chez les Ioniens. — Des quatre tribus helléniques, les Ioniens furent sans contredit les plus remarquables au point de vue du commerce et de l'industrie, des arts et des lettres. Ils prirent plus de part que les autres Hellènes aux mœurs et aux habitudes des Pélasgiens, et ils se livrèrent comme eux au génie des affaires. Leurs colonies furent en général les plus actives et les plus florissantes. Ayant été chassés de l'Attique par l'invasion dorienne, ils se jetèrent sur les côtes de l'Asie Mineure et couvrirent de leurs établissements les côtes de cette presqu'île. Les villes qu'ils y fondèrent multiplièrent à leur tour leurs colonies et eurent des factoreries et des comptoirs en Afrique, en Italie, en Espagne, et dans le midi de la Gaule. Ils devinrent les rivaux des Phéniciens dans l'est de la Méditerranée, des Carthaginois dans l'ouest, et ils chassèrent même les premiers de la mer Noire et ils se mirent de là en rapport avec les peuplades scythiques.

En s'enrichissant, ils répandirent avec eux les sciences et les lettres. Car l'Ionie devança de plusieurs siècles l'Attique pour les arts, les sciences et les lettres. Les poëtes les plus sublimes de la Grèce étaient d'origine ionienne. Sept villes se sont disputé l'honneur d'avoir donné le jour à Homère, mais on croit généralement que ses poëmes ont été composés dans l'Ionie. Callinus, le premier poëte élégiaque, était d'Ephèse, et Mimnerme, qui a perfectionné ce genre de poésie, était de Colophon. Les poëtes lyriques les plus anciens, Archiloque et Alcméon, naquirent, le premier à Paros, le second à Sardes. Les premiers logographes, Cadmus et Hécatée, qu'on peut considérer comme les pères de l'histoire et les créateurs de la prose, étaient de Milet. La première école de philosophie fut fondée dans l'Ionie par Thalès de Milet, dont les principes furent suivis par Anaximandre et Anaximène. Le chef de l'école opposée, Pythagore, était de Samos.

Les arts eurent aussi en Ionie leur berceau. Pline nous apprend que le roi Candaule, qui vivait au viiie siècle avant J.-C., acheta un grand prix un tableau du peintre ionien Bularque. Ephèse vit naître plus tard Parrhasius, et Colophon donna le jour à Apelles, qui enrichirent de leurs peintures le temple de Diane qui fit la gloire de cette cité. Le temple de Junon à Samos, comme celui de Diane à Ephèse, étaient des chefs-d'œuvre construits par des architectes ioniens. Théodore et Télécle, de Samos, furent pour la sculpture ce que les hommes de génie que nous venons de citer avaient été pour la peinture et l'architecture.

QUESTIONNAIRE.

1. Qu'est-ce qui rendit les migrations des Grecs si fréquentes? Comment peut-on diviser leurs colonies?

2. Quelles sont celles qu'ils ont fondées en Asie? Où se trouvaient établis les Éoliens? Quelles étaient leurs villes principales? Où s'établirent les Ioniens? Citez leurs villes principales. Quels établissements fondèrent les Grecs sur l'Hellespont? — la Propontide? — le Pont-Euxin? Où s'établirent les Doriens? Quels furent les établissements des Grecs au midi de l'Asie Mineure?

3. Quelles furent leurs colonies dans l'Italie méridionale? Comment se nomma ce pays? Citez les villes les plus importantes. Quelles furent leurs colonies dans l'Italie centrale? — dans la Sicile? — dans les autres îles de la Méditerranée? — dans la Gaule? — en Espagne?

4. Quelles colonies fondèrent-ils en Egypte? — dans la Cyrénaïque?

5. Qu'est-ce qui distingue les Ioniens? Où étendirent-ils leur commerce? Quels furent les poëtes les plus célèbres qu'ils produisirent? Que firent ils pour les arts? Citez les peintres et les sculpteurs les plus remarquables.

CHAPITRE VI

SPARTE. SES INSTITUTIONS SOCIALES ET MILITAIRES; LES ROIS.
LE SÉNAT, LES ÉPHORES.

Résumé. — Deux grands peuples paraissent tout d'abord à la tête
de la Grèce : ce sont les Spartiates et les Athéniens.

I. Les Spartiates représentent cette race dorienne qui fit invasion
dans le Péloponèse après la guerre de Troie. Ces hommes barbares
et sauvages, n'écoutant que leurs instincts belliqueux, traversent
une période pleine de désordre et d'anarchie ; heureusement, il se
rencontre parmi eux un homme de génie qui songe à remédier à de
si grands maux par une forte législation parfaitement en rapport
avec la nature et le caractère de ses concitoyens. Lycurgue s'impose
cette mission, et pour la remplir il va en Crète, parcourt l'Asie
Mineure, l'Inde, l'Égypte et les diverses contrées de la Grèce. Il
revient ensuite dans son pays avec toutes les notions qu'il a recueil-
lies ; son génie les adapte à sa nation, et il s'efforce de rendre son
œuvre durable en obligeant les Spartiates à respecter à jamais ses
lois.

Son but principal, sinon son but unique, fut de rendre les Spartiates guerriers. Dans sa constitution, il tempère l'autorité royale pour
qu'elle n'ait rien d'absolu et d'arbitraire, et il fait au peuple certaines concessions, sans qu'elles puissent l'entraîner dans la démagogie qui fut si funeste à Athènes. Il s'efforça de mettre tous les
citoyens sur le pied de l'égalité absolue, et c'est pour cela qu'il
décréta le partage des biens, les repas et les exercices en commun,
et qu'il prit mille précautions contre l'inégalité de la fortune. Partant de ce principe que les enfants appartiennent à l'État, il décidait
de leur vie ou de leur mort au point de vue de l'utilité du pays, et
les soumettait à un système d'éducation qui développait en eux le
patriotisme en détruisant les affections de la famille. Cette législation
produisit de bons guerriers, mais comme elle détruisait les sentiments les plus sacrés de la nature, elle eut aussi pour résultat d'a-
mener les excès les plus révoltants.

II. Ce peuple de guerriers devint maître de toute la Grèce méridionale ou Péloponèse, pendant qu'Athènes dominait sur la Grèce
centrale. Pour arriver à ce but, il attaqua d'abord les Tégéates,
mais il échoua dans cette première entreprise. Il fut plus heureux
contre les Messéniens, les Arcadiens et les Argiens. Avant les guerres
médiques, il y eut deux guerres contre la Messénie. La première
guerre, qui dura vingt années (744-724), eut pour résultat de rendre les Messéniens tributaires. La seconde, qui éclata quarante ans

après (684), et qui fut encore plus longue et plus opiniâtre que la première, se termina par la ruine de cette nation, dont les débris allèrent se réfugier à Messine en Sicile (668). Sparte, après cette victoire, mit quarante-huit ans à réparer ses pertes. Elle attaqua ensuite les Arcadiens (620), et après une lutte qui dura plus d'un demi-siècle, elle demeura victorieuse (546). Sparte se trouva ainsi maîtresse de la péninsule, lorsqu'il fallut résister aux Perses.

§ Ier. — Constitution de Sparte. Lycurgue et ses lois.

1. État de Sparte avant Lycurgue. — Quand les Héraclides eurent chassé de la Grèce septentrionale les Pélopides, les Doriens qui s'établirent à Sparte reconnurent pour roi Eurysthène et Proclès, fils jumeaux de leur chef Aristodème, parce que leur mère, qui les aimait également, refusa de déclarer celui qui était l'aîné. Les descendants de ces deux princes continuèrent à se partager le souverain pouvoir et à gouverner de concert la Laconie. Ces deux familles régnantes se perpétuèrent pendant neuf siècles, sous les noms de *Proclides* et d'*Agides*; cette dernière ayant emprunté sa dénomination au fils d'Eurysthène, le vaillant Agis.

2. Asservissement des ilotes. — Immédiatement après leur conquête, les Doriens s'étaient fixés dans les villes importantes de cette province, et avaient joui du même droit que leurs concitoyens établis à Sparte. Mais Agis détruisit cette égalité, en imposant à tous les habitants de la Laconie le service militaire et le tribut, après les avoir dépouillés de la liberté politique et leur avoir ravi toutes leurs munitions de guerre. Les habitants de la ville d'Hélos ayant refusé d'accepter de pareilles conditions, les Spartiates les vainquirent et leur ôtèrent non-seulement leurs droits de citoyens, mais encore leur dignité d'homme, et en firent des esclaves honteusement attachés à la *glèbe* et dont le sort était plus misérable que celui des animaux. C'est ce qu'on appela les *Ilotes* (1185).

Dès lors il y eut dans l'État trois classes ou trois casles profondément tranchées : les *Spartiates*, les *Lacédémoniens* et les *Ilotes*. Les *Spartiates* étaient les habitants de la cité. C'était la race privilégiée et dominante, qui conduisait toutes les affaires, et dont l'histoire s'est occupée presque exclusivement. Ils n'étaient que 40,000. Les *Lacédémoniens* étaient les sujets des Spartiates ; ils habitaient la campagne, payaient le tribut et faisaient le service militaire. Ils s'élevaient à peu près au nombre de 150,000. Les *Ilotes*, plus nombreux que les Spartiates et les Lacédémoniens réunis, n'étaient que de malheureux esclaves qui cultivaient les terres de leurs maîtres sans avoir le droit d'habiter dans l'enceinte des villes. Tous les ans, on leur donnait un certain nombre de coups de fouet, pour leur rappeler leur servitude, et quand on trouvait que leur nombre était trop considérable, on leur faisait la chasse comme aux bêtes féroces.

Cette guerre contre les Laconiens et les habitants d'Hélos fut suivie d'une autre guerre contre les Argiens. La rivalité d'Argos et de Sparte commença aussitôt que cette dernière cité fut parvenue à dominer sur toute la Laconie.

En même temps il y avait au sein de Sparte des divisions perpétuelles qui armaient sans cesse les citoyens les uns contre les autres. Le partage de la royauté fut souvent une occasion de haines et de jalousies qui dégénérèrent en discordes civiles. Les rois, s'étudiant à gagner la faveur du peuple, firent dans ce but tant de concessions à la multitude, que leur autorité fut bientôt anéantie. Alors l'anarchie la plus effroyable se glissa partout ; les richesses, au milieu de cette confusion, se concentrèrent dans les mains des plus habiles, une grande partie de la population fut réduite à la misère, et Sparte désolée se précipitait vers sa ruine, quand Lycurgue la sauva en lui donnant une constitution nouvelle.

3. Histoire de Lycurgue. — On croit que Lycurgue fleurit vers l'an 884 av. J.-C. Il descendait de Proclès, et il n'eût tenu qu'à lui de devenir roi à la mort de son frère. Mais il repoussa la proposition qu'on lui en fit, et réserva la couronne pour son neveu *Charilaüs*, qui ne naquit qu'après la mort de son père. Avant d'entreprendre la grande réforme qu'il avait projetée, il résolut de voyager pour s'instruire et pour mûrir son dessein.

Il visita d'abord l'île de Crète. Minos, qui en avait été roi vers le milieu du xvi° siècle avant J.-C., s'était fait une grande réputation de sagesse par la législation et le gouvernement qu'il avait établis. Il s'était principalement proposé de développer chez les Crétois les forces du corps, en leur inspirant, dès l'enfance, des habitudes de tempérance et de travail, qui les rendissent aptes à supporter les fatigues de la guerre. Le gouvernement qu'il leur avait donné était plus républicain que monarchique, et il avait placé en tête de ses lois cette belle maxime : *Le bien suprême des sociétés civiles est la liberté*. Lycurgue admira la législation de Minos, et la jugea d'autant plus appropriée aux besoins et au caractère de Sparte, que les Crétois étaient, comme les Spartiates, d'origine dorienne. C'était un peuple semblable, qu'on pouvait par conséquent discipliner de la même manière.

Lycurgue parcourut ensuite l'Asie Mineure, l'Inde, l'Egypte et toutes les contrées de la Grèce. Il recueillit parmi les Ioniens et les Etoliens les diverses parties des poëmes d'Homère, les rassembla et les apporta à Sparte pour civiliser les Doriens, en les enflammant d'amour pour leur pays et en leur apprenant à vivre parfaitement unis.

Quand il rentra dans sa patrie, le désordre était à son comble ; mais l'excès du mal avait fait sentir la nécessité d'un frein et d'une organisation, et l'on avait plus d'une fois regretté son absence. Aussi son arrivée causat-elle une joie universelle, et il n'y eut qu'une voix pour lui déférer les droits et la charge de législateur. Pour donner à son œuvre un caractère religieux, il alla d'abord consulter l'oracle de Delphes, qui lui répondit : *Qu'il avait toute la faveur des dieux ; qu'il était lui-même*

plutôt un dieu qu'un homme, et qu'il lui serait donné d'établir le plus excellent de tous les systèmes de gouvernement.
Fort de cette approbation publique et solennelle, il publia sa législation, qui transforma entièrement les Spartiates et en fit un peuple absolument à part.

Lorsque ce grand législateur eut mis la dernière main à son œuvre et qu'il eut été témoin pendant quelque temps du bien produit par ses institutions, il convoqua une assemblée du peuple, feignit d'avoir encore à consulter l'oracle de Delphes sur quelques points particuliers, et fit jurer à tous les Spartiates de ne rien changer à ses lois avant son retour. Les rois, le sénat et le peuple le jurèrent, et lui permirent de retourner près de la pythonisse. Celle-ci lui ayant répondu que sa *constitution était excellente, et que les Spartiates seraient grands tant qu'ils observeraient les lois qu'il leur avait données*, il envoya cet oracle à Sparte, et résolut de n'y plus retourner, pour obliger les Spartiates, d'après leur serment, à ne jamais rien changer au système de gouvernement qu'ils avaient reçu de lui. Selon les uns, il se laissa mourir de faim, persuadé qu'en mourant ainsi il mettrait le comble aux services qu'il avait rendus à son pays, puisque sa mort ne serait pas moins utile à ses concitoyens que sa vie ; selon les autres, il erra longtemps en Grèce et mourut enfin de vieillesse dans l'île de Crète. Il ordonna, ajoute-t-on, qu'on brûlât son corps et qu'on en jetât les cendres dans la mer, afin que ses restes ne pussent être transportés à Sparte, et que les Spartiates ne se crussent jamais, sous aucun prétexte, dégagés de leur serment.

4. Caractère général de la législation de Lycurgue — Lycurgue n'écrivit aucune de ses lois. Elles consistaient en maximes et en sentences qui se transmettaient de vive voix, à la façon des oracles. Il s'était appliqué à les graver dans le cœur de ses concitoyens, en les leur faisant pratiquer. C'est pour ce motif qu'aujourd'hui il nous est très-difficile de distinguer les institutions qui appartiennent à Lycurgue de celles qui lui ont été faussement attribuées. Il semble même qu'il fut moins un novateur qu'un réformateur. La plupart des institutions dont il est l'auteur faisaient partie des usages des anciens Doriens, et son grand mérite est d'avoir donné force de loi à des coutumes déjà tombées en désuétude. « Son but principal, dit Heeren, fut d'assurer à Sparte une existence qu'elle ne dût qu'à ses propres forces, en y formant et en y maintenant une race d'hommes vigoureux et incapables de se laisser corrompre. Voilà pourquoi ses lois se rapportent plus à la vie privée et à l'éducation physique qu'à la constitution de l'Etat, à laquelle il changea très-peu de chose. »

5. **De la constitution de Sparte**. — Lycurgue laissa en effet subsister la division des habitants de la Laconie en trois classes : les Spartiates, les Lacédémoniens et les Ilotes. Il ne toucha pas non plus au partage de la royauté entre les deux familles régnantes, les *Proclides* et les *Agides* ; mais, tout en laissant aux rois leurs prérogatives de chefs militaires pendant la paix, il tempéra leur autorité par l'établissement d'un *sénat* (γερουσία) composé de vingt-huit membres nommés à vie par le peuple, et choisis parmi les vieillards. On n'était pas éligible avant 60 ans. Il y avait encore l'assemblée du peuple composée dans le même but. Elle approuvait ou rejetait les propositions qui lui étaient présentées par les rois et le sénat. Quand il s'agissait des intérêts généraux de toute la Laconie, les Lacédémoniens avaient droit de s'y faire représenter par des députés ; mais, toutes les fois qu'on n'y traitait que des questions exclusivement relatives à la cité, les Spartiates seuls y étaient admis. Plus tard on trouva que la cause du peuple n'était pas encore suffisamment défendue par le sénat et l'assemblée générale; on créa un collége de cinq *éphores*. Ces magistrats, qu'on peut presque assimiler aux tribuns du peuple, tels qu'ils étaient à Rome, s'emparèrent insensiblement de toute la puissance et ruinèrent l'autorité royale.

6. **Des lois qui regardent la vie privée**. — Cette

ambition excessive qui fait la perte des hommes et des empires avait été pourtant combattue directement par Lycurgue. Dans ses règlements sur la vie privée, il se proposa de détruire entre les Spartiates toute espèce de rivalité en les rendant absolument égaux, comme des frères. Il entreprit conséquemment de répartir entre eux et dans la même mesure les biens, les plaisirs et les peines. Ainsi, il leur persuada de mettre en commun leurs diverses terres pour en faire un nouveau partage, de manière que toutes les propriétés fussent égales. Ils y consentirent, et le législateur en fit 30,000 parts pour les Lacédémoniens et 9,000 pour les Spartiates. Afin d'empêcher cette égalité de fortune d'être violée par la possession de richesses mobilières, il discrédita toutes les monnaies d'or et d'argent, et en imagina une de fer, d'un si grand poids et d'un si bas prix, qu'il aurait fallu une chambre entière pour contenir une somme équivalente à mille francs de notre monnaie. Il rendit ensuite uniformes les maisons, les meubles, les costumes, et empêcha le luxe de se produire et de créer aucune distinction extérieure. Les repas se prenaient publiquement et en commun; tout le monde était obligé de s'y trouver, les rois comme les sujets. Agis fut réprimandé pour avoir voulu s'en exempter, au retour d'une expédition. Les tables étaient très-simples et les mets d'une grande frugalité. Celui que les Spartiates trouvaient le plus exquis, la *sauce noire*, avait besoin d'être assaisonné par la course, la sueur et la fatigue, pour n'être pas trouvé fade et insipide. On conduisait les enfants à ces repas, comme à une école de tempérance et de sagesse. On les accoutumait aussi au secret. Quand un jeune homme entrait dans une salle, le plus âgé lui disait en lui montrant la porte : *Rien de tout ce qui se dit ici ne sort par là.* Les exercices étaient communs comme les repas, de sorte que les Spartiates formaient réellement une société de frères vivant de la même vie, ayant le même esprit et éprouvant les mêmes sentiments. Pour fonder ces dispositions sur la nature même de leur cœur, Lycurgue étouffa en eux les affections de famille, en les isolant de leurs parents, aussitôt qu'ils étaient nés, pour les attacher uniquement à l'État au point de les rendre étrangers à tout autre sentiment qu'à l'amour de la patrie.

7. De l'éducation des enfants. — Dans le plan d'éducation qu'il traça pour les enfants, ce législateur austère n'eut point d'autre dessein que de former des hommes vigoureux, des guerriers vaillants et habiles, des citoyens passionnés pour la gloire, et il marcha droit à son but, sans respect pour les lois de la nature et de la morale. Partant de ce faux principe que les enfants appartiennent à l'État et non à la famille, il voulut qu'ils fussent tous élevés par l'État, selon ses maximes et à son avantage. Ainsi, lorsqu'un enfant était né, les anciens de chaque tribu le visitaient, et s'ils le trouvaient difforme, délicat, d'une complexion faible, ils le condamnaient à périr. S'il était au contraire bien fait, vigoureux et fort, ils lui assignaient une des 9,000 portions du territoire de Sparte.

On habituait les enfants à ne point crier, à marcher nu-pieds, à coucher sur la dure, et à supporter également le chaud et le froid. Quand ils étaient arrivés à l'âge de sept ans, on les enlevait à leurs parents pour les confier aux instituteurs publics. Ceux-ci cultivaient très-peu leur esprit. Ils se bornaient à leur faire apprendre par cœur quelques vers d'Homère, pour leur inspirer l'amour des combats, et ils ne leur enseignaient, sous le rapport des sciences et des lettres, que ce qu'il est absolument nécessaire de savoir. Les jeunes gens n'avaient pas d'autres moyens de s'instruire que d'écouter les leçons des vieillards et la conversation des hommes sensés pendant les repas. Jamais ils ne devaient élever la voix dans ces réunions nombreuses, à moins qu'ils ne fussent obligés de répondre à une question qui leur était adressée. Encore devaient-ils le faire d'une manière vive et prompte. C'est de cette coutume que le style concis a pris le nom de *laconisme*.

Tous leurs exercices tendaient à les rendre durs à la

fatigue, patients dans la douleur, prompts à obéir, car il fallait qu'ils fussent d'excellents guerriers. L'obéissance était une des vertus qu'ils devaient le plus pratiquer, parce que sans elle il n'y a pas de discipline possible, et sans discipline point d'armée. Toutes leurs actions étaient surveillées par des vieillards ; on louait les bonnes, on réprimandait les mauvaises. La lutte, la chasse, les exercices militaires, la course, tels étaient leurs divertissements. Ils combattaient nus au plus fort de l'hiver, et ils se disputaient de même le prix dans les jeux publics. On leur permettait le vol, pour les habituer à l'adresse nécessaire à la guerre, et chaque jour ils étaient obligés de dérober leur nourriture.

Les femmes tenaient elles-mêmes à honneur de voir leurs fils se couvrir de gloire dans les combats. Quand ils partaient pour la guerre, elles leur présentaient le bouclier, en leur disant : *Reviens avec ou dessus.* Ce sentiment martial allait même jusqu'à étouffer en elles la voix de la nature. On raconte qu'une mère, apprenant que son fils avait pris la fuite, courut à sa rencontre en s'écriant : *L'Eurotas ne coule pas pour les cerfs.* Une autre vole au-devant d'un courrier : *Quelles nouvelles ? — Vos cinq fils ont péri. — Ce n'est pas là ce que je te demande : la victoire est-elle à Sparte ? — Oui. — Courons rendre grâces aux Dieux.*

8. Avantages de la législation de Lycurgue. — Les règlements de Lycurgue, en produisant un patriotisme aussi ardent et aussi exalté, devaient nécessairement élever Sparte au premier rang entre toutes les cités de la Grèce. A une époque où la force matérielle était presque tout le secret de la puissance, on ne doit pas être surpris de voir cette république de guerriers faire la loi à la Grèce entière, comme l'a dit Plutarque, avec une cape et une simple bande de parchemin. Le génie de Lycurgue, qui a réussi à former un peuple si étonnant, a toujours été admiré par les philosophes anciens. Sa constitution paraissait à Platon, à Zénon et à Diogène, la meilleure forme de gouvernement, parce qu'elle réunissait en elle ce que toutes les autres paraissaient avoir de plus avantageux. L'éducation des Spartiates offre aussi un ensemble de vertus morales et un spectacle d'austérité et d'énergie surhumaines auquel Cicéron donne les plus grands éloges.

9. Ses vices. — Mais ces philosophes n'étaient pas assez éclairés sur les destinées de l'homme et sur les lois qui doivent le régir pour apprécier sainement cette législation. Ils n'ont pas assez remarqué qu'elle était d'une application impossible, et que, loin de répondre aux désirs de son auteur, elle n'avait au contraire produit qu'une série de déceptions et de mécomptes. Ainsi, sans s'occuper de la diversité des caractères et des talents, Lycurgue avait voulu que tout le monde fût guerrier, comme si l'art militaire n'exigeait pas des dispositions particulières. Ne tenant aucun compte des doctrines et des convictions, il avait entrepris de conserver la moralité parmi les Spartiates, en dégradant à leurs yeux la femme à force d'infamies, et de maintenir le désintéressement, en leur inspirant le mépris des richesses par la création d'une vile monnaie. Les païens eux-mêmes ne rappelaient qu'avec horreur cette loi barbare qui ordonnait de précipiter des rochers du Taygète l'enfant né chétif ou contrefait. Qui ne condamnerait ce mépris affecté pour les sciences et les lettres, ce dédain systématique pour les arts capables de cultiver et d'ennoblir l'intelligence humaine, cet anéantissement si complet de toutes les affections, qu'on ne portait le deuil de personne plus de onze jours, enfin toutes ces mille prescriptions qui tendaient à faire de Sparte une caserne de soldats valeureux et puissants, mais dépourvus de toute civilisation?

Ce qui paraît le plus honteux dans cette constitution, c'est le servilisme effrayant que la loi faisait peser sur les individus. De quelle liberté pouvait-on jouir dans un pays où tous les actes de la vie, jusqu'aux repas eux-mêmes, étaient prévus et déterminés par des règlements particuliers! Le soldat qui sert dans nos armées, quoiqu'il se sente gêné sans cesse par le joug d'une discipline austère, n'a-t-il pas encore plus d'indépendance que le citoyen de Sparte? Et quand on songe à la distance qui existait entre les Spartiates et les deux cent mille Ilotes, leurs esclaves, on conçoit toute la supériorité des sociétés modernes sur les sociétés anciennes les plus estimées. Maintenant nous ne savons plus quelle était la condition de l'esclave, et le dernier homme du peuple a plus de repos et de liberté que les Spartiates les plus illustres. Tel est le progrès que la charité chrétienne a fait faire à l'humanité.

QUESTIONNAIRE.

1. Quels furent les rois de Sparte après la conquête des Doriens? Quels étaient les noms des familles régnantes?

2. Comment les habitants de la Laconie furent-ils asservis? Combien y eut-il de castes sociales? Qu'étaient les Spartiates? — les Lacédémoniens? — les Ilotes? Quels désordres se glissèrent dans la cité avant Lycurgue?

3. A quelle époque vécut Lycurgue? De quelle famille était-il? Quel profit retira-t-il de ses voyages? En quel état trouva-t-il Sparte à son retour? Quel moyen employa-t-il pour empêcher que les Spartiates ne changeassent sa législation?

4. Écrivit-il ses lois? Fit-il beaucoup d'innovations?

5. Quelle était la constitution de Sparte? Par quelles institutions les in-térêts du peuple étaient-ils protégés? Quel était le pouvoir des éphores?

6. Comment les biens furent-ils partagés? De quelle monnaie se servait-on? Comment se faisaient les repas?

7. Comment les enfants étaient-ils élevés? Que faisait-on de ceux qui étaient difformes? Quels étaient leurs exercices? Quelles vertus s'efforçait-on de développer tout particulièrement en eux?

8. Quels furent les heureux résultats de la législation de Lycurgue? Qu'ont pensé les philosophes de sa constitution?

9. Quels étaient les défauts de cette législation? Comment violentait-elle la nature? Rendait-elle les hommes heureux?

---

§ II. — Guerres de Messénie.

1. Des guerres de Sparte depuis Lycurgue jusqu'aux guerres médiques. — Lycurgue, après avoir fait de Sparte un camp, avait recommandé aux Spartiates de vivre en paix. Les événements prouvèrent qu'il était impossible qu'il en fût ainsi; car, depuis lors, les Spartiates furent continuellement en guerre. Ils attaquèrent d'abord Tégée, ville d'Arcadie, et furent vaincus. Leur roi Charilaüs lui-même, ayant été fait prisonnier, ne recouvra la liberté qu'après avoir promis de ne plus prendre les armes contre les Tégéates. C'est la seule expédition dans laquelle échoua Sparte, ainsi que nous allons le voir. Les autres guerres qu'elle entreprit furent dirigées contre la Messénie, l'Arcadie et l'Argolide.

2. Première guerre de Messénie (744-724). — La lutte de Sparte contre la Messénie eut pour cause la jalousie de ces deux cités qui étaient cependant l'une et l'autre d'origine dorienne, et une querelle particulière en fut l'occasion. Le Lacédémonien Evephnus ayant tué le fils du Messénien Polycharès, celui-ci alla demander justice à Sparte, et, comme on ne voulut pas l'entendre, il massacra tous les Spartiates qu'il rencontra sur sa route. A son tour, Sparte demanda une réparation, que les Messéniens lui refusèrent, offrant du reste de s'en rapporter au jugement des amphictyons.

Pour toute réponse, les Spartiates se précipitèrent sur le territoire des Messéniens, après avoir juré de ne pas rentrer dans leur patrie qu'ils n'eussent renversé Messène. Le roi des Messéniens, Euphaës, enflamma le courage de ses sujets, leur ordonna de se tenir enfermés dans les places fortes pour s'exercer à la discipline et au maniement des armes, puis, étant descendu avec eux en rase campagne, il défit les Spartiates dans un premier combat. Alors les Spartiates firent venir des mercenaires d'Argos et de Crète, et présentèrent de nouveau la bataille aux Messéniens; ceux-ci combattirent avec la même intrépidité que la première fois, mais la victoire demeura indécise, et la perte fut égale des deux côtés.

Les Messéniens avaient moins de facilité que les Spartiates pour recruter leur armée, et de plus une peste qui ravageait leur pays les réduisit à la dernière extrémité. Alors ils résolurent de se retirer sur le sommet de l'Ithôme, où, d'après une réponse de l'oracle de Delphes, qui demandait une victime humaine, Aristodème immola sa fille de sa propre main. Elu roi en récompense de cet acte de fanatisme barbare, Aristodème déjoua pendant cinq ans les efforts des Spartiates ; mais enfin, effrayé par de nombreux oracles ainsi que par d'étonnants prodiges et tourmenté d'ailleurs par le remords, il se perça de son épée sur le tombeau même de sa fille. Alors les Spartiates s'emparèrent de l'Ithôme et imposèrent aux vaincus les conditions suivantes : *Vous n'entreprendrez rien contre notre autorité ; vous cultiverez vos champs, mais vous nous apporterez tous les ans la moitié de leurs produits ; à la mort des rois et des principaux citoyens de Sparte, vous paraîtrez, hommes et femmes, en habit de deuil.*

3. Deuxième guerre de Messénie (684-668). — Les Messéniens supportèrent ces rudes conditions pendant quarante années, qui furent pour Sparte une période de paix extérieure et intérieure (724-684). Mais, en 684, les Messéniens, se sentant en état de recommencer la lutte, et encouragés par la promesse que les Argiens et les Arcadiens leur avaient faite de seconder leurs efforts, se soulevèrent sous la conduite d'Aristomène, descendant de leurs anciens rois. Dans la première bataille, qui se livra près de Déraï, la victoire resta encore indécise ; mais, en différentes rencontres, Aristomène déploya une telle intrépidité que les Spartiates effrayés eurent recours à l'oracle de Delphes. Celui-ci leur répondit qu'ils ne vaincraient que sous les ordres d'un général athénien (682). La démarche qu'il s'agissait d'entreprendre auprès d'un peuple rival humiliait les Spartiates ; cependant l'ambition l'emporta, et ils implorèrent le secours d'Athènes. Les Athéniens, par une sorte de dédaigneuse raillerie, leur envoyèrent pour chef un poëte obscur nommé Tyrtée, qui, pour comble de malheur, était boiteux. Mais ce singulier général enflamma tellement les Spartiates par ses chants guerriers, que, malgré trois grandes victoires remportées coup sur coup par Aristomène, ils revinrent à la charge avec une intrépidité toute nouvelle, et firent enfin changer la fortune dans la célèbre journée des Tranchées, où les guerriers les plus distingués de la Messénie furent moissonnés (680).

Aristomène s'enferma alors dans la forteresse de l'Ira, d'où il ne cessait de fatiguer l'ennemi par des sorties imprévues et meurtrières. Un jour, s'étant laissé surprendre avec trois cents de ses compagnons, les Spartiates les précipitèrent tous dans une caverne profonde destinée au supplice des grands criminels. Par un hasard presque inexplicable, Aristomène arriva au fond de la caverne sans aucune blessure, et, étant parvenu à s'échapper, il regagna la forteresse de l'Ira. Enfin, après avoir résisté onze ans aux efforts des Spartiates, ne pouvant plus se défendre, il sortit de la citadelle, se fit jour à travers les rangs ennemis, et alla demander l'hospitalité aux Arcadiens, qui le reçurent avec tous les égards dus au courage malheureux. Les Messéniens se dispersèrent dans la Grèce, et un certain nombre d'entre eux allèrent en Sicile, où ils vainquirent les habitants de Zancle et s'emparèrent de leur ville, à laquelle ils donnèrent le nom de Messine, en mémoire de leur ancienne patrie (668).

4. Conquête de l'Arcadie. — Sparte, épuisée par sa longue lutte contre la Messénie, ne songea, pendant quarante-huit années, qu'à réparer ses pertes (668-620). Elle se rappela ensuite la protection que les Arcadiens et les Argiens avaient accordée aux Messéniens, et résolut de s'en venger. Elle attaqua d'abord l'Arcadie. Vaincus dans une première rencontre par les Tégéates, les Spartiates ne comptèrent que des revers pendant un demi-siècle (620-568), mais enfin la fortune changea, et en 546 l'Arcadie fut soumise.

5. Conquête de l'Argolide. — Son triomphe sur l'Arcadie décida Sparte à attaquer ensuite les Argiens. La lutte éclata à l'occasion du territoire de Thyrée, que les Lacédémoniens s'étaient injustement approprié. On convint d'abord que, pour mettre un terme à toute discussion, on ferait combattre trois cents hommes de chaque côté, et que les deux armées se retireraient, pour éviter une mêlée générale. Ces six cents guerriers combattirent avec un succès tellement égal qu'il ne resta que deux Argiens et un Lacédémonien (544). Les premiers ayant couru annoncer leur victoire à Argos et les Lacédémoniens étant revenus pendant leur absence dépouiller les morts, on s'attribua de part et d'autre la victoire, de sorte qu'après ce combat singulier, les armées n'en furent pas moins obligées d'en venir aux mains. Les Argiens furent vaincus, et dès lors la supériorité de la Laconie sur l'Argolide fut irrévocablement décidée, et Sparte jouit d'une suprématie incontestée sur tout le Péloponèse. Elle se trouva ainsi prête à s'unir à Athènes pour opposer une vigoureuse résistance aux Perses et les empêcher d'envahir la Grèce.

QUESTIONNAIRE.

1. Quelle fut la première guerre qu'entreprirent les Spartiates après la mort de Lycurgue? Quel en fut le résultat?

2. A quelle occasion éclata la première guerre de Messénie? Quel était le chef des Messéniens? Comment se termina cette guerre?

3. A quelle époque éclata la seconde guerre de Messénie? Quels furent les revers des Spartiates? Qui les Athéniens leur envoyèrent-ils pour chef? Quel service leur rendit Tyrtée? Que devinrent les Messéniens après leur défaite? Quelle ville fondèrent-ils?

4. Que firent les Spartiates dans leur lutte contre la Messénie? Quel est le peuple qu'ils attaquèrent ensuite? A quelle époque le soumirent-ils?

5. A quelle occasion attaquèrent-ils les Argiens? Comment cette querelle fut-elle vidée? Quel fut le résultat du triomphe des Spartiates?

CHAPITRE VII

ATHÈNES; L'ANCIENNE ROYAUTÉ; LES EUPATRIDES ET L'ARCHONTAT; L'ARÉOPAGE. CONSTITUTION DE SOLON, PISISTRATE ET CLISTHÈNE.

RÉSUMÉ. — La Grèce divisée en un grand nombre d'États a besoin d'unité pour résister à l'empire des Perses qui va fondre sur elle. Nous avons vu la Grèce méridionale se grouper autour de Sparte, et cette ville devenir la première des cités doriennes. Athènes se fait également le centre de tous les peuples de race ionienne et se place à la tête de l'Hellade ou de la Grèce centrale.

I. Athènes, fondée par Cécrops et illustrée par Thésée, abolit la royauté après la mort de Codrus (1103), sous prétexte que ce prince l'a élevée trop haut. L'archontat qui remplace la royauté est d'abord perpétuel et celui qui en est investi est de la race de Codrus ; cette charge devint ensuite décennale (754) et finit par être annuelle (684). Tous les nobles peuvent y prétendre, mais ils se divisent et la ville tombe dans l'anarchie la plus profonde. Dracon essaye de remédier au mal, sans y réussir. Un Athénien appelé Cylon cherche à profiter des troubles pour arriver au pouvoir suprême. Il échoue, et la peste s'étant déclarée ensuite à Athènes, le désordre était à son comble quand parut Solon.

II. Solon est pour Athènes ce que Lycurgue a été pour Lacédémone. Il entreprend de longs voyages, se met en rapport avec les hommes les plus distingués pour s'instruire et profiter de leur expérience. Son génie approprie le mieux qu'il peut sa législation au caractère des Athéniens, et quand il pense y avoir réussi, il s'éloigne, laissant au temps le soin de mûrir et de faire apprécier son œuvre. Son dessein fut de détruire l'aristocratie oppressive des nobles et de donner au peuple la puissance et la liberté, sans lui permettre de se laisser aller aux excès de la démagogie. Il tira dans cette intention le meilleur parti possible des institutions qu'il trouva établies. Sa législation n'est pas sans défaut, car il n'était pas assez éclairé sur la nature humaine pour éviter tous les écueils, mais il eut le mérite, dans ses lois judiciaires et militaires, de montrer une grande fermeté accompagnée de la plus rigoureuse équité. Il attacha une grande importance à l'éducation des enfants, mais il ne la comprit point comme Lycurgue. Celui-ci travaillant pour la race rude et belliqueuse des Doriens n'avait pu se proposer que d'en faire des guerriers ; Solon au contraire, s'adressant à la race ionienne si intelligente et si policée, devait chercher à favoriser dans son sein le développement des sciences, des arts et des lettres, et préparer ainsi la gloire d'Athènes.

III. Solon avait voulu que les Athéniens fussent libres ; il fut loin d'atteindre son but : les Athéniens, plus que tout autre peuple, voulaient la liberté, et cependant moins que toute autre nation ils en jouirent. Un tyran succède continuellement à un tyran. Ainsi du vivant de Solon s'établit la tyrannie de Pisistrate qui a pour successeurs ses fils. A la vérité, Hipparque est mis à mort et Hippias est obligé de prendre la fuite (510). Mais les divisions n'en éclatent que plus vives, et Clisthène ouvre les portes à la démagogie en renversant toutes les barrières qu'avait élevées contre elle le génie de Solon.

§ Ier. — L'ancienne royauté. Les Eupatrides et l'Archontat.

1. Du gouvernement primitif d'Athènes. — La royauté fut le gouvernement primitif d'Athènes, et son premier roi fut Cécrops, son fondateur. Cette forme de gouvernement dura un peu plus de 500 ans (1650-1132). Les plus célèbres des princes qui la gouvernèrent, après Cécrops, furent Thésée, Ménesthée et Codrus. Thésée, dont la Fable place les exploits à côté de ceux d'Hercule, est aussi regardé comme le fondateur de l'État d'Athènes, parce qu'il réunit sous un même gouvernement les quatre districts qui entouraient la ville et qui étaient auparavant indépendants ; Ménesthée conduisit les Athéniens au siége de Troie, et mourut à son retour dans l'île de Mélos après un règne de vingt-trois ans ; enfin, Codrus fut le dernier des rois d'Athènes, et périt victime de son dévouement dans un combat contre les Doriens. Sous prétexte que cette action d'éclat avait élevé trop haut la dignité royale pour qu'il fût possible à l'avenir de la maintenir à un tel niveau, on abolit la royauté et on la remplaça par une dignité nouvelle appelée *archontat*.

2. De l'archontat. — L'archontat fut d'abord perpétuel et confié à un seul (1132). Le premier qui en fut investi fut Médon, fils de Codrus. Cette charge restait héréditaire, mais son pouvoir était beaucoup plus restreint que celui de la royauté. L'archonte devait rendre compte de son administration, et son autorité était soumise à celle du peuple pour les affaires de l'État, à celle de l'aréopage pour les affaires criminelles, et à celle du prytanée pour les causes civiles. Cette dignité se perpétua pendant près de quatre siècles dans la famille de Codrus (1132-754).

Elle devint décennale en 754 ; mais il n'y eut que sept archontes décennaux, tous pris dans la famille de Codrus, dont les Athéniens conservaient toujours le glorieux souvenir. Enfin, soixante-dix ans plus tard (684), elle devint annuelle et le nombre des archontes fut porté à neuf, sans qu'on puisse dire de quelle manière cette révolution s'accomplit. Le premier d'entre eux avait le titre d'*éponyme*, parce qu'il donnait son nom à l'année ; le second, celui de *roi*, il présidait aux choses religieuses ; le troisième, celui de *polémarque*, ou ministre de la guerre ; et les six autres, celui de *thesmothètes*, parce qu'ils rendaient la justice. Tous les *Eupatrides* ou nobles purent dès lors prétendre à la dignité d'archonte, et il en résulta une aristocratie oppressive qui devait faire la misère du peuple.

Jusqu'alors les nobles n'avaient cessé d'écraser les montagnards et les habitants des bourgs, soit en les enrôlant à leur service, comme mercenaires, soit en les réduisant à l'esclavage ; de sorte que, lorsqu'ils arrivèrent au pouvoir et qu'ils purent à leur volonté disposer des charges, la classe pauvre dut perdre tout espoir de recouvrer ses droits et sa liberté. Elle aurait été sans doute à jamais asservie, si les vainqueurs étaient restés unis, mais la jalousie les divisa, et les grandes familles des eupatrides cherchèrent alors à se former un parti dans le peuple. Deux de ces familles, celle des Alcméonides et celle des Pisistratides, s'attachèrent, la première les habitants de la côte, la seconde les montagnards. Alors le peuple commença à lutter contre les grands, et on sentit le besoin d'une nouvelle législation. L'archonte Dracon fut choisi pour la rédiger (624).

3. Dracon. — Dracon était un homme de bien, rempli de lumières, et dont les mœurs étaient très-austères. A l'exemple des législateurs anciens, il prit le citoyen à son berceau, prescrivit la manière dont on devait le nourrir, l'élever, le suivit dans toutes les phases de sa vie, se proposant dans ses divers préceptes d'en faire tout à la fois un homme libre et vertueux. Mais sa sévérité excessive a fait dire qu'il avait écrit ses lois avec du sang, car il punissait de mort toutes les fautes. D'après lui, le moindre délit était digne de cette peine, et il regrettait qu'il n'y en eût pas d'autre pour les grands forfaits.

4. Cylon. — L'extrême rigueur des lois de Dracon les rendit impuissantes à produire le bien qu'on en espérait. De plus, Dracon n'ayant pas touché à l'organisation politique d'Athènes, les dissensions s'envenimmèrent de plus

en plus entre les habitants de la plaine, ceux de la côte
et ceux des montagnes. Un des principaux citoyens,
nommé Cylon, profita de ces troubles pour tenter d'u-
surper le pouvoir suprême. Il s'empara de la citadelle
d'Athènes, où il se défendit longtemps, mais lorsqu'il se
vit sans vivres et sans espérance, il prit la fuite. Ses
compagnons s'étant réfugiés dans le temple de Minerve,
on les égorgea au pied même de l'autel après leur avoir
promis la vie sauve (612).

5. Épiménide (596). — Ce sacrilége fut suivi d'une
horrible peste, que les Athéniens considérèrent comme
une vengeance des dieux. Alors ils firent venir de Crète
un sage, nommé Épiménide, qui passait pour avoir des
communications avec la Divinité. Il purifia la ville et modifia le culte, en y introduisant des rites plus doux et
plus humains que ceux que les Athéniens avaient empruntés à l'Orient. Son ascendant apaisa pour quelque
temps les dissensions, mais, après son départ, elles se
réveillèrent avec une nouvelle fureur. La nation semblait
devoir périr au milieu de l'anarchie, lorsqu'elle fut sauvée par Solon.

QUESTIONNAIRE.

1. Quel fut le gouvernement primitif d'Athènes? Par qui cette ville
fut-elle fondée? Quels furent ses rois
les plus célèbres? Sous quel prétexte
les Athéniens abolirent-ils la royauté?
Par quelle dignité fut-elle remplacée?

2. Par quelles phases passa l'archontat? A quelle époque devint-il
décennal? — annuel? Combien y eut-il
d'archontes? Quels étaient ceux qui
pouvaient arriver à cette charge? D'où
vint la nécessité d'une nouvelle législation?

3. Quel était le caractère de Dracon? Quel fut celui de sa législation?

4. Quelles furent les suites des lois
de Dracon? Quelle tentative fit Cylon?
Quel en fut le dénoûment?

5. Pourquoi les Athéniens appe-
lèrent-ils Épiménide dans leur ville?
Quelle influence ce sage exerça-t-il sur
eux?

§ II. — Solon. L'aréopage. Constitution de Solon.

1. Histoire de Solon. — Solon naquit vers l'an 639
dans l'île de Salamine. Il descendait de Codrus par son

père, et il était par sa mère parent de Pisistrate, dont nous parlerons plus tard. Son père ayant dissipé presque tout son patrimoine par ses libéralités, Solon se livra d'abord au commerce pour rétablir sa fortune ; il entreprit, dans ce but, de nombreux voyages qui servirent en même temps à son instruction et ornèrent son esprit des connaissances les plus variées. Il se mit en relation avec les hommes les plus célèbres de son temps, et notamment avec ceux que l'on a appelés les sages de la Grèce. C'étaient : Thalès de Milet, Pittacus de Mitylène, Bias de Priène, Cléobule de Lindos, Myson de Chio et Chilon de Lacédémone. Compté lui-même au nombre des sages, il compléta le nombre de sept, et fut de tous le plus célèbre.

Lorsqu'il se fixa à Athènes, après ses longs voyages, cette ville, fatiguée de lutter contre Mégare pour la possession de Salamine, s'était avisée, dans son désespoir, de rendre un décret portant peine de mort contre quiconque provoquerait une nouvelle expédition contre cette île. Solon, indigné d'une telle lâcheté, entreprit de sauver l'honneur de son pays au péril de ses jours. Il contrefit l'insensé, et se mit à courir à travers la place publique, en déclamant. Quand le peuple, étonné, se fut attroupé et rangé en cercle autour de lui, il monta sur une pierre, et se mit à réciter, à la façon de Tyrtée, des vers où il reprochait aux Athéniens leur résolution. Le peuple frémit en s'entendant appeler *fuyards de Salamine*, et de toutes parts on cria : *Aux armes ! aux armes !* Solon, jetant son bâton et ses vieux vêtements, cria aussi : *Aux armes ! portons à Mégare le fer et la flamme.* Les Athéniens, dans leur enthousiasme, le mirent à la tête de l'expédition, et Salamine fut reconquise.

Cette victoire augmenta considérablement le crédit de Solon, et le fit choisir pour archonte (593). Les discordes intestines qui tourmentaient Athènes depuis longtemps ayant repris leurs fureurs, on offrit à Solon la royauté, mais il la refusa pour n'accepter que le titre de législateur. Il abrogea le code sanguinaire de Dracon, à l'exception des lois qui concernaient les meurtriers, et s'étudia à donner au peuple athénien une législation qui fût en harmonie avec ses besoins et son caractère. *Je n'ai pas fait*, disait-il, *les meilleures lois qu'il eût été possible de faire, mais je les ai faites aussi bonnes que les Athéniens peuvent les supporter.*

Quand Solon eut publié ses lois, il se vit continuellement assiégé par des gens qui venaient demander des éclaircissements, faire des réclamations, proposer des changements. Fatigué de ces importunités, il demanda l'autorisation de s'absenter pendant dix ans, après avoir obtenu des archontes, du sénat et du peuple que l'on observerait fidèlement ses lois pendant ce temps. Il retourna alors en Égypte, et passa ensuite en Asie Mineure, où il séjourna quelque temps à la cour de Crésus, roi de Lydie. Mais les troubles qui éclatèrent à Athènes le décidèrent à y retourner, bien avant l'expiration des dix années qui lui avaient été accordées.

Le philosophe scythe Anacharsis avait dit à Solon : *Vos lois sont des toiles d'araignées ; elles ne prendront que les mouches ; les gros insectes et les oiseaux passeront au travers.* Quand il revint à Athènes, il reconnut la vérité de ces paroles. Il trouva en effet que Pisistrate, son parent, tout en professant un grand respect pour ses lois, s'était effectivement érigé en tyran et exerçait sur le peuple une autorité presque absolue. Après avoir fait de vains efforts pour ouvrir les yeux de ses concitoyens, Solon s'exila volontairement (558). On croit qu'il mourut en Cypre, à l'âge de quatre-vingts ans. Il avait été non-seulement un législateur profond, mais encore un orateur puissant, un grand homme de guerre et un poëte distingué. Malheureusement tant de grandes qualités furent ternies par le déréglement de ses mœurs.

2. De la constitution de Solon. — Le but principal de Solon fut d'abolir l'aristocratie oppressive que les *Eupatrides* avaient établie. Il prit parti contre les nobles, fit connaître au peuple ses droits, lui révéla sa force, et sans établir un gouvernement purement démocratique, il donna du moins à tous les citoyens certains droits politiques qui tendaient à établir entre eux l'égalité. Il abolit l'ancienne division en trois classes qui ressemblaient assez aux castes asiatiques, et la remplaça par une distinction fondée sur la propriété. Les *pentacosiomédimnes*, c'est-à-dire ceux qui jouissaient d'un revenu de cinq cents *médimnes*[1] ou mesures d'huile et de grain, occupaient le premier rang; les *chevaliers*, qui en avaient quatre cents, venaient ensuite; après eux les *zeugites*[2], qui n'en avaient que trois cents; et enfin les *thètes*, qui en possédaient moins. Les trois premières classes pouvaient parvenir à toutes les charges; la dernière avait seulement le droit de siéger dans les tribunaux et de prendre place dans les assemblées.

Solon laissa subsister les neuf archontes annuels, mais il tempéra leur autorité par un sénat composé de 400 membres choisis à nombre égal dans les quatre tribus. Ce sénat était consulté par les archontes toutes les fois qu'il s'agissait de quelque affaire importante. Il devait discuter et examiner toutes les lois, puis les proposer à l'assemblée du peuple, à qui il appartenait de prendre toutes les décisions. C'est pourquoi le Scythe Anacharsis, étonné de cette disposition, reprocha un jour à Solon d'avoir donné dans sa constitution la délibération aux sages et réservé la décision aux fous.

Le peuple tenait ses assemblées tous les huit jours, et prononçait sur la paix ou la guerre, sur les lois et les traités, en un mot sur tous les grands intérêts de l'État. Mais le législateur avait eu soin de contrebalancer par différents moyens cette puissance qui aurait infailliblement mené la république à sa perte, si elle avait été abandonnée à ses caprices. D'abord les actes émanés du peuple avaient besoin de la sanction des archontes pour

---

1. Le médimne valait 51 litres 79 centilitres.

2. Les *zeugites* étaient des rameurs placés, dans les galères à trois rangs de rames, dans le rang du milieu, c'est-à-dire entre les *thalamites* et les *thranites*. On donna ce nom aux citoyens de la troisième classe, parce qu'ils tenaient le milieu entre les *chevaliers* et les *thètes*, comme les *zeugites* marins entre les *thalamites* et les *thranites*.

être obligatoires; ensuite l'Aréopage pouvait réviser et casser tous les décrets portés avec la précipitation et l'aveuglement des passions.

Ce tribunal n'avait été, avant Solon, qu'un instrument de tyrannie entre les mains des nobles. L'habile législateur résolut d'en faire l'appui de sa constitution. Il décida qu'à l'avenir il ne serait composé que des archontes sortant de charge et ayant rendu compte au peuple de leur administration. Ces juges, aussi respectables par leur âge que par leurs vertus, formaient non-seulement un tribunal suprême pour les causes capitales, mais ils étaient encore chargés de l'inspection des mœurs, de l'examen de la conduite des archontes et du maintien des lois et de la constitution, en redressant les jugements du peuple. Ils s'acquittèrent de leurs charges avec tant de justice et d'intégrité, que bientôt leur tribunal devint le plus auguste de l'univers. Pour n'être point émus par la vue de l'accusateur ou de l'accusé, ils siégeaient et jugeaient pendant la nuit. Ils se mettaient également en garde contre l'éloquence, en obligeant les avocats qui parlaient devant eux à se contenter d'exposer clairement et simplement la question. Quand elle était suffisamment éclaircie, les juges déposaient en silence leurs suffrages dans deux urnes, *l'urne de la mort et l'urne de la miséricorde*.

3. De sa législation. — La législation de Solon renferme bien des erreurs, et Plutarque n'a peut-être pas été trop sévère lorsqu'il a dit que dans ses lois sur les *femmes* il y avait beaucoup d'absurdités. N'étant éclairé, comme tous les païens, que d'une demi-lumière sur le grand problème de la nature de l'homme et de ses destinées, Solon a dû nécessairement échouer dans beaucoup de cas, lorsqu'il a voulu entrer dans le détail des devoirs que doit remplir un citoyen vertueux. Ses déréglements personnels n'avaient pu manquer d'obscurcir son cœur et d'affaiblir en lui le sentiment moral. Cependant, s'il s'égara dans certaines applications particulières, il ne subordonna point, comme Lycurgue, la morale à la politique, mais au contraire il établit en principe que la politique devait être subordonnée à la morale, et on trouve dans ses diverses lois de grandes vérités qui témoignent de son génie et de sa sagesse.

4. Lois politiques et civiles. — Pour défendre sa constitution et la rendre durable, il avait porté des peines très-sévères contre celui qui serait convaincu d'avoir tenté d'usurper l'autorité suprême, ou qui aurait conspiré contre l'ordre de choses établi. L'expérience ayant démontré que dans la république d'Athènes le nombre des hommes en état de porter les armes ne devait être ni fort au-dessus, ni fort au-dessous de vingt mille, les lois civiles de Solon eurent pour but de maintenir cet équilibre dans la population. Pour l'empêcher de devenir trop considérable, il rendit très-difficile aux étrangers l'obtention du droit de cité. D'un autre côté, pour que les familles ne pussent s'éteindre, il prit un grand soin d'assurer leur perpétuelle conservation en réglant les alliances. Il permit le divorce; mais quand le mari le sollicitait, il devait rendre à son épouse sa dot et pourvoir à son existence. Si au contraire c'était la femme qui le demandait, sa cause était portée devant les tribunaux pour y être examinée et jugée.

5. De l'éducation. — On remarque avec plaisir que Solon, dans ses lois, accorde une large place à l'éducation. Tout y est prévu et réglé de la manière la plus minutieuse. Supposant, comme tous les législateurs païens, que l'enfant est la possession de l'État et non de la famille, il ne s'était nullement reposé sur les parents du soin d'instruire leurs enfants. L'autorité publique choisissait elle-même les maîtres, fixait les heures où les classes devaient s'ouvrir et se fermer, et déterminait la nature des études. Les écoles étaient des sanctuaires où personne n'avait le droit d'entrer pendant que les enfants y étaient encore, afin que la jeunesse n'y respirât jamais que l'innocence. On exerçait les enfants dans des gymnases pour les rendre souples et agiles. Solon avait dressé des règlements particuliers où il suivait pas à pas

le jeune homme dans les diverses phases de son existence, s'appliquant à récompenser en lui la vertu et à
flétrir le vice, pour préserver son cœur de la corruption
si générale alors.

6. Lois judiciaires. — Ses lois judiciaires sont aussi
très-remarquables. En général, on était d'une sévérité
extrême à Athènes contre tous les coupables. Bien que
Solon ait adouci les lois de Dracon, on trouve encore
dans sa législation plusieurs dispositions que nous juge-
rions cruelles. Mais, si les peines étaient excessives, la
procédure était bien réglée, et le législateur avait pris
de grandes précautions pour qu'il n'y eut jamais de jugements iniques. Ainsi personne ne pouvait siéger dans aucun tribunal avant d'avoir trente ans accomplis. Il y avait
quatre grands tribunaux pour juger les meurtres, et six
pour les autres délits. Dans chacun d'eux on comptait
cinq cents juges présidés par un archonte. On avait dispersé soixante juges dans les campagnes pour prononcer sur les contestations soulevées à propos d'objets qui
n'avaient pas une valeur de plus de dix drachmes. Les
affaires plus importantes étaient soumises à des arbitres
sexagénaires, annuellement choisis dans chaque tribu.
Il était permis d'appeler de leurs décisions aux grands
tribunaux, sauf dans le cas où l'arbitre avait été désigné
par les deux parties.

7. Lois militaires. — Le peuple, qui nommait à tous
les emplois et qui avait le droit d'élire ses magistrats et
ses juges, déclarait aussi la guerre ; mais le législateur
avait exigé qu'avant de prendre une résolution pareille,
on en fit l'objet de trois discussions publiques. Lorsqu'on avait enfin pris le parti d'entreprendre une expédition, tous les citoyens pourvoyaient aux dépenses
nécessaires. Celui-ci équipait un cheval, celui-là fournis-
sait un navire, chacun donnait en raison de sa fortune.
On n'établit de solde régulière qu'au temps de Xerxès.
Pour récompenser le courage, il fut statué que les enfants
de ceux qui mourraient les armes à la main seraient
élevés aux dépens de la nation, et qu'on décernerait des

couronnes à tous ceux qui se seraient distingués au service de l'État. La lâcheté n'avait point d'excuse : une accusation publique était intentée contre celui qui s'en rendait coupable, et on lui infligeait un flétrissure plus redoutable que le fer de l'ennemi.

8. Parallèle entre Lycurgue et Solon. — Lycurgue et Solon furent les deux grands législateurs de la Grèce ; le premier jeta les fondements de la gloire et de la puissance de Sparte, le second affermit la constitution d'Athènes et la rendit la ville la plus florissante et la plus civilisée du monde ancien. Mais, comme ces deux hommes de génie avaient affaire à des peuples de mœurs et de caractères différents, leurs institutions offrent les contrastes les plus extraordinaires et les plus curieux. « Lycurgue, dit Cantu, vit que son pays suffisait à la nourriture de ses habitants, et il en bannit tout commerce et tout étranger. Solon dut chercher à neutraliser les arts et l'industrie sur le sol aride de l'Attique. Lycurgue, dans un gouvernement de rois, put faire ce qu'il voulut ; Solon, dans un gouvernement populaire, dut faire ce qu'il put. Le premier avait à diriger un peuple grossier et habitué à la tyrannie patricienne ; celui d'Athènes, qui avait déjà passé par plusieurs révolutions, voyait ce qui lui était le plus avantageux et la possibilité de l'obtenir. Lycurgue, d'un naturel austère, soumit les mœurs aux lois ; Solon, d'un caractère doux, adapta les lois aux mœurs ; le premier forma le peuple le plus guerrier, l'autre le plus cultivé. Les Spartiates, régis avec une verge de fer, éprouvèrent moins de secousses intérieures, tandis que la teinte de politique dont chacun était fier dans Athènes y multiplia les troubles civils. Les uns conservèrent plus longtemps leur indépendance, les autres la perdirent ; mais, par bonheur, les armes et la victoire ne sont pas tout au monde, et l'empire des lettres et des sciences ne fut pas perdu avec la bataille d'Ægos-Potamos. Les Athéniens d'ailleurs supportèrent l'infortune avec dignité ; après la prise de leur ville par les Perses et par Lysandre, ils ne perdirent pas courage et se relevèrent, tandis que les Spartiates, après les défaites de Pylos, de Cythère et de Leuctres, tombèrent dans l'abattement comme une nation sans passé et sans avenir. Ainsi, ces deux cités représentèrent dans la Grèce les deux éléments de tout État, l'un qui perfectionne et l'autre qui conserve. Sparte aristocratique est la figure des gouvernements taillés à l'asiatique, basés sur la foi, sur l'immobilité sacrée des usages héréditaires, sur l'amour et le respect pour tout ce qui est vieux; Athènes populaire marche en avant dans la voie de la libre discussion, elle a l'œil fixé sur l'avenir et fonde la liberté.»

QUESTIONNAIRE.

1. A quelle époque naquit Solon? De quelle famille était-il? Quelle fut son éducation? Quelle part prit-il à la conquête de Salamine? Que pensait-il des lois qu'il avait faites? Quelle fut sa conduite après les avoir publiées? Quelle fut sa mort?

2. Que se proposa Solon dans sa constitution? Comment divisa-t-il le peuple? Par quel moyen tempéra-t-il l'autorité des archontes? Quel contre-poids opposa-t-il à la puissance du peuple? Quel parti tira-t-il de l'Aréopage? Comment ce tribunal rendait-il la justice?

3. Quels sont les vices principaux de sa législation?

4. Quelles furent les peines qu'il porta contre les usurpateurs? Pourquoi Solon rendit-il difficile aux étrangers l'obtention du droit de cité?

5. Quelle importance attacha-t-il à l'éducation des enfants? Comment régla-t-il l'éducation des Athéniens? Par qui cette éducation leur était-elle donnée?

6. Quel était le caractère des lois judiciaires? Comment les tribunaux étaient-ils composés?

7. A qui appartenait le droit de déclarer la guerre? Comment se faisaient les frais d'une expédition? Quelle récompense accordait-on au courage, et comment punissait-on la lâcheté?

8. Établissez un parallèle entre Lycurgue et Solon.

---

§ III. — Pisistrate et ses fils. Archontat de Clisthène.

1. Pisistrate. Son caractère (561). — Quand Solon eut promulgué ses lois et repris ses voyages, pour leur laisser le temps de s'affermir, les trois factions qui déchiraient depuis si longtemps la république se ranimèrent tout à coup. Lycurgue se mit à la tête des hommes de la plaine; Mégaclès, fils d'Alcmœon, se fit chef des habitants des côtes, et Pisistrate commanda aux montagnards.

La victoire devait rester à ce dernier, qui réunissait d'ailleurs les qualités les plus propres à captiver les esprits. « Une naissance illustre, des richesses considérables, une valeur brillante et souvent éprouvée, une figure imposante, une éloquence persuasive, à laquelle le son de la voix prêtait de nouveaux charmes; un esprit enrichi des agréments que la nature donne et des connaissances que procure l'étude : jamais homme d'ailleurs ne fut plus maître de ses passions, et ne sut mieux faire valoir les vertus qu'il possédait en effet, et celles dont il n'avait que l'apparence[1]. » On voudrait ajouter à ce beau tableau l'éloge de ses mœurs et de son patriotisme, mais il se souilla par bien des bassesses, et son ambition lui fit tout faire en vue du souverain pouvoir.

2. Tyrannie de Pisistrate (561). — Pendant un temps Solon fut dupe de la dissimulation et des fourberies de Pisistrate. Mais, ayant enfin pénétré ses desseins, il les dénonça publiquement au peuple, qui se rit de la sagesse de Solon et le crut tombé en démence. *Le temps fera connaître*, dit le profond législateur, *le genre de ma folie, lorsque la vérité aura dissipé les ombres qui couvrent vos yeux.* Pisistrate s'empressa de profiter de cet aveuglement des Athéniens qui l'idolâtraient, pour marcher rapidement à son but. Un jour, après s'être fait lui-même quelques blessures au visage et sur le corps, il se montra tout couvert de sang sur la place publique, en s'écriant : *Voilà le prix de mon amour pour la démocratie et du zèle avec lequel j'ai défendu vos droits.* Solon comprit parfaitement le jeu de cette comédie, et s'approcha de Pisistrate pour lui dire d'un ton mêlé de mépris et d'ironie : *Fort bien, Pisistrate! mais tu joues mal le personnage d'Ulysse. Ulysse s'égratigna pour tromper ses ennemis; tu te déchires la peau, toi, pour tromper tes concitoyens!* Les Athéniens se laissèrent en effet prendre au piége. Ils accordèrent à celui qu'ils regardaient comme leur défenseur un corps redoutable de satellites avec

1. *Voyage du jeune Anacharsis.*

lequel il s'empara de la citadelle, chassa de la ville les
Alcméonides et usurpa l'autorité suprême.

**3. Des diverses vicissitudes de la fortune du tyran
(561-538).** — Pisistrate eut recours à tous les moyens
imaginables pour faire oublier son usurpation. Il dissimula le ressentiment qu'il pouvait avoir contre Solon, le
plus ardent de ses adversaires, lui demanda sans cesse
ses conseils, et n'usa de sa puissance dictatoriale que
pour affermir sa constitution. Mais l'esprit de faction
ferma les yeux sur son mérite et trama sa perte. Les
Alcméonides, sous la conduite de Mégaclès leur chef,
rentrèrent dans Athènes d'où Pisistrate les avait chassés, et le bannirent à son tour (560). Mais le dictateur
laissait à Athènes des amis dévoués qui, durant son exil,
ne négligèrent pas ses intérêts, et qui, quatre ans après,
négocièrent son rappel (556).

Mégaclès lui-même se mit de son côté. Se sentant
pressé par la faction opposée à la sienne, il lui fit proposer par un héraut de le rétablir s'il voulait épouser sa
fille. Pisistrate y consentit, et rentra dans Athènes, au
milieu des acclamations universelles, monté sur un char
éclatant, ayant à ses côtés une femme de Pœania, bourgade de l'Attique, que sa taille élevée et sa ravissante
beauté firent passer pour la déesse Minerve. Le peuple
y crut ou feignit d'y croire, et reçut avec transport le
tyran des mains de la déesse.

Ainsi rétabli, Pisistrate épousa la fille de Mégaclès,
comme il en était convenu. Mais les outrages qu'il lui
prodigua indignèrent de nouveau Mégaclès, qui trama
encore la chute de celui qu'il avait exalté. Il réussit à
satisfaire sa vengeance, et Pisistrate fut obligé de se retirer à Érétrie (552). Il resta près de quatorze ans en
exil, et pendant tout ce temps Mégaclès fut maître d'A-
thènes (552-538). Enfin Pisistrate parvint encore à réunir un corps de troupes assez considérable, au moyen
duquel il recouvra l'autorité souveraine, après avoir défait ses ennemis dans la plaine de Marathon (538). Depuis
ce moment il conserva le pouvoir jusqu'à sa mort (528).

4. Caractère du gouvernement de Pisistrate (538-528). — Pisistrate n'eut vraiment des tyrans que le nom. Les Athéniens ont fait de son gouvernement les plus brillants éloges. Il avait pour ses sujets la bonté d'un père pour ses enfants; il écoutait leurs plaintes, calmait leurs dissensions, et soulageait leur misère. Toutes ses journées étaient marquées par des bienfaits, et ses lois paraissent empreintes de la plus haute sagesse. Il attaqua l'oisiveté, et encouragea tout à la fois l'agriculture, l'industrie et le commerce. Il donna des terres aux indigents, et distribua dans les campagnes cette foule d'hommes inutiles qui traînaient leur oisiveté dans les rues d'Athènes et qui ne servaient qu'à envenimer les factions. Il favorisa aussi les sciences et les lettres, embellit la ville par des fontaines, des temples et des gymnases, forma pour les Athéniens une bibliothèque composée des meilleurs ouvrages, réunit les poëmes d'Homère, et ouvrit de nouvelles routes au commerce. On cite plusieurs traits qui prouvent que son âme était élevée au-dessus des bassesses de la vengeance, mais on en rapporte aussi qui montrent que sa souplesse envers le peuple allait jusqu'à l'adulation. Il était convaincu qu'il n'y avait de sécurité pour lui et pour sa puissance que dans l'amour de la multitude, et il l'achetait quelquefois même au prix de sa dignité personnelle.

Malgré cette folle passion pour le pouvoir, on doit remarquer à la gloire des Pisistratides, qu'ils ne se regardèrent jamais que comme les premiers magistrats, les chefs perpétuels d'un État démocratique. Bien qu'ils se crussent issus des anciens rois d'Athènes, ils ne prirent point le titre de roi. Les impôts qu'ils prélevèrent servirent moins à leur entretien qu'aux besoins de l'État. Ils conservèrent par leur exemple autant que par leur autorité les lois de Solon, laissèrent au sénat et aux assemblées du peuple leurs prérogatives; et on peut même dire que la puissance absolue de Pisistrate fut utile à la constitution du célèbre législateur, car la démocratie qu'il avait voulu établir ne pouvait prospérer

que sous la protection d'une dictature aussi puissante et
aussi bien réglée.

5. Hipparque et Hippias (528-514). — Pisistrate
transmit son autorité à ses deux fils Hipparque et Hippias. Bien qu'ils n'eussent pas les talents de leur père,
ils eurent la sagesse de se conduire d'après ses maximes; aussi pendant quelque temps on ne s'aperçut pas
qu'Athènes avait changé de maître. La civilisation allait
se perfectionnant, les sciences et les lettres étaient cul-
tivées avec une ardeur toujours croissante. Hipparque
s'y livrait lui-même, et se plaisait à s'environner des
esprits les plus distingués, parmi lesquels brillaient Anacréon et Simonide. Mais au fond de la société athénienne on sentait toujours se remuer les antiques factions
avec leur haine invétérée, et sous ce brillant extérieur
de civilisation se cachait une corruption monstrueuse.
Hipparque et Hippias ne prenaient plus la peine de dissimuler eux-mêmes leurs désordres. Ils en furent les
déplorables victimes.

Deux jeunes Athéniens, Harmodius et Aristogiton,
ayant essuyé de la part d'Hipparque le plus sanglant
des affronts, résolurent de s'en venger, et conspirèrent
avec leurs compagnons contre les jours des deux tyrans. C'était à la solennité des Panathénées qu'ils étaient
convenus d'exécuter leur criminel dessein. Ils se rendirent au lieu déterminé; mais, en y arrivant, ils virent,
à leur grand étonnement, un des conjurés s'entretenir
très-familièrement avec Hippias. Aussitôt ils se crurent
trahis, et prirent la résolution de vendre chèrement leur
vie. Ils se précipitèrent sur Hipparque et le mirent à
mort. Harmodius fut sur-le-champ taillé en pièces
par les satellites du tyran. On se saisit d'Aristogiton, et
on le mit à la torture pour obtenir de lui les noms de
ses complices. Il désigna tous les partisans les plus
fidèles d'Hippias, et celui-ci les fit périr à mesure qu'il
les nommait. *As-tu d'autres scélérats à dénoncer?* s'écria
le tyran dans sa fureur. *Il ne reste plus que toi*, lui répondit le courageux Athénien; *je meurs content, parce*

que j'emporte en mourant la satisfaction de t'avoir privé de tes meilleurs amis.

Depuis ce moment Hippias fit peser sur Athènes la plus effrayante des tyrannies et parut moins un homme qu'un tigre altéré de sang. Chaque jour il ordonnait de nouveaux meurtres, il imaginait de nouveaux supplices, et les dernières années de son règne furent vraiment une époque de terreur. Tant de forfaits réveillèrent dans le cœur des Athéniens le sentiment de la liberté. Ils dressèrent des statues à Harmodius et Aristogiton, chantèrent un hymne[1] en leur honneur, et arrachèrent des mains d'Hippias le souverain pouvoir (510). Ce prince sanguinaire alla mendier du secours à Sparte, puis chez Artapherne, un des satrapes de Darius; il prit part à la première expédition des Perses et périt à Marathon.

6. Archontat de Clisthène (510). — Quand Athènes eut brisé le joug de ses tyrans, elle ne fut point en repos; les anciennes luttes entre les nobles et le peuple recommencèrent. La démocratie eut pour défenseur Clisthène, et les nobles mirent à leur tête Isagoras, qui fut soutenu par les Spartiates, les Béotiens, les Chalcidiens et les Eginates. Clisthène fut d'abord obligé de sortir d'Athènes avec sept cents familles, mais il se vengea ensuite de cet échec et fit triompher le parti populaire. Pour plaire à la multitude, il partagea en dix tribus les quatre dèmes établis par Cécrops et il introduisit dans ces tribus les habitants des bourgs. Tous les ans, on élut dans chaque tribu cinquante sénateurs, ce qui porta le nombre de ces magistrats à cinq cents. Il fit de toutes les tribus autant de petites républiques qui avaient

---

1. Cet hymne étant devenu un chant national, nous croyons utile de le citer. « Je porterai mon épée recouverte de myrte comme Harmodius et Aristogiton quand ils tuèrent le tyran et rétablirent dans Athènes l'égalité des lois.

« Cher Harmodius, tu n'es pas mort. On dit que tu vis dans les îles des bienheureux, où sont Achille aux pieds rapides, et Diomède, fils de Tydée.

« Je porterai mon épée recouverte de myrte, etc.

« Que votre gloire vive éternelle, chers Harmodius et Aristogiton, parce que vous avez tué le tyran, et rétabli dans Athènes l'égalité des lois. »

leurs présidents, leurs officiers de police, leurs tribunaux et leurs assemblées. Tous les citoyens pouvaient prendre part aux affaires de l'État, chacun avait le droit de monter à la tribune et de haranguer en public, et les charges étaient ainsi accessibles à tous. On lui attribue l'établissement de l'*ostracisme*, qui donnait au peuple le pouvoir de bannir à son gré et sans jugement tous les citoyens puissants dont l'autorité lui faisait ombrage.

Lacédémone aurait voulu, dans ces conjonctures, tenter le rétablissement d'Hippias qu'elle avait reçu dans son sein; mais Corinthe et les autres villes du Péloponèse s'opposèrent à ce projet par amour pour la liberté. C'est alors qu'Hippias se retira chez Artapherne, gouverneur de Sardes, pour solliciter les secours du roi de Perse. Artapherne prit ouvertement sa défense, et somma les Athéniens de rendre le souverain pouvoir au tyran. Leur refus fut une des causes de la guerre des Perses contre la Grèce.

QUESTIONNAIRE.

1. Qui domina dans Athènes après Solon? Quel était le caractère de Pisistrate?

2. Par qui fut-il dévoilé? Comment arriva-t-il au souverain pouvoir? Par qui fut-il combattu? Quel fut le dénoûment de cette lutte?

3. Quelles furent les vicissitudes de la fortune de Pisistrate?

4. Quel était le caractère du gouvernement de Pisistrate? Comment sut-il s'attacher les Athéniens? Quel service rendit-il à la constitution de Solon?

5. Quels furent ses successeurs? Comment se conduisirent-ils? Racontez la conspiration d'Harmodias et d'Aristogiton. Que devint Hippias?

6. Dans quel état se trouva alors Athènes? Que fit Clisthène? Quelle organisation donna-t-il à Athènes? Quelle est l'institution qu'on lui attribue? Que devint Hippias?

CHAPITRE VIII

DE LA PREMIÈRE GUERRE MÉDIQUE.

RÉSUMÉ. — Quand Athènes et Sparte eurent reçu leur constitution, et qu'elles eurent acquis la prépondérance, l'une dans le Péloponèse et l'autre dans la Grèce centrale, le moment de la lutte de l'Europe contre l'Asie arriva. Cette guerre prépara la grande fusion que la Providence voulait un jour opérer entre ces deux parties du monde, en les plaçant sous un même sceptre.

I. Ce grand combat commença par les colonies grecques qui se trouvaient sur la côte occidentale de l'Asie Mineure. Cyrus les avait soumises, mais il avait respecté l'indépendance des îles voisines. Il n'en fut pas de même de ses successeurs. Darius songea à s'emparer des Cyclades et de la Grèce entière. Sa première expédition ayant échoué par la trahison d'Aristagoras, celui-ci, pour échapper au châtiment qui l'attendait, entraîna dans sa révolte toutes les villes grecques de l'Ionie. Alors ces villes insurgées cherchèrent des alliés en Grèce ; elles furent repoussées par Sparte, mais les Athéniens et les Érétriens s'unirent à elles. L'incendie de la ville de Sardes par les Athéniens excita la colère du grand roi. Il envoya d'abord une armée contre les Ioniens qu'il soumit à sa domination et auxquels il imposa ses lois.

II. Ce fut pour se venger des Athéniens qu'il fit faire une grande expédition sous les ordres de Mardonius. Ce général ayant été malheureux, une nouvelle flotte fut confiée à un Mède nommé Datis, et l'ordre lui fut donné de châtier l'orgueil des Athéniens auxquels devaient s'unir les Spartiates. Cette armée immense jeta un instant l'effroi dans Athènes, mais cette ville avait pour se défendre le génie des Miltiade, des Aristide, des Thémistocle. Miltiade eut le commandement en chef et remporta sur les Perses la grande victoire de Marathon (490). Les Spartiates n'arrivèrent que le lendemain pour être témoins de la gloire des Athéniens. On rendit de grands honneurs aux guerriers morts à Marathon, mais le peuple d'Athènes oublia les services de Miltiade et le condamna à une amende qui l'obligea à finir ses jours en prison (489). Darius mourut lui-même quelque temps après sans avoir pu venger sa défaite (485).

---

§ Ier. — Période ionienne de la guerre médique (504-498).

1. État de l'Ionie. — Lorsque Cyrus eut vaincu le roi de Lydie, Crésus, à la bataille de Tymbrée, en 548, les villes grecques de l'Asie Mineure, Éphèse, Smyrne et Milet étaient passées sous la domination des Perses. Mais le vainqueur n'avait point cherché à étendre son empire au delà du continent, et les Cyclades étaient restées libres ainsi que toutes les îles de la mer Égée. Darius, à son retour de Scythie, inquiéta la Grèce entière par ses entreprises. Après s'être rendu maître de la Thrace et de la Macédoine, il soumit les îles de Lemnos et d'Imbros, et laissa entrevoir le dessein qu'il avait d'étendre ses conquêtes de ce côté.

2. Affaire des Naxiens (504). — Depuis longtemps l'île de Naxos, comme la plupart des villes de la Grèce, était en proie à des discordes intestines ; pauvres et riches, grands et petits se disputaient le pouvoir. La démocratie ayant triomphé de l'aristocratie, les nobles chassés par le peuple se retirèrent à Milet près d'Aristagoras, qui gouvernait cette ville au nom d'Histiée son parent. Aristagoras, ne se sentant pas assez puissant pour attaquer les Naxiens, leur offrit du moins sa médiation pour engager Artapherne, frère de Darius, à entreprendre cette expédition. Il n'eut pas de peine à réussir dans ses négociations. Le grand roi applaudit lui-même à cette intervention, et il mit en mer une flotte de deux cents voiles, dont il donna le commandement à Mégabase, son cousin, avec l'ordre de soumettre les Cyclades et toute la Grèce. Aristagoras, mécontent de n'occuper dans l'expédition qu'un rang subalterne, trahit la cause des Perses et fit échouer l'entreprise qu'il avait lui-même provoquée.

3. Révolte de l'Ionie (504). — Aristagoras, pensant bien qu'après sa trahison Darius serait pour lui sans pitié s'il tombait entre ses mains, comprit qu'une révolte ouverte était le seul moyen de salut qui lui restait. Histiée, que la fureur du grand roi retenait captif à Suse, partageait cet avis et l'engageait secrètement à prendre ses dispositions. Alors Aristagoras fit un appel aux passions démocratiques, renversa les tyrans qui régnaient dans les différentes villes de l'Ionie, proclama partout l'égalité des lois, et souleva ses concitoyens au nom de la liberté. Les villes grecques, qui avaient toujours trouvé fort onéreux le joug des Perses, accueillirent avec enthousiasme le projet d'Aristagoras, et la révolte devint générale.

4. Alliance des Ioniens avec les Grecs. — Toutefois, malgré ses succès, Aristagoras ne se dissimula point qu'il n'était pas capable, avec les seules forces de l'Ionie, de résister aux armées innombrables de la Perse. Il travailla donc à se faire des alliés. Ses espérances se portèrent naturellement sur les Grecs, parce que ceux-ci se trouvaient dans la nécessité de défendre leurs colonies. Dans l'exaltation de son patriotisme et de son courage, il résolut d'aller lui-même en Grèce et de solliciter l'appui des villes importantes. Comme Sparte jouissait depuis longtemps d'une grande réputation en Asie Mineure, il s'adressa d'abord à cette cité. Il y fut mal reçu, sans doute, parce que les Spartiates, dévoués au système oligarchique, virent avec peine en lui un des promoteurs les plus ardents des principes démocratiques. Athènes, où le peuple venait de briser la tyrannie des Pisistratides pour s'emparer du souverain pouvoir, ne devait avoir, au contraire, que de la sympathie pour toute pensée de liberté et d'affranchissement. Aussi s'empressa-t-elle d'accepter l'alliance d'Aristagoras, regardant comme une bonne fortune l'occasion de combattre les Perses, dont le voisinage l'alarmait depuis quelque temps. Elle résolut donc d'envoyer vingt vaisseaux au secours des Ioniens, et elle en confia le commandement à Mélanthus. Les Erétriens prirent le même parti et joignirent une escadre de cinq trirèmes à la flotte athénienne.

5. **Incendie de Sardes** (500). — On convint qu'on se réunirait à Milet. Aristagoras décida qu'il resterait dans cette ville pour la défendre, et que son frère Charopinus irait attaquer Sardes. Les Athéniens et les Erétriens, instruits de ces dispositions, débarquèrent en Lydie, et se montrèrent après trois jours de marche sous les murs de la capitale de cet ancien royaume. Le gouverneur Artapherne, qui ne s'était pas attendu à une invasion aussi précipitée, abandonna la ville aux ennemis et se retira dans la citadelle. Comme cette cité était construite uniquement de cannes et de roseaux, un soldat ayant mis le feu à une maison, la flamme, chassée par le vent, se communiqua subitement à toutes les autres, et Sardes

fut réduite en cendres. Ce désastre terrible coûta cher aux vainqueurs. Tous les Perses de la Lydie s'unirent aux troupes d'Artapherne, et contraignirent les Ioniens et leurs alliés à battre en retraite. Ceux-ci coururent à Éphèse pour y regagner leurs vaisseaux, mais les Perses y arrivèrent presque aussitôt qu'eux et en tuèrent un grand nombre. Après ces revers, les Athéniens découragés se retirèrent dans leur pays et refusèrent de reprendre les armes, malgré les instances d'Aristagoras.

6. Résistance des Ioniens (499-498). — Quoique abandonnée de ses alliés, l'Ionie n'en continua pas moins la guerre. Ses armées s'emparèrent de Byzance et de toutes les villes de la Propontide; sa flotte pénétra ensuite dans la Carie et s'empara de toute la côte. Ils allèrent même prêter main-forte aux Cypriotes, qui, à l'exemple des Cariens, s'étaient aussi révoltés contre Darius. Mais les Phéniciens, qui étaient au service des Perses, leur ravirent la victoire, et l'île fut de nouveau réduite en esclavage, après avoir joui de la liberté pendant un an (499).

Après ce premier succès, les Perses résolurent de diviser leur armée en trois corps sous la conduite des trois gendres de Darius : Hymées, Danisès et Otanes. Chacun de ces corps devait soumettre les cités les moins importantes des Éoliens, des Doriens et des Ioniens, et se rendre ensuite sous les murs de Milet, pour faire le siége de cette ville, qui était le centre de la rébellion. Ce plan fut aussi heureusement exécuté qu'il avait été habilement conçu. Hymées réduisit les bourgs et les petites villes de l'Éolie, Othanès s'empara de toute la côte ionique, et Danisès subjugua Dardanus, Abydos, Lampsaque et toute la Carie. Aristagoras, effrayé par les victoires des Perses, s'enfuit en Thrace pour y chercher un asile, mais il y trouva la mort.

Histiée, son parent, ancien tyran de Milet, s'enfuit de la cour de Darius et vint offrir ses services aux Ioniens. Les Milésiens, n'écoutant dans ces tristes conjonctures que leur haine contre la tyrannie, refusèrent de lui donner le commandement de leurs troupes. Dès lors, les Perses virent chaque jour le nombre de leurs alliés augmenter, tandis que la division se mit parmi les Grecs. Cependant, malgré toutes les défections qu'ils éprouvèrent, les Ioniens parvinrent encore à réunir une flotte de 353 vaisseaux à trois rangs de rames. Dans l'action décisive qu'ils engagèrent contre des forces bien supérieures aux leurs, ils déployèrent un courage héroïque, et peut-être n'auraient-ils pas succombé, si les Samiens et les Lesbiens, séduits par l'or des Perses, ne les eussent trahis au fort du combat.

7. Soumission de l'Ionie (498). — Milet, assiégée par terre et par mer, se défendit encore quelque temps après cette défaite, mais elle ne put résister et fut enfin emportée d'assaut. Ses habitants furent passés au fil de l'épée ou emmenés en esclavage, et les vainqueurs souillèrent leur victoire par les plus horribles cruautés. Les îles de Chio, de Lesbos et de Ténédos furent entièrement saccagées. Histiée, seul de tous les rebelles, n'était pas encore soumis; il avait fait des conquêtes dans l'Hellespont, et il continuait sur cette mer une guerre de pirates très-désastreuse pour les Perses et leurs alliés. Mais il tomba entre les mains d'Arpagus dans une excursion qu'il avait hasardée sur terre, et Artapherne le fit mettre en croix. Alors les Perses, après avoir assouvi sur les vaincus leur première fureur, revinrent à des sentiments plus modérés. Darius fit même des lois sages et utiles pour rendre à ces contrées leur opulence et leur bonheur; en peu d'années les cités réparèrent leurs ruines, et l'abondance et la joie refleurirent dans les campagnes.

QUESTIONNAIRE.

1. Jusqu'où s'étendit la domination persane après la bataille de Tymbrée? Que fit Darius après son retour de Scythie?

2. Quelles étaient les divisions qui déchiraient les Naxiens? Qu'est-ce qui engagea les Perses à faire une expédition contre les Cyclades et la Grèce? Pourquoi cette expédition échoua-t-elle?

3. Quel parti prit Aristagoras? Comment engagea-t-il les villes grecques à secouer le joug des Perses?

4. A quel moyen Aristagoras eut-il

recours pour soutenir cette révolte ? Comment fut-il accueilli par les Spartiates ? Quel parti prirent les Athéniens ? Quel secours en reçut-il ?

5. Où les Athéniens et les Érétriens débarquèrent-ils ? Comment Sardes fut-elle incendiée ? Quelles furent les conséquences de cet affreux événement ?

6. Quels succès obtinrent d'abord les Ioniens ? Où commencèrent leurs revers ? Quelle tactique suivirent les Perses ? Quels furent les derniers efforts des Ioniens ?

7. Comment la ville de Milet fut-elle traitée ? Quel fut le sort d'Histiée ? Quelle fut la conduite des Perses après leur victoire ? Que fit ensuite Darius ?

---

§ II. — Depuis le premier envahissement de la Grèce jusqu'à la mort de Darius (496-485).

1. Haine de Darius contre les Athéniens. — C'était beaucoup déjà pour Darius d'avoir châtié la révolte de l'Ionie, mais il attachait encore une plus grande importance à la vengeance de l'injure qui lui avait été faite par les Athéniens. Quand on lui avait appris l'incendie de Sardes, ses premières paroles avaient eu pour objet de demander quelle était la nation qui avait accompli un acte aussi audacieux. Lorsqu'on lui eut répondu que les Athéniens étaient seuls coupables, il prit son arc, y mit une flèche, et, l'ayant levée vers le ciel, il s'écria : *O Jupiter, puissé-je me venger des Athéniens !* Il ordonna ensuite à un de ses officiers de lui répéter à trois reprises toutes les fois qu'il se mettrait à table : *Seigneur, souvenez-vous d'Athènes.* Il s'en souvint, en effet, car à peine la guerre d'Ionie était-elle terminée, qu'il ordonna une expédition contre les Athéniens et les Érétriens, pour leur faire expier l'incendie de Sardes.

2. Expédition malheureuse de Mardonius (496). — Mardonius, gendre du grand roi, se rendit en Macédoine avec une nombreuse armée. En traversant l'Ionie il acheva de la pacifier, mit en fuite les tyrans qui y régnaient, pour soumettre toutes les villes au régime démocratique. Le prétexte de son expédition était de se venger d'Athènes et d'Érétrie, mais son véritable dessein était de soumettre la Grèce entière. Déjà sa flotte avait subjugué les Thasiens et glacé d'effroi tous les Grecs,

quand elle fut assaillie par une violente tempête qui
brisa la plupart de ses vaisseaux contre les rochers du
mont Athos. Son armée de terre fut en même temps détruite dans la Thrace, où elle fut surprise par une tribu
qui l'extermina presque entièrement. Mais ce revers ne
découragea point Darius; il en rejeta la faute sur les
éléments, et prépara une expédition beaucoup plus considérable.

3. Expédition de Datis (494). — Avant de reprendre
les hostilités, Darius envoya des hérauts demander à
toutes les villes de la Grèce *la terre et l'eau;* c'était la
formule que les Perses employaient pour exiger l'hommage. La plupart des îles et des villes du continent s'empressèrent de se soumettre; mais les Spartiates et les
Athéniens, par une violation manifeste du droit des
gens, jetèrent les envoyés du roi de Perse dans un
puits, en se moquant de leur formule. Les Athéniens
allèrent même jusqu'à massacrer ceux qui avaient servi
d'interprètes aux barbares, pour les punir d'avoir
souillé la langue grecque en lui faisant exprimer les
ordres d'un tyran.

A cette nouvelle, Darius indigné réunit une immense
armée dont il remit le commandement à un Mède nommé
Datis et à son neveu Artapherne. Ils avaient l'ordre de
détruire Athènes et Érétrie et d'en charger de chaînes
tous les habitants. La flotte destinée à transporter en
Grèce l'armée des Perses partit des côtes de la Cilicie,
coupa à travers les Cyclades, et couvrit de ses vaisseaux
toute la mer Égée. Les Naxiens, effrayés, se cachèrent
dans leurs inaccessibles montagnes, les habitants de
Délos s'enfuirent, abandonnant leur temple et leur oracle, et toutes les îles offrirent *la terre et l'eau*, ou se soumirent après une faible résistance. L'armée aborda ensuite dans l'île d'Eubée. « La ville d'Érétrie, après s'être
vigoureusement défendue pendant six jours, fut prise
par la trahison de quelques citoyens qui avaient du crédit sur le peuple. Les temples furent rasés, les habitants
mis aux fers; et la flotte ayant sur-le-champ abordé sur

les côtes de l'Attique, mit à terre auprès du bourg de Marathon, éloigné d'Athènes d'environ cent quarante stades (près de six lieues), 100,000 hommes d'infanterie et 10,000 de cavalerie : ils campèrent dans une plaine bordée à l'est par la mer, entourée de montagnes de tous les autres côtés, ayant environ deux cents stades de circonférence[1]. »

4. Effroi des Athéniens. Miltiade. — A la vue d'un nombre aussi considérable d'ennemis, Athènes fut un instant consternée. Elle demanda des secours à ses alliés, partout elle n'essuya que des refus. Sparte cependant prit sa défense; mais ses soldats, retenus par une coutume bizarre qui ne permettait de se mettre en marche qu'après la pleine lune, devaient arriver trop tard. Les Platéens seuls envoyèrent 1,000 soldats. Chacune des dix tribus athéniennes en arma le même nombre, et ces 11,000 hommes furent obligés de lutter contre les forces immenses des Perses.

Mais, si Athènes ne pouvait mettre sur pied des bataillons nombreux, elle était sûre du moins de la fidélité et du courage de ses soldats. Elle avait aussi dans son sein trois hommes de dévouement et de génie qui valaient à eux seuls une armée, c'étaient Miltiade, Aristide et Thémistocle. Miltiade, qui avait été autrefois roi, ou, comme disaient les Grecs, *tyran* de la Chersonèse de Thrace, connaissait depuis longtemps les Perses et leur manière de combattre. Il était d'ailleurs plus âgé qu'Aristide et Thémistocle, et jouissait par là même d'une plus grande autorité. Il fut donc chargé de la conduite de l'expédition. C'est lui qui conçut le plan de la bataille, c'est lui qui assigna à chacun son poste, c'est lui en un mot qui commanda l'attaque, et qui eut l'honneur de la victoire.

5. Bataille de Marathon (490). — Quand il s'agit de décider la bataille, quelques-uns des généraux désiraient qu'on attendît le secours des Spartiates, mais Miltiade

---

1. *Voyage du jeune Anacharsis.*

voulut qu'on en vînt aux mains sans perdre de temps. Aristide fut de son avis, et ce sentiment prévalut. Tous les généraux cédèrent à Miltiade le commandement, mais il aima mieux attendre le jour qui le plaçait de droit à la tête de l'armée.

« Dès qu'il parut, Miltiade rangea ses troupes au pied d'une montagne, dans un lieu parsemé d'arbres qui devaient arrêter la cavalerie des Perses. Les Platéens furent placés à l'aile gauche; Callimaque commandait la droite; Aristide et Thémistocle étaient au corps de la bataille, et Miltiade partout. Un intervalle de huit stades séparait l'armée grecque de celle des Perses.

« Au premier signal les Grecs franchirent, en courant, cet espace. Les Perses, étonnés d'un genre d'attaque si nouveau pour les deux nations, restèrent un moment immobiles; mais bientôt ils opposèrent à la fureur impétueuse des ennemis une fureur plus tranquille et non moins redoutable. Après quelques heures d'un combat opiniâtre, les deux ailes de l'armée grecque commencent à fixer la victoire. La droite disperse les ennemis dans la plaine; la gauche les replie dans un marais qui offre l'aspect d'une prairie et dans lequel ils s'engagent et restent ensevelis. Toutes deux volent au secours d'Aristide et de Thémistocle près de succomber sous les meilleures troupes que Datis avait placées dans son corps de bataille. Dès ce moment la déroute devint générale. Les Perses, repoussés de tous côtés, ne trouvent d'asile que dans leur flotte qui s'était rapprochée du rivage. Le vainqueur les poursuit le fer et la flamme à la main : il prend, brûle ou coule à fond plusieurs de leurs vaisseaux; les autres se sauvent à force de rames.

« L'armée persane perdit environ 6,400 hommes; celle des Athéniens 192 héros : car il n'y en eut pas un qui, dans cette occasion, ne méritât ce titre. Miltiade y fut blessé; Hippias y périt, ainsi que Stésilée et Callimaque, deux des généraux des Athéniens.

« Le combat finissait à peine : un soldat, excédé de

fatigue, forme le projet de porter la première nouvelle
d'un si grand succès aux magistrats d'Athènes, et sans
quitter ses armes, il court, vole, arrive, annonce la victoire et tombe mort à leurs pieds.

« Cependant cette victoire eût été funeste aux Grecs
sans l'activité de Miltiade. Datis, en se retirant, conçut
l'espoir de surprendre Athènes qu'il croyait sans défense;
et déjà sa flotte doublait le cap de Sunium. Miltiade n'en
fut pas plus tôt instruit, qu'il se mit en marche, arriva
le même jour sous les murs de la ville, déconcerta par
sa présence les projets de l'ennemi, et l'obligea de se
retirer sur les côtes de l'Asie. »

6. Arrivée des Spartiates. — « La bataille se donna
le 6 de béodromion, dans la troisième année de la soi-
xante-douzième olympiade (29 septembre 490). Le lendemain arrivèrent 2,000 Spartiates. Ils avaient fait, en
trois jours et trois nuits, douze cents stades, environ cent
soixante-quatorze kilomètres. Quoique instruits de la fuite
des Perses, ils continuèrent leur route jusqu'à Marathon,
et ne craignirent pas d'affronter l'aspect des lieux où
une nation rivale s'était signalée par de si grands exploits : ils y virent les tentes des Perses encore dressées,
la plaine jonchée de morts et couverte de riches dépouilles; ils y trouvèrent Aristide qui veillait, avec sa
tribu, à la conservation des prisonniers et du butin, et
ne se retirèrent qu'après avoir donné de justes éloges
aux vainqueurs. »

7. Honneurs rendus aux guerriers de Marathon.
— « Les Athéniens n'oublièrent rien pour éterniser le
souvenir de ceux qui étaient morts dans le combat. On
leur fit des funérailles honorables : leurs noms furent
gravés sur des demi-colonnes élevées dans la plaine de
Marathon. Ces monuments, sans en excepter ceux des
généraux Callimaque et Stésilée, étaient d'une extrême
simplicité. Tout auprès on plaça un trophée chargé des
armes des Perses. Un habile artiste peignit les détails
de la bataille, dans un des portiques les plus fréquentés
de la ville : il y représenta Miltiade à la tête des gé-

néraux, et au moment où il exhortait les troupes au combat [1]. »

8. Disgrâce et mort de Miltiade (489). — Ce fut la seule distinction que les Grecs lui accordèrent en récompense de sa victoire. Cependant le nombre de ses envieux alla toujours croissant. On lui reprocha son orgueil et sa présomption; le lendemain même de son triomphe, lorsqu'il demanda une couronne d'olivier, on la lui refusa. Quelque temps après, ayant reçu l'ordre de punir les îles qui avaient embrassé le parti des Perses, il obtint d'abord de grands succès. Mais, comme il échoua devant Paros et qu'il leva le siége de cette ville sur le faux avis que la flotte des Perses venait l'attaquer, on l'accusa de trahison. Ses blessures l'ayant empêché de se rendre à l'assemblée, ceux qui lui portaient envie profitèrent de son absence pour obtenir sa condamnation. Il avait été d'abord résolu qu'il serait jeté dans la fosse où l'on faisait périr les malfaiteurs. Heureusement il se trouva des citoyens vertueux qui réclamèrent contre cet horrible attentat. *Athéniens!* s'écrièrent-ils, *souvenez-vous de Marathon.* Leurs efforts ne servirent qu'à faire commuer le décret de mort en une amende de 50 talents (environ 275,000 fr.). Miltiade, n'ayant pas le moyen de les donner, fut jeté dans une prison où il mourut des blessures qu'il avait reçues en combattant pour son pays.

9. Mort de Darius (485). — Traiter ainsi le vainqueur des Perses, c'était venger Darius. A la vérité il n'eut pas d'autre vengeance. Ce prince, honteux de la défaite que ses troupes avaient essuyée dans les plaines de Marathon, fit pendant trois années d'immenses préparatifs pour essayer de réparer son honneur et de satisfaire son ressentiment. Il fut tout à coup arrêté dans l'exécution de ses desseins par la nouvelle de la révolte de l'Egypte. C'était le présage de ces convulsions sinistres qui devaient bientôt mettre son vaste empire en

---

1. *Voyage du jeune Anacharsis.*

lambeaux. Il songeait à punir les Egyptiens avant d'envoyer une nouvelle armée en Grèce, quand la mort le surprit occupé de ses préparatifs (485).

QUESTIONNAIRE.

1. Quel était le ressentiment de Darius contre les Athéniens?

2. A qui confia-t-il le commandement de l'armée qu'il envoya contre eux? Quel était le but de Mardonius? Comment sa flotte et son armée furent-elles détruites?

3. Que fit Darius avant de reprendre les hostilités? Comment ses envoyés furent-ils traités par les Spartiates et les Lacédémoniens? Quelle direction prit la flotte que le grand roi envoya contre la Grèce? par quels excès ses soldats marquèrent-ils leur passage?

4. Que fit Athènes dans ces conjonctures difficiles? Quels étaient les hommes de génie qu'elle avait dans son sein? A qui le commandement en chef de l'armée fut-il confié?

5. Quels étaient les avis des différents généraux? Que fit Miltiade?

Racontez la bataille de Marathon. Quelle perte firent les Perses? Comment Miltiade déjoua-t-il ensuite les projets de l'ennemi?

6. Quel jour arrivèrent les Spartiates? Quelle avait été la rapidité de leur marche? Que virent-ils à Marathon?

7. Quels honneurs les Athéniens rendirent-ils aux guerriers morts à Marathon? Quel tableau fit-on pour immortaliser cette victoire?

8. Que devint Miltiade? Que lui reprocha-t-on? A quoi fut-il condamné? Quelle fut sa mort?

9. Que fit Darius pour venger sa défaite? Quelle est la révolte qui l'empêcha d'entreprendre en Grèce une nouvelle expédition? A quelle époque mourut-il?

CHAPITRE IX

DES DERNIÈRES GUERRES MÉDIQUES.

Résumé. — Dans cette grande lutte de l'Orient et de l'Occident, les Asiatiques avaient été les agresseurs, et leur défaite ne servit qu'à irriter leur haine et leurs mauvaises passions. L'unité de leur vaste empire, en exaltant leur puissance, les remplit d'une folle présomption qui les porta à croire que rien ne pouvait résister à leurs soldats innombrables. Cependant il est aisé de prévoir que la victoire ne se déclarera pas en leur faveur.

I. Les soldats de Xerxès, amollis par le luxe et les richesses, ne sont plus les soldats de Cyrus habitués à la fatigue. Ils s'attaquent à une nation neuve qui est encore dans sa première vigueur et qui combat pour sa liberté et pour son existence. C'est l'obliger à des actes d'héroïsme, et les Grecs n'y manquent pas. Un instant on peut craindre que leurs dissensions intérieures ne leur deviennent funestes ; on s'alarme en voyant Aristide banni par le peuple d'Athènes fatigué de l'entendre surnommer le Juste. Mais, quand l'heure du danger a sonné et que le grand roi couvre l'Hellespont de ses navires, toute division cesse, Sparte et Athènes montrent une égale magnanimité, Aristide est rappelé parce que Thémistocle sent lui-même qu'il a besoin de ce grand homme, et tout le monde rivalise d'ardeur et de générosité. Léonidas s'immortalise en allant mourir aux Thermopyles, les Athéniens se couvrent de gloire à Salamine, les Spartiates à Platée, et ces deux peuples réunis achèvent le même jour la défaite des Perses à Mycale. Telle est la seconde guerre médique.

II. La troisième s'ouvre par des difficultés sérieuses. Les Spartiates veulent empêcher les Athéniens de reconstruire leurs murs et se plaignent de l'établissement du Pirée. Xerxès, n'ayant pu vaincre la Grèce par les armes, a recours à la corruption et achète la fidélité de ses meilleurs généraux. Pausanias succombe à ce piége nouveau et Thémistocle se laisse lui-même entraîner. Aristide reste pur et irréprochable, mais la Grèce ne tarde pas à perdre cet illustre capitaine (469). Elle a alors pour soutien Cimon, le fils de Miltiade ; c'est lui qui doit mettre fin à ces grandes guerres que son père a si glorieusement ouvertes. Il remporte l'éclatante victoire de l'Eurymédon, chasse les Perses de la Chersonèse de Thrace et se couvre de gloire dans plusieurs autres rencontres. Mais il est ensuite banni comme tous les Athéniens illustres. Périclès, qui lui succède, engage Athènes dans une guerre qui lui fait désirer les services du fils de Miltiade. Cimon est rappelé, et ses succès imposent au roi des Perses le plus humiliant traité. Ce grand homme meurt après avoir ainsi terminé les guerres médiques de la façon la plus glorieuse pour son pays.

----

§ Ier. — Deuxième guerre médique. Aristide et Thémistocle, Léonidas.

1. Rivalité d'Aristide et de Thémistocle. — Après avoir triomphé à Marathon de l'armée de Darius, Athènes fut en proie à la rivalité des partis qui se disputèrent le souverain pouvoir avec une ardeur effrénée. La condamnation si injuste et si révoltante de Miltiade n'empêcha pas Aristide et Thémistocle de briguer le premier rang. Étant du même âge et d'une naissance également illustre, ils paraissaient tous les deux dignes par leurs talents d'obtenir les faveurs de la multitude. Thémistocle, impétueux et passionné, s'était fait déshériter par son père, en se livrant aux plus honteux excès, mais il avait effacé sa honte en s'occupant avec ardeur des affaires publiques. Son ambition était si grande, qu'il disait que les trophées de Miltiade l'empêchaient de dormir. Il fit tant par ses flatteries et ses intrigues, qu'il obtint le commandement en chef de la flotte athénienne, en remplacement du vainqueur de Marathon. Toutes les îles qui avaient résisté à Miltiade lui offrirent leur soumission, et ce succès accrut considérablement sa popularité. Aristide, son rival, flattait moins les passions du peuple, mais il s'était fait un crédit immense par le zèle qu'il apportait au maintien des lois, à la conservation des mœurs et à la défense de la justice. Tous les regards se portèrent sur lui quand dans la représentation d'une tragédie d'Eschyle on entendit ces vers : *Il aime mieux être juste que de le paraître.*

2. Bannissement d'Aristide (485). — Comme il était aisé de le prévoir, le dénoûment de cette rivalité ne fut pas en faveur d'Aristide. Chez un peuple aussi inconstant et aussi léger que le peuple d'Athènes, l'intrigue devait nécessairement l'emporter sur la vertu ; aussi Aristide fut-il vaincu par Thémistocle. La réputation de justice qu'Aristide s'était acquise par ses jugements équitables avait fait préférer son arbitrage à tous les tribunaux. Thémistocle l'accusa pour ce motif de vouloir se créer une sorte de royauté, ce qui était contraire aux lois de l'État, et proposa en conséquence de le soumettre au jugement de l'*ostracisme*. Aristide assistait lui-même à l'assemblée où l'on devait le juger. Un citoyen sans instruction s'approche de lui et le prie d'inscrire le nom d'Aristide sur sa coquille. *Quel mal vous a-t-il donc fait ?* lui dit Aristide. *Aucun,* lui répondit l'inconnu ; *je ne l'ai jamais vu, mais je suis ennuyé de l'entendre toujours appeler le Juste.* Aristide écrivit son nom, fut condamné, et partit en demandant aux dieux que jamais sa patrie n'eût besoin de lui.

3. Administration de Thémistocle (485-481). — Thémistocle, resté seul en possession du pouvoir, n'usa de son autorité que pour la gloire de son pays. Il conseilla d'abord aux Athéniens d'employer à la construction d'une flotte l'argent qu'ils tiraient annuellement des mines du mont Laurium, au lieu de le dissiper en divertissements frivoles. Sa proposition ayant été acceptée, il équipa cent galères, se mit à leur tête, fit reconnaître la puissance d'Athènes dans toute la mer Egée, châtia les Eginètes, dont les pirateries infestaient depuis un temps immémorial les rivages de l'Attique, et punit également Corcyre, qui rendait difficile, par ses armateurs, toute communication entre le continent et les îles. Après avoir ainsi tiré vengeance de ces insulaires et de leurs déprédations, il parcourut la mer Egée en triomphateur, dédommagea les Athéniens de leurs sacrifices par un riche butin, mit de l'ordre dans les diverses branches de l'administration, et s'efforça d'entretenir l'union entre toutes les républiques de la Grèce, pour qu'elles fussent prêtes à résister aux barbares.

4. Invasion de Xerxès (481). — L'orage qu'il pressentait ne tarda pas en effet à éclater. Le fils et le successeur de Darius, Xerxès, n'avait ni le génie, ni la puissance de son père, et ne connaissait guère de la souveraineté que la pompe et les plaisirs. Mais, se trouvant en possession d'un vaste empire, il ajouta aux préparatifs énormes qu'avait faits Darius des préparatifs plus effrayants encore, pour se venger de l'Egypte et de la Grèce. Pendant quatre années, il ne fut occupé qu'à lever des troupes, à établir des magasins, à réunir des provisions de guerre et de bouche, et à construire des trirèmes et des vaisseaux de charge. Il commença par écraser les Egyptiens, et quand il les eut chargés de fers, il dirigea ses forces imposantes contre les Grecs. Il avait ordonné à toutes les provinces de son empire de fournir chacune leur contingent, comme s'il se fût agi d'une guerre nationale.

5. Armée de Xerxès. — On vit arriver dans la plaine de Suse les troupes de cinquante-six nations différentes sortant des régions les plus éloignées. Tous ces divers corps, commandés par un chef particulier, avaient le

costume, les armes, l'étendard de leurs pays. « C'étaient
les Indiens, vêtus d'étoffes de coton ; les Éthiopiens,
couverts de peaux de lion ; les Ballusques noirs de la
Gédrosie ; les tribus nomades des Mongols et de la
Bucharie, chasseurs sauvages, n'ayant pour armes qu'un
lacet de cuir ; les Mèdes et les Bactriens aux splendides
vêtements ; les Lydiens, montés sur des quadriges ; les
Arabes sur des chameaux ; les Phéniciens sur leurs
vaisseaux ; enfin les Grecs d'Asie. » L'armée de terre
s'élevait à 1,700,000 fantassins et à plus de 400,000 cavaliers. Mardonius en était le général en chef. La flotte
comptait plus de 400 voiles.

En arrivant sur les bords de l'Hellespont, le grand roi
se fit faire un trône en un lieu élevé, pour se donner
l'orgueilleux plaisir de contempler la mer chargée de ses
vaisseaux et la campagne couverte de ses troupes. Il ne
se doutait guère, dans sa folle vanité, de l'humiliation
qui l'attendait. Une tempête violente ayant peu après
détruit un pont de bateaux qu'il avait construit entre
Sestos et Abydos pour passer d'Asie en Europe, il s'irrita
contre la mer et poussa la démence jusqu'à commander
de la frapper à grands coups de fouets, de la marquer
d'un fer chaud, et de l'enchaîner, comme on le ferait
d'un esclave révolté.

6. Magnanimité de Sparte et d'Athènes. — Tous les
peuples, effrayés à la vue d'une aussi grande armée,
coururent d'eux-mêmes au-devant de la servitude. Les
Macédoniens, qui devaient un jour briser l'empire des
Perses, s'inclinèrent les premiers devant le nom de
Xerxès. Leur exemple fut suivi par les Étoliens, les
Dolopes, les Perrhèbes, les Locriens, les Phthiotes et tous
les petits peuples de la Béotie, à l'exception des Thespiens et des Platéens. *Pensez-vous*, avait dit Xerxès au
Spartiate Démarate, *que les Grecs osent me résister ?* Et
ce roi exilé lui avait répondu : *Quand toute la Grèce se
soumettrait à vos armes, les Lacédémoniens n'en seraient
que plus ardents à défendre leur liberté. Ne vous informez
pas du nombre de leurs troupes ; ne fussent-ils que mille,*

fussent-ils moins encore, ils se présenteraient au combat. En effet, ce peuple généreux s'unit aux Athéniens, et de part et d'autre on ne songea qu'à chercher du secours et des alliés, mais sans rien sacrifier du côté de la gloire et de la dignité. Les Argiens offraient leurs troupes, à la condition qu'ils auraient le commandement général de l'armée; on aima mieux les voir passer dans le camp des Perses que de leur céder cet honneur. Gélon, roi de Syracuse, s'engageait à fournir au même prix 200 galères, 20,000 hommes pesamment armés, 4,000 cavaliers, 2,000 archers, et autant de frondeurs. Mais le Spartiate Syagrus lui répondit avec fierté : *Non, jamais Sparte ne vous cédera cette prérogative : si vous voulez secourir la Grèce, c'est de nous que vous prendrez l'ordre; si vous prétendez le donner, gardez vos soldats.*

Ne comptant donc que sur eux-mêmes, les Athéniens et les Lacédémoniens résolurent de défendre seuls leur pays contre les barbares. Thémistocle déploya, dans cette circonstance, toute l'étendue de son génie et toute l'ardeur de son patriotisme. Il avait fait bannir Aristide lorsque Athènes était en sûreté; mais, une fois que le péril éclata, il fut le premier à solliciter son rappel pour ne pas priver l'armée d'un aussi grand capitaine. Tous les Athéniens exilés furent également rappelés pour secourir leur patrie menacée. Thémistocle, qui était l'âme des délibérations, laissa le titre de généralissime au Spartiate Euribiade, mais il n'en fut pas moins l'auteur de toutes les mesures de défense. Ce fut lui qui conseilla aux Athéniens d'abandonner Athènes et de se retirer dans leurs vaisseaux pour défendre l'entrée de la mer aux ennemis. Il s'empara à cet effet d'une position avantageuse à la hauteur de Salamine. Pour fermer aussi le passage par terre, on décida que le roi Léonidas irait avec ses Spartiates se placer aux Thermopyles. C'est un défilé très-étroit entre la Thessalie et la Locride, où deux chariots auraient peine à marcher de front.

7. Combat des Thermopyles (480). — Quand Léonidas connut la décision de l'assemblée, il comprit quelle allait être sa destinée. Mais cette perspective d'une mort certaine ne l'effraya point. Il ne choisit, pour l'accompagner, que 300 Spartiates, disant que c'était assez de 300 victimes pour l'honneur de sa patrie. Avant de partir, ces guerriers intrépides célébrèrent d'avance leur trépas, par un repas funèbre auquel assistèrent leurs pères, leurs mères et leurs amis. La cérémonie achevée, ils s'adressèrent mutuellement d'éternels adieux. La femme de Léonidas lui ayant demandé ses dernières volontés : *Je vous souhaite*, lui dit-il, *un époux digne de vous, et des enfants qui lui ressemblent.*

Ces héros virent se joindre à eux 400 hommes de Thèbes, 1,000 de Tégée et de Mantinée, autant de l'Arcadie, 120 d'Orchomène, 400 de Corinthe, 200 de Phlionte, 80 de Mycène, 700 de Thespis, 1,000 de la Phocide, et toute la petite nation des Locriens. Aussitôt qu'ils eurent occupé le poste qui leur était assigné, Xerxès parut avec son innombrable armée dans les plaines de la Trachinie. Ce prince, ne concevant pas que quelques centaines d'hommes osassent résister à des forces aussi immenses que les siennes, écrivit à Léonidas : *Si tu veux te soumettre, je te donnerai l'empire de la Grèce.* Léonidas répondit : *J'aime mieux mourir pour ma patrie que l'asservir.* Une seconde lettre du grand roi ne contenait que ces mots : *Rends-moi tes armes.* Léonidas écrivit au-dessous : *Viens les prendre.*

Lorsque la masse des ennemis se mit en mouvement, les sentinelles avancées ayant crié : *Voilà les Perses qui viennent sur nous. — Eh bien !* reprit Léonidas, *marchons sur eux. — Mais,* dit un autre envoyé, *ils sont si nombreux que leurs flèches obscurciront le soleil. — Tant mieux,* repartit Diocénée, *nous combattrons à l'ombre.* Des soldats ainsi disposés ne pouvaient être vaincus. Aussi Xerxès fut-il repoussé à la première attaque, et jamais il ne serait parvenu à forcer le passage, si un traître nommé Ephialtès ne lui eût découvert le sentier fatal qui lui permit de prendre les Grecs à dos. Léonidas, voyant sa position tournée, conjura ses alliés de battre en retraite pour conserver à la Grèce des soldats qui la serviraient mieux dans une autre occasion ; mais, pour lui, il résolut d'observer avec ses compagnons la loi qui disait aux Spartiates : *Mourez plutôt que d'abandonner votre poste.* Les Thespiens et 400 Thébains demandèrent à partager ce beau dévouement. Pendant le repas qui précéda le combat, Léonidas dit en riant : *Je vous invite ce soir à souper chez Pluton.* Il n'y en eut qu'un seul qui manqua à l'invitation. Au milieu de la nuit ils se jetèrent tous dans le camp des Perses, poussèrent droit à la tente de Xerxès qui avait déjà pris la fuite, tuèrent tous ceux qu'ils rencontrèrent, et ne succombèrent que le lendemain, à la pointe du jour, après avoir massacré une foule d'ennemis. Ils n'eurent d'abord pour obsèques que celles de leur gloire, mais plus tard on leur consacra une inscription avec ces vers de Simonide : *Passant, va dire à Sparte que tu nous as vus ici gisants pour obéir à ses lois.*

8. Bataille de Salamine (23 septembre 480). — Cette défaite fut plus utile aux Grecs qu'une victoire. Elle leur apprit qu'en combattant pour leur liberté, ils étaient bien autrement forts et courageux que ces hommes efféminés qui n'avaient d'autre but que d'étendre le règne de l'esclavage. Les noms de Léonidas et de Diocénée volèrent de bouche en bouche, et tout le monde était résolu d'imiter leur courage héroïque. Cependant, quand les soldats de Xerxès se furent répandus dans toute la Grèce et qu'ils n'eurent fait d'Athènes qu'un monceau de ruines, les esprits les plus généreux commencèrent à s'ébranler. La division s'était même mise parmi les généraux, mais Thémistocle défendait ses idées avec fermeté. Un jour la discussion s'échauffa à un tel point qu'Euribiade leva le bâton sur lui. *Frappe, mais écoute,* lui dit avec sang-froid Thémistocle. Ce grand homme triompha de toutes les résistances qu'il rencontra, et eut l'adresse d'amener Xerxès à engager une action décisive à Salamine. Le grand roi comptait trop sur la supériorité de ses forces. Ses douze cents vaisseaux furent détruits par les trois cent quatre-vingts galères des Grecs, et ce prince s'enfuit lâchement en regagnant le pont de bateaux qu'il avait construit sur l'Hellespont, pour aller de l'Europe en Asie. L'ayant trouvé rompu par une tempête, il se vit réduit, après avoir considéré avec orgueil la mer couverte de ses navires et la terre chargée de ses troupes, à repasser seul en Asie dans une barque de pêcheur. Il courut cacher sa honte à Sardes, au fond de son palais. Thémistocle aurait voulu qu'on coupât la retraite aux ennemis ; mais on suivit l'avis de ceux qui lui répondirent : *Faites un pont d'or à l'ennemi qui fuit*. Les Perses laissèrent aux Grecs un butin immense. Thémistocle eut l'honneur de la journée. Toute la Grèce le proclama l'auteur de la victoire de Salamine, et quand il parut aux jeux olympiques, l'assemblée entière se leva en sa présence.

9. Batailles de Platée et de Mycale (25 septembre 479). — Il restait encore une espérance à Xerxès après de si grands revers. La fleur de son armée de terre, commandée par Mardonius, n'avait point encore combattu. Cet habile général, qui disposait de plus de 300 mille hommes, crut pouvoir promettre à son maître une prompte et solennelle vengeance. Avant d'attaquer de nouveau les Grecs, il essaya de les désunir et tenta spécialement la fidélité des Athéniens. Mais Aristide, qui était alors archonte, fit à son envoyé cette belle réponse : *Dites à Mardonius que tant que le soleil suivra la route qui lui est prescrite, les Athéniens poursuivront contre le roi de Perse la vengeance qu'exigent leurs campagnes désolées et leurs temples réduits en cendres.*

Le général persan, instruit des dispositions des Athéniens, fondit aussitôt sur l'Attique, ruina une seconde fois Athènes qu'il trouva déserte, et alla présenter la bataille dans les plaines de Platée aux Grecs commandés par le Spartiate Pausanias. Le choc fut terrible, et pendant longtemps la victoire resta indécise. Mais Mardonius étant tombé parmi les morts, les Perses, privés de leur chef, commencèrent à perdre courage, et bientôt ce ne fut plus qu'un immense carnage.

Pour surcroît de bonheur, le jour même de la bataille de Platée, l'Athénien Léotychide et le Spartiate Xantippe attaquèrent au promontoire de Mycale les débris de la flotte qui avaient échappé au désastre de Salamine. Les Perses y avaient réuni près de quatre cents vaisseaux, et la bataille fut très-meurtrière. Mais les soldats de Xerxès furent encore vaincus, et leur flotte fut livrée aux flammes.

QUESTIONNAIRE.

1. Quelle rivalité vit-on éclater dans Athènes? Quel était le caractère d'Aristide? Quel était celui de Thémistocle?

2. Quel fut le dénoûment de cette rivalité? Comment Aristide fut-il exilé d'Athènes?

3. Quel usage Thémistocle fit-il de son pouvoir? A quoi employa-t-il l'argent des Athéniens? Qui châtia-t-il?

4. Quel avait été le successeur de Darius? Dans quel but Xerxès fit-il ses préparatifs de guerre? Quel est le peuple qu'il chatia d'abord?

5. Comment l'armée de Xerxès était-elle composée? A qui en confiat-il le commandement? Quel fut l'orgueil du grand roi?

6. Quelle fut la conduite des Spartiates et des Athéniens à l'approche des Perses? Que fit Thémistocle? Quel conseil donna-t-il aux Athéniens? Quel poste assigna-t-il à Léonidas?

7. Que firent Léonidas et ses compagnons? Comment moururent-ils? Quel monument a-t-on élevé à leur gloire?

8. Quel fut le résultat du combat des Thermopyles? Racontez la bataille de Salamine. A qui revient tout l'honneur de cette victoire?

9. Quel espoir restait-il encore à Xerxès? Racontez la bataille de Platée. Quel est le général persan qui y périt? Que se passa-t-il le même jour au promontoire de Mycale?

§ II. — Cimon. Fin des guerres médiques.

1. Thémistocle. — La lutte avait été glorieuse pour les Athéniens. Dans la première invasion ils avaient eu l'honneur de la victoire de Marathon, et dans la seconde ils avaient vaincu les Perses à Salamine. Mais en retour ce fut sur eux que principalement retomba tout le poids de la guerre. Ayant été obligés d'abandonner leur ville pour se retirer sur leur flotte, suivant le conseil de Thémistocle, ils la trouvèrent à leur retour complétement ruinée. Les Perses en avaient renversé les murailles et

l'avaient mise dans l'impossibilité de se défendre contre
ses agresseurs. Le premier soin des Athéniens fut de réparer ces désastres et de relever leurs remparts. Mais les
Spartiates, toujours jaloux d'Athènes, les virent avec
peine entreprendre ces travaux, et leur envoyèrent des
députés pour les engager à abandonner leur projet. Ils
alléguaient pour prétexte que, dans le cas d'une nouvelle invasion, leurs murailles et leurs forteresses favo-
riseraient l'établissement des barbares dans la Grèce.

Mais le véritable motif de leur opposition, c'était la
jalousie qu'ils avaient conçue contre Athènes, et la
crainte d'être éclipsés par sa puissance. Thémistocle se
tira de cette difficulté par une ruse. Il répondit aux ambassadeurs qu'il allait expédier à Sparte des députés
pour traiter cette affaire. Il demanda au peuple à être
lui-même envoyé, et ordonna de ne faire partir ses collègues que quand le mur serait assez élevé pour être en
état de défense. Les femmes, les enfants, les vieillards,
en un mot tous les citoyens travaillèrent jour et nuit avec
une infatigable activité. Thémistocle leur laissa le temps
par ses lenteurs d'achever leur ouvrage, demandant aux
Lacédémoniens délais sur délais. Quand il sut que tout
était fini, il parut en public, et déclara sans détour qu'A-
thènes était fortifiée et ses habitants capables de se défendre. Les Lacédémoniens, n'osant manifester le moindre ressentiment, prétendirent qu'ils avaient seulement
voulu donner un conseil aux Athéniens dans l'intérêt
commun, et qu'ils retiraient leurs avances sans détri-
ment pour leur amitié.

2. Établissement du Pirée (477). — Plein de zèle
pour la gloire et la prospérité de son pays, Thémistocle
conseilla aux Athéniens de construire vingt vaisseaux
par an, et de multiplier le nombre de leurs matelots
pour s'assurer l'empire de la mer. C'est dans ce même
but qu'après avoir relevé les murs de la ville, il fit
encore construire et fortifier le Pirée. Ce port immense,
qui pouvait contenir dans ses trois grands bassins plus
de quatre cents vaisseaux, paraissait au vainqueur de

Salamine plus important que la ville haute. Thucydide rapporte qu'il conseillait souvent aux Athéniens d'y descendre, s'ils étaient jamais forcés par terre, et de combattre de là sur leur flotte ceux qui les attaqueraient.

3. Nouveaux exploits des Grecs (476). — Tout en travaillant à la gloire d'Athènes, Thémistocle ne négligeait pas les intérêts généraux de la Grèce, et il maintenait dans son sein l'union qui faisait toute sa force. Dans le conseil amphictyonique, les Lacédémoniens ayant proposé d'exclure de la ligue toutes les villes qui n'avaient pas pris les armes contre les Perses, il s'opposa à cette mesure en montrant qu'elle aurait pour résultat de livrer la Grèce à l'arbitraire de deux ou trois villes puissantes, puisque les Thessaliens, les Argiens et les Thébains seraient par là exclus des assemblées. Son opinion prévalut, et la Grèce étroitement unie put marcher à de nouveaux triomphes.

Sa première pensée fut de délivrer ses alliés du joug des Perses. Pausanias, le vainqueur de Platée, reçut le commandement en chef de la flotte. Les Athéniens envoyèrent trente vaisseaux sous les ordres d'Aristide et de Cimon, le digne fils de Miltiade. Les confédérés firent d'abord voile vers l'île de Cypre et la soumirent en partie; de là ils se dirigèrent vers l'Hellespont, attaquèrent Byzance, s'en emparèrent, et firent un grand nombre de prisonniers. Xerxès ne songea pas à leur résister ouvertement. Depuis les désastres de Platée et de Mycale, il demeurait enfermé dans son palais pour s'y plonger dans toutes les jouissances des sens, et au lieu de combattre les Grecs sur le champ de bataille, il avait pris le parti de les corrompre en achetant la fidélité de leurs principaux chefs. Le vainqueur de Platée, Pausanias, fut sa première victoire, et il put espérer pendant longtemps tirer parti d'une aussi belle conquête.

4. Conduite de Pausanias. — Pausanias, vendu à Xerxès, trahit les intérêts de la Grèce en mettant en liberté tous les prisonniers qu'on avait faits. Pour couvrir son crime, il fit courir le bruit qu'ils s'étaient échap-

pés pendant la nuit, par la faute de l'officier qui les
avait eus en garde. « On aperçut dès lors, dit Plutarque,
un changement complet dans sa conduite. La vie pauvre,
frugale et modeste de Sparte, l'assujettissement à des
lois dures et austères qui n'épargnaient personne, et qui
étaient également inexorables pour les grands comme
pour les petits, tout cela lui devint insupportable. Il
abandonna complétement les manières et les mœurs de
son pays, prit l'habillement des Perses, imita leur fierté,
et chercha à les imiter par sa magnificence. Il traita dès
lors ses alliés avec une dureté intolérable, il ne parla
aux officiers qu'avec hauteur et menaces, se fit rendre
des honneurs extraordinaires, et par cette conduite rendit odieux à tous les alliés le gouvernement des Lacédémoniens. Les manières douces et prévenantes d'Aristide
et de Cimon ; un éloignement infini de tout air impérieux
et fier qui n'est propre qu'à révolter les esprits ; une
bonté, une affabilité qui ne se démentait en rien, et par
laquelle ils savaient tempérer l'autorité du commandement et le rendre aimable ; l'humanité et la justice qui
paraissaient dans toutes leurs actions ; l'attention qu'ils
avaient à n'offenser personne, tout cela nuisait infiniment
à Pausanias par le contraste, et augmentait le mécontén-
tement. Enfin ce mécontentement éclata, et tous les
alliés passèrent sous le commandement des Athéniens et
se placèrent sous leur protection[1].

5. Suprématie d'Athènes. — Les Spartiates, instruits
de cette défection, rappelèrent Pausanias et nommèrent
à sa place Dorcis. Mais les alliés refusèrent de se séparer des Athéniens pour lui obéir. On put croire pendant un temps que Sparte, se voyant privée d'un honneur qu'on lui avait toujours décerné, éclaterait enfin
et chercherait à reprendre sa position en faisant une
guerre terrible. Les esprits commençaient à s'échauffer
vivement, quand le sénateur Hotœmeridas fit remarquer
que ce privilége était plus funeste qu'avantageux à l'É-

---

1. Rollin, *Hist. anc.*, l. VI, ch. II, § 14.

tat, puisque tous ceux qui avaient été investis de cette puissance s'étaient laissé corrompre, comme on l'avait vu de Pausanias lui-même. Cette réflexion fit subitement changer les idées, et Sparte renonça volontairement à l'empire, aimant mieux, dit Plutarque, avoir des citoyens modestes et fidèles observateurs des lois, que de régner sur toute la Grèce.

6. Jugement et mort de Pausanias (474). — Pendant ce temps-là on avait fait à Pausanias son procès. Les premières accusations portées contre lui avaient suffi pour lui retirer le commandement général des troupes. Il avait néanmoins été absous de la peine capitale dans un premier jugement, parce que sa culpabilité ne parut pas suffisamment prouvée. Mais ensuite on intercepta des lettres qu'il envoyait par ses esclaves au satrape Artabaze; on interrogea celui qu'il avait chargé de cette correspondance, et on surprit enfin dans sa propre bouche l'aveu de sa faute. Quand il s'aperçut que tout était découvert, il s'enfuit dans un temple de Pallas pour échapper à la fureur du peuple. Pour ne pas violer la sainteté du lieu en y versant le sang du coupable, les éphores résolurent de l'y laisser périr de faim. On en mura l'entrée; on dit que sa mère elle-même porta la première pierre, ne voulant pas reconnaître pour son fils celui qui avait trahi la patrie.

7. Bannissement de Thémistocle. — Thémistocle fut enveloppé dans la condamnation de Pausanias. On avait trouvé dans la correspondance du vainqueur de Platée des lettres qui laissaient suspecter l'innocence du vainqueur de Salamine. Les Lacédémoniens s'empressèrent de les communiquer aux Athéniens qui avaient déjà prononcé la peine de l'ostracisme contre ce grand homme. A force de l'entendre vanter ses services et son mérite, on avait conçu contre lui une sorte de ressentiment, et on n'avait pu lui pardonner son orgueil; ses ennemis recueillirent avec ardeur les nouvelles accusations que Sparte leur fournit, et demandèrent qu'il fût mis en jugement. Il paraît qu'en effet Thémistocle connaissait les desseins perfides de Pausanias, mais qu'il n'avait jamais consenti à s'en faire le complice. Néanmoins il eut beau protester de son innocence et se justifier par lettres, il fut condamné. Poursuivi de tous côtés, il songea à se réfugier chez Admète, roi des Molosses, bien qu'autrefois il eût été son ennemi. Ayant donc résolu d'implorer son pardon, il vint s'asseoir au foyer d'Admète, et prenant son fils entre ses bras, il conjura le monarque d'oublier le passé pour ne laisser éclater que sa clémence. Admète, attendri jusqu'aux larmes, lui promit sa protection.

C'est de là qu'il se rendit à la cour d'Artaxerxès Ier, le successeur de Xerxès. Ce roi avait adopté, dans ses relations avec la Grèce, la politique d'intrigue et de corruption imaginée par son père. Comptant plus sur l'or que sur le fer, il s'était efforcé de séduire par ses largesses les hommes les plus influents de la Grèce et de semer la division parmi les mille petits peuples qui se partageaient ce pays. Thémistocle, banni d'Athènes par l'ingratitude de ses concitoyens, étant venu chercher un refuge à sa cour, cet événement lui causa une si grande joie qu'on l'entendit s'écrier jusqu'à trois fois dans son sommeil : *Je tiens Thémistocle l'Athénien!* Après l'avoir comblé d'éloges et de faveurs, il lui assigna pour son entretien les revenus de trois villes opulentes: Magnésie lui fournit son pain, Myunte son vin, et Lampsaque sa bonne chère. Il jouit pendant quelque temps du repos le plus parfait à la cour du grand roi. Quelques-uns rapportent qu'Artaxerxès lui ayant commandé de s'opposer aux succès de Cimon et des Athéniens, il aima mieux mourir que de combattre contre sa patrie, et s'empoisonna (470). D'autres pensent qu'il mourut plus tard d'une mort purement naturelle.

8. Administration d'Aristide. — Athènes, en exilant Thémistocle, avait fait une perte immense, mais elle lui fut peu sensible, parce qu'il lui restait Aristide et Cimon. Aristide, par sa justice et son intégrité, fonda la suprématie d'Athènes. Les alliés, en passant sous la domination des Athéniens, demandèrent que la taxe qu'ils payaient pour la guerre fût également répartie entre toutes les villes. Ils choisirent Aristide pour visiter leur territoire, examiner leurs revenus, et fixer ce que chacune d'elles devait payer d'après ses ressources. C'était l'investir d'un pouvoir immense, et le rendre, pour ainsi dire, l'arbitre de toute la Grèce. Il s'acquitta de cette charge avec tant de désintéressement et d'impartialité, qu'il s'attacha tout le monde, et que les alliés se félicitèrent de s'être rangés sous une telle domination.

9. Mort d'Aristide (vers 469). — La plus belle preuve de la droiture d'Aristide, c'est qu'après avoir tenu entre ses mains la fortune de la Grèce entière, il mourut si pauvre qu'il ne laissa pas même de quoi se faire enterrer. Ses filles furent dotées aux frais de l'État, et son fils Lysimachus reçut également une pension sur le trésor public. Il tirait vanité de cette pauvreté, qu'il trouvait plus glorieuse pour lui que les richesses, et il aimait à répéter, surtout en face de Thémistocle son rival, qu'il avait les mains pures. Cependant cet homme, si juste dans ses affaires personnelles et dans celles qui regardaient les particuliers, ne consultait souvent, dit Plutarque, dans l'administration publique, que l'intérêt de sa patrie, ce qui lui faisait commettre de fréquentes injustices. Ainsi il conseilla, malgré les conditions du traité, de transporter à Athènes l'argent déposé à Délos, sous prétexte que, si cette action était injuste, elle était du moins utile.

10. Cimon et ses expéditions (369-463). — Aristide laissait à la tête du gouvernement et des armées d'Athènes Cimon, fils de Miltiade, qui n'avait ni moins de génie, ni moins de courage que son père. Dans ses premières années, Cimon s'était fait blâmer par ses dérèglements; mais Aristide, ayant découvert en lui d'excellentes qualités, le fit changer de conduite, et lui inspira des sentiments de justice et de noblesse qui l'ont placé pour la vertu au-dessus de Thémistocle et de Miltiade qu'il égalait pour le talent. Se voyant à la tête de toute la flotte des Grecs, il commença par attaquer Éione sur le lac Strymon, s'empara d'Amphipolis, et pénétra en Thrace, où les Athéniens envoyèrent un peu plus tard une colonie de 10,000 hommes (463). Il réduisit aussi en servitude les habitants de Scyros, et rapporta de leur île dans Athènes, aux grandes acclamations de la multitude, les cendres de Thésée. Les alliés s'étant plaints alors de ne combattre que pour les intérêts d'Athènes et de sacrifier ainsi leurs guerriers dans des expéditions étrangères, Cimon leur permit de ne fournir que de l'argent et des vaisseaux pour toutes ces guerres, et se chargea de trouver dans Athènes ou ailleurs des soldats pour défendre leurs intérêts. Cette politique adroite concentra entre les mains des Athéniens les forces militaires de la Grèce, et il arriva que les alliés, en cherchant leur repos, se donnèrent des maîtres.

11. Bataille de l'Eurymédon (469). — Poursuivant toujours ses conquêtes avec une ardeur nouvelle, Cimon, après avoir chassé les Perses de toutes les contrées qui s'étendent entre l'Ionie et la Pamphylie, eut le courage d'aller attaquer leur flotte à l'embouchure de l'Eurymédon. Elle était composée de 350 voiles, et se trouvait appuyée par l'armée de terre campée sur le rivage. Cimon attaqua la flotte, coula à fond plus de 200 navires, mit le reste en fuite, puis, débarquant ses troupes, il offrit le combat à l'armée qui avait été témoin de sa première victoire. Il la dispersa également, fit une multitude de prisonniers, et couronna les deux victoires qu'il avait remportées le même jour, par un nouveau triomphe sur les Phéniciens qui accouraient, avec deux cents vaisseaux, au secours des Perses.

12. Conséquences de cette victoire (469-463). — Ce triomphe éclatant enrichit les Athéniens de tout le butin qui avait été fait sur les ennemis. Cimon s'appliqua alors à fortifier le Pirée, à multiplier et à embellir les édifices publics. Se trouvant lui-même possesseur d'immenses richesses, il sut en user pour gagner l'estime et la considération de ses concitoyens. Ses maisons étaient

somptueuses, ses jardins magnifiques, et tout en soutenant le parti aristocratique, dont il était le chef, il ne
négligeait rien pour se rendre populaire. Sa table était
frugalement servie, et ses succès, au lieu de lui inspirer
le désir du repos et de l'exposer à se corrompre au sein
de l'oisiveté et de la mollesse, ne servirent qu'à enflammer son ambition. L'année qui suivit sa triple victoire
de l'Eurymédon, il chassa les Perses de la Chersonèse
de Thrace (468), et maintint ensuite dans le devoir les
alliés d'Athènes, qui cherchaient à rompre leurs engagements. Il soumit successivement Carystus dans l'Eubée (467), et l'île de Naxos (466). Les Thasiens, qui
avaient donné les premiers l'exemple de la défection,
virent les murs de leur capitale abattus, leurs mines d'or
expropriées, ainsi que toutes leurs possessions sur le
continent (465).

   13. Révolte des ilotes à Sparte (465). — Les Lacédémoniens seraient venus au secours des Thasiens et auraient dès lors commencé la guerre contre Athènes pour
abaisser sa puissance, s'ils n'avaient été retenus dans
leur pays par de graves calamités. Un violent tremblement de terre ayant bouleversé leur ville, les ilotes profitèrent de la perturbation générale pour se révolter[1].
Les Spartiates se sentirent si vivement pressés par leurs
esclaves, qu'ils crurent nécessaire d'implorer le secours
des Athéniens. Quand cette affaire fut mise en délibération à Athènes, quelques-uns prétendirent qu'il fallait
laisser périr l'orgueilleuse cité de Lycurgue : mais Cimon
combattit cet avis avec la plus grande vigueur, et prouva
qu'il était de l'intérêt de la Grèce et d'Athènes de soutenir la république menacée. *Il ne convient pas*, s'écriat-
t-il, *de laisser la Grèce boiteuse et Athènes sans contre-
poids.* Cette parole triompha de l'opposition, et le peuple
envoya une armée au secours des Spartiates. A peine
les Athéniens s'étaient-ils réunis aux Spartiates que
ceux-ci, par défiance, repoussèrent leurs services avec

____

1. Ces ilotes n'étant que les Messéniens d'autrefois, plusieurs auteurs appellent cette révolte la *troisième guerre de Messénie.*

un insultant dédain et les forcèrent de retourner chez eux (461).

14. Bannissement de Cimon (460). — Les Athéniens s'indignèrent de cet affront, et s'allièrent aussitôt avec les Argiens, ennemis déclarés de Sparte, jurant une haine implacable à cette ville et à tous ceux qui avaient pris ses intérêts. L'injure qu'ils avaient reçue rejaillit même sur Cimon qui s'était vivement prononcé pour l'alliance lacédémonienne, qui avait dirigé cette expédition honteuse et qu'ils regardaient par conséquent comme l'auteur de l'humiliation d'Athènes. Ses ennemis déclarèrent que sa présence était un grave embarras pour le gouvernement, et le peuple, oubliant ses services, comme ceux de Miltiade, de Thémistocle et d'Aristide, le condamna à l'exil par la voie de l'ostracisme, comme il avait condamné tous ces grands hommes.

Les Athéniens commettaient tout à la fois une nouvelle faute et une nouvelle injustice. Mais le sol de l'Attique était si fertile en hommes illustres que le génie succédait sans interruption au génie. Après Miltiade on avait vu paraître ensemble Aristide et Thémistocle, après Aristide et Thémistocle on vit s'élever Cimon, et après Cimon, ce fut Périclès. Maître absolu dans Athènes, ce dernier voulait qu'Athènes dominât sur toute la Grèce. Ces prétentions excitèrent les craintes et le ressentiment des autres villes. Corinthe et Épidaure, sollicitées par Sparte, se déclarèrent ouvertement contre cette centralisation du pouvoir. Les Éginètes se mirent aussi de leur parti. Après différents combats où les Athéniens eurent presque toujours l'avantage, les Spartiates entrèrent directement dans la lutte, en secourant les Doriens attaqués par les Phocéens. Alors les Athéniens, voyant leurs troupes engagées dans les plaines de la Béotie, essayèrent de leur couper la retraite, et un grand combat s'engagea près de Tanagre (456). La lutte fut de part et d'autre violente et acharnée, mais enfin la victoire resta aux Lacédémoniens et à leurs alliés.

15. Rappel de Cimon. Ses grandes victoires mettent

fin aux guerres médiques (456-450). — Cette défaite avait jeté la consternation dans Athènes qui craignait une rupture avec Lacédémone. Dans ces conjonctures difficiles, Périclès, qui avait sollicité le bannissement de Cimon, fut le premier à proposer son rappel, tant il y avait alors, dit Plutarque, de modération dans les querelles et de dévouement aux intérêts de la patrie. Quand Cimon reprit le commandement des troupes et de la flotte, Myronide et Tolmidas avaient déjà vengé par plusieurs victoires le désastre de Tanagre. Le génie conciliant du fils de Miltiade ne voulut pas pousser plus loin ces malheureuses dissensions. Il s'interposa au contraire entre les deux nations pour leur faire entendre des paroles de paix et calmer leur rivalité. Son but fut atteint : Sparte conclut avec Athènes, par suite de sa médiation, une trêve de cinq ans (451).

« Mais, comme les Athéniens ne pouvaient plus supporter le repos, il se hâta de les mener en Cypre ; il y remporta de si grands avantages sur les Perses, qu'il contraignit Artaxerxès à demander la paix en suppliant. Les conditions furent humiliantes pour le grand roi: lui-même n'en eût pas dicté d'autres à une peuplade de brigands qui aurait infesté les frontières de son royaume. Il reconnut l'indépendance des villes grecques de l'Ionie : on stipula que ses vaisseaux de guerre ne pourraient entrer dans les mers de la Grèce, ni ses troupes de terre approcher des côtes, qu'à une distance de trois jours de marche. Les Athéniens de leur côté jurèrent de respecter les États d'Artaxerxès[1]. »

16. Mort de Cimon (449). — Cimon mourut au siége de Citium en Cypre, des blessures qu'il avait reçues en combattant contre les barbares. En mourant, il ordonna à ses officiers de ramener sur-le-champ la flotte à Athènes et de cacher la nouvelle de sa mort aux ennemis et aux alliés. Ses lieutenants obéirent et se conduisirent avec tant d'habileté, que le secret ne fut connu ni des enne-

____

1. *Voyage du jeune Anacharsis.*

mis, ni des alliés, de sorte que la flotte rentra en sûreté dans les ports de l'Attique, après trente jours de navigation, commandée en apparence par Cimon. C'est le dernier des généraux grecs qui ait accompli de grands exploits en combattant contre les barbares. Athènes et Lacédémone vont désormais s'épuiser l'une et l'autre par leur sanglante rivalité.

QUESTIONNAIRE.

1. Que firent les Athéniens après le départ des Perses? Pourquoi les Spartiates s'opposèrent-ils à la reconstruction des murs d'Athènes? Comment Thémistocle les trompa-t-il?

2. Quel conseil ce grand homme donna-t-il aux Athéniens? Quel port fit-il construire?

3. Comment soutint-il l'union de la Grèce? Quel fut le but de cette ligue? Quelle tactique imagina Xerxès pour humilier la Grèce? Quelle fut sa première victoire?

4. Quel changement remarqua-t-on dans la conduite de Pausanias? Quel mécontentement excita-t-il? Quel en fut le résultat?

5. Quelle conduite tinrent les Spartiates? Pourquoi renoncèrent-ils à leur suprématie?

6. Qui fit condamner Pausanias? Comment mourut-il?

7. Pourquoi Thémistocle fut-il banni? Où se réfugia-t-il d'abord? Quelle était la politique d'Artaxerxès? Comment traita-t-il Thémistocle?

8. Par qui Thémistocle fut-il remplacé au pouvoir? Quelle charge les alliés conférèrent-ils à Aristide? Comment s'en acquitta-t-il?

9. Qu'est-ce qui prouva la probité d'Aristide? Comment furent dotés ses enfants? Pratiquait-il cette justice dans les affaires de l'État?

10. De qui Cimon était-il fils? Quel avait été son caractère dans ses premières années? Quels furent ses premiers exploits militaires? Comment Athènes se trouva-t-elle maîtresse de toutes les forces de la Grèce?

11. Où Cimon attaqua-t-il la flotte des Perses? Racontez la célèbre bataille de l'Eurymédon.

12. Quelles furent les conséquences de cette victoire pour Athènes et pour Cimon? Quels succès remporta encore ce grand général?

13. A quelle occasion les ilotes se révoltèrent-ils à Sparte? Quel fut l'avis de Cimon au sujet de cette affaire? Les Spartiates acceptèrent-ils les secours des Athéniens?

14. Pourquoi Cimon fut-il banni? Par qui fut-il remplacé à Athènes? Pourquoi une ligue se forma-t-elle contre les Athéniens? Où furent-ils vaincus?

15. Que fit alors Périclès? Qu'obtint le génie conciliant de Cimon? Quels furent ses nouveaux succès? Quel traité de paix imposa-t-il à Artaxerxès?

16. Où mourut Cimon? Pourquoi dissimula-t-on sa mort?

CHAPITRE X

PÉRICLÈS. CHANGEMENT DANS LA CONSTITUTION. L'ASSEMBLÉE DU
PEUPLE; LE CONSEIL DES CINQ CENTS; LES HÉLIASTES. LES ARTS
À ATHÈNES; CONSTRUCTIONS ET PRINCIPAUX MONUMENTS; L'ACRO-
POLE. LES LETTRES; LE THÉATRE ET LA CHORÉGIE. LES ORATEURS.

RÉSUMÉ. — L'intervalle qui s'écoule entre les guerres médiques
et la guerre du Péloponèse est l'époque de la gloire et de la puissance d'Athènes. Elle exerce alors sa suprématie sur toute la Grèce.

I. Périclès qui est à la tête du gouvernement d'Athènes s'est fait
l'homme du peuple, et en affichant des opinions démocratiques il
arrive au souverain pouvoir. Il combat tout d'abord Thucydide qui
était le chef du parti aristocratique et qui, à ce titre, avait succédé à
Cimon. Son éloquence le rend maître de la multitude, mais pour
la fasciner plus complétement encore, il tient à joindre à tous ses
titres la gloire militaire. Quand il y est parvenu, il demande et obtient le bannissement de Thucydide son rival. Se trouvant seul en
possession de l'autorité, il en fait un noble et digne usage et fait
continuellement preuve de vues nobles et élevées. Cependant il engage Athènes dans des guerres qui ne semblent pas avoir d'autre but
que la satisfaction de ses passions ou de son intérêt. C'est ainsi qu'il
déclare la guerre aux Samiens et qu'il laisse éclater entre Athènes
et Sparte cette rupture qui doit avoir pour résultat la fameuse guerre
du Péloponèse.

II. Son règne fut celui des sciences, des lettres et des arts, et en
réunissant autour de lui tous les hommes de génie, il mérita de
donner son nom à son siècle, comme le firent plus tard Auguste,
Léon X et Louis XIV. Sous Périclès, presque tous les genres littéraires furent cultivés et portés à leur dernier degré de perfection.
La poésie dramatique fut représentée par Eschyle, Sophocle et Euripide qui ont immortalisé la scène par leurs chefs-d'œuvre. Le père
de l'histoire, Hérodote, transmit à la postérité le récit des guerres
médiques, et son génie fit naître celui de Thucydide et de Xénophon
qui furent ensuite les deux plus grands historiens de la Grèce.
L'éloquence compta de nombreux orateurs célèbres dont malheureusement les discours ne nous sont pas parvenus. Phidias s'immortalisa
dans la sculpture, Apollodore, Parrhasius, Zeuxis et plusieurs autres dans la peinture, l'Odéon fut établi pour le perfectionnement
de la musique, et l'architecture enrichit Athènes des plus beaux
édifices.

1. AUTEURS À CONSULTER : Parmi les anciens, Thucydide, *Histoire de la guerre
du Péloponèse*, l. 1; Plutarque, *Vies d'Aristide, de Thémistocle, de Cimon et
de Périclès*; Diodore de Sicile, *Bibliothèque*, l. XI. Parmi les modernes :
Rollin, *Histoire ancienne*; Burette, *Cahiers d'histoire ancienne*; Cantu,
Heeren, Gillies, Mitford, Grote, etc.

**1. Changement dans la constitution. L'assemblée du
peuple. Le conseil des cinq cents, les héliastes**. —
Après la guerre médique Athènes se trouva à la tête de
toute la Grèce. Ce fut le temps de sa prépondérance politique et de sa gloire littéraire. Périclès, le premier homme
qui ait donné son nom à son siècle, modifia alors sa constitution. Il était fils de Xanthippe, un des généraux qui
s'étaient distingués à Mycale et il avait été formé à l'école
d'Anaxagore et de Zénon d'Elée. Comme Pisistrate, il am-
bitionna le souverain pouvoir, et ce ne fut pas le seul
point de ressemblance qu'il eut avec ce tyran ; il avait
la même physionomie, la même éloquence, le même son
de voix ; mais cette ressemblance il s'efforçait de la dissimuler. Sachant l'influence que peut avoir un orateur
dans une ville telle qu'Athènes, il étudia de bonne heure
l'art oratoire et il y fit de si grands progrès qu'il devint
l'homme le plus éloquent de son siècle. Il se servit de
son talent pour arriver au pouvoir en flattant la multitude. S'appuyant sur la démocratie, il eut pour adversaires Cimon et Thucydide qui furent les chefs de l'aristocratie. Il décida que tous les citoyens auraient le droit
de faire partie de l'assemblée générale de la nation et
qu'on accorderait une indemnité à ceux qui y assis-
teraient ; que les magistrats et les membres du conseil
des cinq cents, institué par Clisthène, seraient désignés
par le sort et qu'il n'y aurait d'exception que pour les
stratéges qui seraient élus comme auparavant.

Toutefois les magistrats et les sénateurs ne pouvaient
être pris que parmi les candidats qui s'étaient présentés
pour remplir ces fonctions et qu'on avait auparavant
examinés pour voir s'ils étaient dignes d'être promus à
une pareille charge.

L'assemblée du peuple avait le droit de faire les lois,
mais, elle ne pouvait voter que sur une proposition du
sénat. Tous les citoyens avaient l'initiative des lois,

mais, avant de proposer une loi nouvelle, il fallait bien s'assurer si elle n'était pas en opposition avec une loi ancienne, parce que dans ce cas on était traduit devant les thesmothètes et sévèrement puni.

Périclès confia la juridiction civile et criminelle à dix tribunaux composés de cinq cents et quelquefois de mille cinq cents juges chacun. On leur donna le nom d'*héliastes* parce qu'ils s'assemblaient dans un lieu découvert, nommé *hélicie*, de ἥλιος, soleil. Ils jugeaient du rapt, des concussions et des causes civiles les plus graves. Cette institution enleva au tribunal de l'Aréopage toute son importance. Ephialte, un ami de Périclès, lui ayant fait ôter son pouvoir de censure par un décret spécial, il ne lui resta plus de toutes ses attributions que le droit de juger les meurtres volontaires et prémidités.

2. Lutte de Thucydide et de Périclès. — La mort de Cimon privait l'aristocratie de son chef, et laissait à Périclès toute liberté pour accroître sa puissance. Mais les nobles s'y opposèrent ; ils se coalisèrent pour contre-balancer son autorité, et lui opposèrent le beau-frère de Cimon, Thucydide, qu'il ne faut pas confondre avec l'historien de ce nom. Thucydide était un homme sage, moins habile que Périclès dans l'art de la guerre, mais meilleur politique et plus capable de gouverner une assemblée populaire. Par son ascendant il divisa en deux partis bien distincts la population d'Athènes ; d'un côté les nobles, et de l'autre le peuple. Il mit toute son éloquence au service de l'aristocratie contre la démocratie.

Périclès, pour tenir tête à son rival, multiplia ses faveurs envers le peuple. Chaque jour il donnait des fêtes, des spectacles et des banquets, pour amuser et divertir les citoyens, et tous les ans il faisait monter soixante galères par des pauvres qu'il soldait avec les deniers publics. En leur apprenant à combattre et à manier la rame, il les rendait utiles à l'État tout en les retirant de la misère. Il ouvrait encore aux indigents d'autres ressources en établissant des colonies, flattait l'orgueil national en peuplant Athènes de monuments splendides,

et s'honorait lui-même, en encourageant le génie partout
où il le rencontrait.

3. Exploits de Périclès (446-445). — Aux talents
d'un administrateur consommé, Périclès joignit encore
l'éclat de la plus belle réputation militaire. Plein de cir-
conspection, dans toutes les expéditions qu'il entreprenait il ne s'avançait jamais sans être sûr du succès.
Souvent on l'entendait blâmer ces guerriers téméraires
qui abandonnent aux caprices du hasard le sort de leur
armée. L'Athénien Tolmidas, enflé de ses victoires, ayant
voulu attaquer hors de propos la Béotie, Périclès s'opposa vivement à son dessein, et lui dit en pleine assemblée : *Si vous ne voulez pas en croire Périclès, au moins
ne risquez-vous rien à attendre; le temps est le conseiller
le plus sage.* Tolmidas ayant été vaincu, cette parole, qui
n'avait pas d'abord été remarquée, passa pour une prophétie et accrut la réputation de Périclès. Il porta ensuite sa gloire militaire à son comble en conquérant
l'Eubée et Mégare qui s'étaient révoltées et en concluant
avec Lacédémone une trève de trente ans.

4. Bannissement de Thucydide (444). — Dès lors le
parti aristocratique ne put plus résister à Périclès. Thucydide et les autres orateurs de cette faction lui repro-
chant sans cesse de dilapider les finances et de ruiner la
république, Périclès voulut connaître l'opinion du peuple
et demanda un jour s'il était vrai que les dépenses qu'il
faisait au nom de l'État fussent trop fortes : *Oui*, répondit le peuple, *beaucoup trop.* — *Eh bien!* reprit Périclès,
*la dépense ne sera pas à votre charge; je m'engage à la
supporter seul, mais aussi mon nom sera seul gravé sur les
édifices que j'ai élevés.* A ces mots le peuple, transporté
d'admiration pour une telle grandeur d'âme, s'écria qu'il
ne le voulait pas et le laissa puiser dans le trésor public.
En présence d'un pareil rival, Thucydide, malgré ses
brillantes qualités, devait être effacé. La lutte qui éclata
entre ces deux hommes ayant obligé le peuple à bannir
l'un d'eux, Thucydide prit le chemin de l'exil, et Périclès resta maître absolu dans Athènes.

5. Gouvernement de Périclès. — Périclès, sans avoir le titre de roi, en exerçait la puissance. Les revenus, les armées et les flottes, tout était entre ses mains ; au nom du peuple d'Athènes il traitait de la paix et de la guerre et faisait à son gré des alliances avec les princes. Arrivé ainsi au souverain pouvoir, il changea entièrement de caractère. Ce n'était plus la même douceur envers le peuple, ni le même empressement à satisfaire ses désirs. Il tendit les ressorts du gouvernement auparavant très-affaiblis et très-relâchés, et substitua au principe démocratique qui avait été la cause de sa fortune une sorte d'aristocratie rigide et sévère. Mais il faut dire à sa louange, qu'à l'exemple de Pisistrate, il sembla n'avoir en vue que le bien public. Inaccessible à l'amour des richesses, sobre et tempérant, il agissait toujours avec prudence, et tout en allumant dans le cœur des Athéniens une vive passion pour la gloire, il sut en réprimer les excès. Ainsi le peuple ayant manifesté, à plusieurs reprises, le désir de reconquérir l'Égypte, ou d'attaquer les provinces maritimes du roi de Perse, ou enfin de soumettre l'Étrurie ou Carthage, Périclès sut, en toutes circonstances, réprimer ces folles prétentions, persuadé que c'était déjà beaucoup pour Athènes de contenir les Lacédémoniens et de maintenir en Grèce sa prépondérance.

6. Guerre contre Samos (440). — En réprimant ainsi l'ardeur des Athéniens, Périclès montrait une grande sagesse. Cependant, cet homme extraordinaire, qui jugeait d'une manière si juste les hommes et les choses, n'en était pas moins l'esclave des plus honteuses passions. Ayant répudié son épouse, il s'attacha à Aspasie de Milet, femme d'un grand talent, mais qui menait une vie aventureuse. On dit que pour lui plaire, dans un différend qui s'éleva entre Samos et Milet, Périclès prit le parti des Milésiens contre les Samiens. Le siége de Samos dura neuf mois. Cette malheureuse cité se rendit après une vigoureuse défense, et ses habitants furent réduits à l'esclavage. Périclès fit de magnifiques obsèques aux guerriers morts devant cette ville, et prononça sur leur tombeau leur éloge funèbre, aux acclamations de tout le peuple.

7. Guerre contre Corinthe et Corcyre (436-431). — Quelque temps après, dans une lutte qui s'engagea entre Corcyre et Corinthe, sa métropole, Périclès se déclara pour Corcyre, contrairement à une loi générale qui défendait à une puissance étrangère de se mêler des différends qui éclataient entre les colonies et leur mère-patrie. Les Corinthiens prétendirent que les Athéniens, par le fait seul de leur intervention, avaient rompu la trève, et Potidée, l'alliée d'Athènes, fut de leur avis. Alors les Athéniens mirent le siége devant cette dernière ville, et interdirent sous divers prétextes aux Mégariens l'accès de leurs marchés. Toutes ces villes, blessées par ces rigueurs, s'adressèrent à Sparte, pour obtenir vengeance de leurs griefs, et la ligue du Péloponèse commença à se former. Les Spartiates redoutaient une rupture, mais les Corinthiens les excitèrent vivement à la guerre. On convint ensemble qu'on enverrait aux Athéniens une ambassade pour demander la révocation du décret porté contre Mégare ; Périclès répondit aux ambassadeurs en alléguant une loi qui défendait d'ôter le tableau sur lequel ce décret était inscrit : *Eh bien !* lui repartit l'un d'eux, *ne l'ôtez pas, mais retournez-le ; il n'y a point de loi qui le défende.* Ce mot fit rire le peuple, sans fléchir Périclès.

8. Rupture entre Athènes et Lacédémone (431). —L'obstination de Périclès détermina cette terrible rupture qui dura vingt-sept années, et qui a reçu le nom de *guerre du Péloponèse.* Des historiens ont prétendu que Périclès avait jeté les Athéniens dans cette guerre plutôt pour servir ses intérêts propres que ceux de sa nation. Il est certain que son crédit commençait à chanceler. Le peuple, après l'avoir adoré comme une idole pendant quarante ans, prêtait plus facilement l'oreille aux discours des envieux qui l'accusaient. On avait porté un décret qui obligeait Périclès à rendre ses comptes en présence de 1,500 juges. Ce grand homme songeait sérieusement à le faire, quand le jeune Alcibiade dit un jour : *qu'il devrait bien plutôt songer à ne pas les rendre.* C'est en effet la résolution qu'il prit. Il laissa le peuple se jeter avec ardeur dans le parti de la guerre, convaincu que, dans des circonstances aussi graves, la ville entière se confierait à son génie, et qu'il ne serait plus inquiété par aucune plainte.

QUESTIONNAIRE.

1. Quel est l'homme qui donna le premier son nom à son siècle? A quel parti politique s'attacha Périclès? Quels changements fit-il dans la constitution? Qu'étaient les héliastes? D'où leur vient ce nom? Quelles étaient leurs attributions? Que devint l'Aréopage? A quoi fut-il réduit?

2. Quel était le caractère de Thucydide? Quels moyens Périclès employa-t-il pour le combattre?

3. Quels sont ses exploits militaires? Quels sont les succès qui portèrent sa gloire militaire à son comble?

4. Quelle réponse fit-il à ceux qui lui reprochaient ses excessives dépenses? Quel fut le sort de Thucydide?

5. Quel était le caractère du gouvernement de Périclès? Comment traita-t-il le peuple? Que se proposa-t-il dans l'administration de l'État?

6. Pourquoi prit-il le parti de Milet contre Samos? Que devint cette ville? Quels honneurs Périclès rendit-il aux guerriers morts dans cette lutte?

7. A quelle occasion la ligue du Péloponèse commença-t-elle à se former? Que demandèrent les députés de la ligue? Quelle réponse fit Périclès?

8. Qu'est-ce qui amena la rupture d'Athènes et de Lacédémone? Pourquoi Périclès laissa-t-il le peuple se jeter dans cette guerre?

§ II. — **Les arts à Athènes; constructions et principaux monuments. L'Acropole. Les lettres; le théâtre. Les orateurs.**

1. De la littérature grecque avant le siècle de Périclès. — La littérature grecque commença, comme toutes les autres littératures, par la poésie. Les premiers poëtes furent des chantres inspirés qu'on regardait comme les interprètes de la Divinité. C'est ainsi que dans l'âge divin les Grecs environnaient d'un respect religieux les noms de Linus, d'Eumolpe, d'Orphée et de Musée. Leurs traditions nous disent encore que la poésie adoucit leurs mœurs sauvages et leur inspira les goûts et les habitudes de la civilisation. Vinrent ensuite les temps héroïques, qui s'étendirent depuis Homère jusqu'à

Solon. La poésie revêtit alors dans les chants d'Homère et d'Hésiode toute la fierté guerrière qui caractérise cette époque de liberté et d'aventures. Mais après Solon commença une troisième période, pendant laquelle les peuples, fixés désormais sur leur territoire, repoussent les barbares qui veulent les en chasser et se couvrent d'une gloire immortelle au milieu des combats. Ce sont les siècles des Aristide, des Thémistocle, des Pausanias, des Périclès, des Alcibiade et des Agésilas. La littérature, enflammée par tous ces succès, se couronne aussi en ce moment des plus riches productions, et enfante dans tous les genres d'impérissables chefs-d'œuvre. C'est surtout cette belle période que l'on désigne sous le nom de siècle de Périclès. La poésie dramatique y fut portée à sa perfection par Eschyle, Sophocle et Euripide; Hérodote mérita d'être appelé le père de l'histoire; Phidias éleva la sculpture à un degré qui n'a pas encore été dépassé, pendant que la peinture, la musique et l'architecture recevaient les plus grands encouragements et produisaient les chefs-d'œuvre les plus remarquables.

2. De la poésie dramatique. Eschyle, Sophocle, Euripide. — A mesure que la civilisation grecque se développa, le goût du théâtre devint plus vif, et on trouva des poëtes qui s'efforcèrent de le satisfaire. La poésie dramatique exerça une influence profonde sur les Grecs. Se rattachant par son origine aux solennités des mystères, elle se mêla par la louange ou le blâme à tous les événements de la vie, et les hommes les plus puissants ne craignirent pas de flatter les poëtes pour échapper à leur censure ou pour mériter leurs applaudissements. Les premiers essais furent très-faibles. Thespis, qu'on regarde comme le plus ancien des poëtes dramatiques, s'adjoignit deux ou trois compagnons, et divertit le peuple en se barbouillant le visage de lie, en armant son front de longues cornes menaçantes et en se couvrant de peaux de chèvres. C'était pendant les vendanges, aux fêtes de Bacchus, qu'il donnait sur des tréteaux ses représentations burlesques, et on croit qu'il prenait ordinairement le sujet de ses drames dans les diverses circonstances de la vie des dieux. Il y avait des concours pour ces sortes d'escrimes intellectuelles, et celui qui remportait le prix recevait un bouc (τράγος). On prétend que de là est venu le nom de tragédie (τραγωδία).

Phrynichus introduisit le premier des femmes sur la scène, et traita un sujet historique et récent : *la Prise de Milet*. Chérile donna un costume aux personnages. Mais Eschyle effaça tous ses devanciers et mérita d'être appelé le père de la tragédie grecque. Il naquit à Éleusis la dernière année de la 63ᵉ olympiade, 525 ans avant Jésus-Christ. Avant de briller par son génie dans la carrière des lettres, il s'était distingué par sa valeur dans les grands combats que les Grecs livrèrent aux Perses. Il s'était trouvé à Marathon, à Salamine et à Platée. Dès sa jeunesse, il s'était nourri de la lecture de tous les poëtes qui avaient célébré les grandes actions des temps héroïques, et il voulut, à leur exemple, mettre en scène les épisodes les plus brillants de la lutte mémorable à laquelle lui-même avait pris part. Il composa de soixante à quatre-vingts tragédies. Il ne nous en reste que sept, dont l'une des plus remarquables est la tragédie des *Perses*. Le sujet de cette pièce est la défaite de l'armée navale de Xerxès. La scène est à Suse, dans le palais du grand roi. Darius sort de la région des ombres et défend au roi de Perse, son successeur, de faire jamais aucune expédition contre les Grecs, parce que le ciel les protége. On admire encore spécialement parmi les tragédies qui nous restent : *Prométhée enchaîné* et *les Choéphores*. Il mourut l'an 456.

Eschyle avait créé la tragédie au commencement du siècle, Sophocle la perfectionna (498-405). Celui-ci était rempli d'admiration pour le génie de son devancier, mais il ne lui trouvait pas la science de son art. Eschyle, disait-il, fait quelquefois bien; mais il ne sait pas lui-même comment il réussit. Il blâmait dans ses compositions l'exagération des idées, l'enflure de ses expressions et les gigantesques proportions de ses plans. Se tenant en garde contre ces défauts, il eut soin de ne pas élever ses héros trop au-dessus de l'humanité. Il leur supposa toujours de la grandeur, de la force et de la sensibilité, et ne leur prêta aucune de ces faiblesses qui déshonorent le cœur. Je peins les hommes, disait-il, tels qu'ils doivent être, mais non tels qu'ils sont.

Son génie se soutint jusqu'à la fin de sa vie. On rapporte que ses enfants, impatients de jouir de son héritage, l'accusèrent d'être tombé en démence et de n'être plus en état d'administrer ses biens. Pour toute réponse, il lut à ses juges son *Œdipe à Colone* qu'il venait d'achever, ou seulement, suivant d'autres auteurs, le chœur magnifique de cette pièce, où il célèbre Colone, sa patrie. Le tribunal se sépara, frappé d'admiration, et Sophocle fut reconduit chez lui en triomphe.

Euripide (480-404), pressé par le violent amour de la gloire, osa à dix-huit ans entrer en lice avec Sophocle, et lui disputer l'empire de la scène. Il ne l'emporta pas sur lui, mais ses efforts furent du moins assez heureux pour le rendre son digne émule, et pendant une longue suite d'années ils parcoururent de front la même carrière, comme deux superbes coursiers qui, d'une ardeur égale, aspirent à la victoire[1]. Sophocle avait réduit les personnages gigantesques d'Eschyle à des héros d'une perfection idéale, mais vraie, dans le sens qu'elle n'avait rien d'invraisemblable ni d'impossible. Il avait peint les hommes tels qu'ils devaient être; Euripide les peignit tels qu'ils sont. Il choisit ses héros dans la société qu'il avait sous les yeux et fit pleurer la Grèce sur des infortunes réelles.

3. De l'histoire. Hérodote. Thucydide et Xénophon. — L'histoire primitive de la Grèce s'est d'abord perdue au milieu de tous les rêves de la mythologie. Au sixième siècle avant Jésus-Christ, l'esprit d'observation s'éveilla, et on sentit la nécessité d'arracher à l'oubli tout ce qu'on

---

1. Cette comparaison est de l'auteur du *Voyage d'Anacharsis.*

savait sur l'origine, les croyances et les migrations des
peuples. Ceux qui se chargèrent de cet important travail
prirent le titre de *logographes*. Ils consultèrent les monuments de l'antiquité, les inscriptions, les statues et les
édifices construits à l'occasion de quelque événement
important et rapprochèrent ces documents de ce qu'ils
trouvèrent dans la tradition et les poëtes. Milet vit paraître en quelques années (520-503) trois logographes
distingués : Cadmus, Denys et Hécatée. Charon de Lampsaque, Xanthus de Sardes, Hellanicus de Mitylène rendirent aussi dans le même temps d'importants services
à la science.

Mais l'histoire proprement dite ne naquit qu'avec Hérodote d'Halicarnasse, qui vint au monde 484 ans avant
Jésus-Christ. S'étant mis à parcourir les principaux pays
de l'Europe, la Grèce, la Macédoine et la Thrace, une
grande partie de l'Asie et de l'Afrique, il en rapporta
des connaissances extrêmement étendues, et en composa son histoire. Il la divisa en neuf livres.

Son but, comme il le dit lui-même, était de célébrer
les exploits des Grecs dans leur lutte contre les Perses,
et de développer les motifs qui avaient porté ces deux
peuples à se faire la guerre. C'est le tableau de la grande
rivalité de l'Europe contre l'Asie, de l'Occident contre
l'Orient. Dans les temps héroïques cette rivalité a donné
occasion à la guerre de Troie, qui a servi de thème à
tous les poëtes épiques avant et après Homère. Hérodote
reprend cette lutte où les poëtes cycliques l'ont laissée,
c'est-à-dire au début des temps historiques, et il la poursuit jusqu'à son dénoûment, c'est-à-dire jusqu'à la défaite de Platée et de Mycale.

Il lut son œuvre aux Grecs assemblés pour les jeux
olympiques, et il excita si vivement leur enthousiasme,
que le nom des neuf Muses fut donné aux neuf livres de son
histoire. Les Athéniens lui témoignèrent leur reconnaissance en lui offrant dix talents (54,000 francs) pour le
récompenser des peines qu'il s'était imposées pour immortaliser leur gloire. Il mourut l'an 406.

Nous ajouterons à Hérodote Thucydide et Xénophon, parce qu'ils ne vécurent que peu de temps après lui et qu'ils sont les trois grands historiens de la Grèce, comme Eschyle, Sophocle et Euripide en sont les trois grands poëtes tragiques.

Thucydide fut l'historien de la guerre du Péloponèse. Il n'avait que quinze ans lorsque les applaudissements obtenus par Hérodote aux jeux olympiques lui firent verser des larmes et éveillèrent son génie. Il fut pourtant loin de suivre la méthode de cet historien. Il l'accusait d'avoir trop sacrifié à l'imagination, et d'avoir plutôt composé un roman qu'une histoire. Pour lui, il résolut d'écrire les faits avec toute la précision et toute la vérité possible, et il poussa si loin la négligence dans l'ordonnance générale de son livre qu'il ne craignit pas d'interrompre sans cesse l'action en partageant les événements par période de six mois, et en faisant passer son lecteur d'un peuple à un autre. Mais ce qui rend son ouvrage immortel, c'est le coloris énergique de son style, la profondeur et l'exactitude des caractères qu'il peint, l'éloquence de tous les discours qu'il mêle à ses récits. Démosthène le choisit pour son modèle et se forma à l'éloquence en copiant ses harangues et en s'efforçant de les imiter.

Xénophon, qui commence ses *Helléniques* à la fin de la guerre du Péloponèse, et qui les termine à la mort d'Epaminondas, n'a ni la poésie d'Hérodote, ni la concision de Thucydide. On ne retrouve pas surtout, dans cet ouvrage, l'impartialité qu'on est en droit d'exiger de tout historien. Son *Anabase*, ou retraite des dix mille, est un monument fort curieux pour les hommes de l'art, qui s'occupent de stratégie ancienne. Ses *Entretiens mémorables* et son *Traité sur l'économie* n'ont ni le charme ni l'élévation des ouvrages de Platon. Il ne se tient même pas toujours à la hauteur de la doctrine de Socrate, dont il s'est fait le panégyriste. Mais son chef-d'œuvre est son roman historique de la *Cyropédie*. C'est une mine intarissable où le poëte, l'historien, le littérateur et l'homme d'Etat trouvent également des trésors.

4. De l'éloquence. — Dans un gouvernement républicain, comme celui d'Athènes, où tout se faisait et se décidait dans les assemblées du peuple, l'éloquence devait jouer un rôle très-important. Aussi Solon, Thémistocle, Aristide et tous les hommes qui arrivèrent au souverain pouvoir passèrent-ils pour des orateurs très-diserts. Périclès se fit une telle réputation en ce genre qu'on a coutume de dire, que le règne de l'éloquence a commencé avec lui à Athènes. Alcibiade se distingua aussi par ses talents oratoires, mais nous n'avons aucun des discours de ces grands hommes. Nous ne pouvons nous en faire une idée que par les harangues que leur prêtent Thucydide et les autres historiens, ce qui ne nous permet de les connaître que bien imparfaitement.

5. L'Acropole, Phidias. — Sous Périclès les arts ne brillèrent pas d'un éclat moins vif que les lettres. Il avait pour ami et pour conseiller Phidias, qui porta la statuaire à un degré de perfection qui n'a point encore été dépassé. Avant lui, les sculpteurs grecs étaient encore plus ou moins esclaves du mauvais goût des Orientaux; ils ornaient admirablement leurs statues ; mais les formes en étaient lourdes et grossières, la pose manquait de grâce et de naturel. Phidias apprit à mieux représenter la nature, et réussit même à l'embellir sans jamais la contraindre ni la défigurer. On peut citer entre tous ses chefs-d'œuvre les statues en bronze de Diane et d'Apollon à Delphes, de Minerve à Platée, de Némésis à Marathon, sa Pallas d'Athènes et son Jupiter Olympien. Il fit école, et ses principaux disciples furent Polyclète, Scopas, Alcamène et Myron. Un de ses élèves l'ayant accusé, par jalousie, d'avoir détourné une partie de l'or qui lui avait été remis pour faire une statue, Phidias eut beau persuader qu'il était innocent, on le jeta en prison, où il fut empoisonné par ses ennemis.

La peinture fit aussi, à cette époque, des progrès merveilleux. Née sous les guerres médiques, elle atteignit, sous Périclès, la perfection. Apollodore, Polygnote et

Micon peignirent les exploits immortels de leur patrie. Parrhasius et Zeuxis se disputèrent ensuite le premier rang et passèrent pour des modèles qu'on était obligé d'imiter sous peine de mal faire.

Les Grecs furent aussi bien nos maîtres dans l'architecture que dans la peinture et la sculpture. Les noms de *dorique*, d'*ionique* et de *corinthien* qu'on donne encore aux trois ordres d'architecture prouvent l'origine de cet art. Le mérite de l'architecture grecque consiste spécialement dans la régularité des lignes, l'harmonie des proportions et la perfection des détails. Au lieu de se laisser aller aux caprices de leur imagination, comme les Indiens et les Egyptiens, les Grecs soumirent l'architecture à des règles fixes et à des principes invariables dont jusqu'à ce jour on a toujours admiré la justesse. Le temple de Diane à Ephèse et le Parthénon à Athènes passaient pour les plus remarquables de tous leurs édifices.

Le Parthénon dédié à Minerve avait été placé sur le point culminant de l'Acropole. On dominait de là l'Attique et la vue, se reposant sur la mer parsemée d'îles, s'étendait jusqu'aux montagnes bleuâtres du Péloponèse. L'Erecthéon, consacré à Neptune, s'élevait près du mur septentrional de l'Acropole, et entre ces deux temples se dressait la statue colossale d'Athénée Promachos, qui n'avait pas moins de 70 pieds de haut et qui dépassait le sommet du Parthénon.

La musique n'avait pas fait moins de progrès que les autres arts. Les Grecs empruntèrent aux Phrygiens et aux Lydiens les modes qui portent leurs noms, mais ils créèrent le dorien, qui est grave et majestueux ; l'ionien, qui convient à la gaieté, et l'éolien qui est touchant et pathétique. Périclès fonda l'*Odéon* pour que la musique fût cultivée avec autant de soin et de succès que les autres arts.

QUESTIONNAIRE.

1. Quels sont les poëtes grecs les plus anciens? Quel fut l'objet de leurs chants? Quel caractère revêtit la poésie dans les temps héroïques? Qu'est-ce qui fit la gloire de Périclès?

2. Quelle fut l'influence de la poésie dramatique? Comment débuta-t-elle en Grèce? Où naquit Eschyle? Quelle fut sa vie? Quelles sont ses pièces les plus remarquables? Quel est le caractère de Sophocle? Quel est celui d'Euripide?

3. Qu'appelait-on logographes? Quel fut le père de l'histoire grecque? Quel est le but de son ouvrage? Quels avantages en retira-t-il? Quelle différence y a-t-il entre Thucydide et Hérodote? Quels sont les ouvrages historiques de Xénophon? Quel est son chef-d'œuvre?

4. Cultiva-t-on beaucoup l'éloquence à Athènes? Quels furent les orateurs les plus célèbres? Pouvons-nous apprécier leurs discours?

5. Quel fut le sculpteur le plus illustre du temps de Périclès? Quels étaient ses principaux chefs-d'œuvre? Citez les plus grands peintres. Quels progrès fit l'architecture chez les Grecs? Quels sont les différents ordres d'architecture? Quels étaient les édifices les plus remarquables? Qu'ont-ils fait pour la musique? Quel établissement fonda Périclès dans l'intérêt de cet art?

CHAPITRE XI

DEPUIS LE COMMENCEMENT DE LA GUERRE DU PÉLOPONÈSE JUSQU'A LA PAIX DE NICIAS. — PREMIÈRE PÉRIODE DE CETTE GUERRE [1].

Résumé. — Lorsque les Grecs eurent triomphé des Perses et que le génie de Cimon eut comprimé les haines violentes qui les divisaient et mis fin aux guerres médiques, ils se laissèrent entraîner dans une guerre qui les arma les uns contre les autres pendant vingt-sept ans ; cette guerre est restée célèbre sous le nom de guerre du Péloponèse. Les causes de cette lutte terrible sont dans le caractère opposé des Spartiates et des Athéniens qui se disputaient alors l'empire de la Grèce. Les Spartiates appartenaient, comme nous l'avons dit, à la race un peu rude et un peu barbare des Doriens, les Athéniens descendaient des Ioniens qui étaient plus civilisés. Ceux-ci soutenaient le gouvernement démocratique un peu restreint par Solon, mais ensuite pleinement développé par Périclès, tandis que

1. Auteurs a consulter : Parmi les anciens : Thucydide, *Histoire de la guerre du Péloponèse* ; son ouvrage s'arrête à la vingt et unième année de cette guerre. Plutarque, *Vies de Périclès, d'Alcibiade, de Nicias et de Lysandre,* Diodore de Sicile, *Bibliothèque,* l. xii et xiii; Xénophon, *Helléniques,* etc. ; Cornélius, etc., etc. Parmi les modernes : Rollin, Gillies, Heeren, Caix et Poirson, *Précis de l'histoire ancienne.* Ce dernier ouvrage nous semble avoir parfaitement exposé ce grand événement et l'avoir envisagé sous son vrai point de vue.

les Spartiates défendaient le système aristocratique fondé par Lycurgue. Sparte était jalouse de la suprématie d'Athènes, et les alliés des Athéniens fatigués de leur domination ne cherchaient qu'à s'en affranchir. Le maître d'Athènes, Périclès, alluma ce vaste incendie pour ne pas laisser au peuple le temps de le persécuter et pour se rendre nécessaire.

I. Les dix premières années de cette guerre en forment la première période qui s'arrête à la paix de Nicias (431-421). Pendant ce temps, les succès furent assez balancés ; les deux nations rivales ravagèrent réciproquement leur territoire sans engager aucune action décisive. Les forces respectives des deux puissances étaient à peu près égales : Sparte avait la supériorité sur terre, mais Athènes l'avait sur mer. Ce plan primitivement adopté par Périclès fut funeste aux Athéniens. En engageant les Athéniens à se retirer dans l'enceinte de la ville, il fut cause que la peste se mit parmi eux et les décima cruellement. Il fut lui-même victime de ce fléau.

II. Après la mort de Périclès, le pouvoir fut disputé par Cléon et par Nicias. Le premier représentait le parti démocratique, et le second, au contraire, le parti aristocratique. Cléon voulait la guerre ; Nicias plus sage désirait la paix. Cléon acquit cependant sur l'esprit des Athéniens une si grande influence, que, malgré son ignorance de l'art militaire, on lui confia le commandement en chef de la flotte. Par un hasard heureux, il réussit dans sa première expédition ; mais ce succès ne servit qu'à le rendre plus téméraire. Il expia chèrement sa présomption ; il fut défait et périt dans sa déroute avec Brasidas, général de Sparte, son rival, qui était, comme lui, fougueux partisan de la guerre. La démocratie ayant perdu son chef le plus turbulent, Nicias triompha, et son génie conciliateur amena la conclusion de la paix, ce qui lui valut le titre de libérateur d'Athènes.

---

§ Ier. — Premières campagnes.

1. Forces respectives des Lacédémoniens et des Athéniens (434). — Les Thébains rompirent la trêve en attaquant Platée. Alors toute la Grèce se mit en mouvement, à l'exception de quelques villes qui gardèrent la neutralité. Tout le Péloponèse, moins Argos, s'unit aux Spartiates, et hors du Péloponèse ils eurent pour alliés les Mégariens, les Locriens, les Béotiens, les Phocéens, les Ambraciotes, les Leucadiens et les Anactoriens. Athènes vit se ranger sous ses drapeaux Chio, Lesbos, Platée, les Messéniens de Naupacte, la plus grande partie des Acarnaniens, des Corcyréens, des Zacynthiens et toutes ses villes tributaires. La Carie, la Doride, les villes de Thrace, toutes les îles situées au levant entre le Péloponèse et l'île de Crète, toutes les Cyclades, excepté Mélos et Théra, se déclarèrent aussi pour elle[1]. Sparte n'avait ni argent ni vaisseaux, mais Athènes possédait une belle flotte, et comptait 6,000 talents (33 millions) d'épargne amassés par Périclès. La supériorité sur terre appartenait de droit aux Spartiates, mais en retour les Athéniens avaient l'empire de la mer. Cette diversité de forces est une des principales raisons qui fit traîner la lutte en longueur.

2. Premières campagnes (431-429). — Périclès, qui était à la tête du gouvernement d'Athènes, adopta un plan de défense qui révèle la timidité et la faiblesse de son caractère pendant ses dernières années. Il fit entendre aux Athéniens qu'ils n'avaient rien de mieux à faire, pour consumer les forces des ennemis, que de traîner la guerre en longueur. Dans ce dessein il leur ordonna d'abandonner leurs champs et leurs demeures à la campagne et de se retirer tous dans Athènes, après avoir conduit leurs bestiaux dans l'Eubée et dans les îles voisines. Ce sacrifice était pénible et causa un désespoir profond aux Athéniens, cependant ils l'accomplirent avec résignation.

Les Lacédémoniens, en arrivant dans l'Attique, se mirent à dévaster toute la contrée, espérant par leurs excès amener la population à demander le combat; puis ils vinrent camper dans un des bourgs d'Athènes. Mais l'éloquence de Périclès triompha de l'impatience de la multitude, et on se contenta d'envoyer une flotte dans le Péloponèse pour rendre aux Spartiates le dommage qu'ils avaient causé sur le territoire des Athéniens. Pendant trois années la guerre ne fut marquée que par de pareilles représailles.

3. Peste d'Athènes. — Mais aux maux qui pesaient déjà sur les Athéniens vint encore se joindre la peste qui

----

1. Voir la position de ces peuples sur la carte.

remplit la ville de désolation et de larmes. « Jamais ce fléau terrible ne ravagea tant de climats. Sorti de l'Ethiopie, il avait parcouru l'Egypte, la Libye, une partie de la Perse, l'île de Lemnos, et d'autres lieux encore. Un vaisseau marchand l'introduisit au Pirée, où il se manifesta d'abord ; de là il se répandit avec fureur dans la ville, et surtout dans ces demeures obscures et malsaines où les habitants de la campagne se trouvaient entassés.

« Au bout de deux ans le fléau parut se calmer. Pendant ce repos, on s'aperçut plus d'une fois que le germe de la contagion n'était pas détruit : il se développa dix-huit mois après, et dans le cours d'une année entière il ramena les mêmes scènes de deuil et d'horreur. Sous l'une et sous l'autre époque, il périt un très-grand nombre de citoyens, parmi lesquels il faut compter près de 5,000 hommes en état de porter les armes[1]. »

4. Mort de Périclès (429). — Périclès lui-même fut frappé par l'horrible fléau. Comme il était sur le point de mourir, ses amis et les principaux citoyens d'Athènes s'entretenaient en sa présence de ses vertus et de la grande puissance qu'il avait exercée pendant sa vie. Pensant qu'il avait perdu tout sentiment et qu'il ne les entendait pas, ils racontaient ses belles actions, énuméraient ses victoires et rappelaient les trophées qu'il avait érigés comme général. Mais tout à coup Périclès se souleva avec effort et leur dit : « Tous ces exploits sont l'œuvre de la fortune, qui peut aussi en revendiquer la gloire, et ils me sont communs avec d'autres généraux. Ce qu'il y a de grand et de glorieux dans ma vie, c'est de n'avoir pas fait prendre le deuil à aucun Athénien. » Ces belles paroles furent les dernières que prononça ce grand homme.

QUESTIONNAIRE.

1. Comment la trêve fut-elle rompue ? Quels furent les alliés de Sparte dans le Péloponèse ? — hors du Péloponèse ? Quels furent les alliés

1. *Voyage du jeune Anacharsis.*

d'Athènes? Quelle était la supériorité de Sparte? Quelle était celle d'Athènes?

2. Quel fut le plan imaginé par Périclès? Quel tort firent les Spartiates aux Athéniens? Comment ceux-ci usèrent-ils de représailles?

3. Quel est le fléau qui frappa Athènes? Comment la peste s'introduisit-elle dans la ville? Quel fut le nombre des victimes?

4. Périclès en fut-il atteint? Quelles furent les dernières paroles de ce grand homme?

§ II. — Depuis la mort de Périclès jusqu'à la paix de Nicias (429-422).

1. Cléon et Nicias. — Après la mort de Périclès, Cléon et Nicias se disputèrent le souverain pouvoir. Cléon était sans naissance et sans talents; mais il était fougueux, passionné, savait s'attacher la multitude par ses bouffonneries et ses caresses, dominait les assemblées par son audace et sa fierté, et déployait dans ses discours la véhémence et la fureur d'un tribun. Son règne fait époque dans l'histoire d'Athènes, parce qu'il est l'inauguration de cette démocratie turbulente et effrénée qui remplaça la république modérée de Solon. Les honnêtes gens lui opposèrent Nicias qui, malgré ses idées aristocratiques, avait gagné la confiance et l'amitié du peuple par ses libéralités et ses largesses. Il se recommandait encore par de rares talents militaires, mais malheureusement il était d'une timidité excessive qui le rendait indécis en toute circonstance. Sa parole froide était impuissante sur le peuple d'Athènes, habitué aux émotions fortes et énergiques; aussi ses sages conseils ne l'emportèrent jamais sur les déclamations furibondes de son rival.

2. Exploits militaires de Cléon (426). — Pendant les années qui suivirent immédiatement la mort de Périclès, les succès entre Athènes et Sparte furent balancés. Les Athéniens s'emparèrent de Mitylène qui avait quitté leur parti pour s'unir au parti opposé, et les Lacédémoniens se rendirent maîtres de Platée, l'alliée d'Athènes, dont la garnison se couvrit de gloire par son héroïque résistance (427). Démosthène, général athénien, fit ensuite la conquête de Pylos dans la Messénie et s'y fortifia (426). Les Spartiates, qui étaient allés au secours de cette place importante, s'étant trouvés bloqués dans l'île de Sphactérie, leurs concitoyens envoyèrent des ambassadeurs à Athènes pour conclure la paix. Il était de l'intérêt de la Grèce entière de mettre fin à cette division déplorable, mais Cléon s'y opposa. Le peuple se repentit bientôt d'avoir suivi son avis, et déjà il murmurait contre Cléon qui s'était opposé à tout accommodement, lorsque ce démagogue habile rejeta avec impudence la faute sur Nicias. Il lui reprocha sa timidité et sa mollesse, et osa dire que s'il avait été chargé lui-même de cette expédition, les ennemis ne seraient plus à craindre. *Que ne t'embarques-tu donc tout à l'heure pour les aller combattre*, s'écrièrent les Athéniens. Nicias dit comme eux, et se démit en faveur de Cléon du commandement de l'expédition contre Pylos.

Ce nouveau général fut d'abord très-embarrassé de sa charge, et s'excusa longtemps sur son ignorance et son incapacité dans l'art de la guerre. Mais le peuple ne voulut rien entendre. Il prit au sérieux cette plaisanterie, et pour le bon plaisir de se divertir, en des circonstances aussi graves, il n'hésita pas de confier une flotte et le salut de l'armée à l'inexpérience d'un vil corroyeur. Cléon, que rien ne déconcertait, reprit alors son rôle de déclamateur, et s'écria en s'embarquant, que sous vingt jours il amènerait les Spartiates prisonniers à Athènes. On rit de cette prophétie emphatique, comme on avait ri de toutes ses autres extravagances et de toutes ses autres folies. Cependant l'événement y répondit. Les Spartiates furent obligés de se rendre, et Cléon les fit captifs, ainsi qu'il l'avait annoncé.

3. **Puissance de Cléon** (426-422). — Cette victoire fut plus funeste aux Athéniens qu'une défaite. Elle couvrit de honte Nicias et diminua singulièrement son crédit, tandis qu'elle éleva Cléon jusqu'aux nues et le rendit tout-puissant. Dès lors il affecta partout une audace et

une fierté que rien ne put réprimer. Ne respectant plus aucune règle, il paraissait dans les assemblées avec une liberté qui dégénéra en licence. Quand une discussion s'élevait, il criait de toutes ses forces, rejetait sa robe en arrière, marchait à grands pas dans la tribune, et affichait ce mépris des bienséances qui devint plus tard universel. Ses exemples scandaleux hâtèrent la corruption des mœurs, et ses fureurs rendirent impossible toute réconciliation entre les Athéniens et les Spartiates.

4. Mort de Cléon (422). — Mais il ne tarda pas à expier sa témérité. Les Athéniens, heureux pendant les deux années qui suivirent la prise de Sphactérie, se trouvèrent tout à coup accablés par de grands revers (424). Ils furent vaincus à Delium où Socrate sauva les jours du jeune Xénophon, et le Spartiate Brasidas, uni au roi de Macédoine Perdiccas, leur enleva Stagyre, Achante, Aëta, Scythonie, Pallène, Scione et Amphipolis. Les Athéniens lui opposèrent Cléon. C'était sans contredit l'homme le moins capable de lutter avec avantage contre l'expérience, la valeur et le talent d'un général tel que Brasidas. Aussi la victoire ne resta-t-elle pas un seul instant incertaine. Le rusé Spartiate laissa son imprudent adversaire s'engager maladroitement autour d'Amphipolis, puis fondit sur lui à l'improviste, et mit son armée en déroute. Cléon périt lui-même de la main d'un soldat qui le rencontra pendant sa fuite. Brasidas fut aussi enseveli dans son triomphe. On lui fit des funérailles publiques, et les habitants d'Amphipolis célébrent chaque année sa mémoire par des jeux, des combats et des sacrifices. Sa mère entendant un jour quelqu'un exalter son courage au-dessus de celui de tous les autres: *Vous vous trompez*, dit-elle, *mon fils était brave, mais Sparte a mille citoyens qui le sont encore plus que lui.* Cette seule parole peint admirablement le caractère spartiate.

5. Paix de Nicias (422). — Brasidas et Cléon étaient les deux hommes les plus passionnés pour la guerre. Leur mort permit aux Lacédémoniens et aux Athéniens de conclure la paix, comme le désiraient depuis long-temps les deux nations, pour réparer leurs pertes. Après de longues conférences entre Nicias et le roi de Sparte Plistonax, on signa un traité de paix pour cinquante ans, dont le principal article stipulait qu'on se rendrait mutuellement toutes les villes qu'on avait prises et dans l'état où elles étaient avant le commencement de la guerre. Les Athéniens renvoyèrent à Sparte les prisonniers qu'ils avaient faits à Sphactérie, et célébrèrent à l'envi une paix qui les délivrait de tous leurs maux. Ils n'avaient plus dans la bouche, dit Plutarque, que le nom de Nicias; ils le vantaient comme un homme chéri des dieux, et l'appelaient leur libérateur. C'est pour ce motif qu'ils donnèrent son nom à ce traité, qu'ils disaient son ouvrage, comme la guerre avait été celui de Périclès.

QUESTIONNAIRE.

1. Par qui le pouvoir fut-il disputé après la mort de Périclès? Quel était le caractère de Cléon? Quel changement se fit alors dans les mœurs d'Athènes? Qui lui opposa-t-on? Quel était le caractère de Nicias?

2. Quels furent d'abord les succès des Athéniens? Qui s'opposa à la paix? Quels revers les Athéniens essuyèrent-ils ensuite? Comment Cléon fut-il mis à la tête des troupes? Quel fut le succès de sa première expédition?

3. Que devint ensuite ce démagogue? Quelle était sa conduite dans les assemblées?

4. Comment expia-t-il sa témérité? Par qui fut-il vaincu? Quelles furent les conséquences de cette défaite?

5. Par qui la paix fut-elle conclue? Pourquoi ce traité porta-t-il le nom de Nicias?

CHAPITRE XII

DEUXIÈME PÉRIODE DE LA GUERRE DU PÉLOPONÈSE. LES QUATRE CENTS ET LES TRENTE. MORT DE SOCRATE. (422-404) (1).

RÉSUMÉ. — Dans cette terrible lutte Athènes fut vaincue; la cité guerrière de Lycurgue devait nécessairement l'emporter sur la cité littéraire et artistique de Solon. La dernière partie de ce grand

1. Pour les auteurs à consulter, voyez les ouvrages indiqués au chapitre précédent.

drame se divise en quelque sorte en trois actes : le premier renferme
l'expédition de Sicile qui affaiblit Athènes en la privant d'une grande
flotte et d'une brillante armée ; le second nous montre de nouveau
Sparte aux prises avec Athènes et s'emparant de sa fière rivale ; le
troisième nous fait voir le peuple athénien écrasé par la tyrannie
la plus cruelle et se déshonorant par les crimes judiciaires les plus
monstrueux.

I. Le génie fécond d'Alcibiade entraîne le peuple athénien dans
une grande expédition contre la Sicile, dont il considère la possession
comme une préparation à la conquête de Carthage, de l'Afrique, de
l'Italie et enfin du Péloponèse. Les Athéniens pour colorer leur entreprise prennent le parti des Ségestains contre les Doriens de Syracuse, de sorte que sous une autre forme et dans un autre lieu c'est
toujours la lutte des Ioniens contre les Doriens. Nicias et Lamachus
sont les généraux qui doivent faire contrepoids au caractère bouillant d'Alcibiade. Cependant le plan de campagne de ce dernier est
adopté, mais les Athéniens ont le tort de le rappeler au commencement même des hostilités. Il quitte l'armée, échappe à la vigilance
de ses gardes et se retire à Sparte. Nicias abandonné à lui-même ne
fait que des fautes ; son hésitation et sa superstition compromettent
la retraite des Athéniens qui ont mis le siége devant Syracuse, la
flotte est détruite, l'armée perdue, Nicias et ses compagnons péris-
sent.

II. Ce désastre est pour Athènes une perte immense. Heureusement
Alcibiade lui reste. Il s'enfuit de Lacédémone, se retire chez le satrape Tissapherne, et sert aussitôt par son adroite politique les intérêts de ses concitoyens. Il leur fait substituer le gouvernement
aristocratique au gouvernement démocratique et obtient son rappel
du peuple qui ne voit plus de salut qu'en lui. Mais il ne veut rentrer à Athènes que couvert de lauriers. Il bat les Spartiates, étend
la domination d'Athènes sur la Thrace et l'Ionie, et se présente à ses
concitoyens qui le reçoivent en triomphe. Les Lacédémoniens lui
opposent Lysandre qui surprend sa flotte en son absence et la défait.
Ce revers fait bannir Alcibiade de nouveau, et ce grand homme
trouve la mort chez le satrape Tissapherne dont il avait invoqué
l'hospitalité (407). Les Athéniens nomment à sa place dix généraux
qui remportent sur le Spartiate Callicratidas la fameuse victoire des
Arginuses. Mais Athènes leur fait expier leur gloire par une injuste
condamnation et mérite d'être ignominieusement défaite par Lysandre à Aigos-Potamos. Elle est assiégée à la suite de cette défaite
par les Lacédémoniens qui, victorieux, l'obligent à démolir ses murailles et à accepter le gouvernement de trente tyrans.

III. Sparte abuse alors de sa puissance. Lysandre substitue partout l'aristocratie à la démocratie et ébranle toutes les lois de Lycurgue par ses innovations téméraires. Athènes se trouve livrée à
l'oppression la plus barbare et la plus cruelle. Loin d'en prendre
souci, Lysandre ne songe qu'à se faire accorder les plus grands

honneurs. Cependant Pharnabaze le fait rappeler à Lacédémone où il est dans l'impossibilité de se justifier. Athènes profita de ces dissensions qui éclataient entre Lysandre et les rois de Sparte pour se débarrasser de la tyrannie des trente, puis des dix, et revenir à la constitution de Solon. Malheureusement la démocratie se souilla encore d'un crime énorme en ordonnant la mort de Socrate, le plus illustre des sages de l'antiquité.

§ Ier. — Alcibiade. Expédition de Sicile.

1. Alcibiade (422). — Après le traité de Nicias, toutes les démonstrations de joie des Athéniens étaient bien vaines, car la paix ne pouvait être de longue durée. Elle mécontentait la plupart des alliés, et le gouvernement d'Athènes tombant entre les mains d'Alcibiade, il n'était pas possible que son humeur inquiète laissât la Grèce en repos. Plutarque a peint son caractère en lui appliquant ce que dit Homère de l'Egypte, *qu'à cause de la bonté de son sol, elle est fertile en bons et mauvais fruits.* C'était en effet une de ces âmes énergiques et fécondes qui tantôt s'emportent à d'affreux déréglements et tantôt s'honorent par les plus grandes vertus. Il avait été le disciple de Socrate ; mais, tout en goûtant les sages maximes de son habile maître, il avait été loin d'y conformer sa conduite. Ses premières années furent trèsorageuses ; mais ce qu'il y eut de surprenant en lui, c'est qu'en s'abandonnant aux passions les plus effrénées, il conserva toujours une telle flexibilité de caractère, qu'il pouvait sans effort se plier aux mœurs des hommes au milieu desquels il se trouvait. A Athènes, il était le plus débauché, le plus spirituel et le plus éloquent de tous les Athéniens ; à Sparte, on admira sa tempérance, sa force, son courage, comme s'il avait été élevé selon les lois de Lycurgue ; parmi les Perses, il déploya une grâce, un luxe et une magnificence qui le faisaient passer pour le premier satrape et le premier courtisan du grand roi. En un mot, comme on l'a parfaitement dit, c'était moins un homme qu'un composé de plusieurs hommes. Il était tout à la fois sérieux et enjoué, austère et affable ; maitre impérieux et plein de hauteur en même temps qu'esclave rampant et plein de bassesse; ami de la vertu et des hommes vertueux aussi bien que livré au vice et aux méchants; enfin capable des pénibles fatigues de la vie la plus dure, comme insatiable de délices et de voluptés [1].

2. Sa magnificence. — Plein d'une ambition sans bornes, il usa de ses richesses pour multiplier ses partisans et ses amis. Le charme de son éloquence, qui passait pour la merveille de ce siècle éclairé, le rendit maître de la multitude. Pour l'aveugler sur ses défauts, il l'éblouit par l'éclat et la magnificence dont il s'environnait. On ne parlait que de ses chars, de ses coursiers, et des victoires qu'il remportait dans les jeux olympiques. Il aimait à entendre le peuple s'occuper de ces bagatelles, parce que pendant ce temps du moins il ne censurait pas ses scandales. Un jour, pour distraire l'attention des médisants, il fit couper la queue d'un beau chien qu'il avait acheté plus de 1,000 talents et le priva ainsi de son plus bel ornement. Ses amis l'en blâmèrent, en lui disant que cette action faisait mal parler de lui. *Voilà précisément ce que je demandais*, leur dit-il en riant ; *tant que les Athéniens s'entretiendront de mon chien, ils ne diront rien sur mon compte.*

3. Ses premiers exploits avant la guerre de Sicile (421-415). — Nicias était loin de pouvoir contre-balancer l'autorité d'un homme qui connaissait aussi bien la frivolité du caractère athénien. Désirant la guerre pour faire briller ses talents, l'ardent disciple de Socrate commença par s'unir aux Argiens pour former au centre du Péloponèse une ligue qui disputerait à Sparte la suprématie. Les Spartiates députèrent aussitôt une ambassade aux Athéniens pour terminer ces différends ; mais Alcibiade trompa leurs ambassadeurs et fit échouer leurs négociations. Il fit passer ensuite des secours aux Argiens et à leurs alliés, et les aida à s'emparer d'Orchomène en Ar-

---

1. Rollin.

cadie et à mettre le siège devant Tégée (419). Mais le cours de ces glorieux succès fut tout à coup interrompu par la défaite des Argiens à Mantinée (418). Athènes se vengea de cet échec qui avait ébranlé la fidélité de ses alliés, en faisant la conquête de Mélos et en exterminant tous ceux qui l'habitaient, à l'exception seule des enfants qui avaient moins de quatorze ans (416).

4. Expédition contre la Sicile (415). — C'est alors qu'Alcibiade jeta dans le cœur des Athéniens le désir de ces conquêtes lointaines dont Périclès les avait toujours détournés. Il les flattait des espérances les plus brillantes, et ne leur montrait cette première expédition que comme le prélude d'une suite d'événements plus merveilleux. Dans ses rêves, la Sicile devait servir d'entrepôt à leurs provisions de guerre, et de là il se promettait de les mener à la conquête de Carthage et de l'Afrique, de les faire passer en Italie et de s'emparer du Péloponèse. Les hommes sages n'espéraient rien de bon de cette entreprise ; mais les jeunes gens, enflammés par son éloquence, écoutaient avec avidité tout ce que les vieillards leur racontaient de cette expédition, et passaient des journées entières à tracer sur le sable la figure de la Sicile, le plan de Carthage et de l'Afrique.

5. De la Sicile avant cette expédition des Athéniens. — La Sicile, habitée d'abord par les peuples fabuleux des Lestrygons et des Cyclopes, reçut le nom de *Trinacrie* à cause de sa forme triangulaire et des trois promontoires qui la terminent. La race des Sicaniens, originaire de l'Espagne, s'établit ensuite dans cette contrée vers le xive siècle avant J.-C. et lui donna le nom de *Sicanie*. Environ quatre siècles après, vinrent les Sicules, peuple d'Illyrie, qui l'appelèrent *Sicile*, et c'est ce dernier nom qui lui est resté. Les côtes furent occupées par une foule de colonies sorties de Tyr, de Troie, de Carthage et de la Grèce.

« Ces dernières étaient d'origine en partie dorienne. Les villes d'origine dorienne étaient : Messana et Tyndaris, fondées par ceux de Messine ; Syracuse, colonie de

Corinthe, et qui avait à son tour fondé Acra, Casmène et Camarina ; Hybla et Tapsus, fondées par ceux de Mégare ; Ségeste, par des Thessaliens ; Héracléa Minoa, par des Crétois ; Géla, fondée par les Rhodiens et à son tour fondatrice d'Agrigente ; Lipara, dans la petite île de ce nom, colonie de Cnide. — Parmi les villes d'origine ionienne, on comptait : Naxus, fondatrice de Léontium ; Catana et Tauromenium, fondées par ceux de Chalcis ; Zancle (qui prit le nom de Messana, depuisque les Messéniens s'y furent établis), fondée par ceux de Cumes, et qui fut à son tour la fondatrice d'Himéra et de Myle [1]. »

Syracuse était la plus puissante de toutes ces villes. Pendant la première période de son existence, c'est-à-dire depuis sa fondation jusqu'au règne de Gélon (735-484), elle eut un gouvernement républicain. Le roi de Géla, Gélon, s'en étant rendu maître, le régime monarchique, qu'on flétrissait en ce temps du nom de tyrannie, remplaça dès lors les institutions démocratiques. Toutefois la tyrannie fut utile et glorieuse à Syracuse, comme elle l'avait été à Athènes sous Pisistrate. Gélon sauva la Sicile de l'oppression, en remportant sur les Carthaginois, alliés des Perses, la brillante victoire de Panorme (480). Il agrandit Syracuse, en augmenta considérablement la population, se concilia l'affection de tous ses sujets, et mérita d'être regretté après sa mort, comme un grand roi et comme un héros (477). Hiéron son frère fit fleurir pendant son règne les arts, les sciences et les lettres, et affermit sa puissance en appelant de nouveaux habitants à Syracuse, à Catane et à Naxus (467). Mais Thrasybule qui lui succéda se fit détester par ses cruautés. Le peuple se révolta contre ce farouche tyran, le précipita de son trône, et dès lors commença une nouvelle ère pour Syracuse. Le gouvernement républicain fut rétabli, et cette époque de liberté fut la période la plus brillante de l'histoire des Syracusains. Ils soumi-

---

1. Étudier dans notre atlas ce tableau que nous avons emprunté à Heeren.

rent Agrigente et plusieurs autres villes, et intervinrent
dans un démêlé qui s'éleva entre Ségeste et Sélinonte,
se proposant de s'emparer de ces deux villes, lorsque
leurs discordes les auraient affaiblies. Les Athéniens à
leur tour s'immiscèrent dans la querelle et prirent le
parti des Ségestains contre les Doriens de Syracuse et
leurs alliés. C'est toujours la continuation de la lutte des
Ioniens et des Doriens, le théâtre seul de la guerre est
changé.

6. Départ des Athéniens (415). — Les Athéniens
donnèrent le commandement de leur flotte à Alcibiade,
Nicias et Lamachus. Celui-ci, quoique moins âgé qu'Alcibiade, n'était ni moins bouillant, ni moins emporté.
Ils se promettaient que la prudence de Nicias tempére-
rait l'audace et la fougue des deux autres généraux. Tel
fut le motif qui porta le peuple à le choisir, car il fut
loin de briguer l'honneur de commander cette expédition. Il s'était même opposé très-vivement aux projets
d'Alcibiade et les avait combattus de toutes ses forces.
Mais les promesses fallacieuses des Ségestains, l'éloquence entraînante de son rival captivèrent les suffrages
de la multitude, et il fallut se résigner à obéir.

Avant le départ, les Athéniens furent troublés par de
mauvais présages. On venait de célébrer les fêtes d'A-
donis, et la ville était remplie de gémissements et de
larmes; toutes les statues de Mercure avaient été ren-
versées et mutilées pendant la nuit, sans qu'on pût connaître les auteurs de ce sacrilége. On en accusa Alcibiade ainsi que les jeunes gens qui se faisaient les
instruments de ses plaisirs et les compagnons de ses débauches. Se confiant dans l'indulgence du peuple qu'il
avait enivré par ses flatteries et ses promesses, il demanda que l'accusation fût sur-le-champ discutée et jugée. Mais il eut beau représenter au peuple qu'il y avait
de l'injustice et de la cruauté à le faire partir pour une
expédition si importante, laissant derrière lui des accusations calomnieuses qui l'inquiéteraient sans cesse, on
lui répondit que la flotte ne pouvait attendre, qu'il de-

vait partir avec l'espérance du succès, et que quand la guerre serait terminée on le jugerait d'après les lois.

Il partit donc et alla porter l'effroi dans le cœur de tous les Siciliens. Mais à peine la flotte fut-elle arrivée à Rhégium où elle prit terre, que la division éclata entre les généraux qui la commandaient. Alcibiade proposa le premier son plan de campagne. A son avis, il fallait attaquer d'abord la Sicile, détacher les Grecs qui l'habitaient de l'alliance des Syracusains et fondre ensuite sur ces derniers. Selon son habitude, Nicias voulait temporiser, négocier avec les ennemis, les obliger à souscrire aux conditions qu'on leur dicterait, et s'en retourner à Athènes, après les avoir intimidés. Lamachus prétendait qu'il était préférable et plus sûr de marcher directement contre Syracuse, et de profiter de sa frayeur et de sa surprise. Ce conseil n'était pas assurément le moins sage, mais comme il ne se trouva point partagé, Lamachus l'abandonna pour adopter la proposition d'Alcibiade, et la guerre s'ouvrit par la prise de Catane.

7. Rappel d'Alcibiade. — Pendant qu'Alcibiade travaillait à étendre la gloire de sa patrie, ses ennemis tramaient sa perte. Indépendamment de la mutilation des statues, ils l'accusèrent encore d'avoir profané les mystères, et le représentèrent comme l'ennemi de la constitution d'Athènes. Tous ses parents et ses amis furent indignement maltraités par le peuple qui les supposait complices de ses crimes, et on lui envoya le vaisseau de Salamine [1], après avoir commandé au pilote de ne pas user de violence envers Alcibiade, mais de lui intimer avec douceur l'ordre de venir subir son jugement et se justifier devant le peuple. C'était de la démence; on ne conçoit pas comment une nation pouvait être assez aveuglée par le fanatisme pour priver ainsi une armée de son chef au commencement d'une expédition aussi importante.

Alcibiade eût pu braver ce décret et soulever une sé-

---

1. C'était un vaisseau sacré qu'on n'employait que dans des occasions extraordinaires comme celle-ci.

dition parmi les troupes, mais il parut obéir. Il s'embarqua donc après avoir eu la bassesse de faire échouer l'attaque des Athéniens contre Messine, en dénonçant aux Syracusains les traîtres qui avaient promis de livrer cette ville. Lorsqu'il fut arrivé à Thurium et qu'il y eut débarqué, il trompa la vigilance de ses gardiens et prit la fuite. Quelqu'un l'ayant reconnu lui dit : « Eh quoi! Alcibiade, vous ne vous fiez pas à votre patrie?—Je m'y fierais pour tout le reste, répondit-il, mais quand il s'agit de ma vie, je ne me fierais pas à ma propre mère, de peur que par mégarde elle ne prît une fève noire pour une blanche. » Les Athéniens, apprenant son évasion, le condamnèrent à mort. « Je leur ferai voir, dit-il, que je suis en vie. »

8. Revers des Athéniens (415-413). — Depuis le départ d'Alcibiade, l'armée de Sicile n'éprouva plus que des revers. Nicias, abandonné à lui-même, retomba dans ses craintes et ses incertitudes. Sa lenteur le faisait mépriser de ses soldats, et sa pusillanimité apparente le rendait la fable et la risée de ses ennemis. Moqué par les uns et blessé par les autres, il se décida enfin à mettre le siége devant Syracuse et à le presser vivement. Déjà les Syracusains en proie à la famine songeaient à se rendre, quand Alcibiade, retiré à Sparte, leur envoya le Lacédémonien Gylippe, dont la bravoure et le génie valaient mieux qu'une armée. Gylippe releva le courage des assiégés. Dès le lendemain de son arrivée, il remporta sur les Athéniens une grande victoire et les poussa jusque dans leurs retranchements.

Cet échec intimida Nicias et le jeta encore dans son irrésolution et sa lenteur accoutumées. Il ne put relever le courage abattu de ses troupes, tomba lui-même malade de chagrin, et fut constamment malheureux dans ses tentatives. Il demanda du secours aux Athéniens, qui lui envoyèrent une flotte commandée par Démosthène. Ce général était bouillant, impétueux, mais imprudent et téméraire. A peine fut-il arrivé qu'il voulut hasarder un combat où il fut entièrement défait. Aussitôt après il parla de s'en retourner à Athènes. C'eût été une honte pour les Athéniens, et Nicias imagina encore des retards et des lenteurs, du moins pour différer cet affront. Néanmoins on fut forcé par de nouveaux revers à prendre cette humiliante résolution.

Tout était prêt pour le départ, et les Syracusains ne s'en doutaient nullement ; mais tout fut arrêté par une éclipse de lune, qui remplit de frayeur les Athéniens superstitieux. Nicias, dit Plutarque, proposa d'attendre que la lune eût fait une nouvelle révolution, comme s'il ne l'avait pas vue reparaître dans toute sa clarté, lorsqu'elle eut traversé l'espace occupé par l'ombre de la terre. Pendant ces vingt-sept jours sa flotte essuya encore deux défaites. Les Syracusains victorieux sur mer se saisirent de tous les passages sur terre et enfermèrent ainsi les Athéniens dans leur territoire. Nicias, accablé par la maladie et réduit à la dernière des misères, déployait un courage héroïque. Se montrant en tout supérieur à sa mauvaise fortune, pendant huit jours il se défendit contre les ennemis sans se laisser entamer ; mais Démosthène, qui était à la tête de l'arrière-garde, tomba dans un piége qui lui avait été tendu et se donna la mort.

9. Captivité et mort de Nicias (413). — Après ce désastre, Nicias offrit à Gylippe de traiter avec lui pour acheter le libre retour des Athéniens dans leur patrie, mais sa proposition fut rejetée avec dédain. Alors une lutte décisive s'engagea. Les Athéniens se battirent en désespérés, sans pouvoir s'ouvrir un passage à travers les ennemis. Nicias et ses braves guerriers se jetèrent aux genoux de Gylippe, lui demandant grâce de la vie tout en se constituant ses prisonniers. Le spectacle de leur malheur toucha le cœur du Spartiate, et il leur promit qu'il ne leur serait fait aucun mal. Mais les Syracusains furent loin de ratifier cette belle promesse ; ils mirent en croix Nicias, et condamnèrent tous ses soldats au travail pénible des carrières. Ceux qui purent chanter à leurs maîtres les beaux vers d'Euripide échappèrent seuls à la servitude.

QUESTIONNAIRE.

1. Quel était le caractère d'Alcibiade? Qui avait-il eu pour maître? Quelle fut la versatilité de sa conduite?

2. Quel usage fit-il de sa fortune? Comment s'empara-t-il de l'esprit de la multitude? De quelle manière détournait-il ses critiques?

3. Par quels exploits se signala-t-il d'abord dans la carrière militaire?

4. Comment inspira-t-il aux Athéniens l'idée de faire la conquête de la Sicile? Quel parti espérait-il tirer de la possession de cette île? Quels étaient les divers sentiments des Athéniens à cet égard?

5. Par qui la Sicile était-elle habitée? Quelles étaient les villes d'origine dorienne? Quelle était la plus puissante? Qu'est-ce qui permit aux Athéniens de s'immiscer dans les affaires de la Sicile?

6. A qui les Athéniens conférèrent-ils le commandement de leur flotte? Quel était le caractère de ces trois généraux? Quelle accusation porta-t-on contre Alcibiade? Quel est le plan de campagne qui prévalut?

7. Pourquoi Alcibiade fut-il rappelé? Se rendit-il à Athènes?

8. Que devint l'armée de Sicile après son départ? Quelles fautes fit Nicias? Qu'est-ce qui empêcha les Athéniens de se retirer? Quels revers essuyèrent de nouveau Nicias et Démosthène? Où mourut ce dernier?

9. Comment la flotte athénienne fut-elle détruite? Que devinrent Nicias et ses compagnons? Comment certains Athéniens échappèrent-ils à la servitude?

§ II. — Lysandre. Les quatre cents. Prise d'Athènes.

1. État de la Grèce après l'expédition de Sicile (412). — Les Athéniens avaient perdu dans cette expédition malheureuse 40,000 hommes, 240 gros vaisseaux et tous leurs trésors. Ils ne paraissaient plus capables de maintenir leur supériorité sur mer. Ces revers multiplièrent autour d'eux les défections. Leurs alliés en profitèrent pour se déclarer indépendants, et les villes neutres pour passer du côté des Lacédémoniens devenus subitement les plus forts. Le satrape du roi de Perse, Tissapherne, gagné par les sollicitations d'Alcibiade, prit aussi parti contre Athènes, et son exemple fut suivi par plusieurs villes de l'Ionie. On ne parlait à Sparte que d'Alcibiade. Il se montrait austère, frugal et laborieux comme le plus fervent admirateur de Lycurgue. Cette popularité lui attira le courroux d'Agis, qui essaya par jalousie et par vengeance de le faire mourir.

Alcibiade, en ayant été informé secrètement, alla se réfugier à la cour de Tissapherne qu'il avait séduit par ses complaisances et ses flatteries.

2. Politique d'Alcibiade (411). — Tissapherne, qui n'avait ni droiture ni franchise, admirait l'étonnante souplesse et l'admirable flexibilité de son hôte illustre qui savait prendre toutes les formes et s'accommoder à tous les caractères. Il porta l'affection pour lui jusqu'à appeler de son nom le plus beau et le plus délicieux de ses jardins. Alcibiade, qui détestait alors autant les Spartiates qu'il les avait auparavant aimés, usa de son crédit près de Tissapherne pour leur nuire, en inspirant à ce satrape un plan de conduite parfaitement d'accord avec les intérêts du roi de Perse Ainsi il lui conseilla de secourir faiblement Lacédémone, de protéger secrètement Athènes et de maintenir l'équilibre entre ces deux cités rivales, de manière qu'il pût un jour les soumettre l'une et l'autre après les avoir mutuellement ruinées par leurs dissensions. Tissapherne suivit ses conseils, et c'est ce qui permit aux Athéniens de réparer leurs désastres.

3. Conseil des quatre cents (411). — Alcibiade fit savoir pendant ce temps aux Athéniens réunis à Samos qu'il était disposé à rentrer dans Athènes, pourvu qu'on substituât l'aristocratie à la démocratie. La plupart des généraux accueillirent avec enthousiasme sa proposition, et chargèrent Pisandre, l'un d'eux, d'aller à Athènes pour y changer la forme du gouvernement et donner gain de cause aux nobles sur le peuple. Il y réussit sans peine, et le pouvoir fut confié à un conseil de quatre cents citoyens, avec cette clause dérisoire, qu'ils consulteraient l'assemblée des cinq mille quand ils le jugeraient à propos. Le peuple voulut bien croire sa dignité et ses droits sauvés par cette réserve ridicule. Mais les quatre cents mécontentèrent tout le monde. Ils indignèrent le peuple par leur cruauté, en massacrant tous ceux qui étaient opposés à leur tyrannie, et irritèrent les grands par leur ambition, en refusant de rappeler

Alcibiade, dont l'autorité et le génie leur faisaient ombrage.

4. Rappel d'Alcibiade (410).—Chaque jour on voyait de nouveaux mécontents sortir d'Athènes pour se joindre à l'armée de Samos et exciter la fureur des soldats en leur racontant de nouveaux forfaits. Impatients de sentir leur patrie en proie à des tyrans aussi féroces, ils élurent d'autres chefs, et choisirent Alcibiade pour leur généralissime. Leur dessein était de faire voile pour le Pirée et d'attaquer directement les tyrans; mais Alcibiade eut la sagesse de calmer leur premier emportement, et de s'opposer à cette démarche qui aurait pu causer la ruine d'Athènes. Il se contenta de faire connaître aux Athéniens les dispositions des troupes et de leur ordonner de déposer les quatre cents pour établir à leur place l'ancien sénat. Lorsque cet ordre arriva dans Athènes, on apprit que les tyrans venaient d'être battus à Érétrie et que l'Eubée était tombée au pouvoir des ennemis. Ce revers acheva de les discréditer. Le peuple, qui ne voyait plus de salut que dans Alcibiade, oublia son infâme trahison et le rappela.

5. Période brillante du commandement d'Alcibiade (410-408). — Alcibiade, ne voulant pas paraître devoir son rappel à la compassion et à la générosité du peuple, résolut de ne rentrer dans sa patrie que couvert de lauriers. Il partit donc de Samos avec quelques vaisseaux, croisa autour des îles de Cos et de Cnide, et alla attaquer Mindare, l'amiral de Sparte, près d'Abydos. Il trouva la lutte déjà engagée entre les Athéniens et les Lacédémoniens. Ceux-ci pensèrent d'abord qu'il venait à leur secours, mais il arbora tout à coup l'étendard athénien, fondit sur eux avec impétuosité et les mit en pleine déroute (411). Après avoir échappé à la perfidie de Tissapherne qui tenta de le retenir captif, il se mit de nouveau à la tête de la flotte athénienne, et alla remporter une seconde victoire près de Cyzique. Mindare fut tué dans le combat, et les Athéniens reprirent l'empire de la mer (410). *Tout est perdu*, écrivirent les Spartiates consternés à leurs éphores, *Mindare a été tué, les soldats meurent de faim, nous sommes dans le plus grand embarras! Que faut-il faire?* Il n'était pas aisé de le dire en face d'un adversaire tel qu'Alcibiade. Plein d'activité et de zèle, cet habile capitaine couronna tous ses exploits par la prise de Byzance, qui donna aux Athéniens la domination sur la Thrace et l'Ionie (408).

6. **Retour d'Alcibiade à Athènes** (407). — Ce n'est qu'après ces brillantes conquêtes qu'Alcibiade rentra dans Athènes. A peine fut-il descendu à terre, que le peuple, dit Plutarque, sans faire attention aux autres généraux, courut en foule au-devant de lui en poussant des cris de joie. Tous le saluaient, tous suivaient ses pas, lui offrant à l'envi des couronnes. Ceux qui étaient dans l'impossibilité de l'approcher le regardaient de loin, et les vieillards le montraient aux jeunes gens. Cette allégresse publique était mêlée de larmes que faisait couler le souvenir des malheurs passés, comparés à la félicité présente. On se disait réciproquement que l'expédition de Sicile n'aurait pas échoué, et que de si belles espérances ne se seraient pas évanouies, si on avait laissé Alcibiade à la tête de l'armée. On ajoutait qu'ayant trouvé Athènes privée de l'empire de la mer et pouvant à peine défendre ses faubourgs, il l'avait délivrée de ses factions, relevée de ses ruines, et qu'après lui avoir rendu sa prépondérance maritime, il l'avait fait triompher sur terre de tous ses ennemis.

7. **Lysandre**. — Tant de succès inquiétèrent les Lacédémoniens, qui se mirent aussitôt en mesure d'opposer à Alcibiade un général habile et une armée considérable. Leur choix tomba sur Lysandre, de la race des Héraclides, et qui avait été élevé dans une maison pauvre avec toute la rudesse des mœurs spartiates. Servile envers les grands, il était d'une ambition sans bornes, et par ses ruses et sa finesse il se fit une réputation d'homme politique égale à sa gloire militaire. Souvent il disait : *On attrape les enfants avec des jouets, et les hommes avec des parjures.* Il ne se fit pas défaut de recourir à ces menées

astucieuses flétries par la saine morale, pour fonder la suprématie de Sparte. Dès le commencement il dénonça Tissapherne au jeune Cyrus, et captiva tellement les bonnes grâces de ce prince, qu'il en reçut des présents qui lui permirent d'ajouter une obole par jour à la solde de ses matelots, ce qui dégarnit la flotte athénienne. L'appât du gain attira près de lui une foule de rameurs et de soldats. Cependant il n'osait pas encore attaquer Alcibiade. Mais cet habile général s'étant retiré en Asie pour y lever de l'argent et ayant laissé le commandement de la flotte à son pilote Antiochus, avec défense de combattre pendant son absence, Lysandre eut assez de bonheur et d'adresse pour forcer les Athéniens à engager la lutte, malgré les ordres de leur chef. Il les vainquit près de Notium, et se fit un trophée de quinze galères qu'il avait prises.

8. Nouveau bannissement et mort d'Alcibiade (407-404). — Thrasybule et tous les ennemis d'Alcibiade partirent sur-le-champ pour Athènes, afin de porter une accusation contre lui. Ils lui reprochaient d'avoir livré le commandement de la flotte à des hommes débauchés et ineptes ; d'être allé s'enrichir dans les pays voisins, et de s'être abandonné aux excès les plus honteux pendant que l'armée ennemie était si près de celle des Athéniens. Le peuple ajouta foi à toutes ces déclamations et nomma d'autres généraux.

Alcibiade, informé de ce qui se passait, quitta le camp et ne reparut plus à Athènes. Après avoir erré dans la Bithynie, il se réfugia en Phrygie dans le palais de Tissapherne. Il espérait trouver près du satrape l'accueil que le grand roi avait fait à Thémistocle. Mais les Spartiates, qui voulaient humilier Athènes, et qui redoutaient le génie d'Alcibiade, engagèrent Tissapherne à faire mourir son versatile captif, et le satrape y consentit. Les soldats qu'on envoya pour le tuer, n'ayant pas osé l'approcher, mirent le feu dans sa maison et la cernèrent de toutes parts. Aussitôt qu'il s'en aperçut, il ramassa tout ce qu'il put de hardes et de tapisseries, les jeta dans le feu pour

en arrêter les progrès, et s'élança l'épée à la main à travers les flammes, le bras gauche entouré de son manteau.
A sa vue les barbares s'enfuirent, et aucun d'eux n'osa
se mesurer avec lui. Mais ils l'accablèrent de loin sous
une grêle de flèches et de traits, et le laissèrent mort sur
la place (404).

9. Callicratidas et ses exploits. — Les Athéniens
s'étaient privés d'un grand défenseur en bannissant Alcibiade, et ils espérèrent en vain combler le vide qu'il
laissait, en choisissant dix généraux pour remplir sa
place. Mais le zèle des Lacédémoniens pour leur loi les
empêcha de profiter immédiatement de cette faute, en
les obligeant de retirer le commandement à Lysandre,
parce qu'il n'était pas permis à un amiral de conserver
sa charge plus d'un an. Callicratidas, son successeur,
avait du courage et des talents; il pratiquait toutes les
vertus des Spartiates, mais, comme l'a dit si bien Plutarque, les soldats n'avaient pour lui que cette admiration qu'inspire la beauté d'une statue antique de quelque
héros, au lieu du zèle et de l'affection dont Lysandre les
enflammait. Il se trouva au début dans le plus grand
embarras. Lysandre, avant de se retirer, avait renvoyé
à Cyrus l'argent qu'il lui avait donné pour l'entretien de
ses troupes, disant à Callicratidas d'aller le demander
lui-même au prince, s'il en avait besoin. Callicratidas y
alla, mais personne n'était moins capable que lui de faire
sa cour à un barbare. Quand il se présenta au palais du
prince, un officier lui dit : *Étranger, Cyrus n'a pas le
temps de vous recevoir, il est à table. — Eh bien !* reprit
le Spartiate, *j'attendrai qu'il en soit sorti.* Cette simplicité
plus que naïve le couvrit de ridicule, et il fut obligé de
se retirer sans avoir obtenu audience, maudissant, dans
sa colère, celui qui le premier avait donné aux Grecs
l'exemple d'aller ainsi mendier la faveur à la porte d'un
barbare.

10. Bataille des Arginuses (406). — Ce Spartiate qui
avait l'âme si noble et si généreuse, ne fut pas longtemps
dédaigné par Cyrus. Quand il se fut emparé de Méthymne,

le prince, pénétré d'admiration pour sa bravoure, lui envoya des secours avec lesquels il pressa vivement Conon, un des dix généraux athéniens, et le bloqua même dans le port de Mitylène. Celui-ci fit connaître à ses concitoyens sa détresse, et on lui envoya une armée puissante pour le dégager. Elle parut bientôt vers les îles Arginuses, situées entre Cumes et Mitylène. A la vue de ces forces ennemies, le pilote de Callicratidas lui représenta qu'il serait mieux de ne pas hasarder le combat. Mais le Spartiate, ne songeant qu'à son honneur personnel, lui répondit que *Lacédémone pouvait équiper une nouvelle flotte, si celle-là périssait, tandis que pour lui il ne pouvait fuir sans se couvrir à jamais de honte et d'infamie.* Il fut vaincu, toute sa flotte fut détruite, et il périt lui-même accablé par le nombre, après avoir combattu comme un lion furieux.

11. Suites de cette bataille. — Le lendemain même de cette grande victoire, les Athéniens envoyèrent une partie de leur flotte au secours de Conon, qui restait encore bloqué par Étéonice devant Mitylène. Le reste de la flotte reçut l'ordre d'enlever les morts et de leur donner la sépulture ; mais une tempête horrible qui survint dans ce moment rendit impossible l'accomplissement de ce pieux devoir. Le peuple accusa de négligence les chefs de l'armée, et condamna à mort les dix généraux qui avaient gagné la bataille. Conon et ses trois collègues, qui n'avaient pu se trouver à cette glorieuse journée, furent seuls épargnés. A la vérité, cette sentence barbare ne fut pas plus tôt exécutée, que le peuple, désabusé, témoigna son repentir. Il punit ceux qui l'avaient porté à un acte aussi infâme ; mais la république n'en était pas moins privée de ses généraux les plus distingués, et Athènes déshonorée par un nouveau crime. Elle avait ainsi maltraité tous ses grands hommes, et elle était à la veille de recevoir la peine de toutes ses ingratitudes.

12. Rappel de Lysandre (405). — Les alliés des Lacédémoniens, effrayés par la défaite des Arginuses, sollicitèrent le rappel de Lysandre, promettant de combattre avec plus d'ardeur, si on le leur donnait pour chef. Cyrus joignit ses instances aux leurs, et, pour éluder la loi qui ne permettait pas au même homme de remplir deux fois les fonctions d'amiral, on ne lui décerna que le titre de lieutenant, mais en lui réservant toute l'autorité. Il ouvrit la campagne par le pillage des îles d'Egine et de Salamine, et fit une descente dans l'Attique. Les Athéniens s'étant mis à sa poursuite, il s'enfuit vers l'Asie à travers les îles, alla mettre le siége devant Lampsaque et s'en empara.

13. Bataille d'Aigos-Potamos (405). — La flotte athénienne, forte de cent quatre-vingts navires, était venue attaquer Lysandre près de Lampsaque. Mais quand elle vit qu'il en était maître, elle remonta jusqu'aux eaux d'Aigos-Potamos et le provoqua au combat. Lysandre ayant refusé de livrer bataille, les Athéniens pensèrent que le nombre de leurs vaisseaux l'effrayait, et depuis lors, chaque matin ils allaient à Lampsaque provoquer de nouveau Lysandre, et revenaient dans le plus grand désordre, affectant un profond mépris pour les Lacédémoniens. Alcibiade, qui se trouvait alors dans les villes fortes de la Chersonèse, sentit le danger qui menaçait les Athéniens et s'empressa de les en avertir. Mais ils méprisèrent ses avis et ne voulurent s'en rapporter qu'à leur audace. Malheureusement la prévoyance d'Alcibiade sur les fautes que faisaient les généraux athéniens fut bientôt justifiée par l'événement. Lysandre ayant fondu sur eux au moment où ils s'y attendaient le moins, il ne se sauva de la flotte que huit vaisseaux. Ce désastre fit perdre à Athènes l'empire de la mer, qu'elle conservait depuis soixante-douze ans, et ses alliés l'abandonnèrent pour se joindre aux Spartiates, qui allèrent mettre le siége devant Athènes.

14. Prise d'Athènes (404). — Après sa victoire, Lysandre avait parcouru toutes les villes maritimes, et il avait obligé les Athéniens à se retirer dans leur cité, espérant isoler cette ville de ses alliés pour l'assiéger avec succès. Malgré cet artifice, Athènes se défendit encore pendant six mois. Pressés par la famine et épuisés par leurs efforts, ses habitants furent enfin obligés d'accepter ce décret des éphores : « Vous démolirez les fortifications du Pirée et les longues murailles qui le joignent à la ville ; vous évacuerez toutes les villes que vous avez conquises, et vous vous renfermerez dans les bornes de votre territoire. Vous aurez la paix à ces conditions ; vous payerez aussi ce qui sera jugé convenable, vous rappellerez les bannis. Quant au nombre de vaisseaux que vous devez garder, vous vous conformerez à ce qui vous sera prescrit. »

Un peuple qui accepte de semblables conditions prouve qu'il est sans vigueur et sans vie. Aussi Lysandre traita-t-il sans aucun ménagement ces hommes lâches et serviles. Après avoir rasé les murailles que Thémistocle avait élevées, il fit brûler tous les vaisseaux des Athéniens au son de la flûte, confia le gouvernement à trente archontes, que leurs cruautés firent surnommer les *trente tyrans*, et termina la longue guerre du Péloponèse par l'humiliation et la ruine d'Athènes.

QUESTIONNAIRE.

1. Quelle perte les Athéniens avaient-ils faite dans l'expédition de Sicile ? Que firent leurs alliés ? Où se retira Alcibiade ?

2. Quelle politique Alcibiade conseilla-t-il à Tissapherne ? Quels avantages en retirèrent les Athéniens ?

3. A quelle condition Alcibiade offrit-il de rentrer dans Athènes ? Quels ménagements eut-on pour le peuple ? Quelle fut la conduite du conseil des Quatre Cents ?

4. Que firent les mécontents ? Que demanda Alcibiade ? Comment fut-il rappelé ?

5. Que fit Alcibiade avant de revenir à Athènes ? Quels succès remporta-t-il sur les Lacédémoniens ? Sur quelles contrées étendit-il la domination d'Athènes ?

6. Comment fut-il accueilli par le peuple à son retour ? Que disait-on à sa louange ?

7. Qui les Lacédémoniens opposèrent-ils à Alcibiade ? Quel était le caractère de Lysandre ? Quelle victoire remporta-t-il d'abord sur les Athéniens ?

8. Pourquoi Alcibiade fut-il de nouveau banni ? Où se réfugia-t-il ? Quelle fut sa mort ?

9. Comment les Athéniens le remplacèrent-ils ? Pourquoi les Spartiates donnèrent-ils un successeur à Lysandre ? Quel fut ce successeur ? Quel était le caractère de Callicratidas ?

10. Comment obtint-il la confiance et l'estime de Cyrus le Jeune ? Où fut-il vaincu par les Athéniens ?

11. Que firent les Athéniens après cette victoire ? Comment traitèrent-ils leurs généraux ?

§ III. — Les trente tyrans. Mort de Socrate.

1. Caractère de la puissance de Sparte. — Les Spartiates abusèrent de leur puissance aussitôt qu'ils la crurent parfaitement établie. Avant de la fonder, ils se disaient les libérateurs de la Grèce et ne parlaient que d'indépendance ; quand ils se sentirent les maîtres, ils agirent en tyrans. Dans toutes les villes, Lysandre excita des révolutions violentes, voulant partout substituer au gouvernement démocratique une aristocratie semblable à celle de Sparte. Il choisissait des hommes qui lui fussent entièrement dévoués pour les investir du souverain pouvoir, et par ce moyen il se ménagea une autorité sans bornes dans toutes les villes de la Grèce. Ennemi secret des institutions de Lycurgue, il résolut de les ruiner en s'attaquant aux mœurs. Les dépouilles qu'il avait remportées sur les ennemis, l'or et l'argent qu'il retira de ses victoires, lui servirent à corrompre la simplicité de ses concitoyens. Quand ces richesses arrivèrent parmi les Spartiates, on décréta en pleine assemblée peine de mort contre celui qui conserverait dans sa maison des monnaies étrangères, mais en même temps on admit qu'il fallait que l'État eût un trésor. Cette maxime renversa toutes les lois de Lycurgue. Sous prétexte que l'État se trouvait dans le besoin, on soumit tous les alliés à des exactions qui leur firent regretter leurs premiers dominateurs : car, selon l'excellente remarque d'Heeren, on trouvait l'insolence et le brigandage des Spartiates d'autant plus insupportables, qu'ils étaient plus pauvres et plus grossiers.

2. Athènes et les trente tyrans. — Dans ces jours dé-

sastreux, Athènes, livrée aux trente tyrans qui la gou-
vernaient, fut de toutes les villes celle qui eut le plus à
souffrir. Ces tyrans avaient désarmé tous les citoyens et
s'étaient environnés de satellites pour commettre leurs
attentats avec impunité. La vertu et les richesses étaient
l'objet de leurs persécutions. Ils faisaient mettre à mort
ceux qu'ils savaient hommes de bien, parce qu'ils étaient
sûrs de n'obtenir ni leur affection ni leur estime, et ils
s'acharnaient à la perte de ceux qui étaient opulents,
parce qu'ils espéraient s'enrichir en confisquant leurs
biens. Sans doute Xénophon exagère quand il dit qu'ils
firent périr en huit mois de paix plus d'Athéniens que
les ennemis n'en avaient tué pendant trente ans de
guerre. Mais les expressions de cet historien font du
moins comprendre tous les maux qu'ils causèrent à sa
patrie. Un d'eux, Théramène, s'étant hasardé à leur faire
quelques remontrances, ils le mirent à mort et se livrèrent ensuite, sans règle comme sans frein, à tous les
excès de leur passion sanguinaire.

3. Orgueil et cruauté de Lysandre. — Au lieu de
s'opposer à tous ces crimes, Lysandre n'était préoccupé
que des honneurs que les Grecs rendaient à sa vanité
orgueilleuse. Plusieurs villes lui dressèrent des autels et
lui offrirent des sacrifices comme à un dieu; les Samiens
entre autres décrétèrent publiquement que les fêtes de
Junon prendraient désormais le nom de *fêtes de Lysandre*. Partout il se faisait accompagner d'une foule de
poëtes serviles qui célébraient ses exploits dans des vers
inspirés par une adulation vénale. Ceux qui refusaient
de lui rendre hommage étaient exposés à perdre la vie;
au contraire, ses amis étaient investis dans toutes les
villes d'une autorité absolue et illimitée. Milet ayant
cherché à conserver ses institutions démocratiques, il
promit aux chefs du parti populaire qu'il ne leur serait
fait aucun mal, s'ils consentaient à déposer les armes;
puis il les fit lâchement égorger, lorsqu'ils se furent
soumis.

4. Son rappel à Sparte. — Quand les Lacédémo-

niens furent informés par Pharnabaze des injustices sans
nombre et des forfaits inouïs de Lysandre, les éphores
le rappelèrent. Cet incident le remplit d'effroi, parce qu'il
redoutait beaucoup l'influence de ce satrape. Dans l'espérance de l'apaiser, il alla le trouver et le conjura d'é-
crire aux éphores une nouvelle lettre dans laquelle il
leur dirait qu'il n'avait qu'à se louer de son administration et de ses services. Non moins rusé que Lysandre,
Pharnabaze promit tout. Il écrivit même une lettre telle
que le Spartiate le souhaitait; mais en y mettant son
sceau il eut l'adresse de lui en substituer une autre
toute contraire, dont la forme était parfaitement semblable à la première. Lysandre en arrivant à Sparte n'eut
rien de plus empressé que de remettre aux éphores la
lettre de Pharnabaze, espérant trouver là sa justification.
Quand il vit ce qu'elle renfermait, il se retira troublé et
confus, demandant avec embarras son congé à l'assemblée.

5. **Thrasybule délivre Athènes de la tyrannie** (403).
— Les rois de Sparte, considérant que toutes les villes
de la Grèce étaient au pouvoir de ce général disgracié,
puisqu'il les administrait par des sociétés qu'il avait lui-
même formées, résolurent de renverser toutes ces aris-
tocraties et de remettre le pouvoir entre les mains du
peuple. Ces mouvements donnèrent lieu aux Athéniens de
s'emparer de Phylé, petit fort de l'Attique, et de renverser le gouvernement des *Trente*. Thrasybule fut l'auteur
de cette révolution glorieuse. Tous les honnêtes gens,
fatigués de la tyrannie, étaient sortis d'Athènes pour se
joindre à lui. L'orateur Lysias envoya lui seul et à ses
propres frais 500 hommes pour briser les fers d'Athènes,
qu'il appelait avec raison la patrie de l'éloquence.

A la nouvelle de ces préparatifs menaçants, Lysandre
se hâta de retourner à Sparte pour persuader à ses concitoyens de punir la rébellion du peuple d'Athènes. Ils
envoyèrent en effet cent talents (55,000 francs) aux *Trente*
pour les aider à se défendre avec une armée commandée
par Lysandre. Mais les rois, qui craignaient de voir une

seconde fois cet orgueilleux général maître d'Athènes, traversèrent ses desseins. Pausanias, tout en paraissant soutenir la cause des tyrans, réconcilia les Athéniens entre eux, calma la sédition et paralysa l'action et l'influence de Lysandre. Il aida même Thrasybule à chasser d'Athènes les *Trente*; mais ceux-ci furent remplacés par dix autres tyrans qui ne se montrèrent ni moins barbares ni moins cruels. Pausanias se déclara contre Lysandre, qui s'était fait le partisan de ces hommes de sang et de crimes. En unissant ses forces à celles de Thrasybule, ils délivrèrent ensemble les Athéniens de leurs oppresseurs (403). Les *Trente* furent mis à mort, les *Dix* déposés, et on rappela tous les bannis. Thrasybule proclama l'oubli du passé[1]; on reconnut la dette publique contractée par le gouvernement précédent; on remit en vigueur toutes les lois anciennes, et on nomma de nouveaux magistrats (402).

6. Mort de Socrate (400). — En rétablissant ainsi la constitution de Solon, Thrasybule releva Athènes de l'état d'abaissement dans lequel elle était tombée. Mais immédiatement après son rétablissement, la démocratie se souilla d'un grand crime en faisant mourir Socrate, que l'on considère comme l'homme le plus sage dont puisse s'honorer l'antiquité. Fils d'un sculpteur d'Athènes, il abandonna de bonne heure la profession de son père pour se livrer à l'étude de la sagesse. Sa vertu et son influence le firent craindre des tyrans d'Athènes, qui songèrent à le citer devant leur tribunal et à se défaire de sa personne. Mais ce crime ne fut cependant consommé qu'après le rétablissement de la démocratie. Les ennemis de Socrate l'accusèrent devant le peuple d'athéisme et d'impiété, parce qu'il n'avait que du mépris pour ces divinités vicieuses dont l'imagination licencieuse des poëtes avait peuplé l'Olympe. Comme l'illustre philosophe avait toujours préféré le gouvernement aristocratique au gouvernement démocratique, ils l'accusèrent

---

1. Cantu fait remarquer que c'est le premier exemple historique d'une amnistie.

aussi de corrompre par ses doctrines la jeunesse d'Athènes.

Socrate se défendit avec dignité devant ses juges. Mais sa condamnation était arrêtée à l'avance, et il l'entendit prononcer. Seulement on lui laissa la liberté d'indiquer la peine qu'il avait méritée : « Ce que j'ai mérité, s'écria-t-il, c'est d'être nourri dans le *Prytanée*. J'en suis plus digne que ceux qui ont remporté le prix aux jeux Olympiques, car je vous ai enseigné le moyen d'arriver au véritable bonheur. » Les juges se crurent insultés par cette réponse et le condamnèrent à boire la ciguë. Ce grand homme mourut à l'âge de soixante-dix ans (400).

QUESTIONNAIRE.

1. Quel abus les Spartiates firent-ils de leur puissance ? Quelles révolutions excita Lysandre dans toutes les villes de la Grèce ? Comment renversa-t-il les lois de Lycurgue ?

2. Quelle est la ville qui eut le plus à souffrir ? Quelle fut la cruauté des trente tyrans ?

3. Quels honneurs se faisait rendre Lysandre ? Comment traita-t-il les Milésiens ?

4. Par qui fut-il rappelé à Sparte ? Comment fut-il trompé par Pharnabaze ?

5. A quelle occasion les trente tyrans furent-ils expulsés d'Athènes ? Quel fut l'auteur de cette révolution ? Quel gouvernement leur substitua-t-on ? Quel fut le sort des Dix ? Que fit Thrasybule dans ces graves circonstances ?

6. De quel crime la démocratie se souilla-t-elle ? Que reprochait-on à Socrate ? Comment se défendit-il ? Quelle fut sa mort ?

CHAPITRE XIII

PUISSANCE DE SPARTE APRÈS LA GUERRE DU PÉLOPONÈSE. EXPÉDITION DE CYRUS ET RETRAITE DES DIX MILLE. AGÉSILAS. TRAITÉ D'ANTALCIDAS (400-387) (1).

RÉSUMÉ. — Après la prise d'Athènes, Sparte exerça sa suprématie sur toute la Grèce, et la valeur d'Agésilas alla jusqu'à faire trembler le roi de Perse dans ses palais de Suse et d'Ecbatane.

I. Depuis les grands désastres de Platée et de Mycale, cet empire n'offre plus d'ailleurs que le tableau d'une décadence toujours crois-

1. AUTEURS A CONSULTER : Parmi les anciens : Plutarque, *Vies de Lysandre et d'Agésilas*; Cornélius, *in Lysand.*, *Conon.*, *Thrasyb.*; Diodore de Sicile, l. xiv; Xénophon, *Helléniques*, l. ii. Parmi les modernes : les mêmes que ceux qui sont indiqués au chapitre précédent.

sante. Les rois, amollis et énervés par le luxe et les jouissances, abandonnent le soin des affaires à leurs femmes et à leurs eunuques.
Cette faiblesse discrédite leur gouvernement, et toutes les nations
qui ont courbé la tête sous leur joug cherchent à ressaisir leur
liberté et à recouvrer leur indépendance. De là des révoltes sans fin
qui épuisent l'empire et compromettent l'autorité du souverain. Les
satrapes profitent de cette anarchie pour étendre leurs prérogatives
et se constituer presque maîtres absolus dans leurs provinces. Ils
se considèrent comme des monarques, se font la guerre souvent
sans que le grand roi intervienne, et, par leurs manœuvres, pous-
sent la discorde à son comble. Ainsi, à la mort d'Artaxerxès Ier,
après l'humiliant traité que lui impose Cimon, son fils légitime
Xerxès II est assassiné et ses bâtards se disputent sa couronne.
Darius Nothus s'en empare, mais il est sans cesse inquiété par de
nouvelles révoltes, et il voit l'Égypte se séparer de son empire et ne
plus reconnaître son autorité que d'une manière nominale. Il a
pour successeur Artaxerxès Mnémon qui voit son frère Cyrus le
Jeune se soulever contre lui, ce qui donne lieu à cette fameuse expédition restée si célèbre sous le nom de retraite des Dix mille. Cyrus
le Jeune est tué à Cunaxa ; mais cette mort est plutôt un malheur
qu'un avantage pour la Perse qui, au lieu d'un prince capable, a pour
chef un monarque sans énergie.

II. Sparte aurait pu tirer profit de ces circonstances dans l'intérêt
de la Grèce tout entière, mais elle méconnut complétement sa mission. Elle avait pour roi Agésilas et Lysandre pour général ; mais
ces deux grands hommes se laissèrent aveugler par leurs passions.
Lysandre abusa de son influence pour corrompre les mœurs antiques en introduisant à Sparte le luxe et les richesses, et la suprématie qu'il exerça sur les autres villes de la Grèce ne servit qu'à
faire détester la domination lacédémonienne, parce qu'elle fut partout entachée de violence et d'injustice. Agésilas obscurcit sa gloire
par la bassesse de sa conduite envers Lysandre. Sa valeur fit trembler le roi de Perse par les succès qu'il obtint en Asie, mais les Spartiates furent ensuite obligés de le rappeler en Grèce pour les défendre contre les Thébains et les Athéniens. Il continua à s'illustrer
par des succès comme général ; mais comme politique, il eut la faiblesse de consentir à la mission d'Antalcidas et de signer lui-même
cet humiliant traité qui sacrifiait tous les avantages que l'on avait
obtenus sur le grand roi après les guerres médiques. Sparte s'était
flattée d'user de cette lâche transaction pour autoriser tous ses mé-
faits et toutes ses injustices ; mais ses perfidies lassèrent la patience
de ses alliés, qui ne tardèrent pas à lui faire expier cruellement ses
fautes. Nous verrons comment les Thébains, sous la conduite de
Pélopidas et d'Epaminondas, se chargèrent de ces terribles représailles.

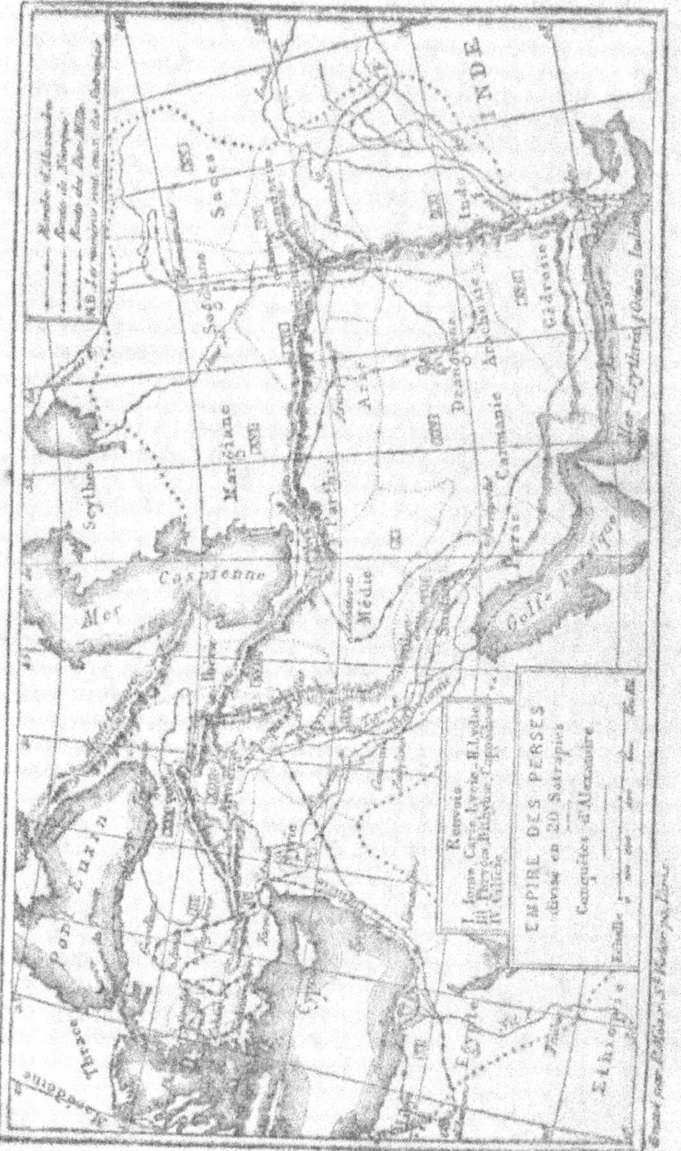

EMPIRE DES PERSES
Divisé en 20 Satrapies
Conquêtes d'Alexandre
INDE
Mer Caspienne
Mer
Scythie
Margiane
Sogdiane
Saces
Pont Euxin
Médie
Perse
Carmanie
Gédrosie
Arachosie
Drangiane
Golfe Persique
Mer Erythrée (Océan Indien)
Thrace
Macédoine
Éthiopie

§ Ier. — Expédition du jeune Cyrus et retraite des Dix mille [1].

1. De la Perse depuis la fin des guerres médiques. — Après le traité humiliant que Cimon avait imposé à Artaxerxès Ier, ce prince lâche et efféminé passa le reste de sa vie au fond de son palais, sans avoir le courage de rien entreprendre pour venger son honneur et celui de sa nation. A sa mort (423), on vit éclater les désordres les plus horribles. Son unique fils légitime, Xerxès II, fut assassiné après quarante-cinq jours de règne. Sogdien, un des enfants qu'il avait eus de ses concubines, s'empara de la couronne; mais il fut presque aussitôt détrôné et massacré par son frère Ochus, qui prit le nom de Darius, et que les historiens désignent sous le nom de *Nothus* (bâtard), pour le distinguer des autres rois du même nom. Son règne dura dix-neuf années (423-404), mais il ne fit que hâter la ruine de l'empire. La faiblesse de son caractère, qui lui fit abandonner le gouvernement de ses États à ses femmes et à ses eunuques; l'extinction de la race royale, qui favorisa les ambitieux désirs des usurpateurs; l'habitude de confier plusieurs provinces à un même satrape, avec l'autorité militaire, ce qui rendit plus fréquentes les rébellions; la corruption générale qui envahit toutes les satrapies: telles sont les causes qui firent de cette période un temps de profonde décadence. Le règne de ce prince fut continuellement troublé par des révoltes.

La plus sérieuse fut celle de l'Égypte, qui se donna pour roi Amyrtée, et qui, depuis lors, se maintint indépendante de fait, tout en reconnaissant vaguement la souveraineté de la Perse. L'état d'affaiblissement où se trouvaient tous les États du grand roi présentait aux Grecs une belle occasion de l'accabler; il n'aurait fallu

---

1. Rois de Perse. Darius Ier (521-485); Xerxès Ier (485-472); Artaxerxès Ier Longue-Main (472-423); Xerxès II (423); Sogdien (423); Darius II Nothus (423-404); Artaxerxès II Mnémon (404-362).

pour cela qu'un peu d'accord. Mais l'or des Perses et l'adresse du satrape Tissapherne entretenaient sans cesse la division parmi eux. Darius Nothus mourut en 404, laissant la couronne à son fils aîné, Artaxerxès II, surnommé *Mnémon* à cause de sa prodigieuse mémoire.

2. Caractère de Cyrus le Jeune. — Cyrus, surnommé le Jeune, était le second fils de Darius Nothus, qui lui avait donné le gouvernement de l'Asie Mineure. Ce prince avait l'âme plus noble et plus élevée que les rois qui parurent alors sur le trône de la Perse. Prudent, instruit, actif et courageux, il se piquait d'une invariable probité, et tout en affectant, dans ses vêtements, un luxe tout à fait oriental, il avait contracté des habitudes de tempérance et de travail dont il s'honorait près des Spartiates. Sa politique changea profondément les relations des Grecs avec les Perses. Laissant de côté les demi-mesures de Tissapherne, il s'unit étroitement avec Sparte contre Athènes, et posa ainsi les fondements de la suprématie des Lacédémoniens dans la Grèce. Mais les flatteries de sa mère Parysatis le perdirent en lui inspirant le désir de la royauté. Déjà dans son gouvernement de l'Asie Mineure il s'était arrogé des droits et des honneurs réservés à la majesté royale, lorsque son père, pressentant ses desseins ambitieux, le rappela à la cour (405). Parysatis usa de tout son crédit près du monarque pour le faire nommer son successeur; mais le vieux roi triompha de ses instances, et désigna pour son héritier son fils aîné Artaxerxès, que sa prodigieuse mémoire avait fait surnommer *Mnémon*. Cyrus reçut, en dédommagement de la couronne qui lui échappait, le gouvernement héréditaire de la Lydie, de la Phrygie et de la Cappadoce, ce qui démembrait l'empire sans utilité.

3. Sa révolte après la mort de Darius II (404-401). — Le jeune Cyrus n'accepta ces provinces que comme un moyen d'arriver à son but. Il avait d'abord entrepris d'assassiner son frère à Pasargade. Ayant échoué, sa mère lui obtint son pardon, et il se rendit dans son gouvernement pour satisfaire son ambition par une autre voie.

Cyrus avait pour lui la valeur et l'habileté ; de plus, son administration pleine de douceur et de sagesse lui avait mérité l'affection de tous ses sujets. D'ailleurs, aux yeux des Perses eux-mêmes, le droit d'Artaxerxès Mnémon était douteux. A la vérité, il était l'aîné des enfants de Darius ; mais il était venu au monde avant l'avénement de son père au trône, tandis que Cyrus était né dans la pourpre. Celui-ci avait donc de grandes chances de succès. En conséquence, il arma 100,000 hommes dans la péninsule asiatique, fit alliance avec les Spartiates, qui favorisèrent ses recrues dans la Laconie, l'Arcadie, l'Achaïe, la Béotie et la Thessalie, lui envoyèrent environ dix mille hommes pesamment armés et trois mille archers commandés par le Lacédémonien Cléarque[1].

4. Bataille de Cunaxa (401). — La négligence d'Artaxerxès était telle qu'il laissa Cyrus faire tranquillement ses immenses préparatifs, et lui permit de traverser ensuite avec son armée la Lydie, la Phrygie, la Cappadoce, la Cilicie, la Syrie, la Mésopotamie, et d'arriver à Cunaxa sur l'Euphrate, à deux journées de Babylone, sans rencontrer un seul ennemi. Là il trouva l'armée d'Artaxerxès, s'élevant à près de douze cent mille hommes, commandée par quatre généraux, Tissapherne, Gobrias, Arbace et Abrocomas. Avant le combat, Cléarque conseillait à Cyrus de ne point s'engager dans la mêlée : *Que me dis-tu là ?* lui répondit ce grand prince : *Quoi ! tu veux que dans le temps même que je cherche à me faire roi, je me montre indigne de l'être ?* La bataille fut très-sanglante. Déjà les Grecs avaient enfoncé les troupes qui se trouvaient devant eux, et ceux qui étaient autour de Cyrus l'avaient proclamé roi. Mais ce prince bouillant s'étant précipité avec une aveugle impétuosité sur les cavaliers qui environnaient Artaxerxès et les ayant mis en fuite, il s'engagea entre lui et son frère un combat singulier dont il fut victime. Sa mort termina la guerre, puisqu'elle en fit cesser les motifs.

---

1. Pour suivre la marche de cette expédition, voyez dans notre atlas la carte de l'*Asie Mineure*.

5. Retraite des Dix mille (401-399). — Les Grecs avaient combattu toute la journée et poursuivi avec acharnement les ennemis dispersés. Le lendemain ils furent étonnés d'apprendre la mort de Cyrus et la déroute de son armée. Artaxerxès leur envoya des hérauts pour les sommer de se rendre, mais ils lui répondirent avec une intrépidité qui le déconcerta. N'osant les attaquer, il leur promit de les laisser paisiblement regagner leur patrie, s'ils voulaient s'engager à ne commettre aucun dégât dans son pays. Mais toutes ces promesses étaient pleines de perfidie. Tissapherne, en leur offrant de la part du grand roi des conditions aussi avantageuses, n'avait d'autre but que de les perdre, et il s'était entendu à cet effet avec Ariée leur guide. Celui-ci les égara dans les plaines sillonnées de canaux qui s'étendent entre le Tigre et l'Euphrate, attira dans sa tente Cléarque et les quatre autres chefs de l'armée et les mit à mort.

La position des Grecs était affreuse. Ils se trouvaient à près de deux mille cinq cents kilomètres de leur pays, « environnés de grands fleuves et de nations ennemies, sans guide ni conducteur, et sans que personne leur fournît des vivres. Dans l'abattement général où l'on était, on ne songeait à prendre ni nourriture ni repos. Vers le milieu de la nuit, Xénophon, jeune Athénien, mais sensé et prudent au-dessus de son âge, va trouver quelques officiers et leur représente qu'il n'y a pas de temps à perdre; qu'il est de toute importance de prévenir les mauvais desseins des ennemis; mais qu'avant tout il faut nommer des commandants, parce qu'une armée sans chefs est un corps sans âme. » Sur son avis, les officiers tiennent conseil, et le choisissent pour chef, avec Timasion, Socrate, Cléanor et Philésie.

Ces généraux divisèrent leurs troupes en quatre phalanges, assignèrent à chaque corps sa manœuvre, et se mirent à remonter le Tigre et l'Euphrate pour les passer à leur source. Arrivés dans les montagnes de l'Arménie, ils se virent attaqués tout à la fois par les habitants de

cette province et par les Perses. Mais le courage des soldats et la prudence des chefs triomphèrent de cette difficulté. Ils traversèrent ensuite le pays des Chalybes, les
montagnes de la Colchide, le mont Techos, et arrivèrent
à Trapezus, une des colonies grecques du Pont-Euxin.
Ils s'embarquèrent, partie à Cérasonte, partie à Cotyora,
longèrent les côtes de l'Asie Mineure jusqu'à la Thrace,
et descendirent de là vers Parthenium en Eolide, où
Thymbron les prit à la solde de Lacédémone (399). Cette
retraite glorieuse est la merveille de l'art militaire dans
l'antiquité.

Xénophon, après l'avoir conduite, s'immortalisa dans
son *Anabase* où il en raconte tous les détails en historien
et en général consommé.

QUESTIONNAIRE.

1. Que se passa-t-il en Perse après la mort d'Artaxerxès Ier? Quels furent ses successeurs ? Quel fut le caractère du règne de Darius Nothus ? Quelle est la principale révolte qui éclata alors ? Quel fut son successeur ?

2. Qu'était Cyrus le Jeune? Quelles furent pour lui les prétentions de sa mère ? Que lui donna Artaxerxès en dédommagement de la couronne?

3. Quels moyens employa-t-il pour arriver au trône? Sur quoi fondait-il son droit ? De quelles forces disposait-il ? Quels secours lui fournirent les Grecs ?

4. Où rencontra-t-il son frère ? Racontez la bataille de Cunaxa. Quelle fut la fin de Cyrus le Jeune?

5. Que devinrent les Grecs après sa mort? Par qui leur retraite fut-elle dirigée ? Indiquez les pays qu'ils traversèrent ? Quelle a été l'historien de cette retraite ?

§ II. — Agésilas. Traité d'Antalcidas.

1. Expédition d'Agésilas en Perse. — Thrasybule
avait renversé à Athènes la tyrannie des *Trente*, et rétabli la constitution de Solon; mais Sparte avait vu avec
peine cette révolution qui délivrait les Athéniens du
joug qui les opprimait. Son ancien esprit de jalousie et
de rivalité se réveilla, et elle s'en prit à Pausanias qui
avait favorisé les projets de Thrasybule. On releva, au
contraire, le mérite de Lysandre, qui avait défendu avec
courage les intérêts de son pays. Chacun vantait ses ver-

tus et ses talents, et on ne savait qui l'emportait en lui du magistrat ou du guerrier. Le roi Agis étant venu à mourir l'année même où le jeune Cyrus fut défait, Lysandre usa de tout son crédit pour faire nommer roi Agésilas, le frère d'Agis, au lieu de Léotychidas l'héritier légitime.

Ce prince avait mérité cette préférence par ses brillantes qualités. Né le plus courageux et le plus obstiné des enfants de son âge, toujours il s'était montré jaloux du premier rang, et dans tout ce qu'il entreprenait on lui voyait déployer une ardeur et une impétuosité que rien ne pouvait ni vaincre ni contenir. Du reste, il était si obéissant et si doux, qu'il faisait tout ce qu'on lui ordonnait, moins par crainte que par vertu. Il était boiteux, mais il savait le premier s'en railler, et ce défaut ne servait qu'à piquer son émulation, comme s'il eût voulu le racheter par son courage et son activité. Appelé au trône par le suffrage de ses concitoyens, il rendit son autorité absolue tout en paraissant obéir aux autres. Chaque jour il voyait diminuer le nombre de ses ennemis, parce qu'il savait récompenser leurs belles actions; mais il eut le tort d'aimer ses amis jusqu'à se persuader qu'il lui était permis de blesser la justice en leur faveur.

La victoire de Cunaxa fut plus funeste à l'empire des Perses qu'une défaite, car il lui eût été très-avantageux d'avoir pour souverain le jeune Cyrus. Ce prince avait du moins toutes les vertus et toutes les qualités nécessaires à un roi, tandis qu'Artaxerxès n'eut pas même assez de vigueur pour secouer le joug de sa mère Parysatis. Les intrigues de cette femme cruelle remplirent le palais de meurtres affreux : elle livra un soldat carien et l'eunuque Mésabate, qu'elle soupçonnait d'avoir contribué à la mort de Cyrus, son fils chéri, aux supplices les plus honteux ; elle fit encore périr par le poison sa belle-fille Statira, dont le crédit lui portait ombrage. Artaxerxès eut la lâcheté de rester témoin de toutes ces scènes atroces, sans les réprimer.

2. Affaires de l'Asie Mineure (399-395). — Non-seulement Artaxerxès avait laissé à sa mère une puissance absolue dans l'intérieur du palais, mais de plus il avait confié à Tissapherne ses intérêts dans l'Asie Mineure. Ayant ajouté à sa satrapie héréditaire de Carie la Lydie et toutes les anciennes provinces du jeune Cyrus, il lui ordonna de s'unir avec Pharnabaze, l'autre satrape de l'Asie Mineure, et de punir les villes éoliennes qui s'étaient coalisées avec son frère pour lui disputer le trône. Ces villes, trop faibles pour se défendre, implorèrent alors les secours des Spartiates, qui n'hésitèrent pas un seul instant à marcher contre les Perses. Déjà Thymbron et Dercyllidas s'étaient illustrés dans cette guerre au nom de Sparte, leur patrie, quand Lysandre, qui désirait paraître sur ce nouveau théâtre, détermina Agésilas à se charger de cette expédition (396). Il écrivit en même temps à ses amis d'Asie pour les engager à remettre le commandement de leurs troupes entre les mains du roi de Sparte. Depuis Agamemnon, aucun prince n'avait eu l'honneur de commander à toute la Grèce réunie. Agésilas sentit tout le prix d'une pareille faveur, et, dans le premier mouvement de son émotion, il sut plus de gré à Lysandre de l'avoir mis à la tête d'une aussi brillante expédition, que de l'avoir placé sur le trône.

3. Disgrâce de Lysandre. — Mais ce grand roi montra bientôt que les âmes les plus élevées ne sont pas inaccessibles aux petites passions. Quand il fut arrivé à Éphèse et qu'il vit Lysandre comblé d'honneurs et environné sans cesse d'officiers et de magistrats qui s'empressaient de lui faire leur cour, il en conçut une telle jalousie, qu'il forma le dessein d'humilier celui qui avait été l'auteur de sa propre élévation. Il s'opposa dès lors à tout ce que Lysandre lui conseillait, se montra en toutes circonstances d'un avis contraire au sien, et, dans les jugements, il ne manqua jamais de condamner la cause que défendait l'illustre général. Lysandre, s'apercevant que ses amis étaient enveloppés dans sa disgrâce et qu'il était seul l'auteur de leur discrédit, les exhorta à abandonner sa cause et à embrasser celle d'Agésilas. Mais le monarque ne fut point encore satisfait; son orgueil blessé le poussa, pour détruire complétement l'autorité de Lysandre, à ne confier à ce chef qu'un poste sans importance dans l'armée, et il le chargea de la distribution des viandes : « Qu'on aille maintenant, dit-il avec dédain, faire la cour à mon commissaire des vivres. » Alors Lysandre crut devoir lui demander une explication : « Vous savez très-bien, dit-il à Agésilas, rabaisser vos amis. — Oui, répondit le roi, quand ils veulent être plus grands que moi; pour ceux qui travaillent à augmenter ma puissance, je sais, comme il est juste, les en récompenser. — Mais, reprit Lysandre, peut-être vous en a-t-on dit plus que je n'en ai fait. Au reste, à cause des étrangers qui ont les yeux sur nous, donnez-moi, je vous prie, dans votre armée, un poste et un rang où je vous sois le moins suspect et le plus utile. » Agésilas l'envoya dans l'Hellespont. Lysandre accepta ce commandement; mais, après avoir rendu quelques services à son roi et à son pays, il revint à Sparte, détestant le gouvernement d'Agésilas et avisant au moyen de le renverser.

4. Exploits d'Agésilas en Asie (395-394). — Agésilas resté seul aurait effacé ses torts envers Lysandre par l'éclat de ses exploits, si jamais la gloire pouvait faire pardonner la bassesse. Le satrape Tissapherne lui ayant déclaré la guerre, il ravagea la Phrygie, se jeta ensuite sur la Lydie, et défit les Perses sous les murs de Sardes. Pour faire expier à Tissapherne ses revers, le roi de Perse le fit mettre à mort et lui donna Tithrauste pour successeur. Mais ce changement de gouvernement n'arrêta pas les progrès d'Agésilas. Sparte lui ayant envoyé en ce temps-là l'ordre de commander à la flotte aussi bien qu'à l'armée, il se trouva maître de forces telles que jamais général n'en avait eues à sa disposition. Sa réputation se répandit dans toute la haute Asie.

On louait sa simplicité, sa tempérance, sa modération,

et on était dans l'admiration en voyant les généraux persans, si fiers et si intraitables, obéir humblement à la
parole d'un homme vêtu d'une cape grossière et révérer
ses ordres comme ceux d'un oracle. Agésilas se montrait
digne du dévouement et de l'admiration qu'il inspirait,
en faisant régner dans toutes les villes qui lui étaient
soumises l'ordre, l'abondance et la liberté. Il avait même
conçu le projet d'entreprendre la conquête de tout l'empire de Perse, quand il reçut par la *scyphale*[1] l'ordre
de rentrer en Grèce.

5. Mort de Lysandre. Rappel d'Agésilas (394). —
Les Lacédémoniens avaient été obligés de rappeler Agésilas pour résister à une ligue formidable qui s'était
formée contre eux. Corinthe, Thèbes et Argos, fatiguées
de la domination de Sparte, avaient donné l'exemple de
la révolte. Lysandre, qui en voulait depuis longtemps
aux Thébains, parce qu'ils avaient exigé la dîme du butin, lors de la prise d'Athènes, commença la guerre par
une invasion en Béotie. Il s'était entendu pour la conduite de cette expédition avec Pausanias et lui avait envoyé l'ordre de venir le joindre sous les murs d'Haliarte.
Mais les Thébains, ayant intercepté la lettre, s'empressèrent de se rendre eux-mêmes près de cette ville et d'y
attaquer Lysandre, avant qu'il eût grossi ses troupes de
celles de son collègue. Leur projet réussit au delà de leurs
espérances. Ils surprirent l'armée commandée par le général spartiate, la mirent en déroute et le tuèrent lui-
même dans sa défaite.

Lacédémone, privée du meilleur de ses généraux et
humiliée par un tel échec, craignit pour elle-même et se
hâta de rappeler Agésilas. Ce monarque sacrifia ses espérances et toute sa fortune aux ordres des éphores, avec
une grandeur et une sagesse qu'on ne peut trop admirer.
Il s'en retourna sur-le-champ, mais il exécuta son retour
en héros victorieux. Il fit demander à tous les peuples

---

1. On appelait ainsi une lanière de cuir ou de parchemin dont on se servait
à Lacédémone pour transmettre aux généraux et aux ambassadeurs des ordres
secrets.

dont il devait traverser le territoire s'ils voulaient qu'il passât sur leurs terres en ami ou en ennemi. Tous se soumirent, à l'exception des Tralliens, qui payèrent chèrement leur résistance.

6. **Succès divers** (393). — En arrivant en Grèce, Agésilas reçut de l'un des éphores l'ordre d'entrer aussitôt en Béotie. Il eût désiré avoir une armée plus nombreuse; néanmoins cette fois encore il ne sut qu'obéir. Après avoir franchi les Thermopyles et traversé la Phocide, il entra sur le territoire des ennemis, et plaça son camp près de Chéronée. A peine s'y fut-il établi, qu'il apprit que Pisandre, le chef de sa flotte, venait d'être vaincu et tué par l'Athénien Conon près de Cnide (394), et que tous les vaisseaux des Lacédémoniens avaient été pris et détruits. Il cacha cette fâcheuse nouvelle avec le plus grand soin à son armée, pour ne pas la décourager; il lui annonça même que Pisandre était victorieux, et alla dans un temple, la tête couronnée de fleurs, en rendre grâce aux dieux. Lorsqu'il eut ainsi exalté l'âme de ses soldats, il les mena au combat. La bataille fut sanglante et terrible, et il eut besoin de tout son génie et de tous ses efforts pour fixer la victoire de son côté.

7. **État de la Grèce avant le traité d'Antalcidas** (393-387). — Agésilas, victorieux, retourna dans sa patrie au milieu des applaudissements et des honneurs. On vantait son attachement aux lois et aux coutumes de son pays, et on le félicitait de rentrer dans sa maison, après avoir vécu au milieu du luxe et de la richesse des étrangers, sans rien changer à ses repas, à ses bains, à ses meubles et à ses vêtements. Mais si Agésilas était resté le même, la Grèce avait beaucoup changé. Lysandre avait corrompu Sparte, en y donnant l'exemple d'une recherche somptueuse dans les vivres et les habits; Thrasybule avait relevé de ses ruines Athènes et sa constitution, mais il ne lui avait pas rendu ses anciennes vertus. La victoire de Conon sur Pisandre lui avait permis de reprendre l'empire de la mer, comme la victoire d'Agésilas à Chéronée avait conservé à Sparte sa suprématie sur terre. Mais ces deux villes, épuisées par les combats qu'elles s'étaient livrés, ressemblaient à deux athlètes qui, après s'être vigoureusement disputé la palme du triomphe, tomberaient haletants et sans force au milieu de l'arène. Le roi de Perse s'en aperçut et résolut d'intervenir dans tous leurs différends pour maintenir cette lutte désastreuse au profit de son despotisme. Les Lacédémoniens, voyant leurs terres menacées par la flotte de Conon, eurent même la bassesse d'aller au-devant des vœux du barbare, et de lui sacrifier la liberté de la Grèce pour s'assurer son alliance. Telle fut la célèbre mission d'Antalcidas.

8. Traité d'Antalcidas (387). — Cet Antalcidas était un homme orgueilleux, vain et léger. Jaloux des victoires d'Agésilas, il voulait à tout prix lui ravir l'occasion d'en remporter de nouvelles. Sparte, de son côté, lui avait confié la mission de détacher les Perses de l'alliance des Grecs, et lui avait permis de tout sacrifier pour y réussir. Après beaucoup de négociations, il accepta donc le traité suivant, dont Artaxerxès dicta lui-même les conditions : « Il portait que toutes les villes grecques de l'Asie demeureraient soumises au roi, et que toutes les autres, tant petites que grandes, conserveraient leur liberté. Le roi retenait, outre cela, la possession des îles de Cypre et de Clazomène, et laissait celles de Scyros, de Lemnos et d'Imbros aux Athéniens, à qui elles appartenaient depuis longtemps. Par ce même traité, il promettait de se joindre aux peuples qui l'accepteraient, pour faire la guerre par terre et par mer à ceux qui refuseraient d'y entrer [1]. »

Ce traité, qui livrait la Grèce à la discrétion des rois de Perse, était une honte pour cette nation. On le flétrit du nom de son auteur, on protesta contre sa lâcheté; mais, les confédérés n'étant pas capables de soutenir leurs droits les armes à la main, furent obligés de le signer.

[1]. Rollin.

QUESTIONNAIRE.

1. Qu'est-ce qui releva le crédit de Lysandre à Sparte ? Qui fit-il nommer roi ? Quelle était le caractère d'Agésilas? Quel avait été la conséquence de la bataille de Conaxa pour les Perses?

2. Sur qui se reposa Artaxerxès Mnémon pour les intérêts de son empire? Quel ordre donna-t-il à Tissapherne? Pourquoi Lysandre engagea-t-il Agésilas à prendre part à cette expédition?

3. Comment Agésilas se conduisit-il envers Lysandre? Où l'envoya-t-il après l'avoir dégradé?

4. Quels furent les exploits d'Agésilas en Asie? Quelle puissance lui confia Sparte? Quels étaient ses projets?

5. Pourquoi fut-il rappelé à Sparte? Comment mourut Lysandre? Agésilas obéit-il aux éphores ?

6. Quels succès obtint-il en Grèce ? Que fit-il après avoir appris la victoire de Conon sur les Lacédémoniens ? Comment racheta-t-il ce revers?

7. Comment fut-il accueilli à Sparte? Quel était alors l'état de la Grèce? Quel parti le grand roi tira-t-il de cette détresse générale? Quel est le député que lui envoyèrent les Lacédémoniens?

8. Quel était le caractère d'Antalcidas? Quelles furent les conditions du traité qu'il conclut avec le roi de Perse? Quelle impression ce traité produisit-il dans la Grèce? Pourquoi les confédérés s'y soumirent-ils ?

CHAPITRE XIV

PUISSANCE DE THÈBES. ÉPAMINONDAS (387-362).

Résumé. — Les Grecs ont toujours été si jaloux de leur liberté, qu'ils n'ont jamais supporté qu'aucun d'eux dominât sur les autres. Quand Athènes, après d'éminents services rendus à la Grèce entière, se fut élevée au premier rang, tous les peuples se rangèrent du côté de Sparte pour batailler la puissance de celle-là. Lorsque Sparte lui eut ravi sa prépondérance, on ne fut pas plus disposé à obéir à la cité de Lycurgue qu'à la cité de Solon. La domination spartiate était d'ailleurs plus injuste, plus violente et plus tyrannique que la domination athénienne.

I. Sparte, après avoir sacrifié les vrais intérêts de la Grèce dans le traité d'Antalcidas, l'interpréta d'une manière étroite et égoïste, cherchant à en faire un moyen de domination universelle. C'est dans ce but qu'elle dirigeait toutes ses entreprises. Ayant ruiné Mantinée, pris la Cadmée, la citadelle de Thèbes, soumis les Olynthiens à son joug despotique, la Grèce entière lui obéit par force ou par amitié. Mais à peine fut-elle arrivée à l'apogée de sa puissance, qu'elle reçut la peine due à toutes ses injustices. Ce furent deux Thébains, Pélopidas et Epaminondas, qui vengèrent la cause du droit et de

la liberté en affranchissant leur patrie. Pélopidas, après avoir été
exilé par les tyrans qui étaient maîtres de son pays, se retira à
Athènes et se mit à la tête d'une conspiration qui eut pour but et
pour résultat d'affranchir Thèbes en la délivrant des tyrans qui l'op-
primaient.

II. Athènes n'osa pas d'abord se déclarer pour les Thébains, mais
Pélopidas eut l'adresse de la dégager de l'alliance des Lacédémoniens
et de se l'attacher. Il aguerrit ensuite les Thébains par les divers
succès qu'il leur fit remporter sur leurs ennemis, et il se sentit for-
tifié par les victoires que remportèrent deux généraux athéniens,
Chabrias et Timothée. Sur ces entrefaites, Artaxerxès ayant provoqué une assemblée générale de la Grèce au sujet de l'exécution du
traité d'Antalcidas, Épaminondas y fut envoyé au nom des Thébains.
C'est là que se révéla le génie de ce grand homme. Il ne craignit
pas de tenir tête à Agésilas, et, sa fermeté ayant amené une décla-
ration de guerre, il justifia sa politique par sa brillante victoire de
Leuctres (372).

III. Cette victoire fit passer immédiatement la suprématie des
mains de Sparte à celles de Thèbes. Le prestige des noms de Pélopidas et d'Épaminondas entraîna autour d'eux de nombreux alliés.
Le Péloponèse fut envahi par leurs armées, Sparte vit pour la première fois la fumée d'un camp ennemi, la Laconie fut ravagée, l'Arcadie et la Messénie recouvrèrent leur indépendance. En vain ces
grands hommes furent-ils accusés par des envieux, leur justification
fut éclatante comme leur gloire. Épaminondas envahit de nouveau le
Péloponèse; et, pendant que cet habile général posait les fondements
de la domination thébaine sur le midi de la Grèce, son immortel
compagnon, Pélopidas, l'établissait au nord sur la Thessalie et la Macédoine. Pélopidas trouva la mort dans ces brillantes expéditions,
entreprises dans le seul intérêt de la liberté. Épaminondas périt
aussi à Mantinée, après avoir envahi pour la quatrième fois le Péloponèse (362). La domination thébaine, qui ne reposait que sur ces
deux héros, s'évanouit avec eux. Nous voyons même à cette époque
tous les grands hommes qui illustrent la Grèce disparaître et préparer ainsi le triomphe de la Macédoine.

---

§ Iᵉʳ. — Depuis le traité d'Antalcidas jusqu'à l'affranchissement
de Thèbes sous Pélopidas (387-379)

1. Conduite des Lacédémoniens après le traité
d'Antalcidas. Ruine de Mantinée (385). — Le traité
d'Antalcidas livrait aux Perses ces opulentes cités de
l'Asie Mineure qu'Agésilas avait si glorieusement affran-

chies, et rendait la Grèce impuissante à défendre sa liberté, parce qu'en stipulant l'indépendance de toutes les villes, il avait détruit le principe d'association qui faisait la force de la nation. Sparte était devenue, comme tout le reste, la propriété du grand roi ; mais elle avait l'espérance, d'après la dernière clause qui la chargeait de l'exécution du traité, de contraindre les autres à s'y conformer, tout en y restant elle-même infidèle. Telle était la politique injuste qui devait dans ses calculs lui assurer la domination de la Grèce entière.

Ce fut d'après ces pensées d'affranchissement et d'usurpation qu'elle dirigea toutes ses conquêtes. Elle attaqua d'abord les villes qui avaient favorisé ses ennemis dans les dernières guerres, couvrant ainsi d'un prétexte de vengeance légitime ses ambitieux projets. Elle assiégea donc Mantinée, et la traita avec une extrême rigueur. Toutes ses fortifications furent détruites, et ses habitants obligés de se partager en quatre bourgades (385). Les Spartiates soutinrent ensuite les Phliontins, qui avaient été bannis de leur cité par la faction démocratique, et les rétablirent dans leurs droits (382).

2. Prise de la Cadmée (382). — Dans le même temps, les députés d'Acanthe et d'Apollonie étant venus demander aux Spartiates des secours contre Olynthe, qui avait élevé une redoutable puissance au centre de la Thrace, Agésilas voulut qu'on s'engageât à prendre la défense de leurs intérêts. En conséquence il fut convenu que l'on enverrait une armée sous la conduite d'Eudamidas, pour réduire cette ville opulente. Phébidas reçut aussi l'ordre de réunir ses troupes à celles de son frère ; mais, en passant par la Béotie, ayant trouvé à Thèbes Isménias et Léontiadès qui se disputaient le souverain pouvoir, il prit parti pour ce dernier, s'empara de la citadelle appelée *la Cadmée*, fit arrêter Isménias et triompher Léontiadès. Sparte, informée de cette inique violation du droit des gens, désapprouva Phébidas, le priva du commandement, et le condamna à une amende de près de 100,000 francs. Cependant, par une inconséquence que la passion seule peut expliquer, Sparte conserva la citadelle, y plaça une forte garnison, et ses commissaires allèrent même faire le procès à Isménias, qui fut mis à mort.

3. Prise d'Olynthe (380). — Le frère d'Agésilas, Téleutias, fut chargé de remplacer Phébidas, et d'aller poursuivre le siége d'Olynthe avec une armée de dix mille hommes. Cette ville, dont les fortifications étaient redoutables et qui était abondamment approvisionnée, était décidée à ne pas se soumettre sans combat. Téleutias fit preuve de talent et de courage ; mais, après avoir remporté quelques succès, il trouva la mort sur le champ de bataille. Le roi Agésipolis, qui prit le commandement après lui, laissa toute l'année s'écouler sans rien entreprendre de décisif. Il mourut de maladie, après avoir pris d'assaut Torone et ravagé les terres des Olynthiens. Sous Cléombrote, son successeur et son frère, les travaux du siége furent poussés avec plus d'activité. Polibiade, chargé de les diriger, pressa vivement les assiégés et les obligea de se rendre par famine. Dès lors les Olynthiens furent comptés parmi les alliés de Sparte.

4. Prospérité de Sparte. — « Jamais, dit Rollin, la fortune des Lacédémoniens n'avait été plus brillante et leur domination plus fortement établie. Tout leur était soumis dans la Grèce, soit par force, soit par amitié. Ils tenaient dans leurs mains Thèbes, ville fort puissante, et par elle toute la Béotie. Ils avaient trouvé le moyen d'humilier Argos et de la tenir dans la dépendance. Corinthe leur était entièrement dévouée et suivait en tout leurs ordres. Les Athéniens, abandonnés de leurs alliés et réduits presque à eux seuls, n'étaient pas en état de leur tenir tête. Si quelque ville ou quelque peuple allié avait tenté de se soustraire à leur empire, une prompte punition les avait obligés à rentrer dans le devoir, et avait effrayé tous les autres. Ainsi, maîtres par terre et sur mer, tout tremblait devant eux ; et les princes les plus puissants, tels que le roi de Perse et le tyran de Syracuse, briguaient à l'envi leur alliance et leur amitié. Mais une prospérité qui n'est fondée que sur l'injustice ne peut être de longue durée[1]. » Thèbes, qui avait eu le plus à souffrir des violences des Spartiates, renfermait dans son sein deux hommes tels que l'histoire en présente rarement, Pélopidas et Epaminondas, qui étaient appelés à venger tout à la fois leur patrie et la Grèce tyrannisée. C'est à ces deux héros que se rattache l'histoire de la rivalité de Thèbes et de Sparte, dont nous allons nous occuper.

5. Premières années de Pélopidas. — Pélopidas appartenait à l'une des premières familles de Thèbes. Élevé au milieu de l'opulence, son premier soin, quand il se vit en possession de tous ses biens, fut de secourir les hommes indigents et vertueux, montrant par là qu'il était le maître et non l'esclave des richesses. Il épousa une des filles les plus riches de Thèbes, et en eut plusieurs enfants. Mais les soins de sa famille ne l'empêchèrent pas de se livrer tout entier au service de sa patrie, et ses libéralités furent telles, qu'il diminua considérablement sa propre fortune. Ses amis le blâmant de trop négliger ses propres affaires, il leur répondit en leur montrant un homme aveugle et boiteux : *La fortune est très-nécessaire, mais c'est pour ce Nicodème que voilà.*

6. Son exil (382). — Lorsque Phébidas s'empara de la Cadmée, Pélopidas s'était rangé du côté d'Isménias et avait résisté courageusement aux Spartiates et à leur oppression. Il fut par conséquent du nombre de ceux que les vainqueurs bannirent pour assurer leur domination. Il se retira donc à Athènes avec ses compagnons d'exil, non pour y rester inactifs, mais pour se tenir prêts à saisir la première occasion que le hasard leur offrirait de rentrer dans leur patrie. Les Spartiates les inquiétèrent même dans leur exil, et engagèrent les Athéniens à les chasser de leur ville, comme rebelles et ennemis de la Grèce. Mais ceux-ci se rappelèrent qu'ils avaient trouvé un asile parmi les Thébains, lorsqu'ils fuyaient l'oppression des *Trente*, et que Thrasybule était parti de

---

1. Rollin, *Hist. anc.*, l. XII, ch. i, § 11.

leur cité pour les délivrer de ces odieux tyrans. Au lieu
de suivre les avis des Spartiates, ils voulurent par reconnaissance rendre aux Thébains exilés tous les bienfaits
qu'ils en avaient reçus et décrétèrent qu'ils ne leur
feraient jamais aucun mal.

7. Retour de Pélopidas à Thèbes (379). — Quoique
Pélopidas fût le plus jeune des exilés, son patriotisme
ardent le mit à la tête de la conjuration qui devait délivrer Thèbes de ses tyrans. Il ne cessait de répéter à ses amis
qu'il n'était ni juste ni honnête de voir avec indifférence
leur patrie dans l'esclavage, et de rester ainsi au milieu
d'Athènes, se contentant de mener une vie paisible sous
le toit de l'étranger. Il rappelait le courage et le bonheur de Thrasybule, qui était parti de Thèbes pour
anéantir les tyrans d'Athènes, et il exhortait ses amis
à partir d'Athènes pour rendre également Thèbes à la
liberté. Ces discours les ayant convaincus et animés, ils
convinrent ensemble d'envoyer à Thèbes un courrier
pour informer leurs partisans de leur dessein. Ceux-ci
applaudirent à ce magnifique projet, et Charon, l'un
d'eux, offrit sa maison pour refuge à tous les conjurés.
Ils choisirent pour l'exécution du complot un jour de
fête, assurés de trouver les magistrats plongés dans
l'ivresse ou le sommeil. Douze jeunes gens seulement,
à la tête desquels s'était mis Pélopidas, s'offrirent pour
tenter cette périlleuse entreprise. Ils sortirent d'Athènes
en pleine nuit, déguisés en paysans, ayant avec eux des
chiens, et portant sur leurs épaules des filets, comme
des chasseurs. Quand ils arrivèrent à Thèbes, il faisait
jour ; mais le froid, le vent et la neige ayant obligé les
Thébains à rester enfermés dans leurs maisons, ils arrivèrent à la demeure de Charon sans être reconnus.

8. Meurtre des tyrans. — Le greffier des polé-
marques, Philidas, qui était du complot, avait réuni dans
un festin splendide tous les magistrats de Thèbes. Pendant qu'ils étaient à table, le bruit se répandit que les
bannis étaient cachés dans la ville même. A cette nouvelle, Archias, l'hiérophante, envoya demander Charon

par un de ses satellites. Celui-ci crut que la conspiration était découverte ; néanmoins il se présenta devant le tyran. Il ne tarda pas à s'apercevoir qu'Archias ne savait rien : alors il composa son visage et ses discours de manière à le rassurer ; puis il alla plein de joie raconter à ses amis consternés ce qui s'était passé.

Mais à peine Charon était-il sorti, qu'un messager, arrivé d'Athènes, jeta Philidas dans de nouvelles anxiétés. Ce messager était porteur d'une lettre qui renfermait un détail exact et très-circonstancié de toute la conjuration. En la remettant au tyran, il lui dit que la personne qui l'envoyait le priait de la lire sur-le-champ, parce qu'elle traitait d'affaires très-sérieuses. Archias, qui était déjà enseveli dans le vin et la bonne chère, se contenta de répondre : *A demain les affaires sérieuses !* et il plaça la lettre sous le chevet de son lit, continuant sa conversation avec Philidas.

Lorsque la nuit fut avancée, et que les convives eurent entièrement perdu la raison, les conjurés se divisèrent en deux corps pour exécuter leur dessein. Les uns, conduits par Charon, se présentèrent à la salle du festin où se trouvaient tous les magistrats et les égorgèrent. Les autres, sous les ordres de Pélopidas, attaquèrent Léontiadès lui-même dans sa maison et le mirent à mort. Ils surprirent également Hypathès au milieu de son sommeil, le tuèrent et rejoignirent ensuite les autres conjurés. Après avoir ainsi exterminé les tyrans, ils appelèrent le peuple aux armes et à la liberté. On accourut de tous les côtés, tant des villes que des campagnes ; on chassa de la citadelle la garnison lacédémonienne, on massacra ou on exila ceux qui avaient livré la Cadmée aux Spartiates, et Thèbes fut délivrée de l'oppression (379).

QUESTIONNAIRE.

1. Quels avantages Sparte espérait-elle tirer du traité d'Antalcidas ? Dans quel but dirigea-t-elle ses expéditions ? Quelle est la ville qu'elle ruina ?

2. A quelle occasion les Spartiates s'immiscèrent-ils dans les affaires des Thébains ? Comment s'emparèrent-ils de la citadelle de la Cadmée

3. Quelle ville assiégea Térentias le frère d'Agésilas ? Que devinrent les Olynthiens ?

4. Quelle fut alors la puissance de

sparte ? Par qui cette prospérité fut-elle troublée ?

5. Qu'était Pélopidas ? Quel usage faisait-il de sa fortune ?

6. Quel parti avait-il pris lorsque les Spartiates se furent emparés de la Cadmée ? Où se retira-t-il ? Comment fut-il accueilli par les Athéniens ?

7. Quels étaient ses sentiments au milieu de ses compagnons exilés ? Racontez leur conspiration.

8. Que faisaient les tyrans lorsque les conjurés se préparaient à s'emparer de la ville ? Archias reçut-il avis de la conspiration ? Quelle fut sa réponse ? Comment les conjurés exécutèrent-ils leur dessein ? Quel fut le sort des tyrans ?

§ II. — Depuis l'affranchissement des Thébains jusqu'à la bataille de Leuctres (378-371).

1. Alliance d'Athènes avec les Thébains. — Les Lacédémoniens, irrités de la perte de la Cadmée, punirent de mort deux des *harmostes*[1] qui commandaient à Thèbes, et condamnèrent le troisième à une amende si forte, qu'il fut obligé de s'exiler. Ils entrèrent ensuite dans la Béotie avec une armée considérable, et remplirent tellement d'effroi les Athéniens, qu'ils mirent en jugement leurs généraux qui avaient eu connaissance de la conspiration des Thébains et ne l'avaient pas découverte. Abandonnés de toutes parts, les Thébains désespérés se crurent un instant perdus, mais Pélopidas fut assez adroit pour dégager Athènes de l'alliance de Sparte. Comme les Lacédémoniens avaient laissé à Thespies un corps de troupes sous les ordres de Sphodrias, Pélopidas envoya un de ses amis à ce général imprudent et follement ambitieux, pour le séduire par ses discours et ses promesses. Il lui représenta qu'il pourrait s'emparer du Pirée d'autant plus facilement, que les Athéniens ne seraient certainement pas secourus par les Thébains, indignés de leur conduite. Rappelant la gloire que Phébidas avait retirée de la prise de la Cadmée, il lui fit entendre que Sparte se réjouirait encore bien davantage de la conquête du Pirée. Sphodrias le crut et tenta cette

1. On appelait ainsi (du grec ἁρμόζω, disposer, organiser) des magistrats militaires que l'on nommait à Sparte pour administrer les provinces et gouverner les villes conquises.

entreprise insensée, qui ne servit qu'à exaspérer les Athéniens contre les Spartiates et à leur faire renouveler, comme Pélopidas l'espérait, leur ancienne alliance avec les Thébains.

2. Vaine tentative des Spartiates contre les Thébains (378-376). — Les rois de Sparte, Cléombrote et Agésilas, firent plusieurs expéditions contre les Thébains. On s'en tint de part et d'autre à une guerre d'escarmouches et de détails, qui initia insensiblement les Thébains à la tactique militaire, et qui les aguerrit pour de plus grands combats. En général, ils eurent toujours l'avantage. Pélopidas battit successivement les Lacédémoniens à Platée, à Thespies, où Phébidas fut tué; à Tanagre, où il tua de sa propre main leur *harmoste* Panthoïdès. Mais il s'illustra surtout à la bataille de Tégyre, qu'on a considérée avec raison comme le prélude de la fameuse journée de Leuctres. Les Thébains ayant quitté Orchomène en passant par Tégyre, rencontrèrent les Spartiates qui sortaient de la Béride et traversaient les montagnes. Croyant qu'ils étaient tombés dans un piége, ils s'écrièrent : *Nous nous sommes livrés aux mains des ennemis.* — *Que ne dites-vous plutôt*, repartit Pélopidas, *qu'ils sont tombés entre les nôtres ?* Pélopidas fit charger les Spartiates par sa cavalerie, et ayant disposé son infanterie en bataillon carré, il se fit jour à travers leurs rangs, et rentra dans Thèbes en triomphe. C'était la première fois que les Spartiates cédaient à des forces inférieures en nombre; les Thébains le remarquèrent et s'en prévalurent.

3. Influence et politique des Athéniens (374-373). — Alliés des Thébains, les Athéniens envoyèrent à leur secours les deux derniers de leurs grands capitaines, Chabrias et Timothée. Chabrias livra un célèbre combat dans les plaines de la Béotie contre Agésilas. Déjà le roi de Sparte se croyait victorieux, quand Chabrias ordonna à son infanterie de mettre un genou en terre, et de soutenir ainsi le choc de l'ennemi, en tenant la pique en avant. Agésilas, déconcerté par cette manœuvre nouvelle, fit aussitôt sonner la retraite. Cette victoire fit tant d'honneur à Chabrias, que les Athéniens lui dressèrent une statue où il était représenté dans la même attitude que ses soldats, lorsqu'ils avaient obligé l'ennemi à reculer.

Pendant ce temps, Timothée ravageait les côtes de la Laconie à la tête de la flotte athénienne, et remportait une victoire navale à Leucade. Mais les Athéniens, craignant que tous ces triomphes ne rendissent excessive la puissance de Thèbes, se détachèrent de son alliance pour s'unir aux Spartiates. De nouveaux démêlés les firent pendant quelque temps encore hésiter entre ces deux puissances rivales et les aider alternativement l'une et l'autre ; mais enfin les Thébains, par leur arrogance et leur ambition, s'aliénèrent sans retour ces alliés qui avaient si puissamment contribué à leur élévation.

4. Assemblée générale de Sparte (372). — Artaxerxès, apprenant les divisions qui troublaient la Grèce, rappela le traité d'Antalcidas et en réclama l'exécution. Ce traité stipulait que toutes les villes de la Grèce seraient libres et se gouverneraient par leurs propres lois. Les Lacédémoniens, invoquant ces clauses, demandaient que les Thébains rebâtissent Platée et Thespies qu'ils avaient détruites ; et de leur côté les Thébains voulaient que les Lacédémoniens relevassent Messène de ses ruines et rendissent la liberté à la Laconie. Les peuples de la Grèce, fatigués par ces interminables discussions, résolurent d'envoyer à Sparte des députés pour traiter de la paix générale. Épaminondas fut choisi par les Thébains pour les représenter dans cette grande assemblée.

5. Épaminondas (372). — Jusqu'alors Épaminondas ne s'était point montré à la tête des affaires. Né d'une famille pauvre et honnête, il cultiva les sciences et les arts avec un soin extrême, contrairement aux mœurs de ses concitoyens, qui préféraient les exercices du corps à ceux de l'esprit, et devint un des hommes les plus éloquents de son siècle. Il ne négligea pas pourtant de s'exercer à la lutte et à la course, d'apprendre à manier les armes, et d'étudier dans toutes ses parties l'art militaire. Mais pendant longtemps il ne s'occupa que de philosophie, laissant de côté la politique et le gouvernement. Quand Pélopidas affranchit Thèbes, il approuva son dessein; mais il se contenta d'inspirer aux jeunes gens la haine de la servitude et d'enflammer leur ardeur contre les Lacédémoniens, sans se mêler aux conspirateurs. Longtemps auparavant il avait sauvé la vie à Pélopidas dans un combat que les Thébains, alors alliés des Lacédémoniens, livrèrent contre les Arcadiens, près de Mantinée, et depuis ce moment ces deux grands hommes furent unis par la plus étroite amitié. Au lieu de se contredire et de s'attaquer mutuellement, comme autrefois Nicias et Alcibiade, Périclès et Cimon, Thémistocle et Aristide, ils s'aimèrent toujours de plus en plus à mesure qu'ils rendirent l'un et l'autre des services plus éclatants à leur patrie.

6. Son influence sur l'assemblée. — En paraissant dans l'assemblée générale de la Grèce, Épaminondas vit avec peine tous les députés se soumettre humblement aux volontés d'Agésilas. Pour lui, n'écoutant que les intérêts de son pays et de ses concitoyens, il montra, dans un discours plein de courage et de franchise, que la guerre n'était avantageuse qu'aux Spartiates, et qu'il importait non-seulement aux Thébains, mais encore à toute la Grèce, de conclure une paix basée sur la justice et l'égalité, parce qu'elle ne pouvait être durable qu'autant qu'elle serait avantageuse à tout le monde. Agésilas, s'apercevant que les alliés étaient vivement impressionnés par ces considérations, lui demanda *s'il était juste que la Béotie fût indépendante et libre*. Épaminondas lui renvoya la même question avec beaucoup de force et de vivacité, lui demandant à son tour *s'il pensait juste lui-même que la Laconie fût aussi libre et indépendante*. Alors Agésilas, furieux, lui ordonne de déclarer nettement s'il laissera libre la Béotie : *Et vous*, repartit

Épaminondas, *laisserez-vous libre la Laconie?* Agésilas, hors de lui-même, efface aussitôt le nom des Thébains du traité de paix, et leur déclare la guerre.

7. Bataille de Leuctres (371). — Cléombrote, qui se trouvait en ce moment en Phocide avec son armée, reçut l'ordre d'entrer sur-le-champ en Béotie. Les Thébains s'alarmèrent, quand ils se virent en face d'une armée quatre fois plus forte que la leur. Mais ils avaient pour chefs Épaminondas, qui commandait l'armée entière, et Pélopidas, qui se mit à la tête du bataillon sacré. Quand ce dernier sortit de sa maison, sa femme éplorée l'exhortait à veiller sur ses jours : « Ma femme, lui dit-il, c'est aux simples soldats qu'il faut faire une pareille recommandation ; mais aux généraux il faut leur dire de sauver les autres. » En arrivant au camp, il trouva les béotarques[1] qui combattaient l'avis d'Épaminondas et refusaient de risquer la bataille. Il se prononça énergiquement contre eux, et se conduisit pendant toute cette journée avec tant de courage et de grandeur, qu'il mérita d'en partager la gloire avec Épaminondas. Cléombrote fut tué, l'armée des Spartiates anéantie, et cette terrible défaite porta un coup mortel à leur empire.

QUESTIONNAIRE.

1. Que firent les Spartiates après l'affranchissement des Thébains? Comment Pélopidas sut-il dégager de leur alliance les Athéniens? Dans quel piège fit-il tomber le Spartiate Sphodrias?

2. Quels furent les premiers succès de Pélopidas? Par quelle victoire préluda-t-il à la journée de Leuctres?

3. Quels secours les Thébains reçurent-ils des Athéniens? Par quelle action s'immortalisa Chabrias? Qu'est-ce qui détourna les Athéniens de l'alliance des Thébains?

4. Que demanda le roi de Perse dans ces conjonctures? Quelles étaient les prétentions des Spartiates? Quelles étaient celles des Thébains? Par qui ces derniers se firent-ils représenter dans l'assemblée générale de la Grèce?

5. Quel était le caractère d'Épaminondas? Quelles avaient été auparavant ses occupations? De quelle amitié se lia-t-il avec Pélopidas?

6. Quelle opposition fit-il à Agésilas dans l'assemblée générale? Quelles réponses fit-il aux questions du roi de Sparte? Quelle fut l'issue de cette assemblée?

7. Quels ordres reçut Cléombrote? Quelle fut la conduite de Pélopidas? Où les Spartiates furent-ils vaincus? Quel fut l'effet de cette défaite?

---

1. Magistrats de Thèbes.

§ III. — Depuis la bataille de Leuctres jusqu'à la mort d'Épaminondas (371-865).

1. État de Sparte après la bataille de Leuctres (371). — La nouvelle de cette défaite fut annoncée aux Lacédémoniens pendant qu'ils célébraient la fête des jeux gymniques. Les éphores, tout en en comprenant les funestes conséquences, ne voulurent pas qu'on interrompît pour ce motif les danses, les jeux et les autres réjouissances auxquelles on avait coutume de se livrer pendant cette solennité. Les Spartiates supportèrent également ce revers avec une rare fermeté ; ceux qui avaient perdu leurs enfants à la bataille se félicitaient de leur courage et de leur bonheur, tandis que les parents de ceux qui avaient pris la fuite se cachaient, n'osant paraître en public. Si on eût appliqué à tous ceux qui avaient failli, dans cette malheureuse journée, les lois sévères de Lycurgue, on eût privé la république de bien des défenseurs au moment où elle en avait le plus grand besoin. C'est dans cette circonstance qu'Agésilas prononça cette parole devenue si célèbre : « Il faut pour ce jour laisser dormir les lois et leur rendre après toute leur autorité. » On suivit ses conseils, et on se mit en mesure d'effectuer de nouvelles levées, pour venger la défaite qu'on venait d'essuyer.

2. État de la Grèce. — La bataille de Leuctres plaça tout à coup les Thébains à la tête de la Grèce et les fit succéder au rôle que Sparte et Athènes avaient joué auparavant. Ils allaient donc devenir à leur tour les chefs de toutes les cités helléniques et menacer à ce titre l'indépendance des autres. C'est pourquoi on fut loin d'embrasser avec enthousiasme leur parti et de se réjouir de leurs succès. Les Tégéates, les Mantinéens, les Corinthiens et les autres peuples du Péloponèse restèrent d'abord fidèles à Lacédémone. Les Athéniens reçurent avec froideur le courrier qui leur apprit le triomphe d'Epaminondas dans les plaines de Leuctres. Mais cet incomparable guerrier s'étant fait nommer avec Pélopidas gouverneur de la Béotie, le prestige de leur nom entraîna sous leurs drapeaux les Phocéens, les Eubéens, les Locriens, les Acarnaniens, les Méliens et les Thessaliens.

3. Première invasion d'Épaminondas (370-367). — L'armée commandée par Épaminondas et Pélopidas s'élevait à 40,000 hommes (370). Ces généraux entrèrent dans le Péloponèse et y réveillèrent aussitôt les anciennes factions. A leur voix, l'Élide, Argos, toute l'Arcadie et une grande partie de la Laconie prirent les armes et se révoltèrent. Les Arcadiens relevèrent eux-mêmes leurs murailles, malgré la défense des Lacédémoniens, et fondèrent Mégalopolis d'après le conseil d'Épaminondas. Les Lacédémoniens consternés se rappelèrent avec douleur, à la vue des ennemis, ce que les oracles leur avaient annoncé de sinistre sur *le règne boiteux* d'Agésilas. Mais ce monarque, plein de génie et de grandeur, sut faire face à tous les dangers. Il lui en coûtait plus qu'à tout autre de voir se flétrir entre ses mains la gloire d'une ville qui avait toujours été si florissante; il regrettait vivement d'être contraint de démentir cette parole qu'il répétait auparavant avec tant de complaisance : *Qu'une femme de Sparte n'avait jamais vu la fumée d'un camp ennemi.* Néanmoins il eut la prudence de se renfermer avec tout son peuple dans l'enceinte de Sparte et de ne pas laisser ses soldats entrer en lutte avec les ennemis.

Les pouvoirs d'Épaminondas et de Pélopidas expirèrent au milieu de cette campagne. Ils crurent aussi qu'ils devaient laisser quelque temps dormir les lois et continuer leur expédition. Après avoir ravagé toute la Laconie, Épaminondas alla mettre le siége devant Sparte elle-même. Il passa le premier l'Eurotas à la tête de sa phalange pour diriger l'attaque. Agésilas, qui avait rangé ses troupes en bataille sur des hauteurs placées au milieu de la ville, ne put s'empêcher de s'écrier, après l'avoir longtemps observé : *Quel homme extraordinaire !* Cet homme extraordinaire ne put cependant s'emparer de la cité de Lycurgue. Après quelques tentatives inutiles, il ravagea toute la Laconie, rétablit Messène, rendit à l'Arcadie et à la Messénie leur indépendance, et rentra dans sa patrie couvert de gloire.

4. Accusation portée contre Pélopidas et Épaminondas. — Pélopidas et Épaminondas avaient fait de trop grandes choses pour ne pas avoir beaucoup d'envieux. A peine furent-ils de retour, qu'on les accusa d'avoir méprisé les lois, en conservant le pouvoir au delà du terme fixé. Le rhéteur Ménéclides soutint l'accusation. Il avait été du nombre des conjurés qui avaient affranchi les Thébains, et il souffrait de ne pas jouir d'une considération égale à celle de Pélopidas, dont il était alors le compagnon. Épaminondas commença par prendre sur lui la responsabilité de tout ce qui s'était fait, et quand il parut devant ses juges, il convint des griefs que l'acte d'accusation contenait. Il ne tenta même pas de décliner la condamnation ; seulement il demanda que l'arrêt portât qu'il avait été condamné « pour avoir forcé les Thébains de vaincre à Leuctres ; pour avoir sauvé Thèbes et délivré toute la Grèce ; enfin pour n'avoir quitté les armes qu'après avoir bloqué Sparte et relevé les murs de Mantinée. » Cette apologie fit éclater de rire l'assemblée entière, et il ne se trouva personne qui osât punir le héros de ses exploits.

5. Deuxième invasion d'Épaminondas dans le Péloponèse (368-367). — Les Lacédémoniens, dans leur détresse, implorèrent du secours de toutes parts. Les Athéniens, touchés de leurs malheurs et redoutant d'ailleurs la prépondérance des Thébains, conclurent avec Sparte une alliance dans laquelle ils firent entrer plusieurs autres peuples. Denys le Jeune, tyran de Syracuse, leur envoya en même temps vingt galères, et le roi de Perse prit aussi leur défense. Cette levée de boucliers n'empêcha pas les Arcadiens, les Argiens, les Éléens de se soulever pour échapper à la domination de Sparte. Ils appelèrent une seconde fois Épaminondas à leur secours, mais l'Athénien Chabrias le repoussa et l'obligea de rentrer en Béotie. Alors les alliés des Thébains voulurent conquérir par eux-mêmes leur indépendance et ravir ainsi aux Thébains la prépondérance qu'ils exerçaient dans le Péloponèse. Les Arcadiens se mirent à leur tête, mais ils cédèrent si facilement aux Spartiates, que ceux-ci les vainquirent sans perdre un seul soldat. C'est pourquoi ils appelèrent cette bataille *la bataille sans larmes*. Les Thébains aussi s'en réjouirent, parce que, dans cette circonstance, l'humiliation de leurs alliés profitait à leur puissance.

6. Influence des Thébains dans la Thessalie et la Macédoine (370-367). — Pendant que les Thébains établissaient ainsi leur domination sur le midi de la Grèce, ils exerçaient au nord une influence non moins profonde. Alexandre, tyran de Phères, ayant déclaré la guerre à plusieurs peuples de la Thessalie, Pélopidas prit ouvertement la défense des opprimés, se rendit maître de Larisse, et obligea les barbares à se jeter à ses pieds pour lui demander pardon. Il passa ensuite de la Thessalie dans la Macédoine pour étouffer les dissensions qui désolaient ce royaume. Quand il eut tout pacifié, il s'en retourna dans son pays, emmenant avec lui des otages, parmi lesquels on distinguait Philippe, le père du grand Alexandre. Ayant appris ensuite qu'Alexandre de Phères recommençait ses brigandages et que la Macédoine était de nouveau désolée par ses fureurs, il retourna dans ces mêmes contrées pour y établir encore le règne de la justice et de la paix. L'excès de sa confiance le fit tomber entre les mains du tyran qui le jeta dans les fers, et il fallut qu'Épaminondas vînt le délivrer à la tête d'une armée.

7. Ambassade des Grecs au roi des Perses (366). — Lorsque Pélopidas eut été mis en liberté, les Thébains, sachant que les Spartiates et les Athéniens avaient envoyé des ambassadeurs au roi de Perse pour obtenir son alliance, lui députèrent ce célèbre général afin de s'assurer la prééminence. Le bruit de ses victoires l'avait précédé près d'Artaxerxès, et quand il arriva dans le palais du monarque, il reçut les félicitations et les hommages de tous les satrapes et de tous les généraux qui l'environnaient. *Voilà*, disaient-ils entre eux, *cet homme qui a ravi l'empire de la terre et de la mer aux Lacédémoniens; qui a renfermé entre le Taygète et l'Eurotas cette Sparte qui naguère a fait la guerre au grand roi et aux Perses et leur a disputé les royaumes de Suse et d'Ecbatane.* Artaxerxès le combla d'éloges et d'honneurs, et convint avec lui que les Grecs suivraient leurs lois et leurs usages, que Messène serait repeuplée, et que les Thébains se considéreraient comme les amis héréditaires du roi de Perse. Le succès de cette ambassade n'environna pas le nom de Pélopidas de moins de gloire que ses plus belles victoires.

8. Dernière expédition et mort de Pélopidas (365). — Peu après le retour de Pélopidas, différentes villes de Thessalie lui envoyèrent des ambassadeurs pour implorer sa protection contre le farouche Alexandre, qui était revenu à ses habitudes de cruauté et de tyrannie. Il se montra sensible à leurs prières et se hâta de faire ses préparatifs. Mais lorsqu'il était sur le point de se mettre en marche, une éclipse de soleil effraya son armée, et il ne se trouva que trois cents cavaliers volontaires qui eurent le courage de l'accompagner. Il n'en poursuivit pas moins son expédition contre l'avis des devins et des augures, et présenta la bataille au tyran près de *Cynocéphales.* La victoire lui était assurée, lorsque, voyant à l'aile droite Alexandre qui ralliait et encourageait ses soldats, il se précipita sur lui avec fureur, et se jeta imprudemment au milieu de ses gardes qui le percèrent de leurs javelines. La douleur des Thébains fut immense en apprenant sa mort; mais les Thessaliens et les alliés témoignèrent encore plus vivement l'affection qu'ils lui portaient. Ils accoururent, entassèrent autour de son corps les dépouilles des ennemis, et, en signe de deuil, ils coupèrent les crinières à leurs chevaux et se rasèrent la tête. Un morne silence régna dans tout le camp, comme s'ils avaient été vaincus ou réduits en servitude. Les Thessaliens demandèrent eux-mêmes aux Thébains la permission de faire ses funérailles, et Plutarque dit qu'il n'y en eut jamais de plus magnifiques, du moins au jugement de ceux qui ne font pas consister la magnificence dans la richesse des ornements (365).

Au reste les Thébains vengèrent sa perte en défendant la liberté de ces peuples pour lesquels il avait combattu, et Alexandre de Phères fut lui-même puni de ses forfaits par la mort la plus infâme. Sa femme le fit assassiner, et son corps fut ensuite livré aux insultes de la populace, qui le foula aux pieds et l'abandonna aux oiseaux de proie.

9. Troisième invasion d'Épaminondas (365).—Pendant que Pélopidas trouvait la mort dans sa glorieuse expédition de Thessalie, Epaminondas envahit une troisième fois le Péloponèse. Il s'empara de l'Achaïe, et conçut ensuite le projet de donner aux Thébains l'empire de la mer. « Il équipa une flotte de cent trirèmes, parcourut la mer Égée, favorisa la révolte de Chio, Rhodes et Byzance contre Athènes, mit en fuite la flotte athénienne commandée par Lachès, et gagna ces villes au parti de Thèbes[1]. » Mais bientôt il se fit de grands mouvements dans le Péloponèse.

10. Agitation dans le Péloponèse (364). — Les Corinthiens renoncèrent à l'alliance de Sparte, pour vivre désormais en repos. Les Arcadiens entrèrent en lutte avec les Éléens à l'occasion des jeux publics qu'ils firent célébrer (104ᵉ olympiade). La présidence de ces jeux avait toujours appartenu aux Éléens. Cette nation, voyant qu'on la dépouillait de ses droits, attaqua les usurpateurs au milieu de la célébration de la fête et en massacra un grand nombre. Alors les Arcadiens, dans la fureur des représailles, profanèrent le temple de Jupiter et s'emparèrent des richesses que la superstition des peuples y avait entassées. Lorsqu'ils furent revenus

1. Cayx.

à eux-mêmes, ils furent épouvantés de leur sacrilége et se partagèrent alors en deux partis, les Tégéates et les Mantinéens. Ces derniers étaient appuyés par les Spartiates et les Athéniens; les autres appelèrent à leur secours les Thébains.

11. Quatrième invasion d'Épaminondas. Attaque de Sparte (363). — Épaminondas envahit pour la quatrième fois le Péloponèse. Il entra dans l'Arcadie, campa près de Tégée et menaça Mantinée, qui avait préféré l'alliance de Sparte à celle de Thèbes. Sachant qu'Agésilas marchait avec ses troupes au secours de cette ville, il partit de Tégée durant la nuit, à l'insu des Mantinéens, et marcha si rapidement vers Lacédémone, qu'il faillit s'en emparer sans la moindre résistance. Heureusement pour Agésilas qu'il fut averti à temps de cette audacieuse entreprise. Il se hâta de retourner à Sparte, et il y était à peine rentré qu'il vit les Thébains passer l'Eurotas et donner l'assaut à la ville. Le combat fut terrible; mais Agésilas déploya tant de vigueur et d'activité que les Thébains furent forcés de se retirer.

12. Bataille de Mantinée. — Peu de jours après se livra la célèbre bataille de Mantinée, où la mort vint mettre un terme aux victoires d'Épaminondas. Au fort de la mêlée, lorsque son armée commençait à enfoncer les bataillons ennemis et à en faire un grand carnage, quelques Spartiates l'ayant reconnu se rallièrent tout à coup et se précipitèrent sur lui, persuadés que de sa mort dépendait le salut de leur patrie. Il se défendit en héros jusqu'à ce qu'il fut mortellement blessé par un javelot qui lui perça la poitrine. Sa chute ralentit d'abord l'ardeur des Béotiens. Cependant ils ne quittèrent pas le champ de bataille avant d'avoir taillé en pièces tout ce qui leur opposait de la résistance.

13. Mort d'Épaminondas (363).— « On avait porté Épaminondas dans le camp. Les chirurgiens, après l'avoir examiné, déclarèrent que, dès qu'on aurait tiré le fer de la plaie, il expirerait. Cette parole remplit de douleur tous les assistants Ils étaient inconsolables de

voir mourir un si grand homme, et de le voir mourir
sans enfants. Pour lui, la seule inquiétude qu'il témoigna fut sur ses armes et sur le succès de la bataille.
Quand on lui montra son bouclier, et qu'on l'eut assuré que
les Thébains avaient remporté la victoire, alors se tour-
nant vers son armée avec un visage tranquille et serein :
Ne regardez pas, leur dit-il, *ce jour-ci comme la fin de ma
vie, mais comme le commencement de mon bonheur et le
comble de ma gloire. Je laisse Thèbes triomphante, la superbe Sparte humiliée et la Grèce délivrée du joug de la
servitude. Au reste, je ne compte point mourir sans enfants : Leuctres et Mantinée sont pour moi deux filles illustres qui ne laisseront point périr mon nom.* Après avoir ainsi
parlé, il tira le fer de sa plaie et mourut ensuite[1]. »

**14. État de la Grèce après la mort d'Epaminon-
das.** — La grandeur de Thèbes avait commencé avec
Epaminondas ; elle s'évanouit aussi avec lui. Sparte et
Athènes, épuisées par les guerres qu'elles avaient sou-
tenues, virent aussi disparaître les derniers de leurs
grands capitaines. Agésilas ayant vu la Mysie, la Lydie,
la Carie, la Lycie, la Pisidie, la Pamphilie, la Cilicie, la
Syrie et la Phénicie se coaliser avec l'Égypte contre le
grand roi, était lui-même passé dans cette dernière contrée avec 10,000 Lacédémoniens pour soutenir Tachos
qui y régnait ; mais au retour de cette expédition il avait
été jeté par une tempête sur la côte d'Afrique, où il mourut. Le vaillant amiral athénien Chabrias, ne voulant
pas survivre à une défaite qu'essuya sa flotte dans la
guerre des alliés près de Chio, se jeta à la mer (358).
Iphicrate fut mis en jugement, comme Aristide et Thémistocle, et alla mourir obscurément dans la Thrace.
Timothée fut aussi poursuivi par la vengeance de ses
concitoyens et erra de ville en ville jusqu'à ce qu'il mou-
rût à Lemnos. La perte de tous ces grands hommes
amena Sparte et Athènes à se mettre à la merci du roi de
Perse, de sorte que, comme l'a si bien dit Cantu, l'humi-

---

1. Rollin.

liation au dehors et la corruption au dedans préparèrent les voies à Philippe de Macédoine pour arriver à dominer la Grèce.

QUESTIONNAIRE.

1. En quelle circonstance les Spartiates apprirent-ils leur défaite à Leuctres? Quel effet produisit sur eux cette nouvelle? Appliqua-t-on les lois de Lycurgue à ceux qui avaient pris la fuite?

2. Quelle position fit aux Thébains cette victoire? Quels furent à ce sujet les sentiments des différentes villes de la Grèce? Quels sont les États qui se déclarèrent alliés des Thébains?

3. Quel effet produisit dans le Péloponèse l'invasion d'Epaminondas? Quel parti prit Agésilas? Que firent Epaminondas et Pélopidas dans la péninsule?

4. Quelle accusation souleva-t-on contre eux à leur retour en Béotie? Quelle fut la réponse d'Epaminondas?

5. Quels secours reçurent les Spartiates dans leur détresse? A quelle occasion Epaminondas fit-il une seconde invasion dans le Péloponèse? Quel en fut le résultat?

6. Quel rôle joua Pélopidas dans le nord de la Grèce? Dans quel but passa-t-il de la Thessalie dans la Macédoine? Par qui fut-il fait prisonnier? Qui le délivra de sa captivité?

7. Quelle ambassade les Thébains lui confièrent-ils? Comment fut-il reçu par Artaxerxès? Quel avantage retira-t-il de cette ambassade?

8. Pourquoi marcha-t-il de nouveau contre le tyran de Phères? Où lui livra-t-il bataille? Comment mourut-il? Quel effet produisit sa mort?

9. Que faisait pendant ce temps Epaminondas? Quel projet conçut-il dans l'intérêt de sa patrie?

10. Quels mouvements éclatèrent dans le Péloponèse? Par qui les Thébains furent-ils appelés de nouveau dans la péninsule?

11. Que se proposa Epaminondas dans cette quatrième invasion? Comment Sparte fut-elle sauvée?

12. Quelle est la bataille qui se livra peu de temps après? Quelle blessure reçut Epaminondas? Que firent les Béotiens?

13. Quelle était la seule inquiétude d'Epaminondas au milieu de ses souffrances? Quelles furent ses dernières paroles?

14. Que devint après lui la grandeur de Thèbes? Quels sont les grands hommes que la Grèce vit alors disparaître? Où aboutirent ces pertes si regrettables? Comment mourut Agésilas? — Chabrias? — Iphicrate? — Timothée?

CHAPITRE XV

PUISSANCE DE LA MACÉDOINE. PHILIPPE. DÉMOSTHÈNE ET ESCHINE. HÉGÉMONIE MACÉDONIENNE.

RÉSUMÉ. — Après la mort d'Epaminondas, Thèbes n'eut pas la force de conserver la prépondérance dont l'avait investie ce grand homme; ce fut alors la Macédoine qui s'en empara.

1. Les commencements de la Macédoine étaient loin de faire présager les destinées brillantes qui lui étaient réservées. Sa position lui

permettait à la vérité d'être tout à la fois une puissance continentale et une puissance maritime, mais avant Philippe ses rois ne paraissent pas avoir su tirer parti des ressources que présentait cette nation. L'histoire nous montre ces princes d'abord en relation avec la Perse, mais elle nous apprend qu'ils ne s'unirent au grand roi que pour le trahir. Leurs sympathies sont pour la Grèce avec laquelle ils ont d'ailleurs tant d'affinité; mais au moment où ils pourraient tirer parti de ses divisions, ils se plongent dans des dissensions civiles qui entretiennent l'anarchie jusqu'à l'avénement de Philippe.

II. Philippe trouve la Macédoine dans la position la plus critique. Il n'est d'abord que tuteur du jeune Amyntas, mais les Macédoniens comprennent qu'il a besoin du titre et de l'autorité de roi pour mettre un terme à l'anarchie. Ils l'investissent donc du pouvoir, et aussitôt le nouveau monarque dissipe toutes les difficultés. Formé à l'école d'Épaminondas, il s'avance comme un guerrier plein de génie; il assujettit les Illyriens, les Pœoniens et les Thraces, pendant que la Grèce retombe dans ses luttes intestines. Il songe dès lors à asservir cette nation, mais pour y parvenir il a recours à la ruse plutôt qu'à la force. Il la laisse s'épuiser de nouveau dans la guerre sacrée et ajoute à ses conquêtes Méthone et la Thessalie. Ce n'est qu'après cette conquête qu'il s'approche des Thermopyles et se dispose à intervenir dans les affaires de la Grèce.

III. Philippe rencontra un adversaire redoutable dans Démosthène, dont l'éloquence tenait continuellement en éveil le peuple athénien. Mais il sut paralyser tous ses efforts par la corruption et par la ruse. Sa première expédition en Grèce fut dirigée contre les Lacédémoniens ; il attaqua ensuite Olynthe et s'en empara, malgré Démosthène qui conseilla vivement aux Athéniens de secourir cette ville. Il s'unit ensuite aux Thébains et fut assez habile pour faire sa paix avec Athènes. Se couvrant du prétexte de la religion, il attaqua les Phocidiens et mit fin à la guerre sacrée, ce qui lui valut les ovations de toute la Grèce. De nouvelles conquêtes lui permirent de se montrer plus à découvert. Il prétexta de nouveau les intérêts religieux et commença une nouvelle guerre sacrée qui se termina par la bataille de Chéronée. Cette brillante victoire le rendit maître de la Grèce, mais son ambition ne fut pas satisfaite. Il avait conçu le projet de porter la guerre en Asie, comme le fit son fils Alexandre, mais il tomba sous le fer d'un assassin au moment même où il allait exécuter son gigantesque projet.

---

§ Ier. — De la Macédoine avant l'avénement de Philippe.

1. Description géographique de la Macédoine. — La Macédoine est bornée au midi par la Thessalie, au

nord par la Dardanie, au levant par la Thrace et au couchant par l'Illyrie. Ses limites étaient presque toutes fixées naturellement par les montagnes. Le Scardus et l'Orbèle la séparaient de la Dardanie, le Pinde et l'Olympe de la Thessalie, les monts Rhodope et le mont Athos de la Thrace, et elle était enveloppée au couchant par le prolongement de l'Olympe. Ses principaux fleuves étaient le Strymon, l'Axius, l'Haliacmon. Elle se divisait en quatre grandes parties : la Piérie au sud, qui renfermait Dium et Pydna; l'Emathie au centre, où l'on trouvait les grandes villes d'Edesse et de Pella; le Lyncestis à l'ouest, et la Mycdonie à l'est. Amphipolis, Olynthe, Potidée et presque toutes les villes célèbres qu'on rencontre le long de la mer Egée, étaient des colonies grecques. Les ports nombreux et les golfes profonds qu'on remarque dans ces contrées rendaient très-avantageuse la position de ces colonies, en favorisant considérablement leur commerce. C'est aussi ce qui permit à la Macédoine d'être tout à la fois une puissance continentale et une puissance maritime; ce que les Athéniens, les Spartiates et les Thébains n'avaient jamais pu réaliser [1].

2. Des origines macédoniennes. — Les origines de cette nation offrent beaucoup d'obscurité et d'incertitude. A en croire les mythologues, Macédon, fils de Jupiter et de Thya, fut leur premier ancêtre, et donna son nom à la contrée qu'ils habitèrent (*Macédonie*). D'après le témoignage des historiens, ce peuple est d'origine grecque. Une colonie de Pélasges, chassée de l'Hestiotide par les compagnons de Cadmus, s'y serait d'abord établie. Plus tard (en 800), une colonie grecque d'Argos serait allée dans ces mêmes contrées et aurait affermi ce royaume encore faible et chancelant. Hérodote ne fait remonter la fondation du royaume de Macédoine qu'à Perdiccas, et suppose que ce prince régna au viie siècle avant J.-C. On a recueilli dans Eusèbe et le Syncelle

---

1. Voyez dans notre atlas la carte de *Macédoine* et de *Thrace.*

les noms des premiers rois macédoniens; mais la chronologie de ces deux auteurs ne s'accorde pas parfaitement. Du reste, il n'est pas possible de reconnaître ici la vérité, car les documents historiques font absolument défaut. Avant l'invasion des Perses, tous les premiers temps de la Macédoine restent enveloppés dans les ténèbres.

3. Rapports de la Macédoine avec les Perses (520-478). — Les Perses, maîtres de l'Égypte et des deux tiers de l'Asie, devaient commencer leurs invasions en Europe par la soumission de la Thrace. Darius Ier, après son expédition en Scythie, fit la conquête de la Thrace et de la Pæonie par ses généraux, et envoya demander la terre et l'eau au roi de Macédoine Amyntas Ier (513). Alexandre, fils d'Amyntas, massacra les ambassadeurs. Le grand roi, irrité, chargea un de ses hommes de confiance, Buharès, de s'informer de ce meurtre; mais celui-ci se laissa gagner par les discours d'Alexandre, qui épousa sa sœur, et obtint de Darius le pardon du coupable. La révolte de l'Ionie (504) ayant entraîné quelque temps après les Perses dans une guerre contre les Grecs, les Macédoniens s'unirent à eux et grossirent les rangs de l'armée de Darius. Mais leur roi, Amyntas, fit plus de bien aux Athéniens par ses conseils que de mal par ses armes, et mérita d'obtenir de leur reconnaissance le droit de cité dans leurs murs. Alexandre Ier, qui remplaça Amyntas, se reconnut l'allié de Xerxès, comme son père l'avait été de Darius, sans servir avec plus de zèle les intérêts de la Perse. A Platée (479), il se jeta sur les soldats du grand roi qui échappaient au glaive des Grecs et obtint, en récompense de ce bienfait, une place aux jeux olympiques. Cette bataille rendit aux Macédoniens leur indépendance, parce que les Perses ne furent plus capables de soutenir l'autorité qu'ils s'étaient arrogée sur leur pays.

4. Rapport de la Macédoine avec la Grèce (478-408). — L'expulsion des Perses, dit Heeren, donna bientôt aux rois de Macédoine d'autres voisins redoutables;

d'un côté les Thraces, qui, sous Sitalcès, et sous Seuthès son successeur, formèrent le puissant empire des Odryses ; d'un autre côté, les Athéniens, qui, au moyen de leur puissance maritime, rangèrent sous leur obéissance toutes les colonies grecques situées le long des côtes de la Macédoine. Perdiccas II eut pourtant assez d'habileté et de force pour se maintenir en face de ces deux puissances pendant tout son règne, qui dura vingt-trois ans (436-413). Il sut tirer si adroitement parti de la guerre du Péloponèse, qu'il s'empara d'Amphipolis et obligea les Athéniens à s'estimer heureux de se réconcilier avec lui (423). Son successeur, Archélaüs Iᵉʳ, fut peut-être encore plus utile aux Macédoniens par son administration que Perdiccas ne l'avait été par ses artifices. Il civilisa ses peuples, leur apprit à cultiver la terre, ouvrit des routes, construisit des places fortes, favorisa les arts, attira les savants à sa cour, et mit à profit toutes les lumières que le contact des Grecs avec les Macédoniens avait répandues dans ses États.

5. Période de troubles (408-360). — Mais le bien qu'Archélaüs avait commencé fut tout à coup arrêté dans ses développements par des désordres et des troubles qui durèrent plus d'un demi-siècle. La succession du trône n'étant pas clairement déterminée par les lois du pays, à la mort de ce prince (408), on vit s'élever une foule d'ambitieux qui se disputèrent l'honneur de régner. Archélaüs avait été assassiné, et en seize ans on vit passer six nouveaux rois sur son trône ensanglanté (408-392). Amyntas IV, plus heureux que ses prédécesseurs, arracha la Macédoine aux mains des Illyriens et des Olynthiens, qui voulaient déjà s'en partager les lambeaux, et conserva glorieusement sa couronne pendant dix-huit années (392-374). Mais l'anarchie reparut avec toutes ses horreurs sous ses trois fils, Alexandre II, Perdiccas III et Philippe II qui fut le père du grand Alexandre. Le premier devint la victime des intrigues de sa mère Eurydice, et Perdiccas III, pendant sa minorité, vit deux usurpateurs, Pausanias et Ptolémée, lui enlever successivement sa couronne. Les Athéniens et les Thébains le rétablirent chaque fois dans ses droits, mais il mourut peu après dans une bataille contre les Illyriens (363). Comme il ne laissait qu'un fils en bas âge appelé Amyntas, Philippe II, que Pélopidas avait amené avec lui en otage, s'échappa de Thèbes et vint mettre fin à l'anarchie qui désolait son pays en se plaçant lui-même à la tête du gouvernement.

QUESTIONNAIRE.

1. Quelles sont les bornes de la Macédoine? Quelles étaient ses limites? En combien de parties était-elle divisée? Quelles étaient ses ressources?

2. Que disent les mythologues sur cette nation? Que rapportent les historiens? Quel est le sentiment d'Hérodote?

3. Quels furent les premiers rapports de la Macédoine avec la Perse? Quel parti prirent les Macédoniens dans la révolte de l'Ionie? Quelle fut leur conduite envers les Grecs dans les guerres médiques?

4. Quels furent les voisins que la Macédoine eut à redouter après l'expulsion des Perses? Quel parti Perdiccas tira-t-il de la guerre du Péloponèse? Que fit son successeur Archélaüs 1er?

5. Quels sont les troubles qui éclatèrent après la mort d'Archélaüs? Par qui la Macédoine fut-elle d'abord sauvée? En quelle circonstance l'anarchie reparut-elle? Par qui fut-elle définitivement vaincue? Où Philippe était-il retenu en otage?

§ II. — Règne de Philippe jusqu'à son intervention dans les affaires de la Grèce (360-352).

1. État de la Macédoine à l'avénement de Philippe (360). — Quand Philippe arriva en Macédoine, il trouva ce royaume dans la position la plus critique. Les Pœoniens le ravageaient à l'intérieur, les Illyriens étaient sur le point de l'envahir, les Thraces et les Athéniens voulaient se mêler aux discordes civiles qui l'agitaient. Philippe n'avait pris d'abord que le titre de tuteur du jeune Amyntas; mais les Macédoniens comprirent que dans les circonstances graves où ils se trouvaient ce n'était point une régence qu'il leur fallait. Ils dérogèrent donc aux lois ordinaires en faveur de Philippe, et le conjurèrent de s'asseoir lui-même sur le trône (360). Pausanias, qui était de la famille royale, et Argée, qui avait été proclamé roi après la mort d'Amyntas, se déclarèrent ses compétiteurs. Le génie de Philippe, formé à l'école d'Epaminondas, dissipa en un instant toutes ces difficultés. Il se concilia l'estime et l'affection de ses sujets, en réorganisant avec énergie et sagesse son royaume troublé, rétablit la discipline parmi ses troupes, créa la phalange macédonienne d'après le bataillon sacré des Thébains, désarma les Pœoniens à force de présents et de promesses, éloigna de la même façon Pausanias, défit Argée près d'Æge, et acheta la paix avec les Athéniens, en déclarant libre Amphipolis, dont il s'était emparé.

2. Ses premières conquêtes (359-357). — Le roi des Pœoniens, Agis, étant mort, Philippe en profita pour assujettir cette nation et la rendre tributaire. Il attaqua ensuite les Illyriens, qui naguère faisaient trembler la Macédoine, leur tua 7,000 hommes, au nombre desquels était Bardylis, qui régnait sur ce pays depuis soixante ans, et étendit sa domination à l'est jusqu'aux confins de la Thrace, et à l'ouest jusqu'au lac Lychnitis. Depuis ce moment il ne cessa de méditer la conquête de la Grèce entière. La Pythie lui ayant dit : *Sers-toi d'armes d'argent et tu dompteras tout*, il entreprit le siége d'Amphipolis, dont la possession devait le rendre maître des mines du mont Pangé. Les Athéniens, occupés de la *guerre sociale*, le laissèrent exécuter ses desseins, et apprirent avec indifférence ses succès. Pydna, Potidée, tombèrent également en son pouvoir (357). Il acheta l'alliance des Olynthiens, en leur cédant cette dernière ville, amusa les Athéniens par de trompeuses promesses, et acheva pendant ce temps la conquête de tout le pays qui s'étend entre le Strymon, dont il retira un revenu annuel de 1,000 talents ou 6,000,000 de francs.

3. Ligue générale contre Philippe (356). — Après avoir remporté en quelques années d'aussi brillants avantages, Philippe obtint la main d'Olympias, fille de Néoptolème, roi d'Epire. Les plaisirs effrénés auxquels il se livra dans les premiers instants de son mariage firent croire à ses ennemis qu'ils pourraient aisément secouer le joug d'un prince aussi voluptueux. Mais, si Philippe se laissait quelquefois emporter aux excès qui déshonorent les rois fainéants, il savait retrouver, lorsque les circonstances le demandaient, les vertus de l'homme d'État et le courage du conquérant. Quand il apprit que l'Illyrie, la Pœonie et la Thrace s'étaient en même temps révoltées, il partagea son armée en deux corps, envoya Parménion, le plus habile de ses généraux, contre les Illyriens, et marcha lui-même contre les Thraces et les Pœoniens. Le jour même où il soumit ces peuples, on lui annonça que Parménion était également victorieux et qu'il lui était né un fils, le grand Alexandre. Comme les gens superstitieux se figuraient qu'un grand bonheur était toujours suivi d'une grande calamité, il s'écria en apprenant ces deux heureuses nouvelles : *Grand Jupiter, pour tant de biens, envoie-moi au plus tôt quelques légères disgrâces.*

4. État de la Grèce. Guerre sociale (358-356). — Pendant que Philippe s'illustrait ainsi chaque jour par de nouvelles victoires, la Grèce achevait de s'affaiblir et de se ruiner par ses guerres civiles. A la mort d'Epaminondas, aucun Thébain n'ayant pu exécuter le projet conçu par ce grand homme d'assurer à Thèbes l'empire de la mer, Athènes s'efforça de rétablir son ancienne prépondérance et y réussit du moins en partie. Mais la brutalité de Charès, le premier de ses généraux, ayant soumis les alliés aux exactions les plus tyranniques, ceux-ci se révoltèrent et commencèrent une guerre qui dura trois années. On l'a nommée la *guerre sociale*. Chio, Cos, Rhodes et Byzance se liguèrent contre les Athéniens, et les forcèrent après bien des efforts à reconnaître leur indépendance. C'est au milieu de ces combats que Chabrias se donna la mort. Iphicrate et Timothée, accusés de trahison par Charès, furent dans le même temps obligés de s'exiler.

5. Desseins de Philippe. — Cette guerre avait permis à Philippe de faire toutes ses conquêtes, parce que les Grecs, occupés à l'intérieur par leurs propres dissensions, n'avaient pu veiller à ce qui se passait en Thrace. Il avait vu, sans doute, avec plaisir les Athéniens se priver de leurs meilleurs généraux. Cependant il ne s'en réjouit pas beaucoup; car, d'après les conseils de la pythie, c'était moins par les armes que par la ruse qu'il prétendait conquérir la Grèce. Ce qui l'empêchait de réaliser sur-le-champ ses projets, c'est qu'il était étranger à ce pays. Il eût voulu que la Macédoine comptât parmi les États helléniques, afin de prendre part à toutes leurs affaires. La guerre sacrée, qui éclata immédiatement après la guerre sociale, le servit admirablement dans ses desseins.

6. Guerre sacrée (355-353). — Cette nouvelle guerre éclata par l'imprudence des Phocidiens. Ces peuples, placés non loin du temple de Delphes, s'avisèrent de labourer des terres consacrées à Apollon, ce qui fut regardé comme une profanation. Le conseil amphictyonique les condamna à une forte amende; mais Philomèle, un de leurs principaux citoyens, les excita à la révolte et se fit nommer leur général. Les Lacédémoniens, qui avaient à se plaindre des amphictyons, épousèrent les intérêts des révoltés, et leur exemple fut imité par les Athéniens et par plusieurs villes du Péloponèse. Les Locriens et presque tous les autres peuples de la Grèce se déclarèrent en faveur d'Apollon, de sorte que la guerre devint générale. Philomèle s'empara de tous les trésors que la superstition des Grecs avait entassés dans le temple de Delphes, et attira sous ses étendards une multitude de soldats mercenaires par l'appât d'une solde considérable.

Comme toutes les guerres de religion, celle-ci fut cruelle et sanglante. Les Thébains tuaient tous les Phocidiens qui tombaient entre leurs mains, et ceux-ci à leur tour usaient de représailles épouvantables. Des deux côtés on déployait toute la fureur d'un fanatisme aveugle; aussi Philomèle, plutôt que de tomber entre les mains de ses ennemis qui le poursuivaient, préféra-t-il se tuer en se précipitant du haut d'un rocher. Son frère Onomarque, qui lui succéda dans le commandement, leva de nouvelles troupes, et racheta ces revers par quelques succès signalés.

7. Prise de Méthone par Philippe (353). — Philippe resta d'abord neutre au milieu de tous ces démêlés. Moins sensible à l'affront fait au dieu Apollon qu'à ses propres intérêts, il laissa la Grèce s'épuiser dans ces luttes incessantes, et travailla pendant ce temps à s'agrandir du côté de la Thrace. Il alla mettre le siége devant Méthone, la prit et la rasa.

Pendant qu'il faisait le siége de cette ville, Aster d'Amphipolis s'offrit à lui comme un excellent tireur, qui ne manquait pas les oiseaux, lors même qu'ils volaient le plus vite. *Eh bien !* lui dit le roi, *je vous prendrai à mon service lorsque je ferai la guerre aux étourneaux.* Aster, piqué de cette raillerie, se jeta dans la place et lança une flèche avec cette inscription : *à l'œil droit de Philippe.* Il prouva cruellement au monarque son adresse, car il lui creva, en effet, l'œil droit. Philippe s'étant fait tirer la flèche de l'œil par un habile chirurgien, la lui renvoya avec cette autre inscription : *Philippe fera pendre Aster, s'il prend la ville.* Il lui tint parole.

8. Soumission de la Thessalie (352). — L'année suivante, le roi de Macédoine conquit la Thessalie. Ce pays obéissait à une foule de nobles feudataires avides de guerres et d'aventures, qui passaient leur vie dans les camps, se livrant à tous les excès de la dissolution et de la débauche. La famille des Aleuades, de la race d'Hercule, qui avait obtenu la prépondérance sur les autres tribus, invita Philippe à délivrer le pays des tyrans qui l'écrasaient. Pélopidas avait déjà rempli cette mission honorable et glorieuse. Le roi de Macédoine se fit avec joie le libérateur d'une nation qu'il avait l'intention de subjuguer. Après leur affranchissement, les Thessaliens, entraînés plutôt par la reconnaissance que par la prudence, lui cédèrent les revenus de leurs foires, ainsi que de leurs villes commerçantes, et lui donnèrent droit sur leur territoire.

Mais quelque temps après, Phaylle envahit la Thessalie pendant qu'Onomarque, son frère, ravageait la Béotie. Philippe marcha contre lui, le défit et le refoula dans les montagnes de la Phocide. Onomarque essaya de venger sa défaite à la tête de ses Phocidiens. Il se défendit avec plus de courage, se signala même dans plusieurs rencontres; mais l'année suivante (352) son armée fut taillée en pièces, et il resta sur le champ de bataille avec six mille de ses soldats. Philippe, devenu maître de la Thessalie, établit une garnison dans toutes les cités importantes, et ajouta cette contrée aux autres provinces de son royaume.

9. Première attaque de Philippe contre la Grèce (352). — Maître de la Thessalie, Philippe voulait poursuivre les Phocidiens jusque dans leur pays. Après la mort d'Onomarque, Phaylle s'était mis à leur tête, et il était soutenu par les Lacédémoniens, les Athéniens et les Achéens. Sous prétexte de venger contre lui d'anciennes injures et de punir les Phocidiens de leur sacrilége, le roi de Macédoine s'approcha des Thermopyles, espérant s'emparer d'un passage qui lui aurait donné une libre entrée dans la Grèce. Cette tentative ne servit qu'à dévoiler les projets de l'ambitieux monarque. Les Athéniens firent garder le passage par Nausiclès, un de leurs généraux, et Philippe n'osa pas essayer d'enlever de force cette position.

QUESTIONNAIRE.

1. En quel état se trouvait la Macédoine à l'avénement de Philippe ? Quel titre prit-il d'abord ? Comment lui conféra-t-on le titre et l'autorité de roi ? De quelle manière dissipa-t-il toutes les difficultés ?

2. Quelles furent ses premières conquêtes ? Quels projets conçut-il ? Quelle réponse lui fit la Pythie ? De quel pays s'empara-t-il ?

3. Qu'est-ce qui engagea ses ennemis à se liguer contre lui ? Comment soumit-il les révoltés ? Quelles heureuses nouvelles apprit-il dans la même journée ?

4. Que devenait la Grèce pendant ce temps ? Qu'est-ce qui amena la guerre sociale ? Quels furent les généraux victimes de cette guerre ?

5. Quels étaient les desseins de Phi-

ippe ? Pourquoi voulait-il que la Macédoine fût comprise parmi les États helléniques ?

6. A quelle occasion éclata la guerre sacrée ? Quelle proportion prit cette guerre ? Quel en fut le caractère ?

7. Quel parti prit Philippe ? Que lui arriva-t-il au siége de Méthone ?

8. Comment pénétra-t-il dans la Thessalie ? Quel accueil reçut-il des habitants ? Quelle fut la conduite de Phaylle et d'Onomarque ? De quelle manière Philippe s'empara-t-il définitivement de cette province?

9. Sous quel prétexte Philippe s'approcha-t-il des Termophyles ? Par qui le passage fut-il gardé ?

---

§ III. — Hégémonie macédonienne. Démosthènes et Eschine.

1. Démosthène et ses Philippiques. — Après cette première attaque des Macédoniens contre la Grèce, Démosthène, le plus illustre des orateurs d'Athènes, monta dans la tribune aux harangues, et s'éleva de toutes les forces de son génie contre Philippe. Comme les Athéniens, portés à la nonchalance et à l'inertie, paraissaient abattus par leurs derniers revers, il releva leur courage, en leur montrant que si Philippe était victorieux, il le devait moins à ses forces et à sa vertu qu'à leur lâcheté et à leur négligence. Il voulait que les Athéniens armassent un corps de troupes légères et une petite flotte, non pour attaquer les Macédoniens en rase campagne, car il reconnaissait que les Athéniens n'en étaient pas capables, mais pour harceler l'ennemi et l'empêcher d'exécuter librement ses desseins. Ces discours véhéments, qu'il prononça en différentes circonstances, ont reçu le nom de *Philippiques*. Ils eussent été bien propres à enflammer le courage des Athéniens, si ceux qui les entendaient avaient ressemblé aux héros morts à Marathon, à Platée et à Salamine. Mais on ne trouvait plus en eux ce zèle pour le bien public, cette application aux affaires, ce mépris des fatigues, ce désintéressement absolu, en un mot, toutes ces vertus civiles et guerrières qui avaient fait la gloire de leurs ancêtres. Au lieu de se soulever contre l'ennemi de leur liberté, ils s'endormirent sur leurs vrais intérêts, et continuèrent d'alimenter les divisions qui déchiraient le sein de la Grèce.

2. Puissance et adresse de Philippe. — Philippe avait déjà augmenté son royaume d'une partie de la Thrace, de l'Illyrie, de la Pœonie, de la Piérie, des villes d'Amphipolis, de Pydna, de Méthone, des îles d'Imbros et de Lemnos. Il fortifia ensuite son armée, en y ajoutant un corps de cavalerie thessalienne, se créa une marine et se tint prêt à profiter de toutes les fautes que feraient les Grecs. Après sa tentative sur les Thermopyles, lorsque Démosthène commençait à lancer contre lui toutes les foudres de son éloquence, il eut la sagesse de se tenir en repos. Retiré dans Pella, sa capitale, il l'embellit de monuments magnifiques, attira auprès de lui les artistes les plus distingués de la Grèce, employa ses efforts à multiplier ses partisans dans les villes grecques, et passa ainsi deux années à tout disposer pour son élévation future, bien qu'il parût ne s'en occuper nullement.

3. Son expédition dans le Péloponèse (350-348). — Reprenant le rôle d'Épaminondas, Philippe se déclara le protecteur de Mégalopolis contre les Spartiates, qui avaient envahi son territoire sous la conduite de leur roi Archidamus. Les Sicyoniens, les Argiens, les Messéniens, s'étaient déclarés pour cette cité malheureuse, et plusieurs combats avaient été livrés sans aucun résultat décisif. A la vue de l'armée de Philippe et de sa flotte, les Lacédémoniens, consternés, se rappelèrent ce qu'ils avaient autrefois souffert de la part des Thébains, et s'empressèrent de demander la paix. Ils s'engagèrent à reconnaître la liberté de Mégalopolis, de Mantinée et de Messène. Philippe se contenta de ces concessions et porta ses armes contre l'Eubée. Il s'empara d'une partie de cette île; mais Phocion, le général des Athéniens, le repoussa. Il se dédommagea de cet échec par la prise de Géra, de Stagyre, la patrie d'Aristote, de Myciberne et de Torone (348).

4. Attaque et prise d'Olynthe (348). — C'est alors

que Philippe, accusant les Olynthiens d'avoir donné asile à des Macédoniens révoltés, usa de ce prétexte pour attaquer leur cité. Son unique motif, c'était la puissance d'Olynthe, qui commandait à trente-deux villes de la péninsule de Pallène, et qui depuis longtemps lui faisait ombrage. Quand les Olynthiens entendirent gronder l'orage, ils n'eurent rien de plus pressé que de solliciter le secours d'Athènes, leur mère-patrie. Démosthène appuya vivement toutes leurs ambassades, et s'efforça, dans trois harangues qu'on appelle *Olynthiennes*, de ranimer le courage des Athéniens et de les tirer de leur engourdissement et de leur apathie. Mais autant Philippe déploya de vigueur et d'activité dans cette entreprise, autant les Athéniens montrèrent de mollesse et de lâcheté, malgré les puissantes exhortations de Démosthène. L'or semé par le Macédonien avait trouvé des orateurs pour exalter les vertus qu'il avait et pour suppléer par l'invention à celles qui lui manquaient; des généraux pour trahir les armées de ses ennemis; des incendiaires pour brûler leurs arsenaux, et des oracles pour *philippiser*. Deux traîtres, Eutycrate et Lasthènes, lui ouvrirent les portes d'Olynthe, où il commit les plus grands excès. Philippe fit charger de chaînes une partie des Olynthiens, vendit les autres comme un vil bétail, et ne témoigna que du mépris pour ceux qui avaient eu la perfidie de lui livrer leur patrie. Eutycrate et Lasthènes s'étant plaints à lui de ce que les Macédoniens leur donnaient le nom de traîtres, il ne leur répondit que par cette ironie sanglante : *Ne prenez pas garde à ce que disent des hommes grossiers qui nomment chaque chose par son nom.* Philippe, dit Plutarque, aimait la trahison, mais il n'aimait pas les traîtres.

5. Alliance de Philippe avec les Thébains (347). — La prise d'Olynthe, tout en débarrassant Philippe d'un ennemi redoutable, avait encore l'avantage de couvrir ses frontières. Cet événement remplit d'effroi la Grèce entière. Athènes s'unit à tous les peuples qui étaient ennemis de Philippe et porta des décrets terribles contre ceux qui auraient la faiblesse de se soumettre à un prince étranger. Mais le roi de Macédoine fut assez rusé, au milieu de cette effervescence universelle, pour dissimuler ses desseins. Jusqu'alors il s'était étudié à rester complétement neutre dans la guerre sacrée, et s'était contenté de laisser les deux partis s'affaiblir mutuellement. Les Thébains lui ayant demandé du secours, il n'hésita point à embrasser leurs intérêts, parce qu'il ne se dissimulait pas qu'Athènes et Sparte ne consentiraient jamais à seconder ses vues, et parce qu'il espérait, en soutenant Apollon, colorer son ambition d'un prétexte religieux. Mais, tout en les appuyant, il ne leur envoya qu'un faible secours, ce qui fit présumer aux Athéniens qu'il ne serait peut-être pas éloigné de conclure la paix.

6. Paix entre Philippe et les Athéniens (347). — Après avoir fait sonder les intentions de Philippe au sujet de la paix, les Athéniens lui envoyèrent une ambassade solennelle composée de dix députés, parmi lesquels se distinguaient Eschine et Démosthène. Au lieu de presser vivement l'objet de leurs négociations, ces ambassadeurs laissèrent Philippe enlever dans la Thrace plusieurs places fortes aux Athéniens, puis, lorsqu'ils eurent accompli leur mission, le roi de Macédoine gagna encore du temps, en leur demandant chaque jour de nouveaux délais ; il ne consentit véritablement à traiter que lorsqu'il ne lui resta plus rien à conquérir. Alors il signa la paix à Phères en Thessalie ; mais il refusa de comprendre les Phocidiens dans le traité. Toutes ces négociations et leurs résultats peuvent être considérés comme le chef-d'œuvre de sa politique. Les Athéniens applaudirent à ce qu'avaient fait leurs ambassadeurs, et il n'y eut que Démosthène qui comprit que cette paix n'était qu'un jeu par lequel Philippe cherchait à voiler ses desseins ambitieux.

7. Fin de la guerre sacrée (345). — En effet la réserve qu'il avait faite à l'égard des Phocidiens lui servit de prétexte pour s'emparer des Thermopyles et pénétrer

dans la Grèce. Sa présence au milieu de la Phocide répandit la consternation parmi ce peuple sacrilége. Quand
ils virent ses soldats s'avancer tous avec des couronnes
de laurier, comme s'ils avaient été conduits par le dieu
dont ils voulaient venger l'honneur, ils n'osèrent pas
même leur résister. Ils se livrèrent à Philippe, qui permit à leur chef Phalæcus de se retirer dans le Péloponèse avec les huit mille soldats qu'il avait à sa solde.
C'est ainsi que le roi de Macédoine eut la gloire de terminer une guerre qui depuis dix ans remplissait la
Grèce de désastres et de ruines. Son nom fut dès lors
exalté à l'envi. On ne parlait que du succès étonnant de
cette expédition, on l'appelait le protecteur de la religion,
et on croyait que le service qu'il avait rendu au dieu ou-
tragé lui méritait une place à côté de lui dans l'O-
lympe.

8. Assemblée du conseil des amphictyons. — Ne voulant pas agir seul, Philippe assembla le conseil des amphictyons, et demanda quelle était le conduite qu'il devait tenir à l'égard des Phocidiens. On lui répondit à
l'unanimité qu'il fallait détruire leurs villes, ne laissant
debout que des bourgs sans importance, éloignés les uns
des autres à une distance déterminée ; que, de plus, il
fallait proscrire tous ceux qui avaient labouré les terres
sacrées, et imposer aux autres un tribut annuel jusqu'à
ce qu'ils eussent restitué les sommes enlevées au temple
par Philomèle. Comme cette assemblée lui était absolument dévouée, elle lui offrit le droit de siéger au conseil amphictyonique, en remplacement des Phocidiens,
qui en furent alors exclus. On retira en même temps l'in-
tendance des jeux pythiques aux Corinthiens, parce
qu'ils avaient pris part au sacrilége des Phocidiens, et
on la lui donna. Philippe demanda la confirmation de
toutes ces nouvelles prérogatives aux villes qui n'avaient
point envoyé de députés dans l'assemblée. Athènes, qui
voyait se réaliser les sinistres prédictions de Démosthène, eût voulu s'élever contre des concessions qui ou-
vraient aux Macédoniens les portes de la Grèce ; mais

Démosthène lui-même crut qu'il n'était pas prudent de s'exposer dans ces conjonctures aux suites que pouvait avoir un refus opiniâtre, et conseilla aux Athéniens de dissimuler leur ressentiment, pour le laisser ensuite éclater dans un moment plus opportun.

9. Expéditions diverses de Philippe (344-340). — Lorsque Philippe eut ainsi obtenu tout ce qu'il désirait, il s'éloigna de la Grèce pour mieux cacher ses desseins ultérieurs, et tourna ses armes contre l'Illyrie, la Thrace et la Chersonèse, reculant ainsi les limites de son royaume jusqu'au Danube et à l'Adriatique (344-342). Les Thébains, avec lesquels il était resté étroitement uni, l'appelèrent ensuite dans le Péloponèse, où ils ne cessaient de fomenter des révoltes contre Sparte. Il s'agissait alors de soutenir Argos et Messène, qui combattaient pour leur liberté. Philippe prit leur défense avec joie, et inquiéta les Lacédémoniens, en dirigeant de leur côté une de ses armées. Démosthène voulait qu'Athènes se déclarât alors pour son ancienne rivale et qu'on fît la guerre avec vigueur au roi de Macédoine. Philippe s'en plaignit, et suspendit tout à coup son entreprise pour attaquer de nouveau l'Eubée et mettre ensuite le siége devant Périnthe et Byzance.

En attaquant ces deux villes, son but était d'affamer les Athéniens qui tiraient de là leur subsistance; mais il échoua encore une fois devant le courage et l'habileté de Phocion, qui l'obligea de lever le siége. Il répara cet échec en faisant une invasion sur les terres d'Athias, roi de Scythie, d'où il remporta un riche butin. Les Triballes ayant tenté de lui fermer le retour, il en vint aux mains avec eux. Le combat fut si rude, qu'il y aurait peut-être perdu la vie, si son fils Alexandre ne fût accouru à son secours et ne l'eût couvert de son bouclier, tout en exterminant et en repoussant les ennemis.

10. Rivalité de Démosthène et de Phocion. — Philippe, qui redoutait sérieusement les suites d'une guerre avec les Athéniens, leur fit proposer un accommodement. Démosthène et Phocion, qui avaient toujours été d'un avis contraire, le furent encore. Démosthène, tout timide qu'il était, ne parlait que de guerre. Plein d'enthousiasme et de patriotisme, il se représentait le dévouement, le courage et la générosité qui avaient enflammé ses aïeux dans le siècle des Aristide et des Thémistocle, comme étant encore prêts à enfanter des prodiges. La foi qu'il avait dans le succès le transportait et lui inspirait ces discours véhéments, intrépides et passionnés qui faisaient frémir la multitude, en lui rappelant les noms oubliés de gloire et de patrie. Phocion, au contraire, bien qu'il se fût illustré en plus de vingt combats, ne cessait d'exciter à la paix. Il s'était laissé trop vivement frapper par la décadence de sa nation. C'était à ses yeux un malade désespéré dont il fallait prolonger l'existence, en lui évitant toute secousse et toute convulsion. De là les ménagements dont il usait, les conseils de temporisation qu'il prodiguait : « Je vous conseillerai la guerre, disait-il au peuple, lorsque vous pourrez la soutenir, c'est-à-dire lorsque je verrai la jeunesse obéissante et courageuse, les riches généreux envers la république et les orateurs ne pas s'engraisser aux dépens de l'État. » Démosthène fut le dernier des grands orateurs qu'Athènes vit paraître, et Phocion le dernier de ses grands capitaines. Mais ces deux génies paralysèrent leur influence par leur opposition réciproque, et Philippe put à l'aise poursuivre l'exécution de ses desseins, en agitant la Grèce par ses émissaires.

11. Eschine. Deuxième guerre sacrée. — Eschine proposa de lui confier le commandement d'une nouvelle guerre sacrée contre les Locriens. Démosthène accusa cet orateur de s'être laissé gagner par l'or de Philippe et de lui avoir ainsi ménagé une nouvelle intervention en Grèce. Les amphictyons donnèrent dans le piège et livrèrent au roi de Macédoine le commandement général de toutes les troupes de la Grèce. C'était ce que désirait l'ambitieux monarque. A peine fut-il investi de cette brillante dignité qu'il se mit à la tête d'une nombreuse armée, et sans s'occuper des Locriens,

il s'empara d'Élatée, la plus grande ville de la Phocide,
et glaça d'épouvante les Athéniens et les Thébains.
Quoique ces deux peuples fussent depuis longtemps divisés, Démosthène conseilla néanmoins à ses concitoyens
de rechercher l'alliance des Thébains comme l'unique
moyen de garantir leur liberté. Cette alliance fut conclue,
et Philippe à son tour, rempli d'inquiétude, fit des propositions de paix. Mais les esprits étaient tellement irrités, qu'on ne put s'entendre et qu'il fallut en venir aux
mains.

12. Bataille de Chéronée (338). — Ce fut dans la
plaine de Chéronée que se donna la bataille. Alexandre,
qui n'avait à cette époque que dix-sept ans, commandait
l'aile gauche de l'armée macédonienne, et Philippe s'é-
tait mis à la droite. Le jeune Alexandre se battit avec
la bravoure d'un soldat et se conduisit avec la sagesse
d'un vieux général ; il enfonça le bataillon sacré des
Thébains ; et de son côté Philippe, profitant de l'ardeur
immodérée des Athéniens, fondit sur eux avec sa phalange et les écrasa.

On dit que Démosthène, qui était du nombre des combattants, après avoir excité les Athéniens et les Thébains
à faire noblement leur devoir, prit lâchement la fuite.
Sa robe s'étant accrochée à un buisson, il crut que c'é-
tait un ennemi qui l'arrêtait, et s'écria de toutes ses
forces : *Laissez-moi la vie*. Malgré cette faiblesse, les
Athéniens, dans leur malheur, ne l'en honorèrent pas
moins pour les bons conseils qu'il leur avait donnés. Ils
le chargèrent même de reconstruire les murs d'Athènes,
de pourvoir aux vivres et de tout préparer pour mettre
la ville en état de soutenir un siége. Il s'acquitta si bien
de ses divers emplois qu'on lui décerna une couronne
d'or, en retour d'une somme considérable dont il avait
fait don à la république. Eschine, jaloux de sa gloire,
l'accusa d'avoir transgressé les lois en acceptant une pareille distinction. Cette affaire donna lieu à deux discours qui passent avec raison pour les chefs-d'œuvre de
l'antiquité.

13. Projet d'invasion en Asie (337-336). — Philippe, se voyant maître de la Grèce, ne mit plus de bornes à ses pensées ambitieuses. Dès que la nouvelle se fut répandue qu'Artaxerxès Ochus allait attaquer Athènes, il profita de cette occasion pour armer la Grèce entière contre l'Asie. Il n'y avait que lui qui pût exécuter ce vaste projet. Les Grecs, enivrés de sa gloire, voyaient avec bonheur le moment où ils pourraient assouvir la haine qu'ils avaient toujours portée aux Perses. La pythie, consultée sur cette guerre nationale, avait répondu : « Le taureau est déjà couronné, sa fin approche, et il va bientôt être immolé. » Philippe, qui avait interprété ces paroles en sa faveur, se hâta de mettre ordre à ses affaires domestiques pour partir ensuite.

14. Mort de Philippe (336). — Déjà le roi de Macédoine avait reçu des couronnes d'or et des présents de toutes les villes de la Grèce ; Athènes elle-même s'était signalée par son zèle et ses largesses, et le poëte Néoptolème avait chanté à l'avance les victoires du grand roi dans une tragédie intitulée *Cinyras*. Les Grecs voulant célébrer son départ donnèrent des jeux et des spectacles religieux, et dans leur fol enthousiasme, ils placèrent parmi les images des douze dieux celle de Philippe, qui dépassait toutes les autres. Mais lorsque le monarque se rendit lui-même dans l'assemblée, un jeune seigneur macédonien, appelé Pausanias, le perça d'un coup de poignard et l'étendit mort à ses pieds (369). Philippe n'avait que quarante-sept ans et il en avait régné vingt-quatre. On a dit que Pausanias avait commis ce crime pour se venger d'un déni de justice, mais il paraît plus vraisemblable que l'or du roi de Perse ne fut pas étranger à cet assassinat.

QUESTIONNAIRE.

1. Quel est l'orateur qui s'éleva à Athènes contre Philippe ? Quel était son dessein ? Comment se nomment les discours qu'il prononça en cette circonstance ? Qu'est-ce qui en paralysa l'effet ?

2. Quelle était la puissance de Philippe ? Comment fortifia-t-il son armée ? Quel usage fit-il de ses trésors ?

3. Quelle fut sa première expédition en Grèce ? Que firent les Lacédé-

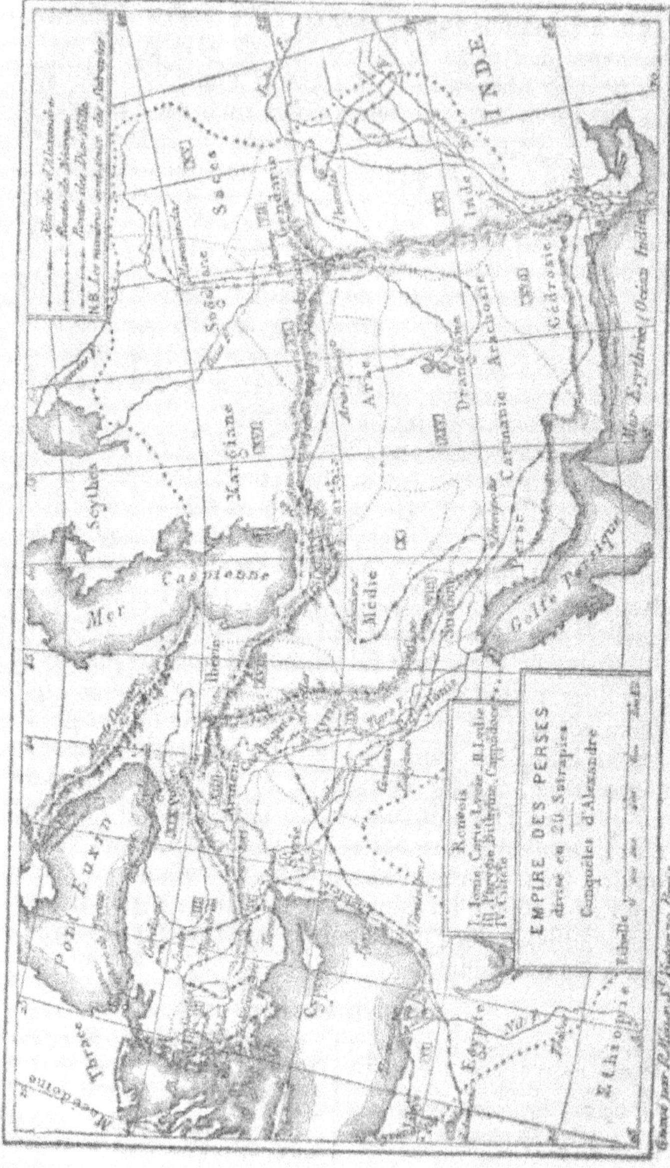
INDE
Saces
Scythes
Sogdiane
Margiane
Mer Caspienne
Mer
Médie
Arie
Drangiane
Arachosie
Gédrosie
Carmanie
Golfe Persique
Mer Érythrée (Océan Indien)
Pont Euxin
Thrace
Macédoine
Égypte
Éthiopie
Nil
EMPIRE DES PERSES
divisé en 20 Satrapies
Conquêtes d'Alexandre
Route d'Alexandre
Échelle
Gravé par R. Hausermann, Paris

moniens ? De quel côté se dirigea-t-il ensuite ?

4. Pourquoi attaqua-t-il Olynthe ? A qui les Olynthiens demandèrent-ils du secours ? Quels sont les discours que prononça alors Démosthène ? Comment Philippe en empêcha-t-il l'effet ?

5. Quelle impression produisit en Grèce la prise d'Olynthe ? Avec qui Philippe fit-il alliance ? Par quel moyen dissimula-t-il ses projets ambitieux ?

6. Quelle ambassade lui envoyèrent les Athéniens ? Que firent ces ambassadeurs ? Quelle fut la conduite de Démosthène ?

7. Sous quel prétexte Philippe revint-il en Grèce ? Quels avantages retira-t-il de la guerre sacrée ?

8. Que demanda-t-il au conseil amphictyonique ? Quelles prérogatives lui conféra ce conseil ? Que pensa Athènes de ces concessions et pourquoi dissimula-t-elle son ressentiment ?

9. De quel côté Philippe dirigea-t-il ensuite ses armes ? Pourquoi attaqua-t-il ensuite Lacédémone ? Quel conseil Démosthène donna-t-il alors aux Athéniens ? Où son fils Alexandre lui sauva-t-il la vie ?

10. Quelle proposition fit-il aux Athéniens ? Quel était le caractère de Démosthène ? Quel était celui de Phocion ? Que résulta-t-il de leur opposition ?

11. Quel soulèvement Philippe excita-t-il en Grèce ? De quelle autorité fut-il investi par le conseil des amphictyons ? Avec quel peuple les Athéniens s'unirent-ils ?

12. Où se donna la bataille ? Quelle fut la conduite d'Alexandre ? Que rapporte-t-on de Démosthène ? Par qui fut-il accusé ?

13. Quel projet conçut Philippe une fois maître de la Grèce ? Quelle réponse reçut-il de la pythie ?

14. Comment son projet avait-il été accueilli par les Grecs ? Par qui Philippe fut il assassiné ? Quelle fut la cause de cet assassinat ? Combien de temps Philippe a-t-il régné ?

CHAPITRE XVI

ALEXANDRE. CONQUÊTE DE L'ASIE. FONDATION D'ALEXANDRIE (1).

Résumé. — En annonçant à Nabuchodonosor la ruine de son empire, Daniel avait en même temps prédit que la monarchie de Perses serait renversée par les Grecs. Il compare le chef de ce nouveau peuple à l'aigle et au bélier pour faire comprendre avec quelle rapidité impétueuse il s'élance sur sa proie. Alexandre fut ce conquérant prédestiné. Ses exploits furent si extraordinaires, qu'on ne peut vraiment les comprendre sans voir l'esprit de Dieu le saisissant pour en faire le ministre et l'instrument de ses volontés.

1. Auteurs à consulter : Parmi les anciens : Plutarque, *Vies d'Alexandre et de Démosthène ; De la fortune d'Alexandre ; Œuvres morales*, Arrhien, *De expedit. Alexandri et Rerum Indic.* ; Diodore de Sicile, *Biblioth.*, l. XVII ; Justin, Quinte-Curce Ce dernier ne doit être consulté qu'avec défiance, parce que souvent il mêle le roman à l'histoire. Parmi les modernes : Sainte-Croix, *Examen critique des anciens historiens d'Alexandre.* On y trouve d'utiles renseignements.

« Voilà, dit Rollin, la véritable et l'unique cause des succès incroya-
bles de ce conquérant, de son courage intrépide, de l'affection de
ses troupes, du pressentiment de son bonheur et de son assurance
pour l'avenir qui étonnait ses plus hardis officiers. Si l'on se demande
ensuite quel était le but de la Providence en suscitant un pareil
génie, on pourra répondre avec Bossuet qu'elle voulait préparer
l'unité matérielle du monde qui devait faciliter la propagation de
l'Évangile, en faisant de tous les peuples une seule nation et de
tous les idiomes une seule langue. Ainsi, en substituant les Perses
aux Babyloniens, Cyrus avait réuni sous son spectre tout l'Orient,
et avait habitué à la même loi et au même maître tous les peuples
disséminés dans ces vastes contrées. Alexandre, en renversant l'empire des Perses et en poussant ses conquêtes au-delà de l'Indus, jusque dans les régions les plus orientales du monde connu, unit les
Grecs à toutes les nations, et prépara de cette manière l'alliance de
l'Occident et de l'Orient que Rome devait consommer. »

I. Alexandre naquit le jour où le temple d'Éphèse fut brûlé (356).
Il eut Aristote pour précepteur. Dès ses premières années il se distingua par son génie et son ardeur, et fit pressentir ce qu'il serait
un jour. Philippe lui retira cependant ses faveurs, mais il ne tarda
pas à reconnaître ses torts et à le rappeler à la cour. Alexandre
n'avait que vingt ans quand il monta sur le trône (336). Tous les
peuples que son père avait soumis essayèrent de reprendre leur
indépendance, mais il comprima leur rébellion. Il détruisit la ville
de Thèbes, et après avoir mis la Grèce à ses pieds, il se fit déclarer
généralissime d'une expédition contre les Perses et reprit ainsi l'exécution des projets de son père.

II. Il confia la régence de la Macédoine à Antipater, combla de
présents tous ses amis et partit à la tête d'une armée qui ne s'élevait pas au-dessus de 35,000 hommes. Les Perses pouvaient lui opposer des armées immenses, mais qui n'avaient ni la vigueur ni la
discipline des Grecs. Il passa le Granique, conquit l'Asie Mineure et
livra à Darius sa première grande bataille dans les plaines d'Issus
(333). Il le vainquit et fit prisonnières sa mère Sisygambis, sa femme
et ses filles. Il descendit ensuite vers la Phénicie, et après que ses
troupes eurent fait le siége de Tyr, il pénétra en Égypte et indiqua
l'endroit où il fallait construire une nouvelle ville qui servit d'entrepôt aux trois parties du monde alors connu. Cette ville reçut son
nom et fut appelée Alexandrie (332).

§ I⁵. — Histoire d'Alexandre depuis sa naissance jusqu'à son expédition contre les Perses. Guerre en Grèce (356-335)[1].

1. Naissance et éducation d'Alexandre (356). — Alexandre vint au monde le jour où le temple d'Éphèse fut brûlé. Les mages, effrayés de cet incendie, coururent à travers les rues de cette cité, en criant que l'Asie allait être victime du fléau le plus épouvantable. Philippe apprit la naissance de son fils immédiatement après la prise de Potidée, au moment même où il recevait la nouvelle de la victoire de Parménion sur les Illyriens et de son triomphe aux jeux Olympiques. Tous les devins qui furent consultés alors en tirèrent les plus heureux présages et déclarèrent « que l'enfant né au milieu de tant de victoires serait invincible. »

Pour rendre ce fils digne de la fortune brillante qui l'attendait, Philippe confia son éducation au philosophe le plus savant qui ait paru dans la Grèce. Il écrivit à Aristote cette lettre admirable : « J'ai un fils, et je rends grâce aux Dieux, moins encore de me l'avoir donné, que de l'avoir fait naître de votre temps. J'espère que vos soins et vos lumières le rendront digne de moi et de cet empire. » Le jeune Alexandre appréciait tellement le mérite et la science d'Aristote, qu'il lui était aussi attaché qu'à son père, et qu'il se plaisait à répéter : « Si je dois la vie à Philippe, je dois à Aristote de bien vivre. » Il puisa dans ses leçons un amour profond pour les sciences et les lettres, et témoigna toujours beaucoup d'affection aux savants, mais surtout aux poëtes. Il avait une si grande vénération pour le chantre d'Achille que, dans ses expéditions, il emportait l'*Iliade* avec lui, et se plaisait à trouver dans les héros d'Homère ce courage qui le rendait terrible dans les combats, ainsi que cette grandeur d'âme qui le plaça au-dessus de tous ses contemporains.

1. Pour suivre la marche d'Alexandre dans tous ses détails, voyez notre carte des *monarchies comparatives de Cyrus, de Darius et d'Alexandre.*

2. Ses premiers exploits. — Alexandre, dès ses
premières années, fit présager ce qu'il serait un jour.
Sage et tempérant, actif et impérieux, il méprisait tous
les plaisirs du corps et ne se montrait sensible qu'à la
gloire. Il encourageait par ses récompenses les littérateurs et les poëtes, et dédaignait en général les triomphes
qui n'étaient dus qu'à la force du corps. Quelqu'un lui
ayant demandé s'il disputerait jamais, à l'exemple de
son père, le prix de la course aux jeux olympiques, il
répondit fièrement *qu'il s'y rendrait s'il devait avoir des
rois pour rivaux.* Il étonnait les étrangers par l'élévation
de ses idées, il remplissait d'admiration ses amis par
l'éclat de ses projets. Quand on lui apprenait quelques
nouvelles victoires de Philippe : « Mes amis, » s'écriait-
il dans son impatience, « mon père prendra tout et ne
me laissera rien à faire de beau et de mémorable avec
vous. »

Philippe était charmé des heureuses dispositions qu'il
voyait briller dans son fils. Un jour qu'on lui avait amené
un cheval d'un très-grand prix, mais fougueux et violent, il entendit Alexandre murmurer de ce qu'il le ren-
voyait, comme étant trop difficile à dompter. Après lui
avoir reproché de blâmer ainsi des hommes qui lui
étaient supérieurs pour l'âge et l'expérience, il voulut
cependant éprouver son habileté en le défiant de monter
un pareil cheval. Alexandre, ainsi provoqué, s'approcha
de l'animal, s'élança sur son dos après l'avoir légèrement caressé, et parvint à s'en rendre maître. Philippe fut si enchanté de ce trait de vigueur et de courage,
qu'il l'embrassa en versant des larmes de joie et lui dit :
« Mon fils, cherchez un autre royaume qui soit plus
digne de vous, car la Macédoine ne saurait vous contenir. »

3. Disgrâce d'Alexandre. — Philippe avait tant de
confiance en son fils, qu'il le laissa seul régent du
royaume pendant qu'il alla faire la guerre à Byzance.
Nous l'avons vu à Chéronée lui remettre le commandement de l'aile gauche, et nous avons loué tout à la fois

le courage et la sagesse du jeune prince [1]. Malgré tant
de mérites, Alexandre ne tarda pas de perdre la faveur
de son père. Il aimait tendrement Olympias, sa mère, et
Philippe, qui avait à se plaindre de l'humeur capricieuse
et vindicative de cette princesse, lui préféra Cléopâtre,
qu'il épousa solennellement. Dans le festin des noces,
Attale, oncle de la nouvelle reine, eut la bassesse d'ou-
trager Alexandre, en prononçant des paroles qui portaient atteinte à l'honneur de sa mère. Le prince releva
vivement ces injures, et se permit de censurer la conduite du roi lui-même. Philippe s'en offensa, et obligea
son fils à se retirer avec Olympias en Illyrie. Mais le
Corinthien Démarate fit reconnaître au roi ses torts
et il les répara en rappelant à sa cour ceux qu'il en
avait exilés.

4. État des esprits à l'avénement d'Alexandre (336).
— Alexandre n'avait pas vingt ans lorsque Philippe fut
assassiné. A la nouvelle de cet événement, les Grecs
crurent l'heure de leur délivrance arrivée, et affectèrent une
joie non-seulement déplacée dans une telle circonstance,
mais encore insensée. Démosthène parut dans l'assemblée des Athéniens, une couronne sur la tête, proposant
de voter des actions de grâces aux dieux et d'honorer la
mémoire de Pausanias, qui avait égorgé le tyran de la
Grèce. Mais Phocion pensait plus juste. *L'armée qui
vous a vaincus à Chéronée*, dit-il, *n'est diminuée que d'un
homme.*

Toutefois, les barbares prenant aussi le parti de la
révolte, les Grecs purent espérer qu'Alexandre les lais-
serait tranquillement jouir de leur liberté. Les conseils
de la plupart des Macédoniens étaient conformes au vœu
des Grecs; mais Alexandre, loin de se rendre à ces avis
pusillanimes, résolut de déconcerter ses ennemis par la
promptitude et la vivacité de ses attaques. Il soumit
d'abord les barbares, au nombre desquels étaient les
Triballiens, qu'il poursuivit au-delà du Danube. Comme

----

1. Voyez plus haut, p. 247.

il pensait que son nom avait déjà jeté la terreur parmi ces nations sauvages, il demanda aux Gaulois, qu'il rencontra sur sa route, ce qu'ils craignaient le plus. *Rien*, répondirent-ils, *sinon que le ciel tombe sur nos têtes*. Étonné de cette parole, le futur conquérant de l'Asie rebroussa chemin, se précipita sur les Thessaliens qu'il dompta, et jeta ensuite ses regards vers la Grèce.

5. Ruine de Thèbes (335). — D'après les conseils et les exhortations de Démosthène, la Grèce entière s'était liguée contre Alexandre. Le bruit de sa mort s'étant répandu parmi les Thébains, ils eurent la barbarie d'égorger une partie de la garnison macédonienne qui occupait leur citadelle. Cette perfide cruauté irrita Alexandre, qui, passant aussitôt les Thermopyles, dit à ceux qui l'accompagnaient : « Démosthène m'a appelé enfant quand j'étais en Illyrie, et jeune homme lorsque je suis allé en Thessalie ; je veux lui montrer au pied des murailles d'Athènes que j'ai atteint la maturité de l'âge. » Il fut fidèle à sa résolution, car il fondit sur la Béotie avec une activité qui surprit les Thébains. En arrivant sous les murs de leur capitale il se contenta de demander l'extradition de tous ceux qui avaient trempé dans le sang de ses soldats. Mais les Thébains n'ayant répondu à cette proposition pleine de clémence que par des insultes, il les attaqua, les défit et ruina complétement leur ville pour effrayer le reste de la Grèce et affermir ainsi sa puissance. Il épargna seulement ceux qui s'étaient opposés à la rébellion, ainsi que les descendants de Pindare, par respect pour la mémoire de cet illustre poëte. Tous les autres furent vendus ou exterminés.

6. Diète générale de la Grèce. — Lorsqu'Alexandre eut rempli d'effroi les autres nations par cette excessive sévérité, il convoqua à Corinthe une assemblée générale formée des députés des États et des villes libres de la Grèce. Dans cet auguste conseil il proposa le projet qu'il avait conçu de faire la guerre aux Perses. Ce dessein fut accueilli avec enthousiasme par tous les Grecs, qui se promettaient d'assouvir enfin la haine qu'ils nourrissaient contre ces barbares. On lui décerna avec acclamation le titre de généralissime, et il reçut au sujet de son élection les félicitations de ses officiers et de tous les philosophes célèbres. Diogène seul lui refusa son hommage. Alexandre, étonné, voulut aller le voir, et, se plaçant devant lui, il lui demanda s'il désirait quelque chose : *Oui*, répondit le cynique, *que tu te retires de mon soleil*. Cette grossièreté déplut aux courtisans ; mais Alexandre y trouva de la grandeur, du désintéressement et de l'indépendance, on prétend même qu'il s'écria : *Si je n'étais pas Alexandre, je voudrais être Diogène*.

Il fut ensuite désireux de consulter la pythie sur le succès de son expédition. Comme le jour où il vint l'interroger était précisément un de ces jours qu'on croyait malheureux, elle refusait de monter sur son trépied ; mais Alexandre la prit par le bras pour la conduire de force au temple. Alors, cédant aux désirs du monarque, elle s'écria : *O mon fils, rien ne peut te résister*. Le héros macédonien s'empressa d'accepter ces paroles pour un oracle, et il se rendit sur-le-champ dans son royaume pour faire les préparatifs de son départ.

QUESTIONNAIRE.

1. Quel jour naquit Alexandre ? En quelles circonstances son père apprit-il sa naissance ? A qui confia-t-il son éducation ? Qu'écrivit-il à Aristote ? Quels furent les sentiments d'Alexandre pour ce maître illustre ?

2. Quel fut le caractère d'Alexandre? Que pensait-il au sujet des victoires de son père? Quelles paroles lui dit un jour Philippe enchanté de ses heureuses dispositions?

3. Quelles charges lui confia-t-il ? Comment perdit-il la faveur de son père?

4. A quel âge Alexandre monta-t-il sur le trône ? Quels furent les sentiments des Grecs à son avénement? Quels furent ses premiers exploits ?

5. Quelle ligue se forma en Grèce contre lui? Que firent les Thébains? Comment furent-ils punis de leur cruauté? Quelle maison fit-il épargner ?

6. Où convoqua-t-il l'assemblée générale de la Grèce? Quel projet y proposa-t-il ? Quel est le titre qu'on lui conféra ? Racontez son entrevue avec Diogène. Quelle réponse lui fit la pythie?

§ II. Conquêtes en Asie. Fondation d'Alexandrie.

1. Départ d'Alexandre (334). — Avant de quitter la Macédoine, Alexandre mit ordre à ses affaires. Il confia la régence du royaume à Antipater, et lui laissa vingt mille hommes d'infanterie et de cavalerie pour maintenir ses États dans l'obéissance.

Il voulut aussi régler les affaires domestiques de ses amis, et se les attacher par des bienfaits. A l'un il donnait un village, à l'autre une terre, à celui-ci une forte somme d'argent, à celui-là des revenus considérables. Parménion, le voyant ruiné par ses largesses, lui demanda : *Que vous réservez-vous, seigneur?* — *L'espérance*, lui répondit Alexandre. Ce héros eut toujours, comme la plupart des grands hommes, le sentiment de la mission extraordinaire à laquelle Dieu l'avait prédestiné.

2. Force respective des deux partis. — L'armée d'Alexandre ne s'élevait guère au delà de 35,000 hommes : 30,000 fantassins et 4 ou 5,000 cavaliers. Tous les chefs étaient des hommes mûris par l'expérience, qui avaient fait leurs preuves sous Philippe en maintes circonstances. Les soldats étaient accoutumés à un ordre et à une discipline admirables. Malgré l'infériorité de leur nombre, Alexandre comptait tellement sur le succès, qu'il ne prit des vivres que pour un mois, et se contenta d'emporter avec lui 70 talents pour couvrir les frais de l'expédition.

L'immense empire des Perses pouvait mettre sur pied des forces infinies, mais cette multitude d'hommes efféminés n'étaient pas capables de résister au choc d'une armée puissante comme la phalange macédonienne. La retraite des dix mille, le succès d'Agésilas et les dernières révolutions de l'Égypte avaient prouvé que cette nation n'avait plus rien conservé de son ancienne valeur. Indépendamment de cette mollesse qui était le fruit du luxe et de la corruption, son immense étendue lui ôtait toute unité. Il importait peu aux Indiens et aux peuples de l'Asie orientale que l'Asie Mineure fût ou non subjuguée. Cette diversité d'intérêts, qui tenait les vastes provinces du grand empire dans une sorte d'isolement, l'empêcha toujours d'agir avec concert, et facilita la conquête de ses ennemis.

3. Passage du Granique — Darius Codoman, qui était assis en ce temps-là sur le trône de Perse, avait à ses côtés un général rhodien très-habile, l'illustre Memnon. Il avait conseillé au grand roi de porter la guerre en Macédoine, et d'obliger ainsi Alexandre à battre en retraite. Ce contre-projet aurait réussi ; mais la rapidité de la marche d'Alexandre, qui se montra tout à coup au delà de l'Hellespont, le fit échouer. Les deux armées se trouvèrent en présence sur les bords du Granique. Le combat fut très-opiniâtre, et Alexandre y courut de très-grands périls. C'en était fait de sa vie, si Clitus n'eût abattu d'un coup de sabre la main du Perse qui allait lui donner la mort. Le danger du roi enflamma le courage de ses troupes, qui mirent en fuite les ennemis. Après la victoire, Alexandre, pour exalter ses soldats, eut l'heureuse idée de les associer à ses triomphes, en faisant placer sur le butin cette inscription glorieuse : « Alexandre, fils de Philippe, et les Grecs, excepté les Lacédémoniens, ont gagné ces dépouilles sur les barbares qui habitent l'Asie. »

4. Conquête de l'Asie Mineure (334-333).—Pour hâter ses succès, il traitait avec la plus grande douceur toutes les villes qui se rendaient à lui, et se donnait comme leur libérateur en les affranchissant. C'est ainsi qu'il rendit à Sardes et à Milet leur liberté. Il emporta d'assaut Halicarnasse, et reçut la soumission de plusieurs petits souverains qui vinrent à lui volontairement. Il hésita ensuite, ne sachant s'il devait attaquer directement Darius dans la campagne suivante (333) ; mais il crut plus sage de soumettre toutes les provinces maritimes, afin de ne point laisser d'ennemis derrière lui. Il parcourut donc la Cilicie, la Pamphylie et la Phrygie, exigeant l'hommage et le tribut de toutes ces contrées. En passant par cette dernière province qui avait alors Gordium pour capitale, il coupa le nœud gordien avec son épée, prétendant accomplir l'oracle qui promettait l'empire d'Asie à celui qui le dénouerait. De là il passa dans la Paphlagonie et la Cappadoce, où il apprit la mort de Memnon, le seul homme que Darius eût pu lui opposer avec avantage. Cette nouvelle lui inspira l'idée de marcher sans délai vers la haute Asie, et il s'avança à grandes journées du côté de la Cilicie. Il eut le bonheur de passer à travers ces montagnes sans rencontrer un seul ennemi et d'arriver ainsi à Tarse. Là il fut saisi d'une maladie violente, pour s'être baigné dans les eaux du Cydnus, qui passe à travers cette ville. Sa confiance magnanime dans la science et la probité de son médecin Philippe lui rendit la santé et le disposa à remporter une nouvelle victoire.

5. Bataille d'Issus (333). — Pendant ce temps Darius s'était mis en marche. Au lieu d'attendre les Macédoniens dans les vastes plaines de l'Assyrie, où il aurait pu facilement déployer toutes ses forces, sa présomption l'aveugla, et il s'engagea au milieu des défilés de l'Asie Mineure, se flattant à l'avance de la victoire. Tous ses courtisans applaudissaient à ses espérances; il ne se trouva qu'un Athénien nommé Charimène qui eut la force de lui dire la vérité. Après lui avoir fait le tableau de la vigueur des Macédoniens, et l'avoir mise en contraste avec la mollesse des Perses, il osa dire en terminant : « Pour arrêter les Macédoniens, il faut des forces pareilles aux leurs, et c'est dans leur pays qu'il faut chercher du secours contre eux. Faites-y passer tout cet or et cet argent inutiles que je vois ici, et achetez-en de bonnes troupes. » Ces paroles déplurent au roi, et Charidème paya de sa vie son courage et sa franchise.

Le combat s'engagea dans les plaines d'Issus. Selon les prédictions de Charidème, les Perses furent vaincus. Darius prit la fuite et laissa sa mère Sisygambis, sa

femme et ses filles entre les mains du vainqueur.
Alexandre voulut qu'on les traitât avec les égards dus à
leur rang, et leur fit dresser une tente où elles vécurent
tranquilles et respectées comme elles l'étaient sur le
trône. Quand il les visita, Éphestion, son intime ami,
l'accompagnait. Sisygambis, trompée par la taille du favori, le prit pour le maître et se jeta à ses pieds avec
toutes les autres captives. Un esclave l'ayant avertie de
sa méprise, elle demanda pardon à Alexandre, s'excu-
sant sur ce qu'elle ne l'avait jamais vu. Mais le héros
macédonien, plus grand dans cette circonstance que sur
le champ de bataille, prononça cette belle parole :
« Non, ma mère, vous ne vous êtes point trompée, car
celui-ci est aussi Alexandre. »

6. Siége et prise de Tyr (333-332). — Après la bataille d'Issus, Alexandre laissa fuir Darius, et résolut
ensuite de se rendre maître de la mer, en s'emparant de
la ville de Tyr et de toutes les autres cités importantes
par leur commerce. Parménion entra dans Damas, où il
trouva des trésors immenses ; Sidon ouvrit ses portes à
Alexandre, et reconnut pour roi le jardinier Abdolo-
nyme. Il alla ensuite mettre le siége devant Tyr. Cette
ville, qui se croyait inexpugnable, tant elle avait confiance dans ses remparts et dans la mer qui l'environnait, refusa de se soumettre. Mais Alexandre prouva,
comme l'avait dit la pythie, que rien ne lui pouvait résister. Il mit en activité les ingénieurs les plus habiles,
fit exécuter des travaux gigantesques, et vainquit,
après sept mois d'héroïques efforts, la résistance des
assiégés. Il les extermina tous ou les vendit comme
des esclaves, commençant ainsi par d'affreux désastres
les malheurs qu'Ézéchiel avait prédits à cette opulente
cité. Il avait menacé Jérusalem d'un semblable châtiment, mais le grand prêtre Jaddus désarma sa colère,
en lui montrant, dans les saintes Écritures, ses exploits
annoncés à l'avance par les prophètes.

7. Projet d'Alexandre. — Dans ce moment Alexandre
fit voir qu'il ne bornait ses conquêtes qu'à la ruine de

l'empire de Darius. Le grand roi, après lui avoir écrit une première lettre fort insolente, s'était enfin décidé à s'humilier et à lui demander la paix. Alexandre réunit aussitôt son conseil pour mettre l'affaire en délibération. Parménion dit qu'il accepterait les offres de Darius s'il était Alexandre : *Et moi aussi*, reprit Alexandre, *si j'étais Parménion*. Se sentant en quelque sorte poussé par la main de Dieu qui l'avait choisi pour exécuter de grandes choses, il répondit avec noblesse et grandeur à Darius, mais toutefois sans lui laisser aucune espérance d'accommodement.

8. Conquête de l'Égypte. Fondation d'Alexandrie (332). — Maître de la Syrie, de la Palestine et de la Phénicie, Alexandre voulut marcher sur l'Égypte. Avant d'en entreprendre la conquête, il s'empara de Gaza, et traîna cruellement autour des murs de cette ville le cadavre de Bétis, qui en était gouverneur. C'était une triste imitation de la vengeance d'Achille sur Hector. Pour s'emparer de l'Égypte, il n'eut pas besoin de livrer un seul combat, car depuis longtemps ce pays cherchait à s'affranchir des Perses et à vivre selon ses lois, ses mœurs et ses croyances. Alexandre se montra prêt à seconder ses inclinations patriotiques. Il témoigna même une sorte d'enthousiasme pour le culte et les divinités de cette nation, et alla jusqu'à traverser les déserts de la Lybie pour visiter le temple de Jupiter Ammon, dont il se disait le fils.

Son amour pour la science l'avait porté à se faire accompagner d'une multitude de savants pour décrire le sol de cette contrée, les productions qui l'enrichissent et les animaux qui l'habitent. Il avait chargé des philosophes d'étudier les traditions et les idées spéculatives des prêtres, et il avait choisi des historiens pour raconter les événements qui avaient rapport à son expédition. Aristote, qui le suivit partout, trouva là d'abondants matériaux pour son histoire naturelle. Mais ce qui influa surtout sur la civilisation égyptienne, ce fut la construction d'Alexandrie. Placée à la jonction des trois continents, communiquant avec l'Europe par la Méditerranée, avec l'Asie par le golfe Persique, elle devait être un jour le centre du commerce méditerranéen et l'entrepôt de toutes les marchandises de l'Egypte.

QUESTIONNAIRE.

1. A qui Alexandre confia-t-il la régence de son royaume avant son départ ? Quelles largesses fit-il ? Que se réserva-t-il ?

2. Quelle était la force de l'armée d'Alexandre ? De quelles ressources disposait l'empire des Perses ? En quel état se trouvait alors cette nation ? Qu'est-ce qui faisait sa faiblesse ?

3. Quel conseil avait donné le général Memnon au roi Darius ? Où se rencontrèrent pour la première fois les deux armées ? Quelle inscription fit placer Alexandre sur le butin ?

4. Comment traita-t-il les villes de l'Asie Mineure ? Pourquoi voulut-il soumettre toutes les provinces maritimes ? Pourquoi coupa-t-il le nœud gordien? Que lui arriva-t-il dans les eaux du Cydnus ?

5. Quelle faute fit Darius? Quel est l'Athénien qui osa lui dire la vérité ? Où le combat s'engagea-t-il ? Quelle en fut l'issue ? Que devint la famille de Darius ? Comment Alexandre la traita-t-il?

6. Que fit Alexandre après la bataille d'Issus ? Racontez le siége de Tyr. Comment le grand prêtre Jaddus détourna-t-il de Jérusalem la colère du roi ?

7. Quelle proposition Darius fit-il à Alexandre? Quel fut le sentiment de Parménion ? Que lui répondit Alexandre ?

8. Sur quelle contrée se dirigea ensuite Alexandre ? Comment s'empara-t-il de l'Égypte ? Que fit-il pour s'attacher les Égyptiens ? Que s'était-il proposé dans cette conquête ? Quelle ville fonda-t-il en Égypte ? Qu'est-ce qui fit l'importance d'Alexandrie ?

CHAPITRE XVII

DERNIÈRE PÉRIODE DU RÈGNE D'ALEXANDRE.
ÉTENDUE DE L'EMPIRE MACÉDONIEN A LA MORT D'ALEXANDRE.

RÉSUMÉ. — La gloire resta fidèle à Alexandre jusqu'à la fin de sa vie.

1. Après avoir fondé Alexandrie il quitta l'Afrique pour envahir l'Asie intérieure et chercher Darius au cœur même de ses États. Ce fut dans les plaines d'Arbelles que se décidèrent les destinées de l'empire persan (331). Après cette grande victoire, l'illustre conquérant s'empara de Babylone, de Suse et de Persépolis, et apprit, peu de temps après, la mort de Darius (330). Tout en poursuivant Bessus son assassin, il s'assura de la Bactriane et de tout le nord de ce vaste empire, en reculant ses limites jusqu'à l'Iaxarte. Il triompha même des Scythes (328), mais tant de succès l'éblouit, il

se laissa aller au luxe oriental et se souilla du sang de ses officiers les plus dévoués.

II. La flatterie et une ambition sans bornes l'entraînèrent ensuite dans l'Inde (327). Il soumit tout le pays qui se trouve en deçà de l'Indus, franchit l'Hydaspe, défit Porus et construisait des villes dans ces pays sauvages pour perpétuer le souvenir de son passage. Son armée révoltée ne lui ayant pas permis d'aller plus loin, il redescendit ce fleuve, et, arrivé sur le littoral de la mer Erythrée, il confia sa flotte à Néarque en lui ordonnant d'explorer cette mer. Pour lui, il suivit la côte avec son armée de terre et regagna ainsi Babylone. Il concevait les projets les plus gigantesques lorsque la mort vint l'enlever subitement à la fleur de son âge (324).

III. Son immense empire était divisé en 37 satrapies : 2 en Europe, la *Macédoine* et la *Thrace* ; 3 en Afrique, l'*Arabie*, l'*Egypte* et la *Libye grecque* ; 32 en Asie, dont 8 en deçà de l'Euphrate : la *petite Phrygie*, la *Lydie*, la *Carie*, la *Lycie* et la *Pamphylie* ; la *grande Phrygie*, la *Paphlagonie*, la *Cilicie* et la *Syrie* qui était unie à la Phénicie, à la Palestine et à l'île de Chypre ; 4 dans les pays arrosés par l'Euphrate et le Tigre : la *Mésopotamie*, l'*Assyrie*, la *Babylonie* et la *Susiane* ; 13 dans les pays situés entre le bassin du Tigre et celui de l'Indus : l'*Arménie*, la *Médie septentrionale*, la *grande Médie*, le pays des *Mardes* et des *Dapyres*, l'*Hyrcanie* et la *Parthie*, la *Parétacène*, la *Perse*, l'*Arie* et la *Dranghiane*, la *Carmanie*, la *Gédrosie* et l'*Arachosie* ; le pays des *Paropamisades*, la *Bactriane* et la *Sogdiane* ; 7 dans la région de l'Indus : l'*Inde citérieure*, l'*Inde ultérieure*, le royaume de *Taxile*, celui de *Porus*, la satrapie des *Malliens*, celle des *Arsacéniens* et le royaume d'*Abissar*. Les conquêtes d'Alexandre eurent les plus heureux résultats pour la civilisation. Il mit à profit les lumières de l'Égypte et initia aux progrès de la civilisation une foule de peuples barbares. Son génie cosmopolite prépara la grande unité matérielle qui était réalisée dans le genre humain à l'avénement du Christ, en engageant toutes les nations qu'il avait vaincues à vivre sous les mêmes lois.

---

§ Ier. — Depuis la fondation d'Alexandrie jusqu'à l'expédition d'Alexandre dans les Indes (331-327).

1. **Invasion d'Alexandre dans l'Asie intérieure (331).** — Alexandre termina rapidement ses affaires en Égypte, repassa dans la Palestine et la Syrie pour prévenir tous les troubles qui auraient pu éclater dans ces pays récemment subjugués, fit rendre à l'épouse de Darius, dont il apprit alors la mort, les honneurs dus à

sa condition, et alla ensuite chercher les Perses au centre de leur domination. Il traversa l'Euphrate et le Tigre sans éprouver de résistance, et se trouva en présence de Darius dans les plaines d'Arbelles.

2. Bataille d'Arbelles (331). — « Les deux armées, dit Rollin, étaient bien différentes pour le nombre et encore plus pour le courage. Celle de Darius était composée au moins de 600,000 hommes de pied et de 40,000 chevaux ; l'autre, de 40,000 hommes de pied et de 7 à 8,000 chevaux. Mais ici tout était force et nerf ; au lieu que du côté des Perses c'était un grand nombre d'hommes, non de soldats, un vain épouvantail plutôt qu'une véritable armée. » Alexandre était si sûr de la victoire, que, lorsqu'il eut donné ses derniers ordres, il se retira dans sa tente, et dormit d'un si profond sommeil, que le lendemain il fallut l'éveiller. Comme Parménion lui en témoignait de l'étonnement : *Eh! comment ne serions-nous pas tranquilles*, dit-il, *lorsque l'ennemi vient lui-même se livrer entre nos mains.* En effet, cette fois encore, la tactique triompha très-facilement du nombre. L'armée de Darius, embarrassée par la multitude des combattants, ne put résister aux troupes agiles et vigoureuses d'Alexandre.

3. Prise de Babylone, de Suse et de Persépolis. — Cette victoire décidait à peu près irrévocablement du sort de l'empire des Perses. Alexandre en rendit grâces aux dieux, combla de richesses et d'honneurs les généraux et les soldats qui s'étaient distingués dans cette journée, et témoigna spécialement aux Grecs sa reconnaissance par de riches présents. Il attaqua ensuite successivement toutes les grandes villes de l'empire persan. Babylone n'essaya pas même de résister : elle envoya Mazée, son gouverneur, offrir sa soumission au vainqueur d'Arbelles, et le reçut en triomphe dans ses murs. Il en fut de même de Suse. Persépolis voulut se défendre, mais en peu de temps elle fut obligée de livrer aussi tous ses trésors au héros macédonien.

4. Mort de Darius (330). — Darius, fuyant sans

cesse devant ses ennemis, était déjà parvenu jusqu'à Ecbatane, capitale de la Médie, qu'il abandonna bientôt, ne s'y croyant pas en sûreté. En effet, cinq jours après sa défaite, Alexandre entrait victorieux dans la ville. L'infortuné roi de Perse, à peine échappé à ce danger, allait succomber sous les coups d'un traître. Bessus, gouverneur de la Bactriane, qui était à la tête de sa cavalerie, croyant se rendre agréable à Alexandre, le fit charger de chaînes, et l'exposa ensuite aux traits de ses soldats. Un Macédonien, nommé Polystrate, recueillit son dernier soupir et ses dernières paroles. Il lui dit qu'il remerciait Alexandre de tous les égards qu'il avait eus pour sa famille, qu'il mourait en demandant aux dieux qu'ils le couronnassent roi de l'univers, et qu'il croyait n'avoir pas besoin de le charger de venger sa mort, parce que sa cause était la cause commune de tous les rois.

5. Défaite et mort de Bessus (329). — Il était d'ailleurs de l'intérêt d'Alexandre de poursuivre vivement le régicide Bessus, car il pouvait, avec les forces dont il disposait, se créer au nord-est un redoutable empire. Mais l'activité et la vigueur du conquérant ne lui en laissèrent pas le temps. Alexandre traversa le pays des Parthes, subjugua les Mardes, les Ariens, les Drangiens, les Arachosiens, et, après avoir parcouru toutes ces contrées avec la rapidité de l'aigle, il lança ses soldats sur la Bactriane, où Bessus s'était réfugié avec le titre de roi. Ce traître, n'osant hasarder sa fortune dans une bataille, prit le parti de se retirer dans le Caucase après avoir fait ravager toutes les campagnes voisines. Il espérait, par ce moyen, empêcher Alexandre de pénétrer jusqu'à lui; mais rien ne put arrêter la marche de l'infatigable conquérant. Il s'empara de Bactres, la capitale de la Bactriane, traversa les déserts arides qui le séparaient de Bessus, l'atteignit avec son armée et le fit prisonnier.

6. Expédition d'Alexandre contre les Scythes (328). — Alexandre acheva ensuite la conquête de la Sogdiane, et recula les limites de son empire jusqu'à l'Iaxarte. C'est alors qu'il reçut une ambassade des Scythes qui venaient lui offrir leur soumission. Il leur fit bon accueil et les prit sous sa protection. Mais des révoltes qui éclatèrent dans la Sogdiane et la Bactriane l'ayant obligé, pour assurer ses conquêtes, à bâtir, sur les bords de l'Iaxarte, une ville nouvelle, qu'il appela de son nom Alexandrie, les Scythes s'offensèrent du voisinage de cette forteresse, qui leur paraissait menaçante pour leur liberté. Ils entreprirent donc de la renverser. Alexandre, insulté par cette tentative, se vit contraint de les combattre. Sa position était très-difficile. Il se trouvait au milieu des Bactriens et des Sogdiens prêts à se révolter, et, d'un autre côté, il voyait son armée considérablement affaiblie. Mais sa fortune ne l'abandonna pas, il triompha des Scythes comme des autres nations, et sa victoire sur ces barbares, qui passaient pour invincibles, remplit de terreur et d'admiration tous les autres peuples.

7. Luxe et cruauté d'Alexandre. — Mais, pour ce conquérant, comme pour tant d'autres, la prospérité fut un écueil. S'il vainquit les Perses par le fer, ceux-ci s'en vengèrent en triomphant de lui par le luxe et la corruption. Sous prétexte qu'il était nécessaire pour affermir son empire qu'il imitât les mœurs des vaincus, il s'informa du luxe et de la magnificence que les rois de Perse déployaient sur leur trône et les imita. C'était à table la même somptuosité, dans les habits la même richesse, et dans les présents une semblable profusion. Il donna 240 millions aux Macédoniens pour payer leurs dettes, et distribua 20,000 talents (environ 110,000,000 fr.) aux soldats qu'il renvoya dans leurs foyers. Il avait dans son sérail 360 femmes avec des esclaves, comme c'était l'antique usage des Perses. « Il ordonna, dit Cantu, que tout ce que l'on trouverait de pourpre dans l'Ionie fût acheté pour sa cour, où 500 personnes portaient cette couleur distinctive de la royauté. Sa tente d'audience contenait cinq cents petits lits, et se dressait sur huit colonnes d'or soutenant un baldaquin richement brodé en or; 500 gardes s'y tenaient constamment, revêtus d'un uniforme pourpre et orange; 1,000 étaient habillés de jaune vif et d'écarlate; d'autres encore de bleu; 500 Macédoniens portaient en outre le bouclier d'argent; le siége sur lequel il s'asseyait, élevé au milieu du pavillon, était aussi d'argent. »

Les Macédoniens regrettaient de voir ainsi leur roi préférer aux mœurs de leurs aïeux les coutumes des barbares. Plusieurs ne dissimulèrent même pas leur mécontentement. Alexandre, instruit de leurs dispositions secrètes, devint dès lors soupçonneux et irascible, et se priva de ses meilleurs amis en écoutant maladroitement sa colère et sa défiance. Il mit à mort Philotas, un de ses officiers les plus dévoués, pour ne lui avoir pas dénoncé une conspiration, ou plutôt un projet de conspiration que celui-ci avait jugé indigne d'attirer l'attention du monarque. Il envoya ensuite au supplice le père de Philotas, l'illustre Parménion, dans la crainte qu'il ne vengeât la mort de son fils. Plus tard, il se couvrit du sang de Clitus, qui avait pris la liberté de censurer sa conduite. Il enveloppa aussi le philosophe Callisthène dans une prétendue conspiration, et le mit à mort pour le punir de quelques paroles de blâme qu'il avait laissé tomber sur sa conduite.

QUESTIONNAIRE.

1. Que fit Alexandre après avoir fondé Alexandrie? Quels honneurs fit-il rendre à l'épouse de Darius après sa mort? Où rencontra-t-il l'armée persane?

2. Quelles étaient les forces des deux armées? Quelle différence y avait-il dans leurs dispositions? Quelle assurance montra Alexandre avant la bataille?

3. Quel fut le résultat de cette victoire? De quelles villes s'empara Alexandre?

4. Par qui Darius fut-il trahi? Comment mourut ce prince?

5. Pourquoi Alexandre poursuivit-il Bessus? Quelles contrées traversa-t-il? De quelle capitale s'empara-t-il? Où atteignit-il Bessus?

6. Où les Scythes lui envoyèrent-ils une ambassade? Qu'est-ce qui l'obligea à les combattre? Quelle fut la difficulté de sa position?

7. Dans quel écueil tomba Alexandre? De quel luxe s'environna-t-il? Quelle impression ce changement produisit-il sur les Macédoniens? Quels meurtres commit l'illustre conquérant?

§ II. — Depuis l'expédition d'Alexandre dans les Indes jusqu'à sa mort (327-324).

1. Expédition contre les Indes (327). — Au milieu de ses débauches et de ses excès, Alexandre ne perdit pas pourtant son insatiable soif de conquêtes. Les flatteurs qui l'environnaient ne cessaient de lui répéter qu'il était né pour commander à la terre entière, et son ambition ne pouvait être satisfaite tant qu'il verrait encore autour de lui quelques pays à subjuguer. Les fausses notions qu'on avait alors sur le globe terrestre faisaient croire que la terre se terminait à l'Orient par l'Océan, qui en traçait les limites naturelles. Alexandre put donc se persuader qu'en s'emparant des Indes, contrée au-delà de laquelle tout finissait, il reculerait les bornes de son empire, au moins de ce côté, jusqu'aux confins de l'univers. Ce beau rêve l'éblouit, et comme il venait de recevoir de la Macédoine un renfort de 17,000 hommes, il fit quelques nouvelles levées parmi les Bactriens et les Sogdiens, et commença l'exécution de son entreprise à la tête d'une armée de 120,000 hommes.

2. Ses conquêtes en deçà de l'Indus. — En abordant dans les Indes, Alexandre vit une foule de petits rois s'empresser de venir lui rendre leurs hommages. Il envoya en avant Perdiccas et Éphestion pour éclairer sa marche vers l'Indus, et livra une multitude infinie de petits combats contre toutes les tribus qui lui opposèrent de la résistance. Cette partie de l'Inde était habitée par les Seïkhs et les Marattes, qui forment la caste guerrière, et c'est ce qui nous explique la difficulté qu'éprouva le roi de Macédoine à la dompter. D'ailleurs, par suite de son ignorance des lieux et du climat, il avait commencé son expédition dans la saison des pluies, ce qui rendit sa marche lente et difficile. Néanmoins il parvint à s'emparer des villes de Nise, de Massaga, d'Ora et d'Embolime, et arriva enfin au fleuve de l'Indus. Éphestion en avait préparé le passage. Il trouva sur la rive Taxile, roi du pays situé entre l'Indus et l'Hydaspe, qui venait lui faire sa soumission à la seule condition qu'il le défendrait contre Porus et Abissar, ses rivaux.

3. Passage de l'Hydaspe. Défaite de Porus. — Ces deux princes régnaient au-delà de l'Hydaspe : Porus était le plus puissant. Alexandre, qui espérait l'intimider par sa renommée, lui ordonna de se reconnaître son vassal et de lui livrer son royaume. Porus répondit avec fierté qu'il irait au-devant d'Alexandre jusqu'à la frontière, mais les armes à la main. On le vit en effet bientôt paraître sur les rives de l'Hydaspe avec une armée formidable, prête à en disputer le passage aux Macédoniens. Jamais ces derniers, habitués à la victoire, ne s'étaient vus dans une position aussi critique, et Alexandre, pour triompher des ennemis, fut obligé d'avoir recours à la ruse. Trompant la vigilance de Porus et de ses soldats, il passa, pendant la nuit, le fleuve dans un endroit qui n'était pas gardé et vint placer ensuite son armée en bataille devant les barbares. Mais, malgré la supériorité de leur nombre et l'héroïsme de leur courage, les Indiens ne purent résister aux savantes attaques des Macédoniens. Porus fut défait et amené captif devant Alexandre. Le héros victorieux lui ayant demandé comment il voulait être traité : *En roi*, répondit fièrement Porus. — *Mais*, ajouta Alexandre, *ne demandez-vous rien davantage ?* — *Non*, répliqua le monarque indien, *tout est compris dans ce seul mot*. Cette grandeur d'âme plut au vainqueur. Il lui laissa son royaume, le combla d'honneurs et de présents, et en fit le plus fidèle de ses alliés.

4. Marche d'Alexandre vers le Gange. — Pour perpétuer le souvenir de ses derniers exploits, Alexandre construisit deux villes, l'une appelée *Nicée*, à l'endroit où il avait vaincu Porus, et l'autre *Bucéphalie*[1], au lieu même où il passa l'Hydaspe. Son dessein était de pous-

1. Il appela ainsi cette ville, en mémoire de son cheval *Bucéphale* qui avait été tué en cet endroit.

ser ses conquêtes jusqu'à l'extrémité de l'Orient, et d'aller même au delà du Gange. Mais son armée fut loin d'applaudir à ces rêves insensés. Les soldats, épuisés par une marche de plusieurs mois au milieu des pluies et des orages, et ne comprenant pas pour quel motif ils s'imposaient des peines et des fatigues aussi rudes, demandèrent à grands cris le retour. Ils voyaient d'ailleurs devant eux l'Hydaspe, fleuve d'une largeur et d'une profondeur excessives; ils entendaient dire qu'au delà il leur faudrait marcher pendant douze jours à travers un horrible désert, et qu'ils trouveraient ensuite le Gange, le plus grand des fleuves de l'Inde, défendu par une armée de plus de 200,000 hommes. Alexandre eut beau s'indigner, il ne put vaincre les répugnances que leur inspiraient ces nouveaux périls, et il fut obligé de s'en retourner, après avoir élevé douze autels sur les rives de l'Hydaspe, pour montrer jusqu'où ses armes avaient pénétré.

5. Retour d'Alexandre (326). — Alexandre voulant que ses conquêtes profitassent à la science, au commerce et à la civilisation, résolut d'explorer avec soin les régions qu'il venait de subjuguer. A cet effet, il descendit l'Hydaspe jusqu'à l'endroit où il se jette dans l'Indus, et suivit ce dernier fleuve jusqu'à son embouchure. Pendant ce trajet il dompta la nation puissante des Sogdes, bâtit une nouvelle ville qu'il appela encore Alexandrie, pénétra dans la terre des rois Musicanus, Oxycamus et Sambus, et arriva à Patale, où l'Indus se partage en deux branches. Il s'embarqua sur le bras droit, se confiant à sa bonne fortune, et déboucha enfin dans l'Océan, où le spectacle imposant du flux et du reflux le saisit d'admiration et d'étonnement. Là il offrit aux dieux des sacrifices, confia sa flotte à l'amiral Néarque, et lui ordonna d'aller de l'embouchure de l'Indus à l'embouchure du Tigre, en longeant les côtes. Il se chargea d'explorer lui-même ces contrées, en suivant par terre ces mêmes rivages avec le reste de son armée.

6. Expédition de Néarque. — Néarque partit donc

de *Xylenopolis*, port situé sur le bras occidental de l'Indus, et côtoya la mer Erythrée. Le premier port où il s'abrita fut celui de *Crocala* (la baie de Coratchi). Après avoir doublé un petit promontoire, il arriva dans une autre baie si vaste et si commode qu'il lui donna le nom de *port d'Alexandre*. Il passa ensuite devant l'embouchure de l'*Arabis* qui séparait le pays des *Arabites* de celui des *Horites*, lutta contre les brisants qui se trouvent à cet endroit de la côte et vint se reposer dans le port de *Cocala*. La navigation fut ensuite moins pénible, mais il fallut combattre les *Horites* que Néarque nous représente comme absolument sauvages. Les *Ichthyophages* placés au midi de la Gédrosie se montrèrent plus humains. Ils offrirent même aux compagnons de Néarque des vivres tels qu'ils savaient les préparer. Les principales stations de la flotte sur cette côte furent, après le promontoire *Malana*, les baies de *Bagasira*, *Calama*, *Mosarna* qui formait aussi un promontoire, *Borna*, le premier village où les habitants fussent un peu civilisés, *Cophas* où les matelots trouvèrent de l'eau douce en abondance, *Bagia* qui n'était qu'un rocher consacré au soleil, *Canasida* où l'on trouva des palmiers dont on coupa les têtes pour se nourrir.

Arrivé à *Badis*, à l'entrée de la *Carmanie*, Néarque reçut des secours abondants. Il n'y fit qu'un court séjour et remit à la voile. Bientôt il se vit en face du promontoire *Macéta*, à l'entrée du golfe Persique. Il laissa sa flotte à l'embouchure de l'*Anamis*, fit débarquer ses soldats à *Harmozia* et remonta par terre jusqu'à *Salmus* pour donner à Alexandre des nouvelles de son voyage. Après avoir reçu les encouragements du grand conquérant, il revint se mettre à la tête de sa flotte, la fit passer entre le continent et les îles *Organa* (Ormuz) et *Oaracta* (Keichme), puis il longea la côte de la Perse proprement dite où il s'arrêta quelque temps à l'embouchure du *Sitacos* ou du *Cyrus*, pour renouveler ses provisions et radouber ses vaisseaux.

Il franchit ensuite l'embouchure de l'*Arosis*, le plus

grand fleuve qu'il eût rencontré, et arriva dans la *Susiane*. Il trouva sur ces côtes le *golfe Vaseux* (*sinus Pelodes*), dans lequel viennent se jeter le *Tigre* et le *Pasitigris*. Il remonta ce dernier et alla retrouver Alexandre sur le *Coprates*, un des affluents de ce fleuve. Alexandre eut la pensée de faire faire à Néarque une seconde expédition autour de l'Arabie pour mettre Alexandrie en communication directe avec les pays les plus reculés de son empire; mais il mourut avant d'avoir exécuté ce magnifique dessein[1].

7. État de la Grèce à cette époque (326). — En rentrant à Babylone, Alexandre punit sévèrement les concussionnaires qui avaient profité de son absence pour écraser par leurs exactions tyranniques les provinces qu'ils administraient. Le gouverneur de Babylone, Harpalus, après avoir été disgracié pour ce crime, s'enfuit en Grèce dans l'intention d'y exciter une révolte contre Alexandre, mais il fut loin de réussir. Cette nation, qui avait vu avec une secrète inquiétude les succès du conquérant, craignait de n'être un jour qu'une des provinces de son empire, et dans l'intention peut-être de se soustraire à cette domination, Sparte avait envoyé des députés à Darius. Mais Antipater, qui gouvernait la Macédoine au nom d'Alexandre, veillait rigoureusement aux intérêts du monarque. Il vainquit en Arcadie les Spartiates qui avaient osé s'insurger (330), dompta également les Thraces, et maintint tous les autres peuples dans le devoir par son énergique sévérité. Ceux qui s'étaient le plus vivement prononcés contre Alexandre devinrent même ensuite les admirateurs passionnés de sa gloire. Ses victoires les remplirent d'enthousiasme, et ils se rappelaient avec joie la liberté qu'il leur avait accordée et tous les bienfaits qu'il leur prodiguait. C'est pourquoi Harpalus, après avoir gagné Démosthène, se vit honteusement chassé par les Athéniens. Alexandre l'apprit avec joie, et s'efforça d'en témoigner aux Grecs sa satis-

1. Pour suivre ce voyage, voyez dans notre atlas la carte des *Monarchies comparées*.

faction en travaillant de plus en plus à leur repos et à leur bonheur.

8. Projets d'Alexandre. — Ce grand prince, arrivé à l'apogée de sa puissance, exécuta les choses les plus extraordinaires. Il fit toutes sortes de réformes générales et particulières dans l'intérieur de ses États, rendit de nouveau navigables le Tigre et l'Euphrate, creusa à Babylone un port capable de contenir mille vaisseaux, embellit cette grande cité par de nombreuses constructions nouvelles, et fit fleurir le commerce dans toutes ses provinces. Ses projets étaient encore plus vastes que les choses immenses qu'il avait réalisées. Les succès de Néarque dans la mer des Indes lui avaient donné la pensée d'équiper une flotte qui partirait du golfe Persique pour faire le tour de l'Arabie et de l'Afrique et rentrer dans la Méditerranée par les colonnes d'Hercule. Il voulait aussi soumettre l'Occident comme l'Orient; il rêvait la conquête de l'Afrique, se proposait de passer du pays des Carthaginois dans l'Espagne, appelée Ibérie, de franchir ensuite les Alpes, et de revenir en Macédoine par l'Épire après avoir vaincu l'Italie.

9. Mort d'Éphestion. — Ces immenses projets que formait Alexandre étaient de vaines chimères. Lorsqu'il se berçait de ces frivoles espérances, la mort vint ravir à ses côtés Éphestion, son favori. En témoignage de sa douleur, il fit mettre en croix le médecin qui n'avait pu le guérir, et ordonna de renverser les murs d'Ecbatane et d'éteindre le feu sacré dans toute l'Asie. Il offrit aux mânes de ce favori la nation belliqueuse des Cosséens (*Médie*), sacrifia pour la magnificence de ses funérailles le revenu de vingt provinces, éleva, pour éterniser sa mémoire, une pyramide funéraire avec les débris d'une partie des murs de Babylone, et sollicita des Égyptiens l'apothéose de son ami.

10. Mort d'Alexandre (323). — Peu après, Alexandre fut frappé lui-même de la maladie qui avait enlevé Éphestion, et les soins qui lui furent prodigués ne purent sauver ses jours; il mourut dans sa trente-deuxième année.

Le deuil fut universel; les vainqueurs et les vaincus mêlèrent leurs larmes : les Perses se rappelaient sa justice
et sa douceur, les Macédoniens sa gloire et sa générosité. La mère de Darius, Sisygambis, versa des torrents
de larmes, comme si elle eût déploré la mort de Darius
lui-même. On l'entendait s'écrier : « Qui aura soin de
mes filles! Où trouverons-nous un autre Alexandre? »
Cette princesse qui avait supporté avec patience la mort
de son père, celle de son mari, de quatre-vingts de ses
frères massacrés en un jour par Ochus, et, pour tout
dire en un mot, celle de Darius son fils, et la ruine de sa
maison, n'eut pas assez de force pour supporter la mort
d'Alexandre. Elle ne voulut plus prendre de nourriture,
et se laissa mourir de faim pour ne pas survivre à ce
dernier malheur.

QUESTIONNAIRE.

1. Dans quel but Alexandre entreprit-il son expédition contre les Indes?
Quelle armée avait-il pour faire cette
nouvelle conquête?

2. Comment fut-il accueilli par les
petits rois de l'Inde? Où rencontra-
il quelque résistance?

3. De quelles contrées Porus était-
il roi? Par quelle ruse Alexandre le
vainquit-il? Comment Porus voulut-il
être traité?

4. Quelles villes construisait Alexandre pour perpétuer le souvenir de son
passage? Quel était son dessein? Son
armée l'approuva-t-elle?

5. Dans quel but descendit-il l'Hydaspe? Quelles sont les nations qu'il
vainquit? A qui confia-t-il sa flotte?

6. D'où partit Néarque? Quels sont
les peuples qu'il rencontra sur le rivage? Indiquez ses principales stations. Où alla-t-il rejoindre Alexandre?

7. Quel était alors l'état de la Grèce?
Par qui ce pays fut-il maintenu dans
le devoir? Quelles tentatives fit Harpalus? Quel en fut le dénoûment?

8. Quelles réformes fit alors Alexandre? Quels étaient ses projets? Quelle
expédition maritime avait-il mé-
ditée?

9. Quel était son premier favori?
Comment fit-il célébrer ses funérailles?

10. A quel âge mourut Alexandre?
Quels regrets excita-t-il? Que devint
Sisygambis, la mère de Darius?

---

§ III. — Étendue et division de l'empire macédonien à la mort
d'Alexandre. Résultat de ses conquêtes.

1. Des limites de l'empire d'Alexandre. — L'empire d'Alexandre était borné au nord par le Pont-Euxin,
le Caucase, la mer Caspienne, et les déserts que traverse

l'Iaxarte avant de se jeter dans le lac Oxien; à l'est par les monts Imaüs et les monts Émodes, qui donnent naissance à l'Indus; au sud par la mer Érythrée, le golfe Persique, les déserts de l'Arabie et les rochers qui séparent l'Égypte de l'Éthiopie; à l'ouest par la mer Intérieure, la mer Ionienne, l'Adriatique et les montagnes de l'Illyrie[1].

2. Division de cet empire. — Alexandre avait divisé ses États en 37 satrapies, dont 2 en Europe, 3 en Afrique et 32 en Asie.

Les deux satrapies d'Europe étaient : celle de *Macédoine*, qui comprenait la Macédoine proprement dite, l'Épire et la Grèce, et celle de *Thrace*, qui renfermait la Thrace et les îles qui en étaient dépendantes.

Les trois satrapies d'Afrique étaient : l'*Arabie*, et l'on entendait sous ce nom la partie méridionale de l'Égypte qui s'étend à l'est du Nil et l'Idumée méridionale; l'*Égypte* proprement dite; la *Lybie grecque*, qui comprenait toutes les contrées à l'ouest du Nil jusqu'à la Cyrénaïque.

Les 32 satrapies d'Asie peuvent être ainsi réparties :

I. Dans les pays en deçà de l'Euphrate on en comptait huit, dont sept dans l'Asie Mineure : 1° la *Petite-Phrygie*, qui s'étendait sur les côtes de l'Hellespont et comprenait la Mysie et l'Éolide; 2° la *Lydie* au sud; 3° la *Carie*; 4° la *Lycie* et la *Pamphylie*; 5° la *Grande-Phrygie* au centre de l'Asie-Mineure; 6° la *Paphlagonie* dont le satrape étendait son autorité sur la Cappadoce, le Pont, la Colchide et en général sur toutes les peuplades du nord-est qui n'étaient pas parfaitement soumises; 7° la *Cilicie*. La huitième était formée de la *Syrie* unie à la *Phénicie*, de la *Palestine* et de l'*île de Cypre*.

II. Dans tous les pays arrosés par l'Euphrate et le Tigre on en comptait quatre, qui étaient : la *Mésopotamie* et l'*Assyrie* au nord, la *Babylonie* et la *Susiane* au midi.

III. Dans les pays entre le bassin du Tigre et celui de

1. Voyez dans notre atlas la carte des *Monarchies comparées.*

l'Indus on en comptait treize, qui étaient : 1° l'*Arménie*, 2° la *Médie septentrionale*, qui prit, de son gouverneur Atropatis, le nom de Médie *Atropatène ;* 3° la *Grande-Médie;* 4° le pays des *Mardes* et des *Dapyres* au sud de la mer Caspienne; 5° l'*Hyrcanie* et la *Parthie;* 6° la *Parétacène*, contrée montagneuse entre la Grande-Médie et la Perse; 7° la *Perse* proprement dite; 8° l'*Arie* et la *Drangiane*, qui formèrent d'abord deux satrapies, mais qui furent ensuite réunies en une seule ; 9° la *Carmanie*, 10° la *Gédrosie* et l'*Arachosie*, 11° le pays des *Paropamisades* à l'est, 12° la *Bactriane*, 13° la *Sogdiane* au nord-est.

IV. Dans la région de l'Indus on distinguait sept satrapies : 1° l'*Inde citérieure*, qui s'étendait entre les Paropamisades et l'Indus ; 2° l'*Inde ultérieure* ou *supérieure*, formée des premiers pays qu'Alexandre conquit dans l'Inde, et qui se trouvait au nord de l'Inde citérieure ; 3° le *royaume de Taxile* ou l'Inde entre l'Indus et l'Hydaspe, 4° le *royaume de Porus* ou l'Inde entre l'Hydaspe et l'Hyphase, 5° la satrapie des *Malliens* au sud de ces deux royaumes, 6° la satrapie des *Assacéniens*, 7° le royaume d'*Abissare* à l'est de l'Inde supérieure. Ces deux dernières sont peu connues, et l'on ne sait comment étaient divisées les contrées qui se trouvaient à l'embouchure de l'Indus et qu'on a comprises sous le nom général d'*Inde maritime*.

3. Résultat des conquêtes d'Alexandre.— D'après Montesquieu, Alexandre entreprit de renverser toutes les barrières que la nature semblait avoir mises entre l'Europe et l'Asie, uniquement pour étendre les limites de la civilisation. « Ce fut, dit-il, pour réaliser ce beau dessein qu'il résista à ceux qui voulaient qu'il traitât les Grecs comme maîtres et les Perses comme esclaves : il ne songea qu'à unir les deux nations, et à faire perdre les distinctions du peuple conquérant et du peuple vaincu. Il abandonna, après ses conquêtes, tous les préjugés qui lui avaient servi à les faire...; et s'il voulut tout conquérir, ajoute ce philosophe, c'était pour tout conserver ; il respecta les traditions anciennes, et tous les monuments de la gloire ou de la vanité des peuples, et, quelque pays qu'il parcourut, ses premières idées, ses premiers desseins furent toujours de faire quelque chose qui pût en augmenter la gloire et la puissance. »

Ses expéditions dans le pays des Scythes et dans l'Inde, le voyage qu'il fit faire à Néarque à la tête de ses flottes, les contrées qu'il parcourut lui-même avec son armée en longeant l'océan Erythrée, enrichirent la géographie et toutes les sciences naturelles d'une foule d'observations curieuses qui servirent à redresser bien des erreurs qui étaient alors accréditées même parmi les savants. Ces excursions lointaines eurent aussi pour résultat de faire pénétrer dans ces nations grossières les lumières de la civilisation. D'après Plutarque, Alexandre fit plus pour les progrès de l'humanité que Socrate, Platon et tous les philosophes ensemble. « Car, dit-il, au lieu d'enseigner la sagesse seulement à quelques hommes, il la fit connaître à une foule de nations. Ainsi, il apprit aux Hyrcaniens à contracter de légitimes mariages, aux Arachosiens à labourer la terre, aux Sogdianiens à nourrir leurs parents et à les respecter dans leur vieillesse, et aux Perses à vénérer leurs mères et à ne les pas épouser. On vit les Indiens qu'il avait subjugués adorer les dieux de la Grèce, et les habitants sauvages du Caucase reconnaître le même culte que les Macédoniens. Dans plus de soixante-dix villes qu'il bâtit au milieu de ces contrées barbares, Alexandre établit les sacrifices, les cérémonies et les mystères qui avaient civilisé les anciens Hellènes. Partout où il avait passé, dans les régions les plus reculées de l'Asie, on lisait les vers d'Homère. Les enfants des Perses, des Susaniens et des Gédrosiens chantaient les tragédies de Sophocle et d'Euripide. Les Parthes eux-mêmes se montraient passionnés pour les charmes de la littérature grecque. »

4. Union de tous les peuples. — Alexandre, pour affermir et perpétuer cette admirable union des vaincus et des vainqueurs, résolut d'allier les Macédoniens et les

Perses par des mariages solennels. Il en donna le premier l'exemple en épousant une fille persane de la première noblesse. Tous ses officiers s'empressèrent d'agir de même, et ces alliances furent célébrées en un même jour avec une magnificence vraiment royale. Dès lors les Grecs et les barbares ne se distinguèrent plus ni par le vêtement, ni par les mœurs, ni même par le langage. Car la langue d'Athènes était partout parlée avec autant de perfection que si tous les sujets de ce vaste empire avaient été les membres d'une même famille. Cette politique si belle et si noble favorisa beaucoup les succès d'Alexandre, parce que les peuples soumis virent moins en lui un tyran et un despote qu'un père et un libérateur. Elle contribua aussi directement à la réalisation de cette grande unité générale que Rome devait fonder, pour préparer les voies à la prédication évangélique.

QUESTIONNAIRE.

1. Quelles étaient les limites de l'empire d'Alexandre ? Comment était-il divisé ?

2. Quelles étaient les satrapies d'Europe ? — d'Afrique ? Combien y en avait-il en Asie ? Quelles étaient celles qui se trouvaient en deçà de l'Euphrate ? — entre l'Euphrate et le Tigre ? — entre le bassin du Tigre et celui de l'Indus ? Dans la région de l'Indus ?

3. Quel fut le résultat des conquêtes d'Alexandre ? Dans quel but pénétra-t-il en Égypte ? Quel fut le résultat de ses expéditions dans le pays des Scythes et dans l'Inde ? Comment Plutarque apprécie-t-il son influence ?

4. Par quels moyens entreprit-il l'union de tous les peuples qu'il avait soumis ? Quels furent les effets de cette politique ?

---

§ IV. — Notions sommaires sur l'Inde ancienne.

1. Obscurité des temps primitifs de l'Inde. — Les nations de l'Inde sont assurément très-anciennes. Leur constitution divisée en quatre castes profondément tranchées, le luxe et l'éclat de leur civilisation, leurs constructions immenses et gigantesques, leurs temples ou pagodes aussi extraordinaires que les édifices les plus pompeux de l'Egypte, tout se réunit pour prouver que le commencement de leur histoire remonte aux âges les plus reculés.

Mais on n'a pas de documents positifs pour établir ni leur origine, ni la date de leur arrivée dans ce pays.

Les premiers habitants de l'Inde sont assurément partis des plaines de Sennaar, comme toutes les autres nations du monde. Mais on ne peut déterminer quelles sont les familles qui se dirigèrent primitivement de ce côté. Il est probable qu'elles appartenaient aux trois grandes branches de la famille humaine, aux races de Cham, de Sem et de Japhet. Car on trouve dans l'Inde un mélange qui rappelle cette triple origine. Le système des castes paraît un vestige de la race de Cham, et le nom de Chus, que les Indiens primitifs donnèrent à leur pays, fait penser à Chus, fils de Cham, qui s'établit en Éthiopie. Le sanscrit, la langue sacrée de l'Inde, est rangé par les savants dans la famille des langues japhétiques parlées en Europe, comme le grec, le latin et l'allemand. La race sémitique se trouve aussi représentée parmi les nombreuses tribus qui occupèrent cette presqu'île.

L'Inde est mentionnée dans nos livres saints dès le siècle de Job, qui parle de la richesse de cette contrée. Plus tard ils nous apprennent que Salomon, de concert avec les Phéniciens, envoyait des flottes dans le pays d'Ophir, qu'on prend généralement pour l'Inde. Dans l'histoire de l'Orient nous avons vu que les Arabes, lorsqu'ils soumirent la Chaldée, envahirent l'Inde ; que la reine de Babylone, la grande Sémiramis, y alla chercher son humiliation et sa défaite ; que le célèbre conquérant égyptien, le pharaon Sésostris, se vanta d'avoir foulé aux pieds le sol de cette opulente et délicieuse contrée. Mais ces faits sont vagues et incertains.

Les récits des Indiens ne sont que des légendes poétiques qui n'ont pas de valeur historique. Comme toutes les autres nations anciennes, ils enveloppent leur origine de faits mystérieux et impossibles. A en croire leurs prêtres, le monde a eu quatre âges : le premier a duré 1,728,000 ans, le deuxième 1,296,000, le troisième 864,000, le quatrième, qui est l'âge actuel, compte déjà 4,838 ans. Le chaos de cette chronologie absurde ne commence à se débrouiller que vers l'an 1,000 de notre ère.

2. Des livres de l'Inde. — Les Indiens n'ont pas d'historiens proprement dits, leurs écrivains sont tous des poëtes. Leur code le plus ancien est un recueil de lois mis en vers. Il est intitulé : Manava-Dharma-Sastra, ce qui signifie : Recueil des lois de Manou. Leurs grands poëmes épiques ou historiques sont le Ramayana et le Mahabharatta. Le Ramayana, attribué à Valmiki, dont la légende indienne fait une des incarnations de Brahma, l'être suprême, chante les exploits de Rama, un des souverains de l'état d'Aysdhia (*Oude*). Ce héros, d'après ce poëme, aurait soumis l'Inde entière avec l'île de Ceylan.

Le Mahabharatta, que l'on suppose avoir été composé par Vyasa, le compilateur des Védas et des Pouranas, nous montre l'Inde divisée en une foule d'États indépendants et nous raconte en dix-huit chants les guerres héroïques des deux grandes familles des *Kauravas* et des *Pandavas* qui s'entredéchirèrent cruellement.

Les *Védas* sont les livres sacrés des Indiens. Ils les disent sortis de la bouche de Brahma, leur dieu, et transmis de génération en génération jusqu'à l'époque où Vyasa le compilateur les recueillit et les mit en ordre. Il les divisa en quatre grands livres : le premier (*Rig*) contient des prières et des hymnes en vers ; le second (*Yadjour*), des prières en prose ; le troisième (*Sama*), des prières qui doivent être chantées ; le quatrième (*Athavan*) renferme des formules de consécration, d'expiation et d'imprécation.

Aux Vedas se rattachent les Pouranas, qui sont au nombre de dix-huit. Ils traitent spécialement de la théogonie et de la cosmogonie des Indoux, de leurs demi-dieux et de leurs héros.

3. De la religion. — La religion la plus ancienne de l'Inde paraît être le brahmanisme. Les sectateurs de Brahma mettent à l'origine du chaos une Trimourti, espèce de Trinité, formée de trois personnes : Brahma,

Vischnou et Shiva. Brahma est le dieu créateur, le père de tous les êtres. Il engendra Vischnou, qui est le dieu conservateur. Vischnou, chargé de la rédemption du monde, s'est déjà incarné neuf fois sous différents noms pour opérer cette grande œuvre. Shiva est le dieu de la mort et de la destruction.

L'Indien superstitieux lit les livres sacrés, fait des offrandes aux dieux et exerce l'hospitalité. Il croit à la métempsycose, et il a pour ce motif un grand respect pour les animaux dans lesquels il suppose que l'âme de ses ancêtres peut s'être réfugiée. Il pratique une foule d'abstinences et d'ablutions, et il y a des fleuves sacrés, comme le Gange, dont les eaux sont destinées à le purifier. Il se livre à la contemplation et met la perfection à arriver à un tel renoncement de soi-même qu'il finit par être insensible à tout.

Au sixième siècle avant J.-C., le brahmanisme fut attaqué par une secte nouvelle qui eut pour auteur Çakya, que la perfection de sa science a fait appeler *Bouddha*, ou l'éclairé. Cette secte, qui domine aujourd'hui sur 450 millions d'hommes, attaqua d'abord l'autorité des Védas et la distinction des castes qui reposait sur ces textes sacrés. Bouddha se donna comme une des incarnations de Vischnou et enseigna une doctrine mêlée de panthéisme comme le brahmanisme, mais plus rapprochée cependant du théisme pur. Le but du bouddhisme est de délivrer ou d'affranchir l'humanité du mal qui l'opprime. Pour arriver au salut il faut pratiquer six grandes perfections : l'amour, la morale, la science, l'énergie, la justice et la charité. Au point de vue social, la grande réforme opérée par le bouddhisme fut de détruire la distinction des castes et de proclamer l'égalité de tous les individus sous le rapport religieux.

4. **Expéditions de Darius** (512). — Ce fut au moment de ces grands changements religieux et sociaux que Darius 1er, le roi de Perse, fit son expédition dans l'Inde. Il franchit d'abord la partie septentrionale de la chaîne, du *Paropamisus*, et soumit les *Sattagydes*, les *Gandariens*,

les *Dadyces*, et les *Aparites*, que les uns placent sur les bords de l'Iaxarte, et qui s'étendaient, suivant les autres, jusqu'aux sources de l'Indus. C'est avec ces peuplades pauvres qu'il forma la septième satrapie de son empire[1].

Quand il voulut pénétrer dans le bassin de l'Indus, il fit explorer ce fleuve par un Grec nommé Scylax, qui était de Cariande dans la Carie. Scylax descendit l'Indus jusqu'à son embouchure dans la mer Érythrée. Il suivit le littoral de cette mer jusqu'à la mer Rouge, et arriva, après trente mois de navigation, dans le port d'où le roi d'Égypte, Néchao, avait fait partir les Phéniciens pour faire le tour de l'Afrique.

Darius, après ce voyage de Scylax, fit son expédition dans l'Inde et soumit tout le pays compris entre la rive droite de l'Indus et les monts Parsyens. C'est ce qui forma la dixième strapie. Hérodote ne fait que mentionner cette conquête. Il ne connut que la partie occidentale de l'Inde, et dans le nord le Petit-Thibet actuel, où les Indiens allaient chercher de l'or pour payer le tribut annuel de trois cents talents que Darius leur avait imposé. Ctésias ne parle que des productions de l'Inde, de l'opium, des tissus de coton et de poils de chèvre. Ce pays ne fut ouvert aux occidentaux qu'après l'expédition d'Alexandre.

5. Conquêtes d'Alexandre (327).—Quand Alexandre pénétra dans l'Inde, il trouva le pays divisé en une foule de petits États indépendants. Les principaux chefs de ces petits États étaient, sur le cours supérieur de l'Indus, Taxile, Abissare et les deux Porus. Au sud étaient les républiques aristocratiques des *Nyséens*, des *Malliens* et des *Oxydraques*.

Alexandre après avoir vaincu Taxile, qui régnait entre l'Indus et l'Hydaspe, attaqua Abissare et les deux Porus. Il vainquit ces deux derniers dans une plaine où il fit construire la ville de *Nicœa*, en souvenir de sa victoire. Il aurait voulu pousser ses conquêtes jusqu'au

---

1. Voyez dans notre atlas la carte des *Monarchies comparées*.

Gange, où se trouvait le puissant empire des Prasiens. Mais ses soldats refusèrent de le suivre, et il dut s'arrêter sur l'Hyphase. Il descendit cet affluent de l'Indus jusqu'à la mer. Après les républiques aristocratiques dont nous avons parlé, il subjugua les royaumes de Musicanus, d'Oxycanus et de Sambus, et chargea l'amiral Néarque d'explorer le littoral de la mer Erythrée comme l'avait fait autrefois Scylax.

Cette conquête d'Alexandre avait été trop rapide pour produire des résultats durables. Son armée passa comme une tempête et, immédiatement après son passage, un Indien obscur, que les Grecs ont appelé Sandrocottus, le Tchandragoupta des Indiens, souleva tous les pays qui avaient été soumis par les Macédoniens, en fit tuer les gouverneurs, et attaqua le roi puissant des Prasiens, qui dominait sur les bords du Gange et le renversa.

6. Expédition de Séleucus (305). — Sandrocottus se disait le libérateur de l'Inde, lorsque Séleucus, qu'Arrhien considère comme le premier des généraux d'Alexandre, résolut de venger les Macédoniens égorgés contrairement au droit des gens. Il porta ses armes victorieuses plus loin que le roi de Macédoine. Il pénétra jusqu'au Gange, mais il rencontra une résistance si opiniâtre, qu'il se contenta d'un tribut de cinq cents éléphants. Il fit la paix avec Sandrocottus et le reconnut comme roi des contrées qui s'étendent entre l'Indus et le Paropamisus. A partir de ce moment les Grecs connurent la presqu'île de l'Inde proprement dite, et ils surent qu'elle formait une langue de terre de forme triangulaire, s'avançant en pointe vers le sud. L'existence de l'île de Ceylan, la *Taprobane*, située au sud-est de la péninsule, leur fut aussi révélée. Hippalus découvrit les moussons de la mer des Indes, et des relations commerciales très-régulières s'établirent entre l'Inde et l'Égypte par les ports de la mer Rouge.

7. Des richesses de l'Inde. — On tire de ce magnifique pays les produits les plus variés. Les Grecs en firent venir les épices, le poivre, le gingembre et la cannelle, le riz et les fruits du palmier, le sucre de canne, les soieries de la Sérique, la laque, la laine que fournissaient les innombrables troupeaux qui paissaient dans d'immenses prairies toujours vertes, le coton et les tissus qui en étaient formés, l'huile de rose et une foule de parfums exquis. Les négociants, attirés par l'appât du gain, s'enfoncèrent plus avant dans les terres que ne l'avaient fait les soldats de Séleucus et d'Alexandre, et allèrent au-delà du Gange. Ptolémée, qui a résumé leurs connaissances et dont la géographie détermine les limites du monde connu par les anciens, divise l'Inde en deux parties : *l'Inde en deçà* et *l'Inde au delà du Gange.* C'est dans cette dernière contrée, à l'extrémité de l'Indo-Chine actuelle, qu'il met le pays de l'or et de l'argent, qu'il appelle la *Chersonèse d'or*. Dans l'Inde en deçà du Gange, l'empire des Prasiens se trouve alors resserré et semble dominé par celui des *Caspiræi* (Cachemire), qui s'étend dans le bassin de l'Indus. Ces renseignements que nous fournit Ptolémée sont les derniers que l'on possède sur l'Inde ancienne.

QUESTIONNAIRE.

1. Les nations de l'Inde sont-elles très-anciennes? A quelles races appartiennent-elles ? Nos livres saints parlent-ils de l'Inde ? En est-il question dans l'histoire des peuples de l'Orient? Quel est le caractère des livres indiens qui traitent de l'histoire primitive de leur pays?

2. Quel est le code le plus ancien des Indiens ? Quels sont leurs poëmes épiques? Que nous apprennent-ils? Quels sont leurs livres sacrés? Quel en est l'auteur?

3. Quelle est la religion des Indiens? Quelles idées les Brahmanes se font-ils de la divinité? Quelles sont les croyances des Indiens? Comment honorent-ils leurs divinités? A quelle époque parut Bouddha ? Quelle fut la réforme sociale qu'opéra cette secte ?

4. A quelle époque Darius alla-t-il dans l'Inde ? Quelles furent ses conquêtes au nord ? Quelle mission donna-t-il à Scylax ? Quelles sont les contrées qui formèrent la 20e satrapie?

5. Quels sont les rois qu'Alexandre trouva dans l'Inde? Quelles sont les républiques qui étaient dans ce pays? Où s'arrêta ce conquérant ? Quel fut le résultat de ses conquêtes?

6. Quel fut le but de l'expédition de Séleucus? Avec qui et à quelles conditions fit-il la paix? Quelles sont les relations commerciales que les Grecs établirent alors avec l'Inde?

7. Quelles étaient les richesses de ce pays? Quelles sont les limites de l'Inde ancienne d'après Ptolémée ? Qu'appelle-t-il la Chersonèse d'or? Quels sont les empires qu'il met dans le bassin de l'Indus?

CHAPITRE XVIII

DÉMEMBREMENT DE L'EMPIRE D'ALEXANDRE. DE L'ÉGYPTE[1].

Résumé.— D'après la loi générale qui régit les sociétés humaines, l'empire d'Alexandre ne pouvait avoir une longue durée. Il renfermait des nations de mœurs, d'origine et de caractère trop différents pour qu'elles restassent longtemps unies sous le même sceptre. Le génie d'Alexandre avait pu subjuguer ces nations et les contraindre à se courber devant sa volonté : mais, lorsque la mort l'eut frappé, le prestige de son nom s'effaça de l'esprit de tous les peuples qu'il avait conquis, et il ne se trouva pas un homme capable de les maintenir dans le devoir et de comprimer leurs idées d'indépendance. Aussi le prophète Daniel, après avoir annoncé les prodigieux succès du héros macédonien, ajoute que son empire sera aussitôt dispersé *aux quatre vents du ciel, et que des étrangers s'en disputeront les lambeaux*. Ces étrangers furent les généraux d'Alexandre.

I. Après sa mort commencent les guerres entre ses généraux et les rivalités s'établissent. Les pays qu'on leur avait confiés avec le titre de gouverneur favorisèrent leur ambition personnelle, en manifestant un grand désir d'affranchissement. Chacune de ces provinces, qui auparavant avait formé une nation libre et indépendante, demanda à grands cris d'être régie par ses propres lois, et de n'avoir pas d'autres maîtres que celui qui la gouvernait. De là ces luttes si violentes et si acharnées qui couvrent de sang l'Orient et l'Occident. Perdiccas et surtout Eumène prirent au milieu de cette confusion la défense de la famille royale, et combattirent pour le maintien de l'unité de l'empire. Antigone poursuivit le même but, sans faire preuve du même désintéressement, parce que, tout en conservant dans son intégrité le royaume d'Alexandre, il s'en réservait le gouvernement. Mais tous succombèrent dans cette entreprise chimérique. Les généraux qui unirent leurs destinées à celles des nations et qui cherchèrent à les affranchir pour être rois eux-mêmes réussirent dans leurs pensées égoïstes. Avec Eumène la famille d'Alexandre perdit toutes ses espérances, et avec Antigone, à la bataille d'Ipsus, le système qui tendait à renouveler le grand empire macédonien fut renversé. On vit paraître dès lors quatre principaux royaumes, ceux de Macédoine et de Grèce, de Thrace, de Syrie, et d'Egypte, et chacun d'eux fut appelé à fournir des destinées particu-

1. Voyez dans notre atlas le *carton* pour *le démembrement de l'empire d'Alexandre*.

lières. Ces quatre royaumes ne tardèrent pas à se réduire à trois, car celui de Thrace qui obéissait à Lysimaque fut conquis par Séleucus, roi de Syrie.

II. Le royaume d'Égypte fondé par Ptolémée, chef de la dynastie des Lagides, eut d'abord de brillantes destinées. On ne peut rien voir en effet de plus éclatant que le premier siècle de cette dynastie qui renferme les règnes des trois premiers Ptolémée, Ptolémée Soter, Ptolémée Philadelphe et Ptolémée Evergète. Gloire, richesses, sciences, arts, tout s'y développe avec les plus étonnants succès. Mais ce bien-être universel qui se répandit dans toutes les classes de la société fut précisément une des principales causes de la décadence de la nation. Les mœurs se corrompirent, les courages s'énervèrent, et les rois, souillés de tous les crimes, ne se sentant plus capables de défendre leurs droits, se placèrent sous le patronage de Rome. C'était chercher un appui dans la servitude. Les Romains les laissèrent pendant quelque temps user dans l'esclavage le peu de vie et le peu de force qui leur restait, et lorsqu'ils virent cette nation impuissante à repousser le joug, ils le lui imposèrent sans effort.

---

§ Ier. — Démembrement de l'empire d'Alexandre. Principaux États formés de ce démembrement (323-308)[1].

1. De la famille d'Alexandre.—L'empire d'Alexandre était trop vaste, il renfermait des nations trop étrangères les unes aux autres, trop désireuses de recouvrer leur indépendance, pour ne pas se dissoudre aussitôt qu'une main puissante cesserait de les contenir. Or, à la mort d'Alexandre, personne de la famille royale n'était en état de remplacer ce grand homme. Cette famille se composait des deux femmes d'Alexandre, Roxane et Statira ; des deux sœurs du héros, Cléopâtre et Thessalonice ; d'Olympias sa mère, de sa tante Eurydice, de son frère Arrhidée, qui était idiot, et d'un fils

[1]. Auteurs à consulter. Parmi les anciens : Diodore de Sicile, *Bibliothèque hist.* ; il a raconté tous les événements qui font partie de ce chapitre d'après un historien contemporain, Jérôme de Cardie ; malheureusement son secours va désormais nous manquer ; Arrien, son Histoire des successeurs d'Alexandre est perdue ; il n'en reste que des extraits dans la Bibliothèque de Photius ; Justin, *Hist.*, l. XIII, XIV et XV ; Plutarque, *Vies de Phocion, de Démosthène, d'Eumène et de Demetrius* ; Cornélius Népos, *Vies d'Eumène et de Phocion*. Parmi les modernes : Rollin, Cantu, Heeren, et toutes les histoires générales.

illégitime, Hercule, qui était encore enfant ; enfin, un mois après la mort d'Alexandre, Roxane mit au monde un fils appelé Alexandre Aigus, qui fut proclamé l'héritier de l'empire.

Alexandre avait bien pressenti les funestes divisions qui allaient éclater. Au moment de mourir, comme on lui demandait à qui, après lui, appartiendrait l'empire, il s'était contenté de répondre : *Au plus digne*, et il avait ajouté : *Je prévois que mes ennemis célébreront mes obsèques les armes à la main*. La discorde fut en effet si prompte à enflammer les soldats et leurs chefs, que son corps resta pendant sept jours privé des honneurs de la sépulture. Mais Perdiccas ayant déposé sur le trône d'Alexandre les insignes de la royauté, ainsi que l'anneau que ce puissant monarque lui avait remis sur son lit de mort, déclara que si Roxane donnait le jour à un fils, cet enfant serait l'héritier de l'empire. Les Macédoniens applaudirent à cette résolution généreuse, et l'ordre se rétablit.

2. Perdiccas. — En attendant, on proclama Arrhidée régent du royaume. Peu de mois après, Roxane ayant donné le jour à un fils, Alexandre Aigus, le trône se trouva occupé par un enfant et par un homme complétement incapable de supporter le lourd fardeau qu'il avait accepté. Alors Perdiccas et Méléagre prirent le titre de régents. Pour satisfaire l'ambition des autres généraux, ils les nommèrent gouverneurs et leur distribuèrent toutes les provinces de l'empire. Lysimaque eut la Thrace ; Ptolémée l'Égypte et tous les pays conquis par Alexandre en Afrique ; Antigone la Lycie, la Pamphylie et la Grande-Phrygie en Asie Mineure ; Cassandre la Carie ; Eumène la Paphlagonie et la Cappadoce.

Perdiccas se rendit bientôt maître absolu en faisant assassiner Méléagre, qui partageait avec lui la régence, et il s'attacha Eumène, qui eut toujours pour les héritiers légitimes du trône un dévouement sans bornes. Son but était de se frayer un chemin au trône, et, pour aplanir les difficultés, il épousa Cléopâtre, la sœur d'Alexandre. Dès lors, les autres généraux comprenant les projets de Perdiccas se soulevèrent contre lui, et il fut victime d'une sédition qui s'éleva dans son armée qu'il avait conduite en Égypte pour soumettre Ptolémée (321).

3. Eumène. —Après la mort de Perdiccas, Eumène, étant le seul qui se montra fidèle aux héritiers de son maître, fut chargé par Olympias de la tutelle et de l'éducation d'Alexandre Ægus. On lui confia le commandement de l'armée, et il se distingua dans la guerre qu'il soutint contre Antigone. Mais celui-ci parvint, à force de présents, à corrompre les soldats d'Eumène et les engagea à leur amener leur général pieds et poings liés. Ces lâches soldats ne rougirent pas d'accéder à une pareille proposition, et promirent de livrer le héros qu'ils avaient autrefois défendu avec tant de bravoure. Ils s'approchèrent donc de lui, se saisirent de son épée, le chargèrent de fers, et le conduisirent dans cet état à Antigone. Le courageux guerrier, en traversant la phalange macédonienne, demandait la mort à ses anciens soldats comme une grâce, afin de ne pas devenir le jouet de ses ennemis. Mais les argyraspides[1] voulurent consommer leur forfait.

Antigone, maître d'Eumène, ne sachant quel parti prendre à l'égard de son illustre captif, demanda conseil à ses lieutenants, qui tous l'exhortèrent à le faire périr. Cette unanimité ne fixa cependant pas son irrésolution. Enfin, au bout de sept jours, craignant quelque sédition dans l'armée, et ne voulant cependant pas que le sang de ce grand homme fût versé d'une manière violente, il lui fit refuser toute nourriture. Pendant trois jours entiers, Eumène endura courageusement le supplice de la faim, puis, au moment où l'armée allait se remettre en marche, les gardes d'Antigone l'égorgèrent à l'insu de ce prince. Antigone eut du moins la générosité d'envoyer le corps d'Eumène à ses parents, en Cappadoce, pour qu'ils l'ensevelissent, et il lui fit rendre auparavant les honneurs militaires (316).

1. Légion macédonienne qui portait des boucliers d'argent.

4. Antigone et Démétrius. — La cause de la famille d'Alexandre fut dès lors entièrement désespérée. Olympias venait de faire périr Eurydice et Arrhidée, donnant ainsi la première le funeste exemple de verser le sang royal. Elle ne tarda pas à recevoir la peine de son forfait. Cassandre accourut pour venger ses victimes, la fit prisonnière et l'abandonna au ressentiment de ses ennemis, qui, dit-on, la lapidèrent. Il enferma dans une forteresse, à Amphipolis, Roxane et le jeune Alexandre Aigus, qu'il fit ensuite lâchement assassiner, de sorte que douze ans après la mort d'Alexandre il ne restait plus de la famille du conquérant que sa sœur Thessalonice que Cassandre avait épousée, et qui survécut encore seize années à ces effroyables désastres.

Dans ces conjonctures, Antigone, le meurtrier d'Eumène, conçut le projet de rétablir à son profit l'unité de l'empire. Quoique déjà vieux, il se sentait néanmoins toute l'ardeur de la jeunesse, et il fondait les plus brillantes espérances sur les talents et le courage de Démétrius, son fils. Séleucus, Ptolémée, Lysimaque et Cassandre se voyant menacés dans leur indépendance, formèrent une ligue redoutable à laquelle résistèrent cependant Antigone et Démétrius. Mais la victoire que Ptolémée remporta sur Démétrius à Gaza ainsi que les succès de Séleucus, qui était rentré à Babylone et s'était établi dans son ancienne principauté, amenèrent la paix (311).

Mais Ptolémée ayant violé le traité de paix, en ajoutant de nouvelles possessions à ses États, par la conquête de l'île de Cypre, Antigone envoya aussitôt à Démétrius son fils l'ordre de l'attaquer. Celui-ci s'empressa d'obéir et détruisit la flotte égyptienne près de Cypre (307). Après cette victoire tout le peuple proclama rois Antigone et Démétrius. Les amis d'Antigone lui placèrent le diadème sur la tête, et le nouveau monarque envoya lui-même une couronne à son fils, en lui donnant le titre de roi. A cette nouvelle, les Égyptiens, pour ne pas paraître abattus par leur défaite, proclamèrent également roi Ptolémée. De leur côté, Lysimaque et Séleucus, pour ne pas être inférieurs à leurs collègues, s'élevèrent à la même dignité; il n'y eut que Cassandre qui conserva son ancien titre, quoique les autres lui donnassent le nom de roi.

5. Siége de Rhodes. Exploits de Démétrius en Grèce. — Antigone et Démétrius, après la bataille de Cypre, entreprirent, avec une flotte considérable et une nombreuse armée de terre, de passer dans le royaume de Ptolémée. Mais, après avoir essuyé de grands revers, il lui fallut renoncer à ce dessein. Rhodes, qui dominait alors sur la mer Égée et qui étendait son commerce dans les trois parties du monde, ayant refusé de se déclarer contre Ptolémée, Antigone la fit assiéger par Démétrius. C'est dans ce siége que, par son habileté, il reçut le surnom de *Poliorcète* (preneur de villes). Malgré les étonnantes machines et les furieux efforts des ennemis, les Rhodiens soutenus par leur patriotisme parvinrent à repousser les assauts. Démétrius et ses amis désiraient depuis longtemps se retirer, lorsque les Athéniens lui en fournirent l'occasion en venant implorer son secours contre Cassandre qui assiégeait leur ville. Il se hâta donc de traiter avec les Rhodiens, respecta leur liberté, en les exemptant de toute garnison étrangère, et leur fit promettre de seconder Antigone dans toutes ses entreprises, sinon contre Ptolémée.

Pendant l'absence de Démétrius, Cassandre avait forcé les Béotiens à embrasser son parti; de plus il s'était emparé du nord et du centre du Péloponèse, avait pris plusieurs forts dans l'Attique, et s'était même présenté sous les murs d'Athènes pour en faire le siége. « Démétrius, ayant mis à la voile avec 330 vaisseaux et une nombreuse infanterie, chassa non-seulement Cassandre de l'Attique, mais il le poursuivit jusqu'aux Thermopyles, où il le défit, prit la ville d'Héraclée qui lui ouvrit ses portes, et reçut 6,000 Macédoniens qui passèrent dans son camp. En revenant de cette expédition, il donna la liberté à tous les Grecs situés en deçà des Thermopyles,

fit alliance avec les Béotiens, s'empara des forts de Phyle
et de Panacte, ces boulevards de l'Attique, et après en
avoir chassé les garnisons de Cassandre, il rendit les
forts aux Athéniens[1]. » Les Grecs, enthousiasmés de
la gloire de Démétrius, le proclamèrent dans une assemblée générale chef de tous les Grecs, comme autrefois
Philippe et Alexandre. Ce prince, enivré de tant de flatteries, ne mit plus de bornes à son orgueil et se moqua
ouvertement de ceux qui donnaient le nom de roi à tout
autre qu'à son père ou à lui. Il se plaisait à voir ses courtisans faire à sa table des libations à Démétrius, roi; à
Séleucus, capitaine des éléphants; à Ptolémée, amiral;
à Lysimaque, garde du trésor; à Agathocle le Sicilien,
gouverneur des îles.

**6. Nouvelle ligue contre Antigone et Démétrius
(302).** — Ces grossières plaisanteries irritèrent Lysimaque. Cassandre, qui connaissait son mécontentement et
qui se voyait serré de près en Grèce, l'engagea à former
une nouvelle ligue contre Antigone et son fils. Lysimaque
accepta ses propositions, et sur-le-champ ils envoyèrent
ensemble des ambassadeurs à Séleucus et à Ptolémée,
pour leur faire comprendre la nécessité de se coaliser
afin de mettre un terme à l'ambition de ces deux princes.
L'ambassade réussit. Lysimaque fut chargé de commencer l'attaque, et débuta par une expédition dans la Phrygie, la Lydie et la Lycaonie. Antigone faisait alors célébrer des jeux dans une ville nouvelle qu'il avait bâtie dans
la haute Syrie, et qu'il avait appelée de son nom Anti-
gonie. Il congédia aussitôt l'assemblée, se mit en marche,
et ordonna en même temps à Démétrius de quitter la
Grèce et de se joindre à lui.

7. Bataille d'Ipsus (301). — L'armée des confédérés,
commandée par Séleucus et Lysimaque, rencontra celle
de Démétrius et d'Antigone dans les plaines de la Phrygie, à Ipsus. Dès que le combat fut engagé, Démétrius, à
la tête de sa cavalerie d'élite, fondit sur Antiochus, fils

1. Plutarque.

de Séleucus, et combattit avec tant de vigueur, qu'il mit les ennemis en fuite; mais son acharnement à les poursuivre lui fit perdre, par une vaine ambition, tout le fruit de sa victoire; Séleucus profita de son absence pour attirer à lui une partie de l'infanterie. Dans le même instant, il fit charger Antigone par un gros de fantassins. Ce prince ayant été averti du danger par ses gardes : *Je vois bien*, dit-il, *que c'est à moi qu'ils en veulent, mais Démétrius va venir à mon secours*. Vaine espérance! pendant qu'il cherchait son fils, il fut accablé d'une grêle de traits et renversé par terre.

Après la bataille d'Ipsus, les vainqueurs se partagèrent les vastes États d'Antigone et de Démétrius, et au lieu de cinq royaumes il n'y en eut plus que quatre, qui furent le royaume de *Macédoine*, le royaume de *Thrace* et d'*Asie antérieure*, le royaume de *Syrie* et de *Haute-Asie*, et le royaume d'*Égypte*.

Le royaume de Macédoine, qui avait pour roi Cassandre, ne gagna pas beaucoup à ce nouveau partage. A ses possessions de Macédoine et de Thessalie, il ajouta la partie méridionale de l'*Épire*, l'*Acarnanie* et quelques villes isolées dans la Grèce centrale et le Péloponèse.

Le royaume de Thrace, qui appartenait à Lysimaque, s'agrandit de toute l'Asie antérieure et ajouta à son premier nom cette nouvelle dénomination. On appelait *Asie antérieure* toute l'Asie Mineure jusqu'au Taurus. La *Mysie*, l'*Éolide*, la *Lydie*, l'*Ionie* et la *Paphlagonie* en étaient les principales provinces.

Le royaume de Syrie et de Haute-Asie était gouverné par Séleucus; ce royaume déjà si vaste s'agrandit de la *Cappadoce* et de la *Syrie septentrionale*.

Le royaume de l'*Égypte*, qui avait pour roi Ptolémée, s'étendit en Asie. Il eut la *Célé-Syrie* ou le pays de Damas, la *Palestine*, la *Phénicie*, à l'exception de Tyr et de Sidon, que Démétrius avait retenues, et une partie de l'île de *Cypre*.

Ces quatre royaumes furent ensuite réduits à trois. Séleucus attaqua Lysimaque, le vainquit et le fit périr à

Cyropédion en Phrygie, et ajouta toutes ses possessions à son immense empire (282). C'est pourquoi nous n'aurons à nous occuper que de l'histoire de ces trois grands États : l'Égypte, la Syrie, et le royaume de Macédoine et de Grèce.

QUESTIONNAIRE.

1. Quel était le caractère de l'empire d'Alexandre ? Comment sa famille était-elle composée ? Quel pressentiment ce grand homme eut-il de ce qui se passerait après sa mort ?

2. Par qui le trône fut-il occupé ? A qui la régence fut-elle confiée ? Que désirèrent les généraux d'Alexandre ? Quel était le but de Perdiccas ? Comment mourut-il ?

3. Par qui les droits de la famille d'Alexandre furent-ils défendus ? De quelle manière Antigone s'empara-t-il d'Eumène ? Comment le fit-il périr ? Où fut-il enterré ?

4. Quel crime commit Olympias ? Comment mourut-elle ? Quel projet conçut Antigone ? Quelle ligue se forma contre lui ? Pourquoi Démétrius l'attaqua-t-il ? Quel titre prirent les généraux d'Alexandre après cette bataille ?

5. De quelle ville Démétrius fit-il ensuite le siège ? Quel surnom lui donna-t-on ? Quels furent ses exploits en Grèce ? Comment Antigone et Démétrius traitèrent-ils leurs rivaux ?

6. Quel fut le provocateur de la nouvelle ligue qui se forma contre eux ? Quel est celui qui commença l'attaque ?

7. Où les deux armées se rencontrèrent-elles ? Quelle fut l'issue de cette bataille ? Combien y eut-il encore de royaumes après la bataille d'Ipsus ? Qu'est-ce que gagna la Macédoine ? — la Thrace ? — la Syrie ? — l'Égypte ? Quel est celui de ces quatre royaumes qui disparut ?

---

§ II. — L'Égypte sous les Lagides [1]

1. État de l'Égypte après la mort d'Alexandre. — L'Égypte, après la mort d'Alexandre, devint un royaume extrêmement puissant, et fut vraiment le centre des sciences et du commerce. Mais toute son histoire se borne presque à celle d'Alexandrie. Cette ville, placée à la jonction des trois continents, vit affluer dans son sein tous les hommes d'étude et de négoce. Dans le commencement, elle n'était qu'une colonie militaire, mais

1. AUTEURS A CONSULTER. Parmi les anciens : pour cette partie de l'histoire d'Égypte on ne possède que des fragments de Diodore de Sicile, de Polybe, de Tite-Live, Justin, Josèphe ; Plutarque, *Vies de César et d'Antoine*. Parmi les modernes : Champollion-Figeac, *Annales des Lagides*, 2 vol. in-8 ; Heeren, *Manuel de l'histoire ancienne*, et les histoires générales.

bientôt elle se peupla d'habitants de toutes les nations. On distinguait en elle trois classes de citoyens : 1° les Égyptiens indigènes; 2° des soldats volontaires, Grecs ou Macédoniens, au service des rois; 3° des étrangers, comme les Juifs, qui formaient des corporations particulières.

2. Ptolémée Ier, fils de Lagus (306-285). — Ptolémée Ier, surnommé Soter, fut le fondateur de la dynastie des *Lagides*, ainsi nommée en mémoire de *Lagus*, son père, un des généraux les plus estimés de l'armée d'Alexandre. Lorsque ce conquérant fut mort, Ptolémée ne se laissa pas entraîner à ces rêves insensés de domination universelle qui abusèrent Perdiccas et Antigone. Il comprit toute l'importance de l'Égypte dont le gouvernement lui avait été confié, borna ses désirs à cette contrée, et ne chercha qu'à y affermir sa domination. Il fit pourtant quelques conquêtes.

La Cyrénaïque, après avoir chassé ses rois et repoussé les Perses, se gouvernait elle-même au milieu du faste et de l'opulence. De graves dissensions qui s'élevèrent ensuite dans son sein entre les pauvres et les riches firent sentir à tout le monde la nécessité d'une constitution. Platon, qu'on avait prié d'y pourvoir, déclina cette demande, parce qu'il trouvait les Cyrénéens trop riches et trop indociles. La discorde continua, et Ptolémée en profita pour faire la conquête de ce pays (321). Il y plaça pour gouverneur son beau-fils Magas, qui l'administra pendant un demi-siècle.

Comme il avait besoin, pour l'entretien de sa flotte, des ressources qu'offraient la Cœlésyrie et la Palestine par leurs bois de construction, il chercha à s'en rendre maître. Son général Nicanor, après la défaite de Perdiccas, s'en empara et mit des garnisons dans toutes les villes (320). Six ans plus tard, Antigone les lui ravit (314), et il ne les reprit sous Démétrius Poliorcète qu'après la grande victoire qu'il remporta sur lui près de Gaza (312). Malgré ce brillant succès, la paix générale qui fut signée l'année suivante (314) entre Antigone et tous les autres généraux l'en dépouilla encore. Mais, en 303, il les reprit une dernière fois, et la possession lui en fut confirmée par la bataille d'Ipsus (301).

Après cette victoire, Ptolémée possédait l'Égypte, la Cyrénaïque, les côtes de la Libye, une partie de l'Arabie, la Cœlésyrie et la Phénicie, moins Tyr et Sidon. Pour assurer sa puissance contre les ambitieux, qui s'élevaient de toutes parts, il s'unit à Lysimaque, roi de Thrace, et resserra le nœud de cette alliance par les liens d'un double mariage. Les succès de Démétrius en Grèce et en Macédoine, après la bataille d'Ipsus, lui ayant donné des inquiétudes, il envoya une flotte de 150 voiles au secours d'Athènes assiégée, tandis qu'il s'emparait de l'île de Cypre avec le reste de ses troupes (294). Quelque temps après, il profita de la folle entreprise de Démétrius contre l'Asie, pour se coaliser avec Lysimaque, Séleucus et Pyrrhus et s'opposer à ses ambitieux desseins (288). Nous avons vu que cette ligue eut pour résultat la captivité de Démétrius lui-même. Pendant que Lysimaque et Pyrrhus se partageaient ses États, Ptolémée acheva la conquête de la Phénicie en s'emparant de Tyr et de Sidon (287). Ces deux villes furent ses dernières conquêtes.

3. Administration et constitution intérieure de l'Égypte sous Ptolémée. Alexandrie. — Ptolémée Soter ne se distingua pas moins comme administrateur que comme capitaine. Il se garda bien d'abolir ce qui touchait aux institutions nationales. Comme il savait qu'on ne lui pardonnerait son origine étrangère qu'à la condition qu'il descendrait au niveau des mœurs et des habitudes des Égyptiens, il accepta toutes les superstitions étranges, toutes les coutumes bizarres qui avaient cours parmi le peuple, et prouva par sa conduite qu'il les préférait aux idées plus pures et plus élevées des Grecs. Ainsi il maintint la religion ancienne dans toute son intégrité, conserva tous ses priviléges à la caste des prêtres, releva les temples qui tombaient en ruine, en fit construire d'autres sur la forme antique, favorisa l'usage de la langue et de l'écriture du pays, fixa sa résidence à Memphis, l'ancienne capitale de l'Égypte, et voulut que le temple de Phta, renfermé dans cette ville, fût toujours considéré comme le premier temple de la nation.

Alexandrie attira particulièrement son attention. Il en fit l'entrepôt de tout le commerce de l'Orient et de l'Occident, l'enrichit d'un nouveau port sur le lac Maréotis, y attira une multitude de colons, et y fit élever des monuments aussi splendides que ceux de Rhamsés et de Sésostris. Les temples d'Isis et de Sérapis, le théâtre, le cirque, le forum, la palestre, le manége, le musée et le gymnase excitaient l'admiration des étrangers. Le phare, qui coûta plus de 800 talents, et qu'on apercevait à une distance de dix lieues marines, était compté parmi les sept merveilles du monde.

Il serait sans doute fort curieux de connaître quelle fut la constitution intérieure de l'Égypte sous un aussi grand roi. Malheureusement nous ne possédons à cet égard que des renseignements fort incomplets : « La division en districts, ou nomes, subsista, quoique peut-être elle souffrît des changements dans quelques points; ils étaient sous l'autorité des gouverneurs appelés *stratéges* ou commandants des nomes; ceux-ci avaient plusieurs commandants qui relevaient de leur autorité, et étaient placés à la tête des districts particuliers. Nous ignorons jusqu'à quel point le pouvoir civil et militaire était dans les attributions des stratéges. Il paraît que le pouvoir des rois était illimité; les provinces du dehors étaient gouvernées par des lieutenants que les rois y envoyaient. Les hautes dignités de l'État, du moins dans la résidence royale, étaient conférées aux Macédoniens et aux Grecs exclusivement; on ne fait mention d'aucun Égyptien qui y ait eu part.

« Il y avait à Alexandrie quatre magistrats supérieurs : *l'exégète*, chargé de pourvoir à tous les besoins de la ville ; *le chef des tribunaux* ou juge suprême; *l'archiviste*; et le *stratége* de nuit qui était probablement le chef de la police, chargé de maintenir la tranquillité pendant la nuit[1]. »

4. Ptolémée Ier protecteur des lettres. Musée-bibliothèque. — Ces détails, tout insuffisants qu'ils sont, témoignent de l'esprit d'ordre et de la haute intelligence de Ptolémée. Mais un des plus grands mérites de ce prince, c'est la protection qu'il accorda aux sciences et aux savants. Écrivain lui-même, il employait ses instants de loisir à écrire les événements dont il avait été témoin. Il avait composé la vie d'Alexandre et la sienne, et il trouvait la plus grande jouissance dans le commerce des hommes instruits. Pendant son règne, le Nil le vit transplanter sur ses rives l'arbre encyclopédique des sciences humaines. A la vérité tous les écrivains qui se réunirent autour de lui étaient plus capables de transcrire les ouvrages des autres que d'en composer eux-mêmes. Mais du moins leur infatigable activité de copistes eut le mérite de transmettre aux âges futurs des chefs-d'œuvre qui auraient peut-être été à jamais perdus. Ptolémée mit sa gloire à réunir dans le musée d'Alexandrie une bibliothèque complète.

Ce musée, terminé par Philadelphe, renfermait, dit Cantu, tout ce qui constitue aujourd'hui une université. On y trouvait de vastes portiques pour se promener en enseignant, et les collections de livres les plus fameuses de l'antiquité, avec un grand nombre d'employés pour copier, corriger, dorer, garnir les papyrus. Partout où il y avait des livres, on envoyait demander à les emprunter, et puis on en faisait parvenir de belles copies à leurs propriétaires en gardant les originaux. Ainsi Athènes donna les ouvrages de ses trois tragiques, et reçut en échange un élégant exemplaire avec quinze talents. Cette bibliothèque réunit jusqu'à 400,000 volumes; et l'espace ayant manqué, le sérapéum[2] reçut en outre un dépôt supplémentaire de 300,000 volumes.

---

1. Heeren, *Histoire ancienne.*
2. Temple que les Égyptiens avaient consacré à Sérapis et qui fut ensuite ajouté au musée.

Démétrius de Phalère eut le premier la direction du musée. On y appela les savants les plus célèbres de tous les pays pour y professer, et cette école répandit sur la Grèce mourante le plus vif éclat.

5. Ptolémée II Philadelphe (285-247). — Le successeur de Ptolémée Soter eut le même caractère et les mêmes inclinations que son père. Son règne fut très-tranquille, et il s'occupa exclusivement de favoriser les lettres et le commerce. Ptolémée Ier abdiqua en sa faveur deux ans avant sa mort, disant qu'il était plus glorieux d'être le père d'un roi que de régner soi-même. Cette cérémonie se fit avec la plus grande pompe. Le peuple témoigna son affection au prince qui avait déposé la couronne, en unissant son image et son nom à ceux d'Alexandre, et en lui érigeant des temples et des autels, comme s'il eût voulu préluder à son apothéose.

Malheureusement ces fêtes splendides furent suivies de crimes affreux. La succession à la couronne par droit d'aînesse n'étant pas reconnue comme une des lois du royaume, tous les rois d'Égypte, élevés au trône par le caprice du sort, ne surent s'y affermir qu'en massacrant les princes qui leur portaient ombrage. Ptolémée Philadelphe donna, sous ce rapport, un exemple funeste à ses successeurs. Après avoir poursuivi de sa haine son frère Céraunus jusqu'à le faire tomber sous le poignard des Gaulois en Macédoine, il s'acharna non moins cruellement à la perte de ses autres frères. Il accusa le plus jeune, Argène, de conspiration, et ordonna sa mort. Sous prétexte que Méléagre avait excité une insurrection dans l'île de Cypre, il lui fit subir la même peine. Ces attentats horribles lui ont mérité le surnom ironique de *Philadelphe* (qui aime son frère).

6. Caractère pacifique de son règne. — Le prince qui consentit à tant de forfaits pour affermir son trône n'était pourtant ni guerrier ni sanguinaire. Pendant tout son règne il n'eut pas d'autre désir que de conserver la paix. La victoire des Romains sur Pyrrhus et les Tarentins ayant fait arriver jusqu'à lui le bruit de leur gloire,

il leur envoya des ambassadeurs, et leur offrit son alliance (274). De part et d'autre on se fit des présents, et
cette démarche n'eut pas d'autre suite. Nous ne l'aurions
pas même mentionnée si nous n'avions tenu à faire remarquer que Rome alors entra pour la première fois en
relation avec l'Égypte. Le roi qui reçut ses premiers
ambassadeurs était si pacifique qu'il ne tira l'épée
qu'une seule fois pour soumettre la Cyrénaïque qui avait
cherché à se rendre indépendante. Encore mit-il fin à ce
débat par un mariage, en fiançant son fils avec Bérénice,
l'unique héritière de cette contrée.

7. Prospérité de l'Égypte sous son règne. — Son
règne n'en fut pas moins glorieux. « L'Égypte, sous ce
prince, dit Heeren, fut la première puissance maritime, et
l'une des plus grandes puissances de la terre ; et, quand
même on regarderait comme une exagération poétique
la possession de 33,000 villes que Théocrite lui attribue,
il n'en serait pas moins certain que l'Égypte fut alors le
pays le plus florissant du monde. Le commerce d'A-
lexandrie se divisait en trois branches principales :
1° son commerce par terre, à travers l'Afrique et l'Asie ;
2° son commerce maritime par la Méditerranée ; 3° son
commerce maritime par le golfe Arabique et la mer des
Indes. Alexandrie partageait son commerce par terre
avec un grand nombre de villes ; mais celui qu'elle faisait par le golfe Arabique était beaucoup plus important. Elle exploita surtout l'Éthiopie, où elle fit des
établissements considérables qui devinrent pour ses
négociants une source immense de richesses. Rhodes,
Corinthe et Carthage lui faisaient concurrence sur la
Méditerranée ; mais ses tissus de coton lui produisaient en Europe de grands revenus. Pour qu'on puisse
se former une idée de l'opulence de la nation, nous
nous contenterons de rapporter que les revenus annuels de Ptolémée Philadelphe s'élevaient à 16 millions
d'écus, sans compter les tributs en nature, et qu'à
sa mort on trouva près d'un milliard d'écus dans son
trésor. »

8. Progrès des sciences et des lettres. — Ce prince, qui continuait avec tant de succès et d'activité l'œuvre de civilisation commencée par son père, ne négligeait pas plus que lui les sciences et les lettres. Sous son règne la philosophie grecque pénétra jusque dans l'Éthiopie, où elle affaiblit l'influence de la caste sacerdotale; l'histoire naturelle fit de très-grands progrès, et la bibliothèque publique du musée s'enrichit d'une multitude de volumes. C'est alors qu'on traduisit en grec, à Alexandrie, les livres sacrés des Hébreux. D'après les sollicitations de Démétrius de Phalère et les avis du savant Aristéas, Philadelphe envoya demander au grand prêtre les livres saints, et le pria en même temps de choisir des docteurs éclairés pour les traduire. Le grand prêtre prit, dit-on, six hommes distingués dans chaque tribu, et envoya ces soixante-douze interprètes à Alexandrie pour travailler à la traduction que le roi d'Égypte désirait. Cette version, qui a toujours été fort estimée, reçut le nom de version des *Septante*, parce qu'elle fut l'œuvre de soixante-douze interprètes.

9. Règne de Ptolémée III Évergète. Ses conquêtes en Asie (247-222). — Le fils aîné de Ptolémée Philadelphe, celui qu'il avait eu de sa première femme Arsinoé, fille de Lysimaque, lui succéda sous le nom de Ptolémée III Évergète. Né avec un esprit aventureux et guerrier, il ne se contenta pas de vivre comme son père au milieu des douceurs de la paix, cultivant le commerce et encourageant les sciences; il se lança, comme un torrent furieux, sur l'Asie, et rappela les brillants faits d'armes de Sésostris. De grandes vengeances l'appelaient à la vérité dans ces contrées. Sa sœur, Bérénice, avait été répudiée, puis mise à mort par Séleucus II, roi de Syrie. Ce fut pour la venger qu'il envahit son royaume jusqu'à l'Euphrate et s'empara d'une grande partie de l'Asie Mineure (244). Quoiqu'il eût établi des gouverneurs dans la Babylonie et la Cilicie, son expédition fut plutôt une course dévastatrice à travers toutes ces grandes provinces qu'une véritable conquête. Il n'en remporta qu'un butin immense, et ce qui flatta beaucoup plus l'orgueil et la superstition des Egyptiens, plusieurs milliers de statues qui avaient été enlevées autrefois par Darius ou par Cambyse. C'est même à l'occasion de cet événement que ses sujets lui donnèrent le glorieux surnom de bienfaiteur (*Évergète*).

10. Ses relations avec la Grèce. — Ptolémée ayant appris la délivrance de Sicyone par Aratus se lia d'amitié avec ce grand homme, l'encouragea dans ses desseins, et fut proclamé, quelque temps après, le chef et le protecteur de la ligue achéenne. Mais on ignore presque complétement les faits qui s'accomplirent durant les quinze dernières années de sa vie. Comme son père, il aima les sciences et les savants. La bibliothèque d'Alexandrie s'accrut d'une manière notable pendant son règne, et le commerce de la nation prit aussi chaque jour de nouveaux développements. Sa magnanimité lui faisait honorer le talent et la vertu partout où il les rencontrait. Ainsi, quoique attaché de cœur aux Achéens et à leur chef Aratus, il reçut le roi de Sparte, l'infortuné Cléomène, à sa cour, et le combla d'honneurs aussitôt qu'il reconnut son mérite. Évergète mourut après un règne de vingt-cinq ans (222) ; il est le dernier grand roi de la famille des Lagides.

11. Décadence des Lagides. — A ce siècle de gloire que nous venons de parcourir, succéda une époque où l'on ne rencontre que crimes et bassesses. La dégradation des souverains n'a d'égale que la corruption de la nation. Les grandes richesses que le négoce avait accumulées en Égypte devaient, selon le cours ordinaire des choses, amener cette corruption, qui fut toujours le fléau des souverains et des empires. Dans le siècle brillant que nous venons de traverser, le génie élevé des trois monarques qui y parurent avec gloire ne les avait pas préservés de la plus honteuse des faiblesses. Ptolémée Soter avait mis en honneur la polygamie, à l'exemple des rois de l'Orient. Philadelphe répudia sa première femme Arsinoé, la fille de Lysimaque, et épousa sa propre sœur. Méprisant le genre de vie simple et modeste qui avait honoré son père, il introduisit la mollesse asiatique dans sa cour, obligea tout le monde à se régler sur ses goûts et ses caprices, et commença par ses scandales à corrompre la nation. Il eut un sérail, et son fils Évergète, tout guerrier qu'il était, inaugura le gouvernement des femmes en se laissant entièrement conduire par Bérénice, qu'il avait épousée.

Les successeurs de ces princes n'eurent aucune des éminentes qualités de leurs prédécesseurs et portèrent leurs défauts jusqu'aux derniers excès.

Ptolémée IV Philopator, ainsi surnommé ironiquement pour avoir tenté de faire mourir son père, attenta plus tard aux jours de sa mère et de son frère, dont il redoutait la popularité. Il ne fut pas moins odieux par l'infamie de ses mœurs que par sa cruauté et son oubli de tous les sentiments de la nature. Son fils Ptolémée V, surnommé Épiphane (205), fut vivement inquiété durant sa minorité; Antiochus le Grand, roi de Syrie, et Philippe III, roi de Macédoine, essayèrent de lui enlever ses États; mais ses ministres eurent recours aux Romains et déférèrent au sénat la tutelle du jeune roi, qui, grâce à cette puissante protection, n'eut plus rien à craindre de ses ennemis. Il profita de ce calme pour se livrer à des désordres dont il fut victime à l'âge de vingt-neuf ans. Son fils Ptolémée VI, Philométor (181), courut également de grands dangers pendant sa minorité. Antiochus Épiphane fut sur le point de s'emparer de tous ses États. Mais le sénat envoya Popilius Lénas au secours du descendant des Lagides.

Ptolémée Philométor fut le meilleur prince de toute cette période de décadence. Son frère Ptolémée VII Physcon (145) fut, au contraire, un odieux et infâme tyran. Au lieu du surnom d'Évergète qu'il avait voulu s'attribuer, on lui donna ceux de *Kakergète* (qui fait le mal), et de *Physcon* (ventru). Il fit mourir le jeune Ptolémée VI, Eupator, fils de son frère. On a peine à comprendre qu'un pareil homme ait protégé les lettres. Ce goût lui avait été inspiré par son précepteur, le fameux critique Aristarque.

Après la mort de Physcon (117), de grands troubles éclatèrent entre ses fils. Ptolémée VIII Lathyre, appelé aussi Soter II, régna d'abord et fut ensuite détrôné par sa mère, qui fit monter sur le trône son autre fils Ptolémée IX Alexandre. Celui-ci fit mourir celle à qui il devait la couronne et la vie, puis il fut détrôné et périt en essayant de s'emparer de nouveau du trône. Ptolémée Lathyre fut rétabli et mourut en 81, laissant une fille, Bérénice, et deux fils naturels. Bérénice fut mariée à Ptolémée X Alexandre, fils de cet Alexandre qui avait été quelque temps substitué à Ptolémée Lathyre. Mais, aussi dénaturé que son père, il fit mourir Bérénice, et fut massacré lui-même quelques jours après. On couronna alors un des fils naturels de Lathyre, Ptolémée XI, surnommé *Aulétès* (joueur de flûte). Il fut obligé d'acheter le consentement des Romains, qui avaient fini par s'arroger sur l'Égypte un pouvoir absolu. Pour payer les sommes qu'il avait promises, il écrasa d'impôts ses sujets, qui le bannirent. Mais les Romains le rétablirent, à condition qu'il ferait des sacrifices plus énormes encore.

12. Cléopâtre (52-30). — Ptolémée Aulétès avait quatre enfants : la célèbre Cléopâtre, alors âgée de dix-sept ans, Ptolémée Dionysios, Ptolémée Néotéros et Arsinoé. Il désigna pour lui succéder Cléopâtre et Dionysios, qu'il avait fiancés selon la coutume du pays, et il plaça les deux autres sous la protection du peuple romain. Des dissensions s'étant élevées entre Cléopâtre et son frère, cette princesse sortit de l'Égypte et alla chercher du secours en Syrie. Elle y levait des troupes, lorsque le vainqueur de Pharsale débarqua à Alexandrie. César voulut se faire juge des querelles qui avaient troublé l'union de Ptolémée XII et de sa sœur. Cléopâtre, l'ayant appris, alla trouver elle-même l'illustre conquérant, et le séduisit par ses charmes.

Ptolémée XII s'écria que ses droits étaient lésés, et poussa le peuple d'Alexandrie à la révolte. César n'avait à sa disposition que 3,000 Romains; mais leur courage lui suffit pour triompher de la populace d'Alexandrie et des 22,000 Égyptiens que lui opposa le général Achillas. Il brûla sa flotte dans la crainte qu'elle ne tombât au pouvoir des Alexandrins, et cet incendie ravagea la bibliothèque formée à si grands frais par les Ptolémées. Dionysios vaincu se noya dans le Nil.

En quittant l'Égypte, César partagea le trône entre Cléopâtre et son second frère, Ptolémée XII Néotéros. Ce n'était qu'un enfant, qui ne devait porter aucun ombrage à cette princesse. Néanmoins elle le fit empoisonner, et se plaça directement sous la dépendance de César (44).

A la mort de ce dictateur, elle obtint par les mêmes moyens la faveur d'Antoine. Elle s'attacha même tellement l'esprit et le cœur du triumvir, que ses charmes contribuèrent puissamment à sa défaite d'Actium (2 sept. 31), en le détournant de ses vrais intérêts et en énervant son courage. Elle fut elle-même témoin des derniers moments d'Antoine, et, pour ne pas servir d'ornement au char triomphal de son vainqueur, elle se donna la mort. On ne sait pas avec certitude de quelle manière elle accomplit ce dernier crime. On a le plus souvent répété qu'elle s'était fait apporter un aspic dans un panier de figues recouvertes de feuilles, et que lui ayant présenté son bras, elle était morte de la morsure de cet animal. Quoi qu'il en soit, Octave la fit enterrer près d'Antoine avec toute la magnificence due à son rang (30). Avec elle s'éteignit la dynastie des Lagides, après une durée de 294 ans environ. Les enfants qu'elle avait eus d'Antoine ne lui succédèrent pas ; l'Égypte fut dès lors déclarée province romaine [1].

---

[1] Rois d'Égypte : Ptolémée Ier Soter (323-285), Ptolémée II Philadelphe (285-247), Ptolémée III Évergète (247-222), Ptolémée IV Philopator (222-205), Ptolémée V Épiphane (205-181), Ptolémée VI Philométor (181-145), Ptolémée VII Physcon (145-117), Ptolémée VIII Soter II avec Cléopâtre (117-107), Ptolémée IX Alexandre Ier avec Cléopâtre (107-88), Ptolémée VIII seul (88-81), Ptolémée X Alexandre II (81), Ptolémée XI Aulétès (81-52), Ptolémée XII Dionysios (52-47), Ptolémée XIII Néotéros et Cléopâtre (47-44), Cléopâtre seule (44-30).

QUESTIONNAIRE.

1. Que devint l'Égypte après la mort d'Alexandre ? De quels habitants se peupla Alexandrie ?

2. Quel fut le fondateur de la dynastie des Lagides ? Quel fut le but de Ptolémée ? De quel pays s'empara-t-il d'abord ? Pourquoi tint-il à la possession de la Cœlé-Syrie et de la Palestine ? Quelles furent les possessions de Ptolémée après la bataille d'Ipsus ? Quelles furent ses deux dernières conquêtes ?

3. Comment Ptolémée 1er gouverna-t-il l'Égypte ? Où fixa-t-il sa résidence ? Que fit-il d'Alexandrie ? Quelle fut la constitution intérieure du royaume ? Quelles étaient les dignités supérieures ? à qui Ptolémée les confia-t-il ?

4. Que fit-il dans l'intérêt des sciences et des lettres ? Où réunit-il une vaste bibliothèque ? Qu'était le musée d'Alexandrie ? Qui en eut le premier la direction ?

5. Quel fut le successeur de Ptolémée 1er ? Quel était son caractère ? Par quels crimes souilla-t-il les commencements de son règne ? D'où lui est venu le surnom de Philadelphe ?

6. Dans quel but envoya-t-il une ambassade à Rome ? En quelle circonstance fit-il la guerre ? Comment se termina-t-elle ?

7. Quel fut l'état de l'Égypte sous son règne ? En quoi consistait le commerce d'Alexandrie ? Quels étaient les revenus de Ptolémée Philadelphe ?

8. Quels furent les progrès des sciences sous son règne ? Quelle traduction fit-on alors de nos livres saints ? Quel est le nom que porte cette traduction ?

9. Quel fut le successeur de Ptolémée Philadelphe ? Quel fut son caractère ? Quelle expédition entreprit-il ? Quel en fut le résultat ? D'où lui est venu son surnom d'Évergète ?

10. Quelles furent ses relations avec la Grèce ? Protégea-t-il les sciences et les lettres ?

11. A quelle époque commença la décadence des Lagides ? Quelle en fut la cause ? Quel est en général le caractère de ces derniers princes ?

12. Combien d'enfants laissa Ptolémée Aulétès ? Qui lui succéda ? A quelle occasion César intervint-il dans les affaires d'Égypte ? Qui succéda à Ptolémée XII ? Comment mourut Cléopâtre ? Que devint l'Égypte ?

CHAPITRE XIX

DE L'EMPIRE DES SÉLEUCIDES ET DES PRINCIPAUX ÉTATS QUI S'EN SONT DÉTACHÉS.

RÉSUMÉ. — Les destinées de la Syrie et le rôle qu'elle joue à cette époque sont absolument semblables au rôle et aux destinées de l'Égypte. Ici également on voit un royaume qui s'éteint insensiblement au milieu de la dépravation la plus profonde. La nation s'engourdit au sein de la mollesse et de l'opulence, pendant que les souverains ne songent qu'à satisfaire leurs passions grossières.

1. On trouve encore moins d'hommes remarquables parmi les Séleucides que parmi les Lagides. Les trois premiers Ptolémée fournis-

sent un siècle tout entier de gloire et de grandeur; mais après Séleucus Nicator, fondateur de la dynastie des Séleucides, on trouve à peine, dans cette longue suite de monarques dégradés et avilis, un prince qui fasse honorablement exception. Antiochus le Grand, malgré l'éclat de son surnom, ne possède lui-même qu'un esprit étroit et défiant, et ne peut être par conséquent un prince remarquable. Le seul fait qui mérite de fixer l'attention dans toutes les guerres qui éclatent alors, c'est l'opposition de races qui provoque entre l'Égypte et la Syrie une antipathie moins profonde sans doute, mais aussi réelle que celle qui arma constamment la Macédoine et la Grèce. Le prophète Daniel a décrit à l'avance dans le plus grand détail toutes ces luttes, lorsque, après avoir annoncé le démembrement du vaste empire d'Alexandre, il prédit les destinées de chacun des royaumes qui doivent en sortir. Il avait également prévu la persécution d'Antiochus Épiphane contre les Juifs et avait marqué à l'avance les différentes phases de cette guerre glorieuse que les Machabées soutinrent avec tant de courage pour l'indépendance de leur religion et de leur pays. L'histoire de ce royaume n'est que le commentaire et l'explication de cette admirable prophétie, et c'est ce qui en fait tout à la fois l'importance et l'intérêt.

II. L'empire des Séleucides était le plus vaste de tous les royaumes qui sortirent du démembrement de l'empire d'Alexandre. Il s'agrandit encore un peu plus tard des États de Lysimaque, roi de Thrace, que Séleucus vainquit à Cyropédion. Cet empire se trouva ainsi formé d'une multitude de nations trop différentes de mœurs, d'idées et de caractère pour obéir à la même loi et rester soumises à la même autorité. Par conséquent la grande cause qui avait amené le démembrement de l'empire d'Alexandre devait nécessairement produire le même effet sur l'empire des Séleucides. C'est pourquoi, sans parler des royaumes de Colchide, d'Ibérie, d'Albanie, du Bosphore, de Médie, d'Edesse, d'Emèse, d'Adiabène, de Charamène, d'Elimaïde et de Comagène qui sont trop peu importants pour mériter une mention particulière, on vit se former plusieurs royaumes considérables qui furent gouvernés par des souverains illustres. C'est ainsi que dans la haute Asie le royaume de Bactriane et l'immense empire des Parthes rendirent à ces vastes contrées l'indépendance que leur avait ravie la conquête d'Alexandre. L'Asie Mineure donna naissance aux florissants royaumes de Pergame, de Bithynie, de Galatie, du Pont, de Paphlagonie et de Cappadoce, auxquels nous ajouterons le royaume d'Arménie et la république de Rhodes. Quelle qu'ait été la différence de destinée de chacun de ces États, ils aboutirent tous au même résultat. Ils furent réduits en provinces romaines, à l'exception de l'empire des Parthes, qui sut conserver son indépendance.

§ Ier. — La Syrie sous les Séleucides (311-64).

1. Fondation du royaume de Syrie. Séleucus Nicator. — Arrien place Séleucus au premier rang parmi les généraux d'Alexandre, et ce fut celui qui réunit le plus grand empire. Sous la régence de Perdiccas, il eut le commandement de la cavalerie, puis on lui donna le gouvernement de Babylone. Après la défaite d'Eumène (316), l'ambition d'Antigone l'ayant contraint à prendre la fuite, il alla se réfugier en Égypte à la cour de Ptolémée. Mais après la victoire de ce prince sur Démétrius Poliorcète à Gaza (312), il entra dans la Babylonie, et jeta les fondements de sa dynastie; c'est de cette époque (1er octobre 312) que commence l'ère des *Séleucides*. Il remit ensuite la Médie et la Susiane à Antigone, se rendit maître de tout le pays compris entre l'Euphrate, l'Indus et l'Oxus, et dans l'année 307, à l'exemple de ses rivaux, il prit le titre de roi.

Comme Alexandre, il voulut faire la conquête de l'Inde. Il s'avança jusqu'au Gange (305), contracta une étroite alliance avec Sandrocottus, roi des Gangarides, et revint de ces riches contrées chargé d'un immense butin. Après cette expédition, moins utile que fastueuse, il s'unit à Lysimaque, à Cassandre et à Ptolémée contre Antigone, et les aida à gagner la fameuse bataille d'Ipsus (301). Cette victoire ajouta à ses États la Syrie, la Cappadoce, la Mésopotamie et l'Arménie. Au lieu de continuer son séjour sur les bords du Tigre, il fonda sur l'Oronte la ville d'Antioche et en fit sa capitale. A 40 milles de Babylone, en face de l'endroit où plus tard on vit s'élever Bagdad, il construisit une ville à laquelle il voulut attacher son nom en l'appelant *Séleucie*. Le voisinage de cette ville engagea les habitants de Babylone à y transporter leurs demeures, de sorte que la grande capitale de l'Assyrie ne fut bientôt plus, selon la parole du prophète, qu'un parc immense où l'on ne vit que des animaux sauvages. Parmi les autres villes que ce prince fit bâtir, on distingue *Apamée* et *Laodicée*, qui reçurent les noms de sa femme et de sa mère.

Pendant les dix-huit années qui suivirent la bataille d'Ipsus (301-283) son royaume fut en paix. Il y fit régner l'abondance, l'embellit de constructions de tout genre et le soumit à une administration régulière, en le divisant en soixante-douze satrapies. Après avoir été inquiété quelque temps par Démétrius Poliorcète, roi de Macédoine, il le fit prisonnier et l'envoya dans la Chersonèse de Thrace, où il mourut bientôt par suite de son intempérance (284). Séleucus eût été heureux, et peut-être aurait-il fondé sa dynastie d'une manière plus solide, s'il se fût borné à ses États d'Orient ; mais une certaine jalousie qui régnait entre lui et Lysimaque lui fit porter ses regards du côté de l'Europe. Il confia à son fils Antiochus le gouvernement de la haute Asie et marcha contre son rival. Il le vainquit à Cyropédion et prit le titre de *Vainqueur des Vainqueurs* (282). Cette victoire ajouta les États de Lysimaque aux siens ; mais il fut assassiné l'année suivante par Ptolémée Céraunus, au moment où il voulait pénétrer dans la Macédoine (281).

2. Des successeurs de Séleucus Ier jusqu'à Antiochus le Grand. — Séleucus Ier eut pour successeur son fils Antiochus, sous le règne duquel commença la décadence de ce nouveau royaume. La Bithynie et plusieurs autres provinces se rendirent indépendantes, et les Égyptiens ravagèrent impunément la Syrie. Toutefois, Antiochus remporta sur les Gaulois une grande victoire, à laquelle il dut son surnom de *Soter* (sauveur). Son successeur Antiochus II, que les Milésiens surnommèrent *Théos* (le Dieu), parce qu'il les avait délivrés de la tyrannie, fut un prince sans talent et sans caractère, dont le règne ne présente que des intrigues de femmes ambitieuses, et la perte d'une partie de son territoire, par suite de la fondation du royaume des Parthes et de celui de Bactriane. Les deux rois qui viennent ensuite, Séleucus II et Séleucus III, furent surnommés, l'un *Callinicus* (victorieux), l'autre *Céraunus* (la foudre) ; mais ces surnoms, dont ces princes tiraient vanité, ne peuvent leur avoir été donnés que par ironie.

3. Règne d'Antiochus le Grand (222-186).— Quand on compare Antiochus III aux autres rois de Syrie, on comprend qu'on ait pu lui décerner le surnom de *Grand;* mais le règne de ce prince fut assurément plus long que glorieux, et au lieu de retarder la décadence de la nation, il ne fit que l'accélérer. Si son nom a marqué dans l'histoire de Syrie, on doit l'attribuer simplement à ce que dans son règne les Romains parurent pour la première fois dans ces contrées. Auparavant les Syriens, tout énervés qu'ils étaient, jouissaient néanmoins de l'indépendance. Antiochus inquiéta même Rome quelque temps, et s'il eût suivi les conseils d'Annibal, il n'aurait pas été si facilement vaincu. Son tort fut de s'en rapporter à sa pusillanimité plutôt qu'à l'héroïsme de l'illustre Carthaginois ; et la Syrie trouva des fers dans cette lutte mémorable, au lieu d'y recueillir des lauriers.

Aussitôt qu'Antiochus eut pris possession de la couronne, il choisit pour son premier ministre le Carien Hermias, et se déchargea sur lui des soins du gouvernement. Il envoya en même temps dans la haute Asie les deux frères, Molon et Alexandre : l'un pour gouverner la Médie, et l'autre pour gouverner la Perse. Achéus fut chargé de continuer la guerre et de faire rentrer sous la domination d'Antiochus toutes les provinces que ses prédécesseurs avaient perdues. Mais ces officiers, que le monarque croyait dignes de sa confiance, et qu'il avait placés au premier rang, se révoltèrent contre lui.

4. Révolte dans la haute Asie (222-220).—Les satrapes de Perse et de Médie, Alexandre et Molon, refusèrent de reconnaître l'autorité d'Antiochus. Ils séduisirent les gouverneurs qui les environnaient, soulevèrent toute la haute Asie, et se préparèrent à faire résistance. Hermias, à cette nouvelle, envoya contre Molon deux grandes armées. Elles furent successivement détruites, et les rebelles s'avancèrent jusqu'au Tigre, s'emparant de la Babylonie et de la Mésopotamie. Antiochus effrayé voulut alors se mettre à la tête de ses troupes pour combattre en personne ses ennemis redoutables. Il passa le Tigre, et campa dans la province d'Apollonie où il rencontra les troupes de Molon. L'ordre qui y régnait pouvait leur assurer la victoire, mais la trahison suppléa dans ce moment décisif à la faiblesse d'Antiochus. L'aile droite des rebelles passa tout entière sous ses étendards, et Molon désespéré se perça de son épée.

5. Révolte d'Achéus (220-213). — Hermias, qui avait peut-être favorisé en secret la révolte de Molon, espérait qu'Antiochus serait longtemps occupé dans la haute Asie; il avait donc conçu un plan de vengeance et de cruauté qu'il se proposait d'exécuter contre tous ses ennemis et tous ses rivaux, pendant qu'il disposerait du souverain pouvoir. Ce vil courtisan, choqué de la vertu d'Achéus, qui était dévoué à son souverain, le dépeignit au roi comme son plus dangereux ennemi. Il supposa une correspondance entre lui et le roi d'Égypte et demanda sa mort. Achéus, ayant été instruit de cette noire trahison, ne vit de chance de salut que dans la révolte et se proclama roi d'Asie.

A la vérité, au retour de son expédition contre Molon, Antiochus fut désabusé sur le compte d'Hermias par son médecin Apollophane et le fit assassiner. Ce cruel attentat réjouit la nation qui se sentit délivrée d'un tyran, sans toutefois calmer l'inquiétante révolte d'Achéus dans l'Asie antérieure. Antiochus ne crut peut-être pas cette affaire assez importante pour concentrer sur ce point toutes ses forces. Il en chargea un de ses généraux, et pendant ce temps il attaqua lui-même l'Égypte qui avait pour roi le faible Ptolémée Philopator. Mais sa défaite à Raphia (216) et les progrès toujours incessants d'Achéus le forcèrent à signer la paix avec les Égyptiens et à leur laisser la Cœlésyrie et la Palestine qui étaient d'abord tombées en son pouvoir (217). Il tourna ensuite toutes ses forces contre Achéus, s'unit au roi de Pergame, Eumène, qui redoutait en lui un voisin, et leurs troupes coalisées l'assiégèrent dans la citadelle.

Deux Crétois le livrèrent aux Syriens. On dit que lorsqu'Antiochus vit son ancien bienfaiteur dans les fers il versa des larmes, mais il n'en ordonna pas moins sa mort (215).

6. Guerre d'Antiochus contre les Parthes (214-210). Après avoir comprimé cette sédition, Antiochus voulut s'attaquer au roi des Parthes, Arsace III, qui s'était emparé de la Médie. Il se conduisit dans cette guerre avec prudence et fermeté. « Cette lutte avec Arsace finit par un accommodement en vertu duquel le roi lui céda formellement la Parthie et l'Hyrcanie ; et, de son côté, Arsace s'engagea à le seconder dans son expédition contre la Bactriane (210). Malgré ces secours, cette nouvelle guerre se termina encore par une paix qui assura au roi des Bactriens, Euthydème, la possession de son royaume et de son territoire (206). C'était s'avouer vaincu sur tous les points. Pour relever sa gloire, Antiochus entreprit une expédition, mais il s'étendit à peine jusqu'à l'Indus, ou du moins s'il dépassa cette limite, il n'alla pas beaucoup au delà[1]. »

7. Guerre contre les Romains (203-190). — Antiochus reprit ensuite ses projets contre l'Égypte. La minorité du roi Ptolémée Epiphane et son alliance avec le roi de Macédoine, Philippe, lui donnaient de grandes espérances. Son début fut très-heureux ; en deux campagnes il subjugua la Cœlésyrie et la Palestine. Ces succès lui inspirèrent toute la fierté et toutes les prétentions d'un nouvel Alexandre. Il rappela d'anciens droits depuis longtemps oubliés, et s'empara, sous ce prétexte, d'une grande partie de l'Asie antérieure et de la Chersonèse de Thrace. Ces conquêtes le mirent en face des Romains (197). Le roi d'Égypte et les habitants de Smyrne et de Lampsaque se réfugièrent sous le patronage de la république, qui défendit au roi de Syrie de mettre le pied en Europe. Dans ces conjonctures si graves et si imposantes, tous les conseillers d'Antiochus n'eurent qu'une voix pour lui conseiller de passer outre. Déjà ils

1. Heeren, *Manuel d'histoire ancienne.*

lui représentaient la mort de Ptolémée Épiphane dans un avenir prochain, et lui montraient toutes ses possessions comme une proie facile à ravir.

D'un autre côté, la fortune sembla le favoriser. Elle lui envoya Annibal, qui voulait coaliser les Carthaginois, le roi de Syrie et le roi de Macédoine contre les Romains (135). Son plan de bataille était d'aller attaquer de nouveau ces terribles conquérants dans leurs foyers. Si l'on eût suivi les conseils de cet habile général, Rome et l'Italie auraient été glacées d'effroi. Malheureusement Antiochus n'avait pas le génie assez élevé pour prendre une mesure aussi audacieuse. Après avoir longtemps flotté entre mille desseins, il envoya de faibles secours aux Grecs, plia devant l'épée du consul Glabrion, et se vit tout à coup réduit à se mettre sur la défensive. Dès lors chaque jour fut marqué par de nouveaux revers qu'Annibal s'efforçait inutilement de réparer. Enfin Antiochus ayant réuni toutes ses forces près du mont Sipyle, engagea, à Magnésie (190), une action décisive avec les armées réunies des Romains et d'Eumène, roi de Pergame. Il fut entièrement défait et obligé de demander aux Romains une paix fort humiliante.

8. Traité d'Antiochus avec les Romains; sa mort (190-187). — D'après les conditions du traité, Antiochus s'obligeait : 1° à évacuer toute l'Asie en deçà du Taurus; 2° à payer 15,000 talents aux Romains et 400 à Eumène, roi de Pergame; 3° à livrer Annibal et quelques autres, et à remettre entre les mains des vainqueurs son jeune fils Antiochus comme otage. Toutefois cette paix fut moins préjudiciable au roi de Syrie par la perte du pays qu'il cédait que par l'usage qu'en firent les Romains. En le donnant en grande partie au roi de Pergame, ennemi d'Antiochus, ils placèrent près de lui un rival toujours disposé à lui nuire. Rome eut aussi grand soin, en stipulant que le payement de la somme exigée serait effectué en douze années, de tenir la Syrie dans une dépendance continuelle.

Peu de temps après, Antiochus, prélevant dans toutes

ses provinces l'argent qui lui était nécessaire pour remplir ses engagements avec les Romains, se présenta dans la province d'Elymaïs et voulut piller le trésor du temple de Jupiter Bélus qu'on lui avait dit très-considérable. Ce sacrilége irrita le peuple qui se souleva contre lui et le mit à mort. Telle est du moins l'opinion la plus accréditée, quoique Aurélius Victor prétende qu'il s'abandonna sur la fin de sa vie à toutes sortes de débauches, et qu'il périt de la main de ses officiers qu'il avait maltraités (186).

9. Décadence de la Syrie. Antiochus Épiphane. — A partir d'Antiochus le Grand, l'histoire des Séleucides n'offre plus que des guerres civiles et des assassinats. Séleucus IV Philopator, fils d'Antiochus le Grand, fut assassiné par son ministre Héliodore qui avait essayé de piller les trésors du temple de Jérusalem et qui avait été repoussé du sanctuaire par les anges du Seigneur.

Il eut pour successeur Antiochus Épiphane qui attaqua l'Égypte à l'occasion des prétentions que les tuteurs de Philométor élevèrent sur la Cœlésyrie et la Palestine. La fortune accompagna d'abord ses armes. Il entra en Égypte, ravagea le Delta, fit captif Philométor et assiégea Memphis. Peut-être aurait-il réussi à se rendre maître de tout le royaume, si les Romains ne fussent intervenus. Ceux-ci envoyèrent le consul Popilius Lenas qui déclara à Antiochus que le sénat exigeait de lui qu'il fît aussitôt la paix et qu'il quittât l'Égypte. Lassé des réponses évasives du roi de Syrie, Popilius traça autour de lui un cercle et le somma de déclarer, avant d'en sortir, s'il se soumettait aux volontés du peuple romain. La réponse d'Antiochus fut celle d'un esclave qui tremble sous la verge d'un maître, il promit de se retirer et de rentrer dans ses États (167).

10. Soulèvement des Machabées (167). — Pour se venger de cette humiliation, Antiochus attaqua la Judée, profana le temple saint, et s'efforça de faire oublier aux Juifs la loi de Moïse et d'anéantir leur religion. Mais le grand prêtre Mathathias, entouré de ses cinq fils, Jean,

Simon, Judas, Éléazar et Jonathas, fit appel à tous les hommes de bonne volonté qui étaient prêts à mourir pour la défense de la loi de leurs pères, et forma un corps d'armée avec lequel il parcourut la Judée, renversant les autels des idoles et délivrant la loi sainte de la servitude des infidèles.

Après ces premières expéditions, Mathathias, sentant sa fin approcher, appela ses enfants autour de lui, et leur fit de touchantes exhortations. Il anima leur zèle en rappelant les bénédictions que le Seigneur avait répandues sur tous ceux qui l'avaient fidèlement servi depuis le temps d'Abraham, puis il ajouta : « Simon, votre frère, est un homme de bon conseil, suivez ses avis ; il vous tiendra lieu de père. Judas est fort vaillant, qu'il soit votre général et vous conduise aux batailles. » Mathathias bénit ensuite ses enfants et s'endormit avec ses pères.

11. Victoires de Judas Machabée (166-161). — Judas Machabée ne mettait sa confiance qu'en Dieu ; avant de rien entreprendre contre les ennemis, il rétablit la loi dans toute sa pureté et la fit observer à ses soldats. Au milieu du conseil, comme sur le champ de bataille, il montrait en toutes circonstances une sagesse et un courage surhumains. Il battit successivement Apollonius, gouverneur de Samarie, et Séron, commandant de la Cœlésyrie. Lorsque Antiochus apprit ces deux défaites, il entra en fureur et chargea de sa vengeance Lysias, qu'il avait établi gouverneur des provinces en deçà de l'Euphrate. Mais Judas se mit à la tête de sa petite troupe, se recommanda à l'Éternel, et tailla en pièces les ennemis.

Après avoir triomphé de ce nouvel ennemi, Judas et ses frères dirent à leurs soldats victorieux : « Allons maintenant purifier les saints lieux et en faire la dédicace. » Les soldats applaudirent et gravirent la montagne de Sion. Les lieux saints étaient déserts, l'autel profané, les portes brûlées, les ronces et les arbrisseaux avaient crû dans le parvis comme dans une forêt, et les appartements qui tenaient au temple étaient détruits. A cette vue, les Machabées déchirèrent leurs vêtements, répandirent de la cendre sur leur tête et poussèrent des cris jusqu'au ciel. Ils s'empressèrent de choisir des prêtres sans tache pour purifier le sanctuaire. Ils firent faire de nouveaux vases sacrés, un nouvel autel des parfums, un nouveau chandelier d'or à sept branches, une nouvelle table des pains de proposition, un nouveau voile pour mettre devant le saint des saints, et quand tout fut achevé on fit la dédicace de l'autel au milieu des plus grandes réjouissances.

12. Mort d'Antiochus (164). — Judas et ses frères poursuivirent ensuite le cours de leurs victoires. Antiochus, apprenant la défaite de ses généraux, s'écria dans sa fureur qu'il voulait aller à Jérusalem et faire de cette ville le tombeau commun de tous les Juifs. Mais à peine eut-il prononcé ces paroles, qu'il se sentit saisi par de violentes douleurs d'entrailles. Il n'en continua pas moins sa route; mais, dans sa course rapide, il tomba de son char, et tout son corps fut meurtri et déchiré. Malgré les soins qui lui furent prodigués, ses plaies s'envenimèrent au point que les vers en sortaient et que sa chair putréfiée tombait en lambeaux. Au milieu de ses souffrances, il se reconnut vaincu par le Dieu qu'il avait offensé. Il promit de réparer tout le mal qu'il avait fait aux Juifs, et leur écrivit même une lettre en forme de supplication; mais la pénitence de ce roi homicide et blasphémateur n'était pas sincère. Il mourut d'une mort misérable sur la terre étrangère.

Tout cédait devant les armes de Judas Machabée, qui continuait de combattre pour la défense de son peuple et de sa religion. Un des généraux ennemis, nommé Timothée, vint en Judée à la tête d'une armée formidable. Dans ce nouveau péril, Judas et ses soldats, prosternés au pied de l'autel, la cendre sur la tête et les reins couverts d'un cilice, conjurèrent le Seigneur de leur être favorable et de se déclarer l'ennemi de leurs ennemis. La prière finie, ils prirent leurs armes et marchèrent contre Timothée. Au milieu du combat on vit paraître cinq cavaliers envoyés du ciel. Deux d'entre eux se placèrent de chaque côté de Machabée, et le couvrirent de leurs armes ; en même temps ils lancèrent contre les ennemis une grêle de traits enflammés, qui, tombant sur eux comme autant de foudres, les terrassèrent et les mirent en fuite. Plus de vingt mille hommes demeurèrent sur la place ; le général fut pris et mis à mort.

13. Défaite d'Antiochus Eupator. — Cette victoire fut suivie d'autres succès qui inspirèrent à Judas la pensée de se rendre maître de la forteresse de Sion, qui était restée jusqu'alors au pouvoir des ennemis. Cette entreprise irrita Antiochus Eupator, fils d'Antiochus Épiphane et son successeur. Ce prince entra en Judée avec une armée de cent mille hommes de pied, de vingt mille chevaux et de trente-deux éléphants dressés au combat. A cette nouvelle, Judas invoqua le Seigneur, leva le siége de la forteresse et alla droit à l'ennemi. Il rencontra l'armée d'Antiochus dans les plaines de Bethzachera, et la bataille s'engagea au bruit des trompettes et aux acclamations de la multitude. Un des fils de Mathathias, Éléazar, mourut de la mort des héros. Voyant un éléphant plus gros que les autres qui portait une tour parée des ornements royaux, il crut qu'elle renfermait le roi, et se faisant aussitôt jour à travers les ennemis, il se glissa sous le ventre de l'animal et le perça de son glaive. L'éléphant tomba mort, mais dans sa chute il écrasa le brave Israélite, qui s'était dévoué pour le salut de son peuple. Cependant les Juifs, épuisés de fatigue, prirent le parti de la retraite, lorsqu'Antiochus les poursuivit et forma le siége de Jérusalem. La vigoureuse résistance qu'on lui opposa et les nouvelles fâcheuses qu'il reçut de la Syrie l'obligèrent bientôt d'abandonner ses projets et de conclure la paix à des conditions avantageuses. L'année suivante, Démétrius Soter, s'étant emparé de la Syrie, fit mettre à mort Antiochus Eupator, et envoya contre les Juifs Nicanor

avec de nombreuses troupes. Le nouveau général essaya d'abord de se saisir par surprise de la personne
de Judas ; mais, n'ayant pu réussir, il prit le parti de
l'enlever de force. Il entra dans Jérusalem, ordonna
aux prêtres de lui livrer Judas, et sur leur refus il leva
la main contre le temple en disant : « Si vous ne me
livrez Judas, je détruirai ce temple jusqu'aux fondements. » La bataille s'engagea près de Bethoron. Nicanor fut tué dès le commencement de l'action, et sa mort
entraîna le désastre de toute son armée. Judas Machabée commanda que l'on coupât la tête et la main droite
de ce général, et qu'on les clouât en face du temple,
afin d'apprendre au monde la vengeance que Dieu avait
exercée contre ce blasphémateur.

14. Mort de Judas (161). — Judas, après avoir fait
alliance avec les Romains qui se trouvaient alors maîtres de l'Italie, de la Grèce, de l'Espagne et d'une partie de l'Asie, marcha au-devant de la nouvelle armée
de Démétrius, conduite par Bacchides et Alcime. Les
Israélites, effrayés du nombre des ennemis qu'ils avaient
à combattre, prirent la fuite, à l'exception de huit cents
qui restèrent fidèles à Judas. Celui-ci puisant son courage dans sa foi même engagea le combat en disant :
« Si notre heure est arrivée, mourons courageusement
pour nos frères et qu'aucune tache ne souille notre
gloire. » Déjà il avait enfoncé l'aile droite commandée
par Bacchides, quand l'aile gauche, victorieuse de ses
ses frères, se replia pour l'envelopper. Le combat fut
très-vif, et le nombre des blessés fut considérable de
part et d'autre. Judas fut tué, et le reste de sa troupe
s'enfuit. Tous les enfants d'Israël prirent le deuil et gé-
mirent durant plusieurs jours en disant : « Comment est
mort cet homme puissant qui sauvait Israël ?»

15. Jonathas (161-144). — Tous ceux qui avaient été
attachés à Judas Machabée choisirent pour chef Jonathas, son frère. Jonathas vainquit Bacchides, l'ennemi
des Juifs, en trois rencontres, et l'obligea ainsi à s'éloigner de la Judée qui demeura en repos pendant deux

ans. Jonathas profita de cette tranquillité pour faire des alliances puissantes. Il envoya à Rome des ambassadeurs pour renouveler le traité que Judas Machabée avait fait avec le sénat. Il députa aussi vers les Lacédémoniens pour leur rappeler l'ancienne amitié qui existait entre eux et les Juifs. La Syrie était alors agitée par de violentes secousses, mais la Judée fut paisible. Dieu permit cependant que Jonathas tombât dans le piége que lui tendit un de ses concurrents, nommé Tryphon. Ce fourbe, cherchant à surprendre Jonathas, l'invita à une entrevue, où d'abord il le combla d'honneurs et de témoignages d'amitié; mais après l'avoir engagé à renvoyer l'escorte qui l'accompagnait, il le fit mourir avec ses deux enfants.

16. **Simon** (144-135). — Des cinq fils de Mathathias il ne restait plus que Simon; le peuple l'élut à la place de Jonathas. Il agrandit et fortifia Joppé, et chassa de Jérusalem la garnison syrienne qui y était encore. Ces brillants exploits lui concilièrent l'estime de tous les peuples étrangers. Les Romains renouvelèrent alliance avec lui, et Démétrius II, roi de Syrie, reconnut sa puissance. Tout le pays jouit des douceurs de la paix, et le peuple reconnaissant chercha un moyen d'honorer Simon et ses fils. On décida qu'ils resteraient en possession du souverain pouvoir jusqu'à l'arrivée du prophète véritable qui devait remplir tous les désirs de l'univers. Simon jouissait de ces honneurs, lorsque Ptolémée son gendre eut la bassesse de conspirer contre lui. Il avait formé l'atroce projet de l'égorger dans un festin avec toute sa famille et de se frayer ainsi un chemin au trône. Mais un des fils de Simon, Jean Hyrcan, échappa à cet affreux massacre et hérita de la dignité de son père.

17. Jean Hyrcan (135-107). — Jean Hyrcan fut le dernier des héros qui illustrèrent la famille des Machabées. Après la mort d'Antiochus Sidétès, il s'affranchit du joug des Syriens et subjugua l'Idumée et Samarie. Les guerres intestines qui déchirèrent alors la Syrie le laissèrent en repos, et pendant tout son gouverne-

ment, qui dura environ vingt-huit ans, il put travailler
avec succès à la prospérité intérieure de ses États.

18. Fin de l'histoire des Séleucides (126-64). « Depuis cette époque, l'histoire des Séleucides n'offre plus
qu'un enchaînement de guerres civiles, de querelles de
famille, de cruautés révoltantes, à quoi il serait difficile
de trouver rien de semblable. Le royaume ne s'étendait
plus alors que jusqu'à l'Euphrate, parce que toute l'Asie
supérieure appartenait aux Parthes; et comme les Juifs
finirent aussi par se rendre ultérieurement indépendants, il ne consistait plus que dans la Syrie proprement dite et la Phénicie. Sa décadence était telle, que
les Romains eux-mêmes paraissent s'être peu souciés
pendant longtemps de s'en emparer, soit parce qu'il
n'y avait plus rien à prendre, soit parce qu'ils jugèrent
plus sûr pour eux de laisser les Séleucides se déchirer
les uns les autres jusqu'au moment où, après la fin de
la guerre contre Mithridate le Grand, ils se décidèrent à
en faire une province romaine[1]. »

Parmi les princes qui parurent dans ces temps d'anarchie, on distingue l'usurpateur Alexandre Zébina, qui
eut à lutter contre Antiochus Gryphus, le fils de Démétrius II, et qui succomba sur le champ de bataille (123).
Cet Antiochus Gryphus fit périr sa mère pour assurer sa
propre vie (122). Après huit ans de paix, il se trouva
engagé dans une nouvelle guerre avec son frère utérin
Antiochus de Cyzique. Les deux rivaux se partagèrent
d'abord le royaume; mais leurs dissensions ayant ensuite éclaté plus vives et plus violentes, Gryphus fut
assassiné (99). L'aîné de ses cinq fils, Séleucus, vengea
sa mort par le meurtre de Cyzique. Les fils de Cyzique
se mirent à leur tour sur les rangs, et la guerre continua jusqu'à ce que les Syriens se donnassent à Tigrane,
roi d'Arménie (83). Ce grand monarque fut lui-même
inquiété par les descendants de Cyzique, qui lui ravirent
quelques provinces. Enfin le coup décisif qui termina

---

1. Heeren, *Manuel d'histoire ancienne.*

toutes ces luttes fut l'intervention armée des Romains,
qui attaquèrent les royaumes de Mithridate et de Tigrane. Le vainqueur de Tigrane, le grand Pompée, déclara la Syrie province romaine (64)[1].

QUESTIONNAIRE.

1. Quel est le général d'Alexandre qui eut le plus grand empire? A quelle époque remonte l'ère des Séleucides? Que gagna Séleucus à la bataille d'Ipsus? Quelle ville fonda-t-il? Où prit-il le titre de Vainqueur des vainqueurs? Comment mourut-il?

2. Quelle victoire remporta Antiochus Soter? Que nous offre l'histoire des prédécesseurs d'Antiochus le Grand?

3. Quel est le caractère du règne d'Antiochus le Grand? Quelle faute fit-il? A qui confia-t-il les premières charges de son empire? Quelle fut la conduite de ses officiers?

4. Quel est celui qui se révolta dans la haute Asie? Quels succès obtinrent d'abord les rebelles? Comment Antiochus parvint-il à les soumettre?

5. Qui engagea Achéus à se proclamer roi? Quelle défaite Antiochus essuya-t-il en Égypte? Avec qui s'unit-il contre Achéus? Quel fut le sort de ce rebelle?

6. Pourquoi Antiochus attaqua-t-il le roi des Parthes? Comment se termina cette guerre?

7. Quels pays Antiochus enleva-t-il à l'Égypte? Quelles furent ses prétentions après ces succès? Quels conseils lui donna Annibal? Les suivit-il? Où fut-il vaincu?

8. Quelles furent les conditions du traité qu'il conclut avec les Romains? Comment mourut Antiochus le Grand?

9. Quel est le caractère de l'histoire des Séleucides après Antiochus le Grand? A qui succéda Antiochus Épiphane? Quelle expédition entreprit-il? Comment fut-il humilié par les Romains?

10. Pourquoi persécuta-t-il les Juifs? Quelle résistance cette persécution provoqua-t-elle? Qui se mit à la tête de la rébellion? Quels étaient les enfants de Mathathias? Que fit Mathathias à son dernier moment?

11. Quelles victoires remporta Judas Machabée? Quel était alors l'état du temple? Comment fut-il purifié et orné de nouveau?

12. Quel dessein conçut Antiochus? Quelle fut sa mort? Comment Judas fut-il protégé dans le combat qu'il livra à Timothée? Quel fut le résultat de cette bataille?

13. Quel fut le successeur d'Antiochus Épiphane? Par quel exploit se signala Éléazar dans la bataille que Judas livra à ce prince? Qui Démétrius Soter envoya-t-il contre Jérusalem? Quel blasphème prononça Nicanor? Comment en fut-il puni?

14. Avec qui Judas fit-il alliance? Où mourut-il? Quel fut le deuil d'Israël après sa mort?

---

1. Rois de Syrie : Séleucus Iᵉʳ Nicator (312-281), Antiochus Iᵉʳ Soter (281-261), Antiochus II Théos (261-247), Séleucus II Callinicus (247-227), Séleucus III Céraunus (227-222), Antiochus III le Grand (222-186), Séleucus IV Philopator (186-174), Antiochus IV Épiphane (174-164), Antiochus V Eupator (164-161), Démétrius Iᵉʳ Soter (161-150), Alexandre Balas (150-145), Démétrius II Nicator (145-126), Alexandre Zébina (126-123), Antiochus Gryphus seul (123-111), Antiochus Gryphus et Antiochus de Cyzique ensemble (111-97), Guerre entre leurs enfants (97-85). La Syrie passe sous la domination de Tigrane, roi d'Arménie (85). Elle est réduite en province romaine en l'année 64.

15. Quel fut le successeur de Judas Machabée? Quelles alliances fit Jonathas? Comment mourut-il?

16. Que fit Simon? De quelle manière le peuple lui témoigna-t-il sa reconnaissance? De quel complot fut-il victime?

17. Quel fut le dernier des Machabées? Que fit-il pendant son gouvernement? Combien de temps régna-t-il?

18. Quelle fut l'étendue du royaume de Syrie dans ses dernières années? Quel était le caractère de ses princes? Citez les plus remarquables. Par qui la Syrie fut-elle réduite en province romaine? A quelle époque eut lieu cet événement?

---

§ II. — Des États qui se sont détachés de l'empire des Séleucides[1].

1. Division générale. — L'empire des Séleucides était trop étendu pour obéir à un seul maître. Il renfermait, comme celui d'Alexandre, des peuples de races diverses qu'il n'était pas possible de soumettre aux mêmes lois. Aussi vit-on d'un côté les peuples de la haute Asie s'en séparer pour se rendre indépendants, et de l'autre les provinces de l'Asie Mineure secouer le joug pour s'ériger en royaumes.

Dans la haute Asie, il n'y eut que deux États : le royaume de *Bactriane* et celui de *Parthie*.

On en compta cinq dans l'Asie Mineure, qui furent les royaumes de *Pergame*, de *Bithynie*, de *Galatie*, du *Pont*, de *Paphlagonie* et de *Cappadoce*. Nous joindrons à ces cinq royaumes celui d'*Arménie*, qui fut enclavé en partie dans l'Asie Mineure, et la *république de Rhodes*, située au midi de cette contrée. Nous allons faire connaître rapidement les destinées de ces divers États.

1° *De la Bactriane et de la Parthie.*

2. Du royaume de la Bactriane. — La Bactriane appartenait d'abord aux Séleucides. Mais, après la mort de

---

1. AUTEURS A CONSULTER : Parmi les anciens, les grands historiens ne traitent de ces royaumes qu'autant que leur histoire se mêle à l'histoire générale. Il faut donc consulter : Justin, Tite-Live, Diodore, Arrien, Strabon *passim*. Parmi les modernes : la compilation savante de Vaillant ; quelques mémoires consignés dans le Recueil de l'académie des inscriptions et belles-lettres, et les histoires générales.

Séleucus Ier, fondateur de cette dynastie, sous le règne d'Antiochus II Théos, l'an 254, le Grec Diodote ou Théodote Ier, qui était gouverneur de cette province, se déclara indépendant. Il ajouta la Sogdiane à son gouvernement et fonda ainsi un royaume très-puissant. Son fils, Théodote II (543), conclut un traité de paix avec le roi des Parthes, Arsace II, qui s'était également affranchi de la domination syrienne. Il n'en fut pas moins renversé de son trône par Euthydème de Magnésie (221), qui vit, douze ans plus tard, Antiochus le Grand pénétrer dans ses États de concert avec le roi des Parthes (209-206). Il fut forcé de livrer au roi de Syrie ses éléphants; mais son indépendance fut reconnue, et il obtint même la main d'une des filles d'Antiochus pour son fils Démétrius. Ses successeurs firent des conquêtes dans l'Inde, et étendirent leur domination dans le Malabar et la Sérique. Mais, après la mort d'Eucratidas, le plus célèbre d'entre eux (148), la Bactriane se vit attaquée vivement par le roi des Parthes, Arsace VI. Ce prince la subjugua entièrement, et l'unit à son empire avec toutes les autres contrées placées de ce côté de l'Oxus (142).

3. Origine et description du royaume des Parthes (256). — Le royaume des Parthes avait été fondé deux ans avant celui de la Bactriane, dont ils firent la conquête; mais son origine avait été différente. Au lieu d'avoir pour fondateur un étranger ambitieux, comme le Grec Théodote, il fut l'œuvre des Parthes eux-mêmes, et eut ainsi pour base le sentiment national. Peut-être cette différence d'origine explique-t-elle aussi la différence des destinées de ces deux royaumes. La dynastie de Théodote ne dura guère plus d'un siècle (254-142), tandis que celle des Arsacides régit les Parthes pendant plus de quatre cent quatre-vingts ans (256 avant J.-C., 226 après J.-C.).

Ce grand royaume était borné à l'est par la Bactriane et l'Inde septentrionale, à l'ouest par la Médie, au sud par la Carmanie déserte, et au nord par l'Hyrcanie. Les successeurs d'Alexandre ne s'occupèrent pas beaucoup de cette contrée, parce que la pauvreté des habitants et le peu de fertilité du sol n'offraient aucun appât à leur cupidité. Hécatompylos fut d'abord la ville où résidèrent les rois des Parthes ; mais, après la conquête de l'Assyrie, ils passèrent l'été à Ecbatane et l'hiver à Ctésiphon ou à Séleucie, qui se trouvait près de cette ville.

4. Du gouvernement et des mœurs des Parthes. — Le royaume des Parthes était divisé en dix-huit satrapies, et comprenait en outre plusieurs petits royaumes tributaires. Leur constitution était monarchico-aristocratique. Le roi était assisté par un conseil d'État, *senatus*, qui avait le pouvoir de le déposer, et intervenait dans son élection pour la confirmer. Le couronnement du souverain appartenait aux généraux (*surénas*). Quoique la couronne fût élective, on était cependant obligé de choisir le roi dans la famille régnante des Arsacides.

Les Parthes aimaient la guerre, ils étaient courageux et d'une grande habileté à tirer de l'arc. Ils vivaient sobrement, négligeaient l'agriculture, la navigation et le commerce, et demandaient à leurs armes toutes les choses dont ils avaient besoin. Ils s'habituaient dès leur enfance à monter à cheval, et passaient une partie de leur vie sur leurs coursiers. C'était à cheval qu'ils paraissaient dans les assemblées et qu'ils prenaient leurs délibérations. De vingt à cinquante ans, tout homme parmi eux était soldat. Leur religion était grossière et se bornait à l'adoration de la nature matérielle ; mais leur croyance à l'immortalité de l'âme enflammait leur courage, parce qu'ils étaient persuadés qu'une félicité sans bornes attendait au delà du tombeau celui qui périssait sur le champ de bataille. Quoique fort passionnés pour la littérature et les arts de la Grèce, ils se montrèrent toujours ennemis du luxe des Asiatiques, et la simplicité de leurs mœurs fut une des causes de leur puissance.

5. Des différentes périodes de leur histoire. — L'histoire des Parthes peut se diviser en trois grandes périodes. Dans la première ils eurent à se défendre perpétuellement contre la domination des Séleucides, qui s'efforçaient de les faire rentrer sous le joug (256-130) ; dans la seconde ils furent attaqués par les peuples nomades de l'Orient (130-53), et dans la dernière ils résistèrent aux Romains (53 avant J.-C.-226 ans après J.-C.).

6. Première période (256-130). — Cette première période fut pour les Parthes un temps de gloire. Arsace Ier, le fondateur de leur empire, défendit vaillamment leur indépendance, et son successeur, Arsace II, remporta une victoire si complète sur le roi de Syrie, Séleucus Callinicus, que les Parthes datent de cette époque (238) le commencement de leur monarchie. Arsace III résista courageusement aux attaques d'Antiochus le Grand et en obtint la cession formelle de ses États. Vinrent ensuite Arsace IV et Arsace V, dont les règnes ne furent célèbres par aucun événement important (196-144). Mais, sous Mithridate Ier Arsace, les Parthes firent de très-grandes conquêtes. Ils soumirent les Bactriens, les Perses, les Mèdes, les Elyméens, et étendirent leur domination jusqu'à l'Inde. Antiochus Sidétès fut le dernier prince de la dynastie des Séleucides qui osa entreprendre de recouvrer ce vaste empire. Il fut heureux dans une première expédition, mais il échoua dans la seconde, et son armée fut entièrement détruite (131). Depuis ce moment les Parthes n'eurent plus rien à redouter du côté de la Syrie.

7. Deuxième période (130-53). — Dans leur lutte avec les petites peuplades nomades qui les environnaient, les Parthes n'eurent pas des succès aussi constants. Les Scythes, les Daces et les Tochares les inquiétèrent souvent d'une manière sérieuse. Ils eurent aussi à redouter les attaques des rois du Pont et d'Arménie. Mais Phraate III, le douzième des Arsacides, eut la sagesse de ne pas se mêler aux luttes qui mirent alors Tigrane et Mithridate aux prises avec les Romains.

14.

Il garda une neutralité armée, et lorsque Rome, maîtresse de l'Arménie et du Pont, déclara la guerre aux Parthes, elle trouva une nation vaillante et aguerrie, prête à lui résister.

8. Troisième période (53 av. J.-C.–226 ap. J.-C.). — La lutte des Parthes et des Romains s'engagea sous le quatorzième des Arsacides, Orode Iᵉʳ. Licinius Crassus, qui avait ambitionné l'honneur de combattre cette grande nation, fut victime de sa présomptueuse ardeur : il périt avec toute son armée (53). Cette victoire rendit si prépondérante la puissance des Parthes, qu'ils s'emparèrent d'une grande partie de la Syrie située au delà de l'Euphrate (52-51). Dans les guerres qui s'élevèrent entre César et Pompée, ils se déclarèrent pour ce dernier. César victorieux méditait contre eux une terrible vengeance lorsqu'il fut assassiné (43). Pendant le second triumvirat, ils soutinrent le parti républicain de Brutus et de Cassius et attirèrent contre eux les armes d'Antoine. Auguste, en arrivant au souverain pouvoir, les menaça d'une guerre ; mais ils n'eurent besoin, pour apaiser sa colère, que d'envoyer à Rome les étendards qu'ils avaient pris autrefois sur Crassus (20).

Les Parthes continuèrent leur rôle d'opposition contre Rome jusqu'à l'an 226 de l'ère chrétienne. A cette époque le Persan Artaxerxès, fils de Sassan, renversa la dynastie des Arsacides et forma de ses débris le *second empire des Perses*, qu'on appela le *royaume des Sassanides*.

QUESTIONNAIRE.

1. Pourquoi l'empire des Séleucides se démembra-t-il ? Quels sont les royaumes qui se formèrent dans la haute Asie ? Quels sont ceux qui se formèrent dans l'Asie Mineure ? Quels États peut-on rattacher à ces derniers ?

2. Par qui fut fondé le royaume de la Bactriane ? Quels furent les princes qui régnèrent sur ce royaume ? Par qui fut-il conquis ?

3. Par qui fut fondé le royaume des Parthes ? Quelles étaient ses limites ? Où résidèrent les rois des Parthes ?

4. Comment ce royaume était-il divisé ? Quelle était sa constitution ? Quelles étaient les mœurs des Parthes ?

5. En combien de périodes se divise leur histoire ? Quelle est l'étendue de chacune de ces périodes ?

6. Quel fut le caractère de la première période ? Contre qui les Parthes eurent-ils à lutter ? Quel fut le dénoûment de cette lutte ?

7. Quels furent les rapports des Parthes avec les peuples voisins? Prirent ils part aux guerres de Mithridate et de Tigrane contre les Romains? — 8. A quelle époque leur lutte avec ces terribles conquérants s'engagea-t-elle? Quels furent les revers des Romains? A quelle époque la dynastie des Arsacides fut-elle renversée? Par qui fut-elle remplacée?

2° *Du royaume de Pergame.*

1. Fondation de ce royaume. — Le royaume de Pergame fut formé en 283, aux dépens de l'empire des Séleucides, par un Paphlagonien appelé Philétère. Il eut pour successeur Eumène Ier (263-241), son neveu ou son frère, qui ajouta à ses possessions la ville de Sardes, l'Éolide et les contrées voisines. Mais ce royaume n'eut une importance véritable que sous Attale Ier (241-198). Ce prince inaugura son règne par une grande victoire sur les Gaulois et prit le titre de roi (239). C'est pourquoi il a donné son nom à la dynastie de Pergame, qu'on appelle les *Attalides*. Il s'unit ensuite avec Antiochus le Grand, combattit en qualité d'allié du roi de Syrie le rebelle Achéus (216), et entra ensuite dans la ligue des Étoliens contre les Macédoniens (211). C'est après tous ces exploits qu'il se mit en rapport avec les Romains. Il se concilia très-adroitement leur amitié, obtint leur confiance, et le sénat lui donna, par politique, toutes les provinces qu'il enleva aux autres nations, faisant ainsi de son royaume l'avant-garde de la puissance romaine en Asie. Attale se prêta admirablement aux desseins de la république conquérante. Partout il servit ses intérêts avec zèle, s'occupant en même temps d'encourager autour de lui les sciences et les lettres, pour illustrer son royaume et l'élever au rang des plus grands États. C'est à ce double point de vue que son règne mérite d'être considéré.

2. Eumène II (198-157). — Son fils et son successeur, Eumène II, suivit la même politique, et enrichit Pergame de monuments et d'une bibliothèque de plus de cent mille volumes. Ce prince resta fidèle à l'alliance des Romains. Il leur prêta secours contre Nabis, tyran de Sparte, et les seconda dans leurs guerres contre Antiochus le Grand. Après ces expéditions il fit un voyage à Rome, où le sénat, après lui avoir fait l'accueil le plus favorable, lui céda tous les pays qu'Antiochus possédait dans l'Asie Mineure. Par suite de cette concession, le royaume de Pergame s'agrandit de toute la Phrygie, de la Lycaonie, de la Lydie, de l'Ionie et d'une partie de la Carie. En faisant à Eumène un aussi magnifique présent, la république avait mis pour condition qu'il serait toujours docile à ses volontés, et ce prince avait paru faire tacitement le sacrifice de son indépendance. Il louvoya donc désormais au milieu des guerres qui s'élevèrent, s'étudiant à satisfaire en toutes circonstances le peuple romain. Néanmoins le sénat, mécontent de sa conduite dans la guerre de Persée, offrit en secret la couronne à son frère Attale; mais celui-ci eut assez de générosité pour ne pas l'accepter. Eumène se rendit de plus en plus suspect par les conquêtes qu'il fit ensuite dans la Galatie et la Bithynie; mais il mourut avant que n'éclatât l'orage qui s'amoncelait sur sa tête.

3. Attale II (157-137). — Le protégé des Romains, Attale II, monta sur le trône de préférence au fils d'Eumène, qu'on trouva trop jeune pour tenir en main les rênes de l'État. Sous le règne de ce prince, le royaume de Pergame fut désolé par les invasions de Prusias, roi de Bithynie, qui le ravagea pendant trois ans sous les yeux des Romains. A la fin, Prusias fut forcé de se retirer, et Attale II, secouru des Romains, lui suscita un rival dans son fils Nicomède, qui alluma la guerre civile au cœur de ses États. Après s'être ainsi vengé de ses ennemis, le roi de Pergame aida le consul Mummius à ruiner Corinthe et à renverser ce dernier boulevard de la Grèce. Il passa ensuite les dernières années de sa vie dans la mollesse, et mourut empoisonné par son neveu, Attale III, qui ne voyait en lui qu'un usurpateur.

4. Attale III (137-129). — Ce prince se fit remarquer par ses cruautés et ses extravagances. Il fit égorger sa famille entière, lui imputant sans raison la mort naturelle de sa mère. Ses crimes lui ayant causé de violents remords, il s'enferma dans son palais, n'osant ni se faire raser ni aller au bain. Son humeur soupçonneuse lui montra des coupables dans chacune des personnes qui l'entouraient. Il étudiait et cultivait les plantes vénéneuses, et se plaisait à en faire l'essai sur ceux qui contrariaient ses caprices. Pendant qu'il s'amusait à fondre des métaux, il fut saisi d'une fièvre qui délivra Pergame de sa tyrannie.

Soit raison, soit folie, il avait écrit sur son testament qu'il instituait le peuple romain héritier de tous ses biens : *Populus romanus bonorum meorum hæres esto.* D'après une explication moins grammaticale que cupide, le sénat feignit d'entendre par le mot *biens* le royaume tout entier. Il s'en empara donc, sans égard pour les droits d'Aristonic, frère naturel d'Attale, pas plus que pour les réclamations des États voisins. Aristonic en appela à son épée, et réunit sous ses étendards les nombreux ennemis du nom romain. Mais, après quelques succès, il fut vaincu, et les contrées qui avaient obéi au roi de Pergame, c'est-à-dire la Mysie, la Phrygie, la Lycaonie, la Lydie et l'Ionie, furent réduites, sous le nom d'Asie, en province romaine (129).

QUESTIONNAIRE.

1. Par qui fut fondé le royaume de Pergame? Quels furent les exploits d'Eumène Ier? Par quelles actions se distingua Attale Ier? Quels furent ses rapports avec les Romains?

2. Quel fut le caractère d'Eumène II? Quels services rendit-il aux Romains? Qu'en reçut-il? Par quelles actions fit-il suspecter sa fidélité?

3. Quels furent les revers qu'essuya ce royaume sous Attale II? Que fit ce prince de concert avec les Romains? Comment mourut-il?

4. Quel fut son successeur? A quelle époque ce royaume devint-il province romaine?

3° *Du royaume de Bithynie.*

1. Origine de ce royaume. — La Bithynie, située au nord-est du royaume de Pergame et au sud du Pont-

Euxin, forma un royaume dont les auteurs anciens ne nous ont pas fait connaître l'origine. Le roi de Lydie, Crésus, qui en avait fait la conquête, la perdit avec le reste de ses États à la bataille de Tymbrée (548), où il fut défait par Cyrus. Les rois de Bithynie furent esclaves de la domination persane, mais leur pays échappa au joug qu'Alexandre imposa au reste de l'Asie. Ce prince avait envoyé contre eux son général Calas, qui fut battu par Bas, roi de cette contrée (320). Zipœtès, fils de Bas, maintint aussi son indépendance contre Lysimaque et les autres généraux d'Alexandre; mais ses victoires multipliées n'en affaiblirent pas moins ses forces (281).

2. Règne de Nicomède (281-246). — Nicomède Ier, fils aîné de Zipœtès, conçut le barbare dessein de faire périr ses trois frères pour s'assurer la couronne. Le plus jeune, Zibœas, ayant échappé à sa cruauté, souleva contre lui une partie de la Bithynie, et s'unit au roi de Syrie, Antiochus Ier Soter (286). A la vue du danger qui le menaçait, Nicomède appela les Gaulois de la Thrace à son secours (278); avec leur aide, il chassa son frère et triompha d'Antiochus. En retour de leurs services, il leur permit de se fixer au milieu de ses États, et ils y fondèrent un nouveau royaume, qui de leur nom s'appela *Galatie*. Nicomède mourut l'an 246, après avoir bâti la ville de Nicomédie, dont il avait fait sa capitale.

3. Prusias II (208-148). — Après la mort de Nicomède, la Bithynie fut en proie à des guerres civiles très-désastreuses. Les deux fils de ce prince, Zélas et Prusias Ier, ainsi que son frère Zibœas, se disputèrent la couronne. Zélas, vainqueur de ses rivaux, voulut faire périr les chefs des Gaulois qui avaient contribué à son triomphe; mais il fut lui-même victime de son complot (232). Son fils Prusias II parvint à réunir toute la Bithynie sous sa domination. Pendant son règne, qui fut environ de soixante ans, il fit la guerre au roi de Pergame, Eumène II, et le vainquit d'après les conseils d'Annibal, qui s'était réfugié chez lui (184). Il eut ensuite la lâcheté de consentir à livrer aux Romains cet illustre guerrier; mais Annibal, en ayant été informé, se donna la mort pour éviter la honte de l'esclavage (183). Prusias obtint encore de grands succès sur Attale II, roi de Pergame, et il était même sur le point de détruire son royaume, lorsque Rome intervint (153). Prusias fut empoisonné par son fils Nicomède II (148).

4. Réduction de la Bithynie en province romaine (75). — Les deux successeurs de Prusias, Nicomède II et Nicomède III, ne sont connus que par leurs guerres avec le roi de Pont, Mithridate le Grand. Nicomède II ne dut la conservation de sa couronne qu'à la protection des Romains. Nicomède III, après avoir été chassé de ses États par Mithridate, fut rétabli par Sylla (85), et mourut dix ans après, léguant par testament son royaume aux Romains.

QUESTIONNAIRE.

1. Où était située la Bithynie? Par qui avait-elle été conquise? Que devint-elle après la défaite de Crésus? Par qui fut-elle rendue indépendante?

2. Quel projet eut Nicomède Ier? Par qui fut-il secondé? Quelle récompense accorda-t-il aux Gaulois?

3. Que devint la Bithynie après la mort de Nicomède Ier? Quel est le prince qui fit la guerre au roi de Pergame? Par quelle lâcheté se déshonora-t-il? Quelle fut sa mort?

4. Que firent les successeurs de Prusias? Quel fut le dernier roi de Bithynie? Comment les Romains devinrent-ils maîtres de ses États?

4° De la Galatie.

1. De la Galatie. — La Galatie, fondée par les Gaulois dans l'Asie Mineure, se divisait en trois parties. On distinguait les Tolistoboïes à l'occident, ayant pour capitale Pessinunte; les Tectosages au centre, dont le chef-lieu était Ancyre, et les Trocmes à l'est. Ces derniers construisirent Tavion ou Taw, leur seule ville importante [1]. Chacune de ces nations se subdivisait en tribus qui tenaient assujettie l'ancienne population de cette contrée, composée de Grecs et de Phrygiens. La population totale se subdivisait en 195 cantons.

1. Voyez dans notre atlas la carte de l'*Asie Mineure*.

2. Des Gaulois avant leurs guerres contre les Romains (278-189).—Lorsque les Gaulois se furent établis au centre de l'Asie Mineure, ils ne se dépouillèrent pas tout à coup de leurs habitudes de dévastations et de rapines. Ils inquiétaient même sans cesse leurs voisins, et dans ces tristes démêlés qui s'élevèrent au sein des États sortis du démembrement de l'empire d'Alexandre, ils vendaient leur dévouement et leur courage à celui qui leur offrait le plus d'argent. Souvent les rois de Pergame achetèrent leurs services pour continuer la guerre contre la Syrie; mais souvent aussi, après la victoire, ces princes se trouvèrent fort embarrassés de leurs turbulents alliés. Quand Annibal conçut le grand dessein de former contre Rome une ligue asiatique, il comptait sur l'appui des Gaulois, et c'est parmi eux qu'il conseilla au roi de Syrie, Antiochus le Grand, de recruter ses armées. A la vérité, la part que les Gaulois prirent aux guerres de ce prince contre les Romains excita ces derniers à les attaquer dans leurs propres foyers.

3. Luttes des Gaulois contre les Romains (189-187). — Avant de combattre les Gaulois, le consul Manlius chercha d'abord à se créer parmi eux un parti au moyen de la séduction. On conçoit aisément qu'au milieu d'une nation simple et libre, comme celle des Gaulois, il ait trouvé difficilement des hommes capables de se laisser corrompre. Il lui fallut donc envahir leur territoire, sans autre espérance que le courage et la discipline de ses troupes. Il traversa le pays d'Axylon, atteignit la ville de Gordium, et trouva les Tolistoboïes retranchés sur le mont Olympe. Après avoir étudié la nature des lieux, il attaqua l'ennemi dans ses retranchements avec vigueur et le vainquit après de longs efforts. Cette défaite des Tolistoboïes impressionna profondément les Tectosages. Ils demandèrent à Manlius une entrevue pour traiter de la paix, et lui tendirent à cette occasion de perfides embûches. Le consul parvint à s'y soustraire par le plus grand des hasards, et reprit alors les hostilités avec un nouvel acharnement. Les Tectosages furent encore vaincus ; mais Rome n'eut garde de réduire cette nation vaillante à la dernière extrémité. Après ces deux grandes victoires, la paix fut conclue à Apamée en Phrygie.

4. Décadence de la nation (187-63). — Depuis ce moment la nation gauloise se laissa énerver par la mollesse de la civilisation asiatique. On vit ces hommes, auparavant si fiers de leur nationalité, préférer au culte simple de leurs pères le culte corrupteur des Grecs et des Phrygiens, et laisser leurs tétrarques vivre et gouverner à la façon des satrapes voluptueux et cruels de l'Asie. Ils adoptèrent le luxe et la prodigalité des Asiatiques et remplacèrent par de riches parures leurs anciens vêtements de laine grossière. Aussi toutes les vertus guerrières disparurent bientôt. Ils semblèrent pourtant se réveiller pour s'unir à Mithridate et seconder ses grands desseins. Mais ce prince, se croyant en droit de soupçonner leur fidélité, égorgea leurs chefs dans un festin, fondit sur leur pays, et leur imposa pour roi absolu un de ses satrapes nommé Eumache (63).

5. Réduction de la Galatie en province romaine (30). — « Cette tyrannie dura douze ans, et chaque année avec un redoublement de cruauté. Enfin les trois tétrarques sauvés du festin sanglant du roi de Pont, et l'un d'eux surtout, Déjotare, depuis si célèbre dans les guerres civiles de Rome, réussirent à soulever le pays, battirent Eumache et le chassèrent. Les victoires des armées romaines sur Mithridate assurèrent aux Kimro-Galls pour quelque temps l'indépendance qu'ils venaient de reconquérir ; mais, dans les circonstances où se trouvait l'Orient, cette indépendance précaire ne pouvait pas être de longue durée. Enveloppée et pressée de tous côtés par la domination romaine, la Galatie succomba après tout le reste de l'Asie ; elle fut enfin réduite en province sous l'empereur Auguste[1]. »

1. Am. Thierry.

QUESTIONNAIRE.

1. Comment la Galatie était-elle divisée ? Quel était le chef-lieu de chacune de ces nations ? Combien y y avait-il de cantons ?

2. Quelle fut la conduite des Gaulois d'Asie ? Quel rôle jouèrent-ils dans les guerres que se livrèrent les successeurs d'Alexandre ? Pourquoi les Romains les attaquèrent-ils ?

3. Quels moyens employa contre eux le consul Manlius ? Où les vainquit-il ?

4. Quel fut le résultat de cette défaite ? Quelles furent les causes qui contribuèrent à la décadence de la nation ? Comment les traita Mithridate ?

5. Comment la Galatie fut-elle ensuite administrée ? A quelle époque fut-elle réduite en province romaine ?

5° *Des royaumes de Pont et de Paphlagonie.*

1. Origine et rapports de ces deux royaumes (521-302). — Le royaume de Pont doit son nom au Pont-Euxin, qui lui sert de limite au nord. Il est borné à l'est par la petite Arménie, au sud par la Cappadoce, et à l'ouest par la Galatie et la Paphlagonie. Cette dernière province lui fut même presque constamment unie, et c'est pour ce motif que nous les avons rassemblés en un même chapitre. Les royaumes de Pont et de Paphlagonie ne formèrent en effet deux États bien distincts que depuis l'année 179 jusqu'à l'année 121. Pendant cette époque on vit régner successivement en Paphlagonie Morzès, Pylemœnès Ier et Pylemœnès II. Mais ce dernier prince ayant légué par testament ses États à Mithridate V, roi de Pont, ces deux pays eurent les mêmes destinées jusqu'à leur réduction en province romaine.

Le premier roi de Pont fut Artabaze, un des fils du roi de Perse Darius Hystaspes (521), qui, ayant cédé le royaume de son père à son frère Xerxès, obtint en retour le royaume de Pont. D'après Hérodote, Artabaze serait mort à la bataile de Salamine (480). Ses successeurs Rhôdobates, Mithridate Ier, Ariobarzane et Mithridate II surnommé *Ctitès* furent tributaires des monarques persans. Ce dernier fut soumis dès le commencement par Alexandre. Après la mort de ce prince il embrassa le parti d'Antigone, qui, l'ayant soupçonné de défendre les intérêts de ses ennemis, le fit assassiner l'année qui précéda la grande bataille d'Ipsus (302).

2. Depuis la mort de Mithridate II jusqu'à l'avénement de Mithridate le Grand (302-121). — La plupart des rois de Pont qui régnèrent avant Mithridate le Grand s'illustrèrent par des conquêtes. Mithridate III défendit son indépendance contre Lysimaque et agrandit ses États d'une partie de la Cappadoce et de la Paphlagonie (302-264). Mithridate IV repoussa les Gaulois, qui avaient essayé de le dépouiller de sa couronne ; mais son successeur Mithridate V échoua dans l'expédition qu'il fit contre la république de Sinope. Pharnace II la soumit et fit de cette ville la capitale de son royaume. Il mourut l'an 156. Son successeur Mithridate VI fut le premier des rois de Pont qui prit le titre d'ami et d'allié du peuple romain. Il contribua pour sa part aux succès qui signalèrent la troisième guerre punique, et reçut de Rome en récompense la grande Phrygie. Il mourut l'an 121, lâchement assassiné, et laissa le trône à son fils, le grand Mithridate.

3. Règne de Mithridate le Grand (120-63). — Mithridate, âgé seulement de douze ans quand il succéda à son père, avait, dit-on, le pressentiment de sa future grandeur. Il vécut dans les forêts, imagina mille ruses pour éviter les piéges de ses tuteurs et habitua son corps à supporter tous les poisons. Cruel et barbare, il fit périr sa mère et ses plus proches parents, et dans toute sa vie il marcha directement à son but, sans s'inquiéter de la légitimité ni de la moralité des moyens.

Dès le commencement de son règne, on vit se manifester cette ambition insatiable qui ne l'abandonna jamais. Son génie éclata dans les expéditions qu'il fit dans la Scythie, la Paphlagonie et la Cappadoce. Rome, témoin de ses exploits, réclama en faveur des Paphlagoniens ; mais Mithridate ne lui répondit que par l'envahissement du pays des Galates, qui s'étaient aussi placés sous la protection de la république. Comme Annibal, il jura une haine éternelle aux Romains et combattit contre eux en héros jusqu'au dernier soupir.

La mort de Nicomède, roi de Bithynie, lui offrit l'occasion d'entrer directement en lutte avec eux. Il s'empara de la Bithynie et menaça de son épée le reste de l'Asie. Les Romains, alarmés par les succès de ce conquérant, rassemblèrent toutes les troupes qu'ils avaient dans l'Asie Mineure, les partagèrent en plusieurs corps et marchèrent contre lui. Crassus et Aquilius, qui étaient à la tête de cette expédition, furent entièrement défaits, et Mithridate les força d'évacuer la Phrygie, la Mysie, l'Asie proprement dite, la Carie, la Lycie, la Pamphylie, la Paphlagonie, la Bithynie et tous les pays qu'ils possédaient jusqu'à l'Ionie.

De toutes parts on applaudit à ses succès, lorsqu'on apprit qu'il avait renvoyé les prisonniers sans rançon. On lui donna les noms de père, de dieu, de libérateur. Les habitants de Laodicée lui livrèrent le gouverneur romain de la Pamphylie, Q. Appius; les Lesbiens lui envoyèrent Aquilius chargé de chaînes, l'accusant de la révolte de la Cappadoce; enfin les villes libres d'Asie, Magnésie, Mitylène et Éphèse, lui ouvrirent leurs portes et le reçurent en triomphe. Cet empressement des provinces à passer sous sa domination lui fit concevoir l'affreux projet de faire massacrer en un seul jour tous les Romains qui étaient établis dans l'Asie Mineure. Des ordres sanguinaires furent donnés en secret, et au moment convenu 150,000 Romains, d'après Plutarque et Dion, 80,000 d'après les autres historiens, furent égorgés.

Après cette effroyable extermination, Mithridate, n'ayant plus à redouter de mouvements séditieux dans l'intérieur de ses États, continua ses conquêtes. Il s'empara de Cos, où il trouva d'immenses trésors, subjugua Délos, soumit l'Eubée, la Macédoine, la Thrace, la Grèce et toutes ses îles jusqu'aux Cyclades, et enferma ainsi dans le cercle de son empire vingt-cinq nations, dont il entendait et parlait toutes les langues. Son projet était de lancer les hordes qu'il tirait du Caucase et de la Crimée contre les Romains, et de pénétrer par le Nord au sein de l'Italie.

Rome tremblante jeta les yeux sur Sylla pour la délivrer du danger (87). Cet illustre guerrier se mesura avec les armées de Mithridate dans les plaines de Chéronée ainsi que dans la Béotie, et partout il fut vainqueur. Il reporta le théâtre de la guerre en Asie, et força le roi de Pont à rendre la Paphlagonie, la Cappadoce et la Bithynie, et à payer 2,000 talents aux Romains.

Sylla ayant été rappelé à Rome par l'insolence du parti de Marius, la guerre contre Mithridate fut confiée à Muréna, qui n'obtint que de faibles succès (84-82). Mais le roi de Pont trouva bientôt un digne rival dans Lucullus (73). Cet habile général le défit entièrement, lui enleva ses places fortes et ses grandes cités, et le contraignit à se réfugier en Arménie (74). Pompée ne parut sur la scène que pour recueillir les fruits des victoires de Lucullus. Mithridate, battu sur tous les points, se retira au fond du Bosphore, dans la ville de Panticapée. Là, il songeait encore à passer en Italie par le Nord, lorsque la trahison de son fils Pharnace, qui voulait le livrer à ses ennemis, le porta à se donner la mort (64). Le Pont fut alors réduit en province romaine. Pour récompenser Pharnace de son parricide, les Romains l'établirent roi du Bosphore Cimmérien.

QUESTIONNAIRE.

1. A quoi le royaume de Pont doit-il son nom? Quelles étaient ses bornes? Quels furent les rapports du Pont et de la Paphlagonie? Quel fut le premier roi de Pont? Où mourut-il? A quels titres ses successeurs furent-ils soumis aux rois de Perse?

2. Comment les prédécesseurs de Mithridate le Grand s'illustrèrent-ils? Quel est celui qui prit le premier le titre d'ami et d'allié du peuple romain?

3. Comment Mithridate le Grand fut-il élevé? De quelle manière révéla-t-il son génie? Quelles guerres soutint-il contre les Romains? Quels furent ses succès? Qui Rome envoya-t-elle contre lui? Par qui ce prince fut-il vaincu? Comment mourut-il? Que devint le Pont après sa mort?

6° De la Cappadoce, de l'Arménie et de la république de Rhodes.

1. De la Cappadoce. — La Cappadoce formait un royaume à part avant la ruine du second empire d'Assyrie par les Perses. Cyrus en fit une satrapie, et ses successeurs y envoyèrent des gouverneurs, jusqu'à ce qu'ils fussent eux-mêmes renversés par Alexandre. Ariarathe II, qui en était gouverneur lorsque le héros macédonien faisait ses conquêtes, se reconnut son tributaire. Ce ne fut que sous Ariarathe III, après la mort de Perdiccas et d'Eumène, que l'indépendance de la Cappadoce fut solennellement proclamée. Les rois de cette contrée se mêlèrent aux divisions qui éclatèrent entre les rois de Syrie, les Romains et Mithridate ; mais, ils jouèrent dans ces luttes un rôle trop peu important pour que nous rapportions ici leur histoire. Nous nous contenterons de dire que ce royaume eut pour dernier roi Archélaüs, que Tibère attira à Rome et qu'il fit assassiner l'an 17 de l'ère chrétienne. C'est alors que la Cappadoce fut réduite en province romaine.

2. De l'Arménie. — L'Arménie n'offre guère plus d'intérêt que la Cappadoce. Cette province ne se sépara de l'empire des Séleucides qu'en l'année 189, sous le règne d'Antiochus le Grand. Artaxias et Zariadras profitèrent de la défaite de ce prince par les Romains pour se rendre indépendants. Zariadras fonda le royaume de la petite Arménie à l'ouest de l'Euphrate, et Artaxias celui de la grande Arménie. Ce dernier compta huit rois sans interrègne jusqu'au commencement de l'ère vulgaire. Le plus célèbre d'entre eux, Tigrane Ier, s'unit à Mithridate le Grand et l'accompagna dans ses expéditions en Carie. Il fut vaincu par Lucullus, qui l'obligea de céder tous ses États (68). Son fils Artavasde fut encore plus malheureux. Après avoir été contraint de faire la guerre aux Parthes, il fut chargé de chaînes par Antoine et mis à mort par Cléopâtre (34). La grande et la petite Arménie se trouvèrent dès lors sous la dépendance des Romains. La grande Arménie fut un éternel sujet de contestation entre les Parthes et les Romains, jusqu'au moment où elle devint une province du nouveau royaume de Perse, l'an 428 de l'ère chrétienne. La petite Arménie fut réduite en province romaine sous Vespasien (75).

3. De la république de Rhodes. — La république de Rhodes, située au midi de l'Asie Mineure, mérite une attention particulière, parce qu'il n'y a pas dans toute l'antiquité, à l'exception des Phéniciens, de petit peuple aussi célèbre par son industrie, son commerce et son influence. La prospérité de cet État insulaire date de l'abolition de la royauté dans son sein, à peu près du temps de Xerxès, vers l'an 480. Cette république nouvelle se créa de grandes ressources surtout par l'étendue de son négoce. Alexandre lui rendit un immense service en détruisant Tyr, sa rivale. Ses relations s'étendirent alors sur toutes les mers, et elle répandit ses colonies jusqu'en Espagne et dans les îles Baléares.

Après la mort d'Alexandre, les Rhodiens s'empressèrent pourtant de secouer le joug des Macédoniens et de ressaisir leur indépendance. Pendant les longues querelles qui animèrent les uns contre les autres les généraux d'Alexandre, ils adoptèrent pour politique de n'embrasser aucun parti et d'étendre partout leur commerce, en lui donnant pour base l'affection de tous les peuples. Cette sage neutralité déplut à Antigone, et nous avons vu son fils Démétrius faire le siége de Rhodes (307). Malgré ses nombreuses machines et la vigueur de ses attaques, il ne put s'en emparer. Pour l'éloigner, les Rhodiens consentirent pourtant à servir Antigone contre ses ennemis, à l'exception du roi d'Egypte. Mais la bataille d'Ipsus ne tarda pas à les affranchir de leurs engagements (301).

Ils reprirent alors leur commerce avec une activité nouvelle, conservèrent l'empire de la mer Noire, contrairement aux prétentions des Byzantins, et réparèrent leurs désastres en quelques années. Toutes les nations se plaisaient à soutenir la république de Rhodes, qui avait su s'attirer l'estime et la confiance générales. Un tremblement de terre ayant détruit la plupart des édifices de Rhodes, et ayant renversé le fameux colosse placé à l'entrée du port, on vit de toutes parts arriver des secours considérables qui étaient envoyés aux Rhodiens par les rois et les différents peuples de l'Asie et de l'Europe (224). Ils reçurent des sommes immenses pour rétablir leur colosse, mais s'étant fait dispenser par l'oracle de Delphes d'effectuer une pareille dépense, ils s'enrichirent de tous ces présents.

Peu après, leurs relations avec Rome s'établirent; et, à l'exemple des rois de Pergame, ils se firent les alliés des Romains. Après la défaite d'Antiochus, le sénat récompensa leur courageuse fidélité en leur donnant la Lycie et la Carie. Mais leur conduite dans la guerre de Perse ayant paru suspecte aux Romains, le sénat leur retira ce don magnifique. Ce châtiment les rendit plus modérés, et ils se firent pardonner par des démarches fort humbles les airs d'indépendance qu'ils avaient paru s'accorder. Ils recouvrèrent à ce prix leurs provinces et leur ancienne faveur. Dans la guerre de Mithridate, ils écartèrent de leurs possessions ce superbe conquérant, et méritèrent les éloges des Romains (68). Lorsque les guerres civiles eurent commencé à déchirer la république romaine, leur attachement pour César fit éclater sur eux la colère de Cassius, qui pilla leur ville. Antoine leur rendit leurs anciens priviléges; mais ils n'eurent plus néanmoins qu'une ombre d'indépendance. Enfin Vespasien les soumit à un tribut, en donnant à Rhodes le titre de *capitale de la province des îles* (71 ans après J.-C.).

QUESTIONNAIRE.

1. A quelle époque remonte l'origine du royaume de Cappadoce? Qu'en fit Cyrus? Sous quel prince l'indépendance de cette province fut-elle proclamée? Quel fut le dernier roi de la Cappadoce?

2. A quelle époque l'Arménie se sépara-t-elle de l'empire des Séleucides? Quel fut le roi célèbre de la petite Arménie? A quelle époque fut-elle réduite en province romaine? Quel fut le sort de la grande Arménie?

3. Où était située Rhodes? Quel fut le développement de cette république? Que firent les Rhodiens après la mort d'Alexandre? Par qui Rhodes fut-elle assiégée? Quelles furent les relations des Rhodiens avec les Romains? Comment perdirent-ils leur indépendance? Quel titre Rhodes reçut-elle de Vespasien?

CHAPITRE XX

DE LA GRÈCE ET DE LA MACÉDOINE DEPUIS LA MORT D'ALEXANDRE JUSQU'A LEUR RÉDUCTION EN PROVINCES ROMAINES (323-146).

Résumé. — L'ancienne rivalité de la Grèce et de la Macédoine avait paru éteinte en entier pendant les grandes expéditions d'Alexandre. Toutes les anciennes républiques avaient oublié leurs inimitiés particulières pour renverser l'empire de ces barbares qui les avaient fait trembler pour leur liberté et leur indépendance.

I. Mais, après la mort d'Alexandre, Athènes pensant que le moment était venu de secouer le joug des Macédoniens fit de vains efforts et retomba sous la domination de la Macédoine qui avait alors pour roi Cassandre. Démétrius Poliorcète la flatta un instant par le rétablissement du gouvernement démocratique, mais ensuite il fut lui-même vaincu par ses rivaux. La Macédoine et la Grèce furent pendant ce temps en proie à la plus déplorable anarchie. Les Gaulois les envahirent sur ces entrefaites et ajoutèrent encore à leurs malheurs. Fort heureusement le fils de Démétrius Poliorcète, Antigone de Goni, les délivra de ces redoutables ennemis et finit par s'asseoir sur le trône de Macédoine. Il aurait anéanti la liberté de la Grèce si Aratus n'eût formé la ligue achéenne pour la protéger.

II. Cette ligue, qui n'avait aucune importance à son origine, prit tout à coup les plus grands développements. Sparte et la Laconie furent les seules puissances du Péloponèse qui n'en firent pas partie. La cité de Lycurgue était alors en voie de réformes. Agis avait entrepris de la ramener à ses premières institutions ; il échoua, mais son neveu Cléomène reprit son dessein. Il eut le tort d'attaquer la ligue achéenne. Ayant remporté de brillants succès, il demanda ensuite à en être le chef, mais Aratus commit la faute de lui préférer Antigone de Goni, roi de Macédoine. La rivalité des deux peuples éclata de nouveau et prépara la conquête romaine. Philippe III s'allia avec Annibal contre Rome, mais il exécuta mal ses projets, et après de vaines tentatives, il fut forcé d'accepter une paix humiliante. Aratus mourut pendant ce temps et Philopémen lui succéda. Les Romains rendirent à la Grèce son indépendance afin de rallumer les anciennes dissensions qui lui avaient toujours été si funestes. Quand ils apprirent la mort de Philopémen, le dernier défenseur de la liberté de la Grèce, ils comprirent que c'en était fait de ce pays, et que s'ils avaient encore à lutter contre la Macédoine, dès qu'ils auraient asservi cette contrée, la Grèce accepterait d'elle-même les fers qu'ils lui imposeraient.

1. Guerre lamiaque. Mort de Démosthène (323
322). — A la nouvelle de la mort d'Alexandre, un soulèvement avait éclaté à Athènes, malgré les conseils de
Phocion, toujours partisan de la paix. Démosthène, qui
avait été exilé par Antipater, fut aussitôt rappelé et
reçu en triomphe. Dans la première rencontre, Antipater
essuya un échec, et fut contraint de se renfermer dans
Lamia en Thessalie, où les Athéniens l'assiégèrent et le
forcèrent de capituler; de là le nom de *guerre lamiaque*.
Mais Antipater ne tarda pas à recevoir des renforts.
Alors il se vengea des échecs qu'il avait reçus, battit les
Grecs et marcha sur Athènes, qui fut contrainte d'ouvrir ses portes, et qui eut la lâcheté de condamner à
mort Démosthène. Ce grand orateur prit la fuite ; mais,
atteint par ses ennemis dans l'île de Calaurie, il s'empoisonna pour ne pas tomber vivant entre leurs mains.
Antipater établit à Athènes un gouvernement tout aristocratique, auquel ne prenaient part que les citoyens qui
possédaient une fortune considérable. Phocion en fut le
chef.

2. Mort de Phocion (318). — Le gouvernement établi par Antipater fut renversé deux ans après, au moment de la lutte de Cassandre et de Polysperchon. Celui-ci, pour se faire des partisans en Grèce, fit publier
par un héraut que chaque peuple pourrait reprendre son
gouvernement démocratique, et permit à tous ceux
qu'Antipater avait bannis de rentrer dans leurs foyers.
Toute la Grèce accueillit cette nouvelle avec enthousiasme. Phocion s'étant déclaré contre ce décret, et
ayant livré le Pirée aux soldats de Cassandre qui défendaient le parti oligarchique, le peuple le condamna
à boire la ciguë. Ce guerrier, qui avait tout à la fois la
sagesse de l'homme d'État et la raison du philosophe,
entendit sa sentence avec la plus grande résignation.

Ses ennemis avaient fait décréter que son corps serait porté hors du territoire de l'Attique, et que nul Athénien ne pourrait donner du feu pour allumer le bûcher. On le transporta donc sur la terre d'Eleusis, et on lui éleva un bûcher sur le territoire de Mégare. Une femme du pays, qui se trouva par hasard à ces funérailles avec ses esclaves, lui éleva, dans le lieu même, un cénotaphe, y fit les libations d'usage, et mettant dans sa robe les ossements qu'elle avait recueillis, elle les porta la nuit dans sa maison, et les enterra sous son foyer, en disant : *O mon foyer, je dépose dans ton sein ces précieux restes d'un homme vertueux. Conserve-les avec soin pour les rendre au tombeau de ses ancêtres, quand les Athéniens seront revenus à la raison.* Peu de temps après, les événements eux-mêmes firent sentir aux Athéniens quel magistrat vigilant, quel gardien fidèle de la tempérance et de la justice le peuple avait perdu. Ils lui dressèrent une statue de bronze, et enterrèrent ses ossements aux frais du public [1].

3. Démétrius de Phalère (318-307). — Cassandre profita des troubles qui agitaient en ce moment la ville d'Athènes et entra dans le Pirée avec une flotte de trente-cinq vaisseaux qu'il avait reçue d'Antigone. Il renversa le gouvernement démocratique que les Athéniens avaient établi, et décréta qu'il n'y avait que les citoyens qui possédaient dix mines de revenus (558 fr.) qui prendraient part au gouvernement. Il confia l'administration de la ville à Démétrius de Phalère, qui jouissait d'une grande réputation comme orateur et comme homme d'État. Les Athéniens vécurent heureux et tranquilles, pendant dix ans, sous son gouvernement sage et modéré. Dans leur enthousiasme, ils lui élevèrent trois cents statues, mais ensuite ils se lassèrent de sa prudence et de sa sagesse, et l'exilèrent, comme tous leurs grands hommes, pour se donner à Démétrius Poliorcète (307).

1. Plutarque, trad. de Ricard.

4. Démétrius Poliorcète (307-284). — Ce nouveau maître, ayant rétabli le gouvernement démocratique, fut l'objet des adulations les plus basses. Les poëtes s'épuisaient en louanges serviles, et le peuple n'avait pas honte de placer au rang des dieux un homme qui se souillait et se dégradait chaque jour par les plus infâmes débauches. Démétrius avait pris au sérieux toutes ces flatteries, car après la défaite d'Ipsus (301) il tourna ses regards du côté des Athéniens dans l'espérance d'en recevoir du secours. Mais ils lui envoyèrent leurs ambassadeurs pour le prier de s'éloigner de cette ville, sous prétexte que le peuple avait décrété qu'il ne souffrirait aucun roi dans ses murailles.

Malgré cette ingratitude, Démétrius déploya une si grande activité, qu'il rétablit en peu de temps sa puissance dans la Macédoine et sur toute la Grèce. Athènes se soumit à lui de nouveau, et, maître de la plus grande partie du Péloponèse, il obligea les Thébains à reconnaître sa domination. Pyrrhus, roi d'Épire, s'opposa pour un temps à ses succès. Mais ayant ensuite fait la paix avec ce prince (288), il passa en Asie dans l'espérance de reconquérir les États de son père. Il livra une grande bataille à Séleucus, en Syrie, près du mont Amanus, où il fut complétement défait (287). Étant tombé entre les mains de son vainqueur, celui-ci le jeta dans un cachot où il mourut après trois années de captivité (284), à l'âge de 54 ans.

Après la défaite de Démétrius en Syrie, Lysimaque, roi de Thrace, marcha contre Pyrrhus, roi d'Épire, et le força de lui céder ce qu'il avait conquis dans la Macédoine ; mais il ne conserva son royaume que quatre ans. Il fut vaincu et tué à Cyropédion, en Phrygie, par Séleucus, en 282. Séleucus fut lui-même assassiné l'année suivante par Ptolémée Céraunus, fils de Ptolémée Soter, roi d'Egypte. Cet assassin se maintint en Macédoine et en Thrace pendant deux ans, malgré les efforts d'Antigone de Goni ou Gonatas, fils de Démétrius Poliorcète. Mais une invasion de Gaulois vint le punir de ses forfaits.

5. Invasion des Gaulois (279). — Une partie de la nation gauloise avait quitté les bords de la Garonne et s'était avancée vers l'Orient, en suivant la vallée du Danube. Arrivée sur la Save, elle se partagea en trois corps : l'un, commandé par Cérithrius, devait ravager la Thrace ; l'autre, sous le commandement de Brennus et d'Achicorius, avait ordre d'envahir la Grèce ; et le troisième, conduit par Belgius, se proposait de dévaster l'Illyrie et la Macédoine.

Ces derniers envoyèrent à Ptolémée Céraunus des ambassadeurs pour lui vendre la paix. Tout le monde était dans l'effroi, et chacun voulait qu'on achetât de ces barbares le repos et la tranquillité. Mais aveuglé par son mauvais destin, le roi de Macédoine fut le seul qui s'y opposa ; il répondit avec fierté aux Gaulois et les provoqua au combat. Malheureusement la fortune ne servit pas son courage. Il périt au milieu de sa défaite, et les barbares jetèrent l'épouvante dans le cœur des Macédoniens en promenant sa tête au milieu de leur camp. La consternation était générale. On vit passer sur le trône deux rois obscurs, Méléagre, frère de Céraunus, qui ne vécut que deux mois, et Antipater, fils d'un frère de Cassandre, qui ne conserva le souverain pouvoir que quarante-cinq jours. Ces monarques éphémères ne faisaient qu'accroître, par leur impuissance, l'abattement et le désespoir du peuple, lorsque parut Sosthène, un des Macédoniens les plus distingués par le talent et la naissance. L'armée le prit pour chef, et il eut le courage et le bonheur de chasser de sa patrie les hordes dévastatrices qui l'infestaient.

La Macédoine se croyait déjà tranquille quand le Brenn, qui avait envahi la Grèce, se replia tout à coup sur elle, avec 15,000 cavaliers et 150,000 fantassins. La petite armée de Sosthène fut écrasée par cette masse de barbares, et il fut lui-même victime de son courage. Tout le pays fut dévasté, et les vainqueurs, après avoir assouvi leur fureur, traversèrent les Thermopyles, passèrent dans la Phocide, et vinrent attaquer le temple de

Delphes. Mais ces soldats indisciplinés s'étant dispersés au milieu des campagnes pour s'enivrer, les Grecs profitèrent de leur désordre et de leur ivresse, et les accablèrent d'une grêle de traits. On dit que la nature entière parut même alors défendre la cause du dieu. Une tempête horrible s'étant élevée, la pluie, la neige et le froid devinrent encore plus meurtriers que les armes des ennemis. Le Brenn, désespéré, se donna lui-même la mort d'un coup de poignard.

Les Grecs poursuivirent les fuyards avec acharnement. Ceux-ci parvinrent encore à se réunir et à former un détachement capable d'inquiéter le fils de Démétrius, Antigone de Goni, qui depuis la mort de Sosthène avait pris possession du trône de Macédoine. Ce prince employa contre eux les moyens qui avaient si parfaitement réussi aux habitants de Delphes. Il feignit de leur abandonner son camp, où il avait laissé des provisions et des vivres en abondance, et se réfugia sur ses vaisseaux. Lorsqu'ils se furent gorgés de vin et de nourriture, il se précipita sur eux et les écrasa sans qu'il leur fût possible de se défendre. Cette victoire inaugura glorieusement son règne, et lui assura le trône de Macédoine ainsi qu'à ses descendants.

6. Ligue Étolienne (274-251). — Cependant Pyrrhus, roi d'Epire, ne tarda pas à inquiéter Antigone dans ses États. Ce guerrier violent et fougueux revenait de l'expédition brillante qu'il avait faite en Sicile et en Italie, et désirait une nouvelle guerre pour se procurer ce qui était nécessaire à l'entretien de son armée. Ayant donc résolu de détrôner Antigone, il se jeta sur la Macédoine. Durant le combat, la phalange macédonienne se livra, pour ainsi dire, entre ses mains, et la réputation qu'il s'était acquise dans ses expéditions, suffit pour lui assurer la victoire. Mais, poussé par son ambition inquiète, il passa dans le Péloponèse, et périt à Argos d'une tuile qu'une vieille femme lui lança du haut de sa maison (272).

Antigone profita de cet événement pour remonter sur

le trône de Macédoine et travailler à l'asservissement de la Grèce entière. Les Étoliens s'étaient ligués dès l'an 284 pour résister à l'oppression toujours imminente des rois de Macédoine. Mais cette ligue se borna à l'É-tolie, qui, au lieu de prendre la défense des intérêts généraux de la nation, ne suivit que ses instincts étroits et égoïstes. Elle ne rougit même pas de s'unir à Anti-gone et de lui prêter son appui contre le reste de la Grèce. Le roi de Macédoine, grâce à cette alliance, se rendit maître d'Athènes, soumit la Locride, la Phocide, Mégare et l'Acarnanie, et c'en était fait de la liberté de toute la Grèce, si Aratus ne fût venu se mettre à la tête de la ligue achéenne et n'eût opposé un utile contre-poids à toutes ces usurpations tyranniques.

QUESTIONNAIRE.

1. Que se passa-t-il à Athènes après la mort d'Alexandre ? Racontez la guerre lamiaque. Comment mourut Démosthène ?

2. Quelle révolution se fit à Athè-nes? Quelle fut la conduite de Pho-cion ? Comment mourut-il ? Quels hon-neurs lui rendit-on ?

3. A qui Cassandre confia-t-il le gouvernement d'Athènes? Combien de temps Démétrius de Phalère fut-il à la tête des affaires? Par qui fut-il rem-placé ?

4. Quel accueil les Athéniens firent-ils à Démétrius Poliorcète? Où fut-il vain-cu avec Antigone son père ? Que fit-il après cette défaite? Comment mourut-il ? Quel fut le sort de Lysimaque ? Par qui Séleucus fut-il assassiné ?

5. Quelle invasion se fit alors en Grèce et en Macédoine? Quelle fut la mort de Séleucus ? Par qui la Macé-doine fut-elle délivrée des Gaulois ? Où ces barbares se dirigèrent-ils? Où furent-ils défaits? Par qui les derniers restes de cette invasion furent-ils ex-terminés ?

6. Par qui Antigone de Goni fut-il inquiété? Où mourut Pyrrhus? Com-ment Antigone de Goni rétablit-il sa puissance? Quelle ligue se forma alors? Quel en était le caractère? par qui l'ambition d'Antigone fut-elle en-travée ?

§ II. — Ligue achéenne. Aratus. Philopémen. Réduction de la Macédoine et de la Grèce en provinces romaines.

1. Formation de la ligue achéenne. Aratus (251).— L'origine primitive de cette ligue remonte à l'antique union des douze cités d'Achaïe. Mais cette union, qui avait été rompue à la mort d'Alexandre, commença à se rétablir en 281. Elle ne comptait d'abord que quatre villes ; peu à peu d'autres villes se joignirent à celles-ci ; cependant la ligue ne devint vraiment importante que quand elle renferma quelques cités étrangères. Aratus donna l'exemple en faisant accéder à cette union Sicyone sa patrie, qu'il venait de délivrer du joug de la tyrannie (251). Corinthe et Mégare firent de même, et peu à peu la ligue se fortifia par l'accession de plusieurs États de la Grèce. « Les principales conditions de la ligue achéenne étaient : 1° l'entière égalité politique de tous les États qui en faisaient partie, et ce caractère la distingue des confédérations qui s'étaient formées précédemment dans la Grèce ; 2° le maintien de la constitution intérieure de chaque ville ; 3° la tenue, deux fois par an, des assemblées des députés de toutes les villes à Ægium et ensuite à Corinthe, pour y décider des affaires générales suivant les circonstances, et pour y faire choix du *stratége* (général ou chef) et des dix *demiurgi* (magistrats supérieurs) de l'union [1]. »

Mais ce qui contribua le plus à la grandeur de cette ligue, ce fut le génie d'Aratus. Les Achéens l'ayant élu préteur, il s'empara de la citadelle de Corinthe qu'il unit à la ligue, ainsi que les habitants de Mégare, de Trézène et d'Épidaure, qui suivirent l'exemple des Corinthiens. Antigone de Goni étant mort, Démétrius II, son fils et son successeur, s'allia avec les Épirotes contre les Étoliens, ce qui obligea ceux-ci à s'unir aux Achéens pour repousser la domination macédonienne.

Dès lors la ligue achéenne fit les plus grands progrès. L'an 229 elle embrassait dans la Grèce centrale l'Étolie, l'Attique, Mégare, Salamine ; dans le Péloponèse, la Corinthie, la Sicyonie, l'Achaïe, l'Argolide, la plus grande partie de l'Arcadie, la Messénie. Sparte et la Laconie restaient seules à gagner pour unir tout le Péloponèse dans une grande confédération ; car l'Élide était si faible, qu'elle eût été naturellement entraînée par le mouvement général.

<hr>

1. Heeren, *Manuel d'histoire ancienne.*

2. Réforme de Sparte (239-235). — Mais Sparte était
en ce temps-là en voie de réforme. Elle avait pour rois
Agis et Léonidas. Le premier, persuadé qu'il ne pouvait
faire rien de plus utile, ni de plus glorieux que de rétablir les institutions de Lycurgue, communiqua ses projets aux jeunes gens et les enflamma de son ardeur. Il
gagna ensuite Lysandre, Mandroclidas et Agésilas, les
citoyens les plus puissants de Lacédémone, et fit ap-
prouver son dessein par sa mère, qui jouissait d'une
grande autorité dans la ville et qui pouvait exercer une
grande influence sur les affaires. Léonidas soutenait le
parti des riches ; mais la crainte du peuple l'empêchait
de se prononcer ouvertement. Malgré ses menées secrètes, Agis parvint à présenter au sénat un décret dont
les principaux articles avaient pour objet l'abolition des
dettes et le partage des terres. Léonidas le combattit, et
s'attira l'inimitié du peuple, qui, subjugué par l'éloquence entraînante de Lysandre, un des zélés partisans
d'Agis, le déposa de la royauté et élut à sa place son
gendre Cléombrote.

L'entreprise d'Agis marchait ainsi vers son exécution
sans résistance et sans obstacle, quand Agésilas indi-
gna le peuple par ses injustices. Cet homme perfide, qui
possédait de grandes terres et qui était chargé de
dettes, persuada au roi Agis d'abolir d'abord les dettes,
sous prétexte qu'il serait ensuite très-facile de procéder
au partage des terres. Mais, lorsqu'il se vit délivré de
ses créanciers, il refusa de mettre en commun ses propriétés. Cette déloyauté odieuse révolta tout le monde.
Les riches profitèrent de ce moment de tumulte et de
désordre pour attaquer Agis lui-même et détruire sa réforme. Ils rappelèrent d'exil Léonidas, le replacèrent sur
le trône, et lui rendirent le souverain pouvoir. Celui-ci,
touché des prières de sa fille, pardonna sa défection à
Cléombrote, son gendre ; mais il fit arrêter Agis, et,
après lui avoir intenté, pour la forme, une accusation
juridique, il ordonna sa mort.

Agis marcha courageusement au supplice et dit à un

15.

de ses bourreaux, qui pleurait sur son sort : « Mon ami, en souffrant une mort aussi injuste, je suis certainement plus heureux que ceux qui me condamnent. »

Le triomphe de Léonidas fut de courte durée. Le neveu d'Agis, Cléomène, étant devenu roi (238), résolut de reprendre les projets de son oncle et de rétablir les institutions de Lycurgue. Il détruisit la puissance des éphores, comme une création postérieure à cet immortel législateur, et mit le premier ses biens en commun. Mégistonus, son beau-père, ainsi que ses amis et ses concitoyens, l'imitèrent. « Toutes les terres furent partagées ; il en donna même une portion à chacun de ceux qu'il avait bannis, en promettant de les rappeler quand la tranquillité serait rétablie. Il compléta le nombre des citoyens par les habitants les plus honnêtes des pays voisins, dont il forma un corps de 4,000 fantassins. Il s'appliqua à l'éducation de la jeunesse, qu'il fit instruire dans la véritable discipline de Lacédémone ; il y fut puissamment secondé par Sphérus, qui se trouvait alors dans cette ville. On vit renaître en peu de temps l'ancien ordre des exercices et des repas publics ; la plupart des citoyens se plièrent volontairement à cette antique et généreuse discipline de Sparte ; les autres, en petit nombre, s'y soumirent par nécessité. Mais, pour ôter l'odieux du nom de monarchie, Cléomène associa au trône son frère Euclidas : ce fut la seule fois où l'on vit à Sparte deux rois de la même maison[1]. »

3. Lutte de Sparte contre la ligue achéenne. — Malheureusement Cléomène n'imita pas la prudence d'Agis. Il rompit avec la ligue achéenne et commença une guerre qui eut pour résultat de préparer l'asservissement de la nation en épuisant ses forces dans des luttes intestines. La ligue achéenne était alors à l'apogée de sa puissance, ce qui n'empêcha pas Cléomène de remporter la victoire, quoique son armée fût cinq fois moins nombreuse que l'armée ennemie. C'est alors qu'à l'exemple des anciens

[1]. Plutarque, trad. de Ricard.

rois il dit à ses soldats : « Les Lacédémoniens ne s'informaient jamais du nombre de leurs ennemis; mais ils demandaient seulement où ils étaient. » Il remporta sur les Achéens deux grandes victoires, l'une près du mont Lycée, l'autre aux portes de Mégalopolis.

Après la première il fit des propositions très-favorables, n'imposant guère d'autre condition que celle d'être nommé chef de la ligue. Aratus eut le tort de faire rejeter cette proposition, et de préférer au roi de Sparte l'ennemi naturel de l'indépendance grecque, le roi de Macédoine, Antigone Doson, frère de Démétrius II. Cléomène, justement irrité, se vengea par d'éclatants succès qui firent pâlir singulièrement la gloire d'Aratus. Mais Antigone, étant arrivé sur ces entrefaites dans le Péloponèse, enleva plusieurs villes à Cléomène, le battit complétement à Sellasie (222), et s'empara même de Sparte, qu'il traita du reste avec les plus grands égards. Cléomène se retira en Égypte, où il fut cruellement mis à mort un peu plus tard (219) par Ptolémée Philopator, qui saisit le prétexte d'une vague accusation pour se débarrasser d'un homme dont les talents et les vertus lui portaient ombrage.

Antigone de son côté survécut peu à sa victoire; il mourut en 221, et laissa le trône à Philippe III, fils de Démétrius. Peu de temps après son avénement, ce prince fut appelé par Aratus au secours de la ligue achéenne, que les Étoliens étaient venus attaquer dans le Péloponèse. Après cette lutte de trois ans, connue sous le nom de *guerre des deux ligues* (220-217), il se hâta de faire la paix sans achever d'accabler ses ennemis, afin de porter toute son attention sur l'Italie, où Annibal venait de remporter sur les Romains d'éclatantes victoires. Il fit alliance avec le célèbre général carthaginois, se flattant de devenir un jour le maître de l'Italie (216).

4. Première guerre de Philippe III contre les Romains (216-205). — Les Romains étaient épuisés par les défaites qu'ils avaient éprouvées coup sur coup; mais Philippe ne sut point tirer parti de sa position. Par son imprudente sécurité, il laissa surprendre sa flotte dans une rivière d'Épire et se vit contraint de brûler ses vaisseaux pour qu'ils ne tombassent point au pouvoir des Romains. Il se trouva ainsi dans l'impossibilité d'aller se joindre à Annibal. En même temps, au lieu de s'attacher les Grecs, il sembla prendre à tâche de les exaspérer par son arrogance et sa dureté. Il fit même donner un poison lent à Aratus, dont le crédit l'importunait (213).

Toutefois les Achéens ne renoncèrent pas encore à l'alliance des Macédoniens. Leur appui était d'autant plus précieux pour Philippe, qu'Aratus avait été remplacé par Philopémen, l'un des plus grands hommes de guerre et des plus grands citoyens qu'ait jamais eus la Grèce. Il réveilla l'esprit militaire parmi ses compatriotes, et leur enseigna une nouvelle tactique, qui eut pour premier résultat la victoire de Mantinée, remportée sur Machanidas, tyran de Sparte (206). Les Achéens, pleins d'admiration pour la valeur de leur nouveau chef, lui élevèrent une statue de bronze à Delphes. Philippe, sans réfléchir au parti qu'il pouvait tirer d'un pareil allié, conclut inconsidérément la paix avec les Romains, et le traité fut rédigé de manière à perpétuer la division entre les Grecs, et à fournir aux Romains des prétextes pour intervenir dans toutes leurs affaires (205).

5. Seconde guerre de Philippe contre les Romains (201-197). — Philippe, qui avait mis tant de légèreté à conclure la paix, n'en mit pas moins à la rompre, en attaquant les Rhodiens ainsi que le roi de Pergame, alliés des Romains (201). Le consul Flamininus fut envoyé contre lui. Politique consommé autant que général habile, cet officier sut gagner l'affection des Grecs, que Philippe ne cessait d'irriter. Les Achéens eux-mêmes renoncèrent publiquement à l'amitié du roi de Macédoine pour s'unir aux Romains. La guerre se termina en 197 par la victoire de Cynoscéphale en Thessalie. Philippe fut contraint de signer un traité par lequel il s'engageait à détruire toute sa flotte, à renoncer à tout ce qu'il possédait en Grèce, à payer aux Romains des sommes considérables, et à ne jamais avoir plus de cinq cents soldats sous les armes. En consentant à ces conditions humiliantes, Philippe effaçait la Macédoine du rang des nations.

6. Proclamation de la liberté de la Grèce (196). — Peu de temps après ces événements, la Grèce presque entière se trouvant réunie aux jeux isthmiques, Flamininus fit proclamer par un héraut, au nom du sénat romain, que les peuples de la Grèce étaient désormais libres de toute garnison et de tout impôt, et qu'ils pouvaient se gouverner par eux-mêmes et vivre selon leurs lois. D'abord, tous les spectateurs n'entendirent pas très-distinctement cette proclamation. Le stade était plein de confusion et de trouble ; les uns témoignaient leur admiration ; les autres s'informaient de ce qu'on avait dit ; et tous demandaient que le héraut répétât sa publication. Il se fit donc un silence profond, et le héraut, ayant renforcé sa voix, renouvela sa proclamation, qui cette fois fut entendue de l'assemblée entière. Les Grecs, dans les transports de joie, poussèrent des cris si perçants, qu'ils retentirent jusqu'à la mer. Les assistants se levèrent en masse oubliant les jeux, et allèrent en foule saluer, embrasser Flamininus, qu'ils appelaient le défenseur, le sauveur de la Grèce.

7. Conduite de Philopémen (196-183). — Si les Grecs eussent un instant réfléchi sur la nature de ce décret, ils n'auraient sans doute pas montré autant d'enthousiasme. Ils auraient facilement remarqué que Rome ne leur accordait la liberté que pour favoriser leurs divisions et préparer leur asservissement. Les Étoliens s'en aperçurent, mais leurs réclamations parurent inspirées par cette jalousie qui les avait toujours armés contre les Achéens. Cependant Philopémen, qui était à la tête de ces derniers, fut frappé des tendances secrètes des Romains. Cet illustre guerrier attaqua directement Nabis, tyran de Sparte que Flamininus protégeait, le tua dans une bataille et obligea les Spartiates à se faire ses alliés. Il montra dans cette circonstance toute sa vertu en refusant l'argent que les Lacédémoniens voulaient lui offrir.

Mais Sparte ayant ensuite voulu inquiéter les bannis qui s'étaient réfugiés parmi les Achéens, il souilla ses triomphes par de déplorables vengeances. Il ordonna le meurtre des principaux séditieux, abattit les murailles de la ville, chassa et transporta en Achaïe tous ceux qui avaient reçu du tyran le droit de cité à Sparte, vendit à l'encan ceux qui refusaient de lui obéir, et renversa toutes les institutions de Lycurgue.

8. Mort de Philopémen (183). — Ces cruautés étaient non-seulement des crimes, mais des fautes irréparables. Car, en maltraitant ainsi les Lacédémoniens, Philopémen leur faisait désirer la domination romaine, contre laquelle il luttait, comme un bon pilote, dit Plutarque, lutte contre la vague. La sentant s'accroître sans cesse, quelquefois il cédait, plus souvent il se roidissait et résistait de toutes ses forces, ne négligeant rien pour défendre la liberté de la Grèce. Mais, ayant été élu dans la soixante-dixième année de son âge général des Achéens pour la huitième fois, il se vit, contrairement à ses prévisions, obligé de comprimer une révolte dans la Messénie. Dans une attaque qu'il fit contre la capitale de cette province il fut surpris par cinq cents cavaliers messéniens qui le firent prisonnier. Dinocrate, le chef des rebelles, le jeta d'abord dans un caveau souterrain qui ne recevait du dehors ni air, ni lumière, et qui était fermé par une grosse pierre qu'on roulait à l'entrée. Lorsque la foule se fut retirée, il lui envoya la ciguë. En prenant des mains du bourreau la coupe fatale, Philopémen lui demanda ce qu'étaient devenus les autres cavaliers achéens. Le bourreau lui ayant répondu qu'ils s'étaient sauvés : *Quelle satisfaction pour moi*, dit-il, *d'apprendre que nous n'avons pas été malheureux en tout !* Ainsi périt celui qu'on a nommé avec raison le dernier des Grecs. Les Achéens lui rendirent les honneurs funèbres les plus magnifiques, et toutes les villes lui érigèrent des statues. La liberté de la Grèce descendit avec lui au tombeau, et les Romains ne rencontrèrent plus personne qui fît obstacle à leurs desseins ambitieux.

9. Asservissement de la Macédoine (185-178). — Le roi de Macédoine, Philippe III, s'aperçut bientôt que les Romains ne l'avaient épargné que parce qu'ils étaient assez occupés par la guerre d'Antiochus. Lorsqu'ils se furent débarrassés de ce terrible adversaire, ils citèrent le roi de Macédoine devant le sénat, pour qu'il eût à se justifier des infractions qu'il avait faites au dernier traité. Philippe III envoya son fils, Démétrius, en otage à Rome, et le sénat parut ne lui conserver sa couronne qu'en considération des vertus et des talents de ce jeune prince. Mais l'attachement des Romains pour Démétrius, et le succès de son ambassade, devinrent pour son malheureux père une source de chagrins mortels. Persée, son frère aîné, fut jaloux de sa gloire ; il l'accusa devant Philippe d'avoir attenté à ses jours, et ce monarque infortuné eut la faiblesse d'ordonner la mort du meilleur de ses enfants. Cette action infâme lui causa tant de remords qu'il tomba dans une mélancolie profonde qui le conduisit au tombeau (178).

10. Malheurs de Persée, sa captivité (178-168). — Persée se hâta de prendre possession du trône et de satisfaire sa haine contre les Romains. Philippe lui avait laissé une armée nombreuse, un trésor bien fourni, et il avait l'espérance d'attacher tous les Grecs à sa cause, en leur montrant les Romains comme les ennemis communs de leur liberté. Il s'allia secrètement avec les Rhodiens et les Carthaginois, et après six années de préparatifs, déclarant la guerre aux Romains, il se mit à la tête d'une armée de trente mille hommes et de cinq mille cavaliers (171). S'il eût pressé vivement les hostilités et profité des premiers avantages qu'il remporta sur les bords du Pénée, les Romains auraient été découragés par leurs pertes, et la guerre était terminée. Au lieu d'agir ainsi, il se retira dans l'intérieur de son royaume, mécontenta tous ses alliés par ses tergiversations, et donna de l'audace à ses ennemis par ses fautes. Rome, résolue d'en finir par un grand effort, envoya contre Persée cent mille hommes commandés par Paul

Émile. Les deux armées se rencontrèrent près de Pydna. Les Macédoniens se défendirent courageusement, mais une éclipse les glaça de frayeur, et la victoire se déclara pour les Romains. En deux jours tout le royaume fut conquis, et Persée eut l'humiliation de servir d'ornement au char triomphal de son vainqueur (168). Il mourut deux ans après dans un obscur cacho

11. Réduction de la Macédoine en province romaine (148). — D'après le système que Rome avait adopté alors, la Macédoine conquise ne fut pas encore réduite en province. On se borna d'abord à la mettre hors d'état de se défendre. On en fit une espèce de république, en la partageant en quatre districts qui devaient payer aux Romains la moitié du tribut qu'ils avaient payé jusqu'alors à leurs rois[1]. Mais plus tard, un imposteur appelé Andriscus, qui se vantait d'être le fils de Persée, ayant excité une révolte, ils envoyèrent contre lui Métellus, qui réduisit le pays en province romaine (148).

12. Réduction de la Grèce en province romaine (146). — Dès que la soumission de la Macédoine fut consommée, les Romains, qui jusque-là avaient traité la Grèce avec certains ménagements, levèrent le masque. Les hommes les plus distingués furent mis en jugement sous prétexte qu'ils avaient été, soit ouvertement, *soit dans le cœur*, partisans de Persée. Des villes entières furent détruites et leurs habitants réduits à l'esclavage; les emplois furent donnés à des agents de Rome, enfin tout fut mis en usage pour détacher de la ligue achéenne les principaux peuples. Cependant, deux citoyens courageux, Diœus et Critolaus, essayèrent d'organiser la résistance. Critolaüs périt dans une bataille qu'il livra contre Métellus. Diœus, ayant pris le commandement à sa place, essaya d'arrêter aux Thermopyles Mummius, qui venait de Rome pour remplacer Métellus. Mais il fut vaincu, et, dans son désespoir, il s'empoisonna. Mum-

____

1. Heeren, *Histoire ancienne.*

mius anéantit à Leucopétra, près de Corinthe, la dernière armée de la ligue achéenne, prit Corinthe elle-même, la détruisit, et, sur ses ruines fumantes, proclama la réduction de la Grèce en province romaine (146).

QUESTIONNAIRE.

1. Quelle fut l'origine de la ligue achéenne ? A quelles conditions se forma-t-elle ? Qu'est-ce qui contribua à son développement ? Quelles sont les villes qu'elle embrassa ?

2. Quelles réformes Agis entreprit-il à Sparte ? Qu'est-ce qui empêcha le succès de ses entreprises ? Comment mourut-il ? Quel fut le successeur d'Agis ? Quels furent ses projets ?

3. Quelle guerre entreprit Cléomène ? A quelles conditions offrit-il la paix à la ligue ? Quelle faute fit Aratus ? Où les Macédoniens vainquirent-ils les Spartiates ? Que devint Cléomène ? Qu'a-t-on appelé la guerre des deux ligues ?

4. Quelle faute commit Philippe dans sa première guerre contre les Romains ? Comment mourut Aratus ? Quel fut son successeur ? Comment les Romains purent-ils intervenir dans les affaires de la Grèce ?

5. A quelle occasion Philippe rompit-il la paix qu'il avait conclue avec les Romains ? Quel fut le dénoûment de cette guerre ? A quelles conditions la paix fut-elle conclue de nouveau ?

6. Dans quel but les Romains accordèrent-ils la liberté à la Grèce ? Quel fut l'auteur de ce décret ? Comment fut-il accueilli par les Grecs ?

7. Quelle fut la politique de Philopémen ? Par quelles vengeances souilla-t-il les succès qu'il avait remportés sur les Spartiates ?

8. Par qui ce grand homme fut-il fait prisonnier ? Quelle fut sa mort ?

9. Comment le décret traita-t-il Philippe III ? Par quels chagrins ce prince fut-il affligé dans ses dernières années ?

10. Quel fut successeur de Philippe III ? Comment Persée se prépara-t-il à résister aux Romains ? Quel général envoya-t-on contre lui ? Où fut-il vaincu ?

11. Que devint la Macédoine après la bataille de Pydna ? A quelle époque fut-elle réduite en province romaine ?

12. Que devint la Grèce après la soumission de la Macédoine ? Quels furent ses derniers défenseurs ? Par qui Corinthe fut-elle détruite ?

CHAPITRE XXI

DIFFUSION DE L'ESPRIT GREC EN ORIENT ET EN OCCIDENT.

La Grèce est subjuguée par Rome, mais, à peine est-elle vaincue qu'elle réagit contre ses vainqueurs par la supériorité de sa civilisation et de ses lumières. Avec Alexandre le génie grec s'est répandu en Orient. Sa littérature est en décadence, néanmoins il possède encore une foule d'écrivains qui, s'ils ne composent pas des ouvrages originaux, ont du moins le mérite de conserver et de faire valoir ceux des anciens. En Occident le génie grec s'étend dans tous les pays que les Romains soumettent. Les villes qu'il fonde se livrent au commerce, et, tout en échangeant les produits des diverses contrées, elles travaillent à répandre leur civilisation partout où elles importent leurs produits.

§. Ier — Les lettres et les écoles à Alexandrie et à Pergame.

Diffusion de l'esprit grec en Orient. — Ce qui fait le plus d'honneur à Alexandre et à son siècle, c'est cette immense diffusion de lumières qui se fit dans tout l'Orient. Nous avons vu que ses conquêtes avaient eu pour résultat d'étendre l'esprit grec jusqu'aux contrées les plus reculées de l'Asie et de faire lire et admirer les vers d'Homère, de Sophocle et d'Euripide par les Perses, les Susaniens, les Gédrosiens et les Parthes eux-mêmes. (Voy. plus haut, page 272.)

Ses généraux se déclarèrent comme lui les protecteurs des lettres. Les Ptolémées firent d'Alexandrie, leur capitale, une ville civilisée dont les écoles rivalisèrent de réputation et d'éclat avec celles d'Athènes (voy. plus haut, p. 292). Les Séleucides ne voulurent pas se laisser dépasser par eux. Séleucus Nicator attira à sa cour tous les beaux esprits de son siècle, et ses successeurs firent d'Antioche et de Séleucie, leurs deux capitales, un double centre de civilisation où ils encouragèrent les sciences, les lettres et les arts.

L'hellénisme pénétra dans toute l'Asie-Mineure où le grand Mithridate se glorifiait d'avoir l'esprit cultivé comme un Grec, bien qu'il eût conservé la cruauté et les vices des rois barbares. Sur toute la côte de Syrie, à

Smyrne, à Milet, à Éphèse on ne parla plus d'autre langue que le grec, et les temples qu'on éleva furent tous consacrés aux dieux d'Homère.

Eumène enrichit Pergame de monuments et ce nouveau royaume se distingua par l'ardeur avec laquelle ses souverains protégèrent les lettres. A Rhodes, il y avait une école d'éloquence qui est restée célèbre par l'alliance qu'elle tenta entre le génie oriental et le génie grec.

2. Des arts. — Les arts, qui étaient comme les lettres en voie de décadence avaient cependant encore de glorieux représentants. Lysippe était le seul sculpteur et Apelles le seul peintre qui eussent le droit de représenter Alexandre. Lysippe était de Sicyone ; nous n'avons aucune de ses œuvres. A son école succéda celle de Rhodes qui nous a laissé deux chefs-d'œuvre, le *Laocoon* et le *Taureau furieux*. L'école de Pergame produisit dans le même temps le *Gladiateur mourant* qu'on admire à Rome au musée du Capitole et la *Vénus de Médicis* qui est à Florence.

Alexandrie et toutes les villes grecques de l'Asie furent alors remplies de temples, de palais, de théâtres, de colonnes, de tombeaux et de gymnases, et on voyait affluer à la cour de tous les successeurs d'Alexandre, les peintres, les sculpteurs et les statuaires. On produisit beaucoup, mais on ne faisait rien de parfait. On s'épuisait à perfectionner les détails, sans pouvoir s'élever à la hauteur d'une grande et belle conception, et dans cette impuissance, on mettait le beau et le sublime dans la pureté et la correction.

On préféra, en architecture, l'ordre corinthien aux deux autres parce qu'il permettait de multiplier les ornements, et l'on vit ce style nouveau s'épanouir dans tous les monuments dont on couvrit l'Asie et l'Empire romain.

3. Décadence des lettres. — Cette absence d'idées et de conceptions fut encore plus sensible dans les lettres que dans les arts. Ne pouvant plus rien créer, les littérateurs se mirent à commenter les chefs-d'œuvre des siècles précédents, à compter les mots et les lettres de l'*Iliade* et de l'*Odyssée*, à se perdre dans des subtilités de tout genre, de sorte qu'on vit une foule d'érudits, mais peu d'hommes de goût et de talent. Alexandrie, qui fut le centre de ce mouvement nouveau, réduisit alors dans ses écoles l'enseignement aux *sept arts libéraux :* la grammaire, la rhétorique, la dialectique, l'arithmétique, la géométrie, l'astronomie et la musique. On conçoit que l'esprit enfermé dans ce cercle fatal se trouvait bien à l'étroit, et qu'il ne pouvait être ni créateur, ni sublime.

D'autres causes plus profondes ont cependant contribué à la décadence universelle des études. La grande plaie de cette société mourante était le défaut de liberté. Depuis le jour où la Grèce avait perdu son indépendance, elle avait senti s'éteindre en elle l'inspiration et l'enthousiasme, ces deux grandes puissances nécessaires au génie. L'éloquence, réduite aux fleurs de rhétorique, se consuma misérablement dans l'enceinte des écoles à revêtir d'ornements factices des lieux communs ou des sujets de convention. Il ne lui était plus donné d'émouvoir la multitude par les grands noms de gloire et de patrie, puisque la tyrannie ne demande toujours que des hommes dociles et aveugles qui n'en appellent jamais à la raison. La poésie s'endormit au milieu de la mollesse et de la corruption, et ne sortit de loin en loin de sa triste léthargie que pour faire entendre des paroles d'adulation en l'honneur des rois qui la stipendiaient. Nous citerons cependant d'une manière rapide les noms des principaux écrivains qui se distinguèrent dans ces temps de dépérissement et de langueur.

4. De la poésie épique. — La poésie épique, comme bien on pense, fut sans originalité, sans élévation et sans grandeur. Apollonius de Rhodes, le meilleur poëte épique de l'époque, écrivit en vers l'histoire des Argonautes. Son sujet le transportait au sein des traditions les plus vivantes de l'âge héroïque et lui offrait par conséquent des ressources immenses. Mais il ne saisit nullement le caractère de ce siècle romanesque, et tout son talent se borna à contrefaire Homère en reproduisant à sa façon jusqu'à ses comparaisons et ses périodes.

5. De la poésie dramatique. — Dans l'art dramatique, les Alexandrins se glorifièrent de leur pléiade tragique qui se composait d'Alexandre d'Etolie, de Philiscus de Corcyre, de Sosithée, d'Homère, d'Eantide, de Sosiphène et de Lycophron. Ces tragiques obscurs avaient la prétention de mieux faire que les Sophocle et les Euripide. Mais tout en voulant s'ouvrir des chemins nouveaux, ils tombèrent dans l'affectation, la recherche et l'enflure. Le plus remarquable d'entre eux, Lycophron de Chalcis (250), n'est célèbre que par l'obscurité fatigante de son style. Il évite tout ce qui est simple et facile à comprendre pour se jeter dans des métaphores étranges et des constructions alambiquées. — La comédie, plus heureuse, vit du moins naître sur le sol classique d'Athènes l'illustre Ménandre, qui, à en juger d'après Plaute et Térence, ses imitateurs, se montra digne des plus beaux temps de la littérature grecque.

6. De la poésie didactique. — La poésie, dénuée d'inspiration et de vigueur, descendit à des sujets qui n'étaient pas même susceptibles d'être embellis par ses charmes. Aratus mit en vers un traité d'anatomie et le système astronomique d'Euripide (278) ; Nicandre chanta les remèdes qu'on peut employer contre les animaux venimeux ; Dicéarque fit une description de la Grèce en vers ïambiques ; et Archestrate parla des poissons, des légumes et de tout ce qui a rapport à la gastronomie.

7. De la poésie lyrique. — Au milieu de tant de dégradation et de bassesse, la poésie lyrique ne pouvait rencontrer aucun accent généreux. Aussi la plupart des poëtes lyriques se firent les esclaves des rois et s'engagèrent à chanter jour par jour leurs exploits. Il était juste que la postérité prît à dégoût ces repoussantes flatteries. Cependant elle a conservé le souvenir de deux noms : Callimaque, qui fit des hymnes et des élégies remarquables, et Théocrite, qui eût obtenu un des premiers rangs parmi les poëtes du siècle de Périclès. Né en Sicile, il cultiva la poésie pastorale avec une inimitable perfection. Sa muse eut aussi le tort de mendier servilement la faveur des Ptolémées ; mais il protesta du moins par l'élégance et le charme de son style contre le mauvais goût et la sécheresse de ses contemporains.

8. **Des sciences grammaticales**. — Les grammairiens qui passèrent leur vie à commenter et à annoter les anciens poëtes, font tout naturellement transition entre la poésie et la prose. Ces érudits infatigables s'occupaient surtout de la correction et de la révision des textes. Ils rédigèrent un catalogue de tous les auteurs classiques sous le nom de *canon*. Ce travail avait pour but de conserver la pureté du langage, en déterminant les auteurs modèles ; mais ce choix exclusif fit tomber dans un oubli funeste une foule d'écrivains du second ordre. Parmi les grammairiens qui distribuaient ainsi les rangs aux littérateurs anciens, Zénodote d'Ephèse fut celui qui acquit la plus grande célébrité (260). Il eut pour disciple Aristarque de Samothrace (170), qui fit une nouvelle édition d'Homère, laissa des commentaires sur Archiloque, Alcée, Anacréon, Eschyle, Sophocle, Ion, Pindare, Aristophane, Aratus, etc., et composa en tout huit cents ouvrages. On comptait à Alexandrie et à Rome quarante professeurs ou grammairiens sortis de son école, et ses disciples lui firent une telle réputation de tact et de goût, que son nom désigne encore dans tous les idiomes un critique accompli.

9. **De l'histoire**. — Les grands exploits d'Alexandre firent naître une foule d'écrivains qui s'essayèrent à les raconter. Mais presque tous se laissèrent égarer par la flatterie ou tromper par leur imagination séduite. Ils crurent agrandir le héros en exagérant ses actions comme si la vérité n'eût pas suffi à sa gloire. D'ailleurs, presque tous les nombreux ouvrages composés en l'honneur de l'immortel conquérant sont perdus. Il ne nous

res'e que des lambeaux de ceux que le temps a le plus
épargnés. Nous rappellerons en passant Bérose et Manéthon, dont le témoignage est souvent invoqué dans les
histoires de l'Assyrie et de l'Egypte. Bérose flatta l'orgueil des rois de Syrie, en exagérant l'antiquité des pays
qui leur étaient soumis. Manéthon, fort discrédité dans
un temps, a été grandement réhabilité par les découvertes de la science moderne en Egypte. Mais ces historiens, dont nous ne connaissons que quelques fragments, sont moins célèbres par leur génie que par leur
érudition. Le seul écrivain de cette époque qui soit digne
par son talent littéraire d'être placé à la suite des Hérodote, des Xénophon et des Thucydide, c'est Polybe. Né à
Mégalopolis et déporté à Rome, où il devint l'ami de
Scipion Emilien, il composa une histoire générale de
tout ce qui se passa de l'année 220 à l'année 146. Malheureusement la plus grande partie de cet immense travail ne nous est pas parvenue. Des quarante livres qu'il
renfermait, nous n'en avons que cinq complets avec des
fragments de quelques autres. Dans ses écrits il se
montra homme d'Etat très profond, écrivain judicieux et
solide, et observateur habile. Entre tous les historiens
anciens il a le mérite d'avoir le premier soupçonné cette
loi providentielle qui de tous les empires fit un seul
empire et qui se manifesta surtout dans le développement de la nation romaine. C'est ce qui donne à son
histoire de l'unité et de l'intérêt.

10 De l'éloquence. — Quant à l'éloquence, elle resta,
comme nous l'avons dit, entièrement muette. Au lieu
des accents animés de Démosthène et d'Eschine, Athènes
n'entendit plus que des harangues de rhéteurs et des
panégyriques dictés par une adulation grossière. La
république de Rhodes, qui fut le dernier refuge de la
liberté bannie de tout le reste de la Grèce, entendit encore quelques discours remarquables comme
œuvres d'art et de sentiment. On allait consulter ses
maîtres; Cicéron se fit un devoir d'aller recueillir leurs
leçons. Mais il reconnaît lui-même que si cette éloquence

était supérieure à celle des autres écoles qui florissaient dans le même temps, elle se ressentait néanmoins beaucoup de la décadence. Elle était plus dans les mots que dans les pensées : et, si elle réussit à fondre sa phrase et à la rendre harmonieuse et correcte, elle donna dans l'enflure et manqua complétement de cette force et de cette chaleur qui caractérisent la véritable éloquence.

11. De la philosophie. — Au milieu de cette société malade et expirante, la philosophie se perdit dans les abîmes du doute et du sensualisme. L'école de Platon que la parole divine de son premier maître avait élevée si haut, s'enfonça, sous la direction d'Arcésilas et de Carnéade, les fondateurs de la nouvelle Académie, dans les angoisses d'un scepticisme systématique. Carnéade mettait en thèse générale qu'on ne peut rien affirmer ; et toute sa sagesse consistait à vouloir démontrer cette désolante doctrine. — Aristote, dont la pensée était moins sublime que celle de Platon, compta beaucoup de prosélytes dans cette société matérialiste qui s'en référait plus volontiers aux sens qu'à la raison. Ses disciples, Speusippe et Zénocrate, trouvèrent que leur maître avait encore élevé le niveau de la science, et posèrent en principe que les sens sont ici-bas notre seule règle et nos seuls guides. Ils formulèrent donc le sensualisme en théorie, et réduisirent toute la morale aux jouissances de la vie. Ainsi, l'épicuréisme et le pyrrhonisme, tels furent les deux termes de la philosophie ancienne. Le stoïcisme voulut protester en faveur du sentiment moral anéanti par ces deux sectes ; mais Cléandre et Chrysippe, qui développèrent ce nouveau système, échouèrent dans leur folle tentative. Si Zénon put dire un jour : *Douleur, tu n'es pas un mal,* la nature à son tour se souleva contre ces exagérations insensées, plus propres à nourrir l'orgueil qu'à enflammer la vertu.

12. Des sciences exactes. — Les sciences que nous appelons aujourd'hui *sciences exactes* firent de très-grands progrès dans ce siècle de recherches et d'érudition. Euclide perfectionna la géométrie, et enchaîna toutes les démonstrations dans son livre des *Éléments*. Apollonius de Perga eut la gloire de publier le premier traité des *sections coniques*, et de parler le premier des propriétés de l'*ellipse* et de l'*hyperbole*. La mécanique fut poussée fort loin par Archimède, qui, au jugement de Leibnitz, découvrit presque tout ce que savent les modernes. Les Ptolémées encouragèrent spécialement l'astronomie; et, dans cette science, Aristarque, Ératosthène et Hipparque se rendirent célèbres. Aristarque trouva le premier une méthode pour mesurer la distance du soleil et de la lune, et mérita d'être accusé d'impiété par le stoïcien Cléante, parce qu'il avait enseigné que la terre tourne autour du soleil. Ératosthène dont les connaissances étaient universelles unit la géographie à l'astronomie, et réduisit pour la première fois cette science en système. Mais le véritable père de l'astronomie et le plus grand astronome de l'antiquité, c'est Hipparque de Nicée. Il vécut à Rhodes et en Bithynie, et mourut environ 125 ans avant J.-C. Il détermina la durée de l'année solaire, calcula les premières *tables solaires et lunaires*, mesura la distance relative des corps célestes d'après une méthode qu'on appelle le *diagramme d'Hipparque*, fit l'importante découverte de la *précession des équinoxes*, et se servit le premier de la trigonométrie rectiligne et sphérique pour résoudre des problèmes d'astronomie. Il donna aussi les règles du calcul des éclipses de lune et de soleil, et enseigna le premier la manière de fixer la position géographique des lieux au moyen de la longitude et de la latitude, et de calculer la longitude par les éclipses de lune (Schœll).

QUESTIONNAIRE

1. Quel fut l'effet que produisirent les conquêtes d'Alexandre au point de vue de la civilisation grecque ? Quelle protection ses successeurs accordèrent-ils aux lettres? Où se répandit l'hellénisme?

2. Que devinrent les arts? Que possédons-nous de l'école de Pergame? Quel fut le caractère de l'architecture?

3. Que devinrent les lettres? A quoi s'appliquèrent les littérateurs? Quelles furent les causes de la décadence?

4. Quel fut le poëte épique le plus distingué de cette époque? Quel sujet a-t-il traité?

5. Quel fut le poëte le plus remarquable de la pléiade tragique? Y a-t-il eu alors un grand poëte comique?

6. Quels furent les principaux poëmes didactiques? Citez-en les auteurs.

7. Que firent les poëtes lyriques? Quel fut le plus célèbre?

8. Quels furent les travaux des grammairiens? Que nous a laissé Aristarque?

9. Quel fut le caractère des historiens? Quel est l'homme de génie qui se place à côté des grands historiens de la Grèce? Quel est le mérite des ouvrages de Polybe?

10. Y eut-il des orateurs? Quel fut le caractère de l'éloquence rhodienne?

11. Quelles sont les écoles de philosophie qui eurent les plus illustres représentants? Que fit le stoïcisme?

12. Par qui la géométrie fut-elle cultivée avec le plus de succès? Quel fut le père de l'astronomie? Quelles furent ses découvertes.

---

§ II. — Diffusion de l'esprit grec en Occident. Du commerce.

1. Des possessions grecques en Occident. Les Grecs avaient couvert de leurs colonies le littoral de la Méditerranée.

Les villes qu'ils fondèrent dans l'Asie-Mineure, en Afrique, en Espagne, en Gaule, en Italie et en Sicile devinrent aussi remarquables par leur opulence que par leur civilisation.

Ainsi Milet eut la gloire d'être le berceau de la philosophie et de donner le jour à Thalès un des sept sages de la Grèce. La poésie brilla aussi avec éclat sous le ciel de l'Asie-Mineure, avant de se répandre dans la Grèce. L'épopée et l'élégie s'étaient formées en Ionie, lorsque le sol de l'Attique qui devait être le séjour favori des Muses, n'avait encore produit aucun poëte véritable.

Cyrène, sur la côte de l'Afrique, se glorifie d'avoir donné le jour au philosophe Aristippe, au poëte Callimaque, et au savant Eratosthène qui sut le premier mesurer un degré du méridien et construire une carte du monde, tel qu'il était alors connu.

L'Espagne vit les Grecs élever, près de l'Ebre, la ville de Sagonte qu'Annibal assiégea et qui fut la cause de la seconde guerre punique.

En Gaule, des Phocéens fondèrent Marseille dont l'influence s'étendit dans tout le bassin du Rhône et substitua aux mœurs et à la langue des Gaulois les mœurs et la langue des Grecs.

Le midi de l'Italie et la Sicile furent tellement envahis et subjugués par les Hellènes qu'on donnait à cette partie de l'Italie le nom de Grande-Grèce. La langue d'Homère et de Sophocle était la seule que l'on connût dans toutes ces grandes cités qui rappellent de si merveilleux souvenirs.

2. Du commerce. — Presque toutes ces villes furent des villes commerçantes. Les Grecs de l'Asie-Mineure imitèrent les Phéniciens qui leur avaient importé la civilisation et les richesses de l'Orient. Dans leurs rapports avec l'Occident, ils trafiquèrent de leurs produits et les colonies qu'elles fondèrent devinrent de vastes entrepôts qui eurent des comptoirs sur tout le littoral de la Méditerranée. Marseille avait rayonné à l'est et à l'ouest autour du golfe de Lion, Sagonte était la rivale de Carthage sur les côtes d'Espagne. Il en était de même de Cyrène pour l'Afrique. La Grande-Grèce et la Sicile étaient les pays les plus riches de l'Europe ; le luxe et les jouissances avaient déjà énervé leurs habitants, lorsque les premiers rois de Rome jetèrent les fondements de cette cité qui devait être si puissante.

3. Diffusion de l'esprit grec en Occident. — Rome dompta la Grèce, mais les vainqueurs subirent l'influence du génie des vaincus. Tout en se soumettant aux lois des Romains, les Grecs leur imposèrent leur goût dans les lettres et dans les arts. Rome d'abord pauvre devint riche des dépouilles des autres nations, et ses modestes habitations furent remplacées par des palais somptueux. Les temples devinrent de magnifiques monuments, ses places furent splendidement décorées, mais tous les objets d'art qui les ornaient furent dus à l'habileté des Grecs. Leur pinceau multipliait les tableaux comme par enchantement, leur ciseau faisait jaillir un peuple de statues, représentant les dieux et les héros, et la littérature nouvelle se modela sur les chefs-d'œuvre d'Homère et de ses successeurs. Virgile imita les chants de l'*Iliade* et de l'*Odyssée*, Horace emprunta à Alcée et aux lyriques grecs le mètre et la cadence, Lucrèce s'inspira d'Épicure, Cicéron étudia Démosthène et reproduisit les idées de Platon et des autres philosophes ; et tout ce que l'antiquité grecque savait d'astronomie, de médecine, d'histoire naturelle, de mathématique et de mécanique passa aux Romains qui ne rougissaient pas d'être les disciples de pareils maîtres. La civilisation romaine ne fut que le reflet de celle de la Grèce et, malgré les réclamations de Caton, l'esprit national, l'esprit ancien fut obligé de s'effacer devant l'esprit nouveau.

QUESTIONNAIRE.

1. Quelles furent les villes que les Grecs fondèrent en Asie-Mineure? — en Afrique? — en Espagne? — en Gaule? — dans le midi de l'Italie? Quel fut le caractère de ces villes?

2. Furent-elles commerçantes? Quels furent les entrepôts de Marseille? — des autres villes?

3. Comment les Grecs subjuguèrent-ils les Romains? Quelle fut leur influence dans les arts? — dans les lettres? Quelle est l'origine de la civilisation romaine?

TABLEAU SYNCHRONIQUE DE L'HISTOIRE GRECQUE

DEPUIS LES GUERRES MÉDIQUES JUSQU'A LA RÉDUCTION DE CE PAYS EN PROVINCE ROMAINE.

(Voyez pour les temps antérieurs le tableau synchronique placé à la fin du volume d'Histoire ancienne destiné à la classe de 6°).

GRÈCE ET MACÉDOINE.	ROME.	ASIE ET AFRIQUE.
504. Alliance des Ioniens avec les Athéniens.		Révolte de l'Ionie. 504
498.	Premier dictateur à Rome (1). Bataille du lac Régille.	Incendie de Sardes. 500 Soumission des Ioniens. 498
496. Première invasion de la Grèce. — Expédition de Mardonius en Thrace.		
494. Expédition de Datis en Grèce.		
492.	Retraite sur le mont Sacré. — Exil de Coriolan.	
490. Bataille de Marathon gagnée par Miltiade. — Amyntas IV, roi de Macédoine.	Siège de Rome par Coriolan.	Révolte de l'Égypte. 496
486.	Première proposition de la loi agraire.	Xerxès succède à Darius et soumet l'Égypte. 485
485. Bannissement d'Aristide. — Administration de Thémistocle.		
481. Seconde invasion de la Grèce par les Perses.	Guerres des Romains contre les Èques, les Volsques, les Herniques, les Véiens.	Les Carthaginois sont vaincus par Gélon, tyran de Syracuse. 481
480. Léonidas. — Combat des Thermopyles. — Bataille de Salamine.		
479. Pausanias. — Batailles de Platée et de Mycale. Puissance d'Athènes. Aristide.		
	Mort des trois cents Fabius. Troubles intérieurs.	Assassinat de Xerxès. — Artaxerxès Longuemain lui succède. 472
462.	Loi Térentilla.	Insurrection de l'Égypte. 460
454.	Exploits de Cincinnatus.	Jérusalem rebâtie par Néhémias. 454
452. Glorieux traité imposé aux Perses par Cimon.	Décemvirat. Loi des Douze Tables.	
449. Périclès. — Gloire et puissance d'Athènes.		Révolte de Mégabyse, gouverneur de la Syrie. 446
444.	Tribunat militaire.	
442.	Censure.	

1. Les dates qui sont à gauche se rapportent à la colonne du milieu.

GRÈCE ET MACÉDOINE.	ROME.	ASIE ET AFRIQUE.
437.	Guerres contre les peuples voisins.	
431. Guerre du Péloponèse. Peste d'Athènes.		Guerre des Carthaginois en Sicile. 431
429. Mort de Périclès. 422. Paix de Nicias. Alcibiade. 415. Expédition de Sicile. 413. Désastre des Athéniens.		Puissance des Carthaginois en Afrique et en Sicile. 415
404. Prise d'Athènes par Lysandre. — Les trente tyrans.	Solde établie pour l'armée.	Artaxerxès Mnémon et le jeune Cyrus. 404
400. Mort de Socrate.		Bataille de Cunaxa. Retraite des Dix mille. 401
396. Exploits d'Agésilas, roi de Sparte, contre les Perses. 395.	Prise de Véies par Camille.	Ligue des Perses et des Athéniens contre Sparte. 394
394. Les Athéniens et les Perses se liguent contre Sparte. 390.	Première invasion des Gaulois.	
389.	Prise de Rome. Exploits de Camille.	
387. Traité d'Antalcidas. — Conquêtes de Sparte.		Traité d'Antalcidas. 387
379. Pélopidas délivre Thèbes des Spartiates.		Les Égyptiens sont vainqueurs des Perses. 374
371. Défaite des Spartiates à Leuctres par Epaminondas. 370. Premières invasions d'Epaminondas dans le Péloponèse. 367.	Camille repousse la deuxième invasion des Gaulois.	
366.	Avénement des plébéiens au consulat.	
363. Bataille de Mantinée. Mort d'Epaminondas. 360. Philippe II, roi de Macédoine.	Invasion gauloise. Guerre avec les peuples d'Italie.	
356.	Premier dictateur plébéien.	
355. Guerre sacrée. Progrès de Philippe en Grèce.	Paix intérieure.	Le temple d'Éphèse brûlé par Erostrate. 355
352. Philippe se rend maître de la Thessalie.		

GRÈCE ET MACÉDOINE.	ROME.	ASIE ET AFRIQUE.
350. Expédition de Philippe dans le Péloponèse. 343. Rivalité de Démosthène et de Phocion.	Commencement de la guerre contre les Sammites.	Les Carthaginois vaincus par Timoléon, roi de Syracuse. 343
338. Bataille de Chéronée. 336. Mort de Philippe. Alexandre lui succède. 335. Destruction de Thèbes par Alexandre. Il est proclamé généralissime des Grecs. 334. Expédition d'Alexandre en Asie.		Darius Codoman, dernier roi des Perses. 336 Passage du Granique. —Bataille d'Issus.— Conquête de la Phénicie et de la Judée. 333 Conquête de l'Égypte. — Fondation d'Alexandrie. 332 Bataille d'Arbelles. — Conquête de l'empire des Perses. 331 Expédition d'Alexandre contre les Scythes et les Indiens. 328
323. Mort d'Alexandre. Démembrement de son empire. 322. Guerre Lamiaque. Mort de Démosthène. 321.	Fourches Caudines.	Agathocle, roi de Syracuse, attaque les Carthaginois. 310
309. Extinction de la famille d'Alexandre. 307. Tous les généraux d'Alexandre prennent le titre de roi. Cassandre a la Macédoine. 301. Révolutions en Macédoine. 298. Lutte de Démétrius Poliorcète et de Pyrrhus, roi d'Épire.		Bataille d'Ipsus. Royaume d'Égypte. Dynastie des Lagides. — Royaume de Syrie, dynastie des Séleucides. — Lysimaque a l'Asie Mineure. 301
290.	Paix imposée aux Samnites par Curius Dentatus.	Expédition de Démétrius en Asie.—Séleucus, Lysimaque et Ptolémée se liguent contre lui. 288 Abdication de Ptolémée Soter en faveur de son fils Philadelphe. 285
285. Conquête de la Macédoine par Lysimaque.		

GRÈCE ET MACÉDOINE.	ROME.	ASIE ET AFRIQUE.
282. Fin du royaume de Thrace.	Soumission définitive des Samnites.	Formation du royaume de Pergame. 283
280.	Pyrrhus bat les Romains à Héraclée.	Ptolémée Philadelphe, roi de Judée. — Lysimaque vaincu par Séleucus à la bataille de Cyropédion. 282
279. Invasion des Gaulois en Grèce.	Bataille d'Asculum. Pyrrhus passe en Sicile.	
277. Antigone Gonatas, roi de Macédoine.		
274. Lutte de Pyrrhus contre Antigone.	Bataille de Bénévent. Pyrrhus retourne en Grèce.	Premières relations de Rome avec l'Egypte. 274
272. Mort de Pyrrhus à Argos. — Puissance d'Antigone en Grèce.		
264.	Première guerre punique.	
260.	Première victoire navale des Romains.	
251. Formation de la ligue achéenne.		Régulus en Afrique.— Fondation de l'empire des Parthes par Arsace, chef de la dynastie des Arsacides. 256
		Ptolémée Évergète, roi d'Egypte. — Séleucus Callinicus, roi de Syrie. 247
242. Réforme d'Agis à Sparte.	Bataille des îles Égates.	Ptolémée envahit la Syrie. — Il est déclaré protecteur de la ligue achéenne. 242
241.	Fin de la première guerre punique.	Guerre de Carthage contre les mercenaires. 241
237.	La Sardaigne est livrée aux Romains.	Conquêtes des Carthaginois en Espagne. 237
225. Guerre entre Sparte et la ligue achéenne. Réforme de Cléomène à Sparte.		Séleucus Céraunus, roi de Syrie. 225
224. Aratus appelle à son secours Antigone Doson, roi de Macédoine.		
222. Aratus défait Cléomène. — Antigone s'empare de Sparte. — Ligue étolienne.		Antiochus le Grand, roi de Syrie.— Ptolémée Philopator, roi d'Egypte. 221
220. Guerre des deux ligues. — Philippe III, roi de Macédoine.		
219.	Prise de Sagonte. Seconde guerre punique.	
219.	Annibal passe en Italie. Batailles du Tésin et de la Trébie.	
217.	Bataille de Trasimène. —Fabius le Temporiseur.	
216.	Bataille de Cannes.	Philopator persécute les Juifs.— Défaite d'Antiochus à Raphia. 216

GRÈCE ET MACÉDOINE.	ROME.	ASIE ET AFRIQUE.
215. Alliance de Philippe avec Annibal. Première guerre de Philippe contre les Romains. 210. Philopémen, chef de la ligue achéenne. 207.	Succès des Romains en Espagne. Défaite et mort d'Asdrubal.	
206. Victoire de Mantinée par Philopémen sur Méchanidas, tyran de Sparte. 202.	 Bataille de Zama. Fin de la seconde guerre punique.	Les Romains arrêtent en Égypte les progrès d'Antiochus le Grand. 205
201. Seconde guerre de Philippe contre les Romains. 197. Défaite de Philippe à Cynoscéphale. 196. Proclamation de la liberté de la Grèce par le consul Flamininus. 191. Sparte adhère à la ligue achéenne.	Guerre dans le nord de l'Italie et en Espagne.	 Annibal offre ses services à Antiochus le Grand contre Rome. 193
190.	Victoire des Romains à Magnésie sur Antiochus.	Fin de la guerre des Romains avec Antiochus. — L'Arménie se sépare de l'empire des Séleucides et forme deux royaumes, la grande et la petite Arménie. 169
187. 184.	Scipion s'exile de Rome. Censure de Caton.	La Judée est soumise à la Syrie. 186
183. Mort de Philopémen. Affaiblissement de la ligue achéenne. 178. Persée, roi de Macédoine. 175. Alliance de Persée avec les Rhodiens et les Carthaginois. — Il déclare la guerre aux Romains. 168. Persée vaincu à Pydna par Paul-Émile.	Mort de Scipion. Guerre contre Persée. Indépendamment de la guerre de Macédoine, les Romains continuent leur lutte contre la Gaule Cisalpine.	Mort d'Annibal. 183 Antiochus Épiphane, roi de Syrie. 175 Les Juifs se révoltent contre Antiochus. — Prise de Jérusalem. 170 Antiochus persécute les Juifs. 168 Judas Macchabée, chef des Juifs, rend l'indépendance à sa nation. 166

GRÈCE ET MACÉDOINE.	ROME.	ASIE ET AFRIQUE.
152.	Démêlés de Carthage et de Massinissa, roi des Numides.	Son frère Jonathas lui succède. 141
149. Influence des Romains en Grèce. — Le sénat divise la ligue achéenne.	Troisième guerre punique.	
148. Réduction de la Macédoine en province romaine.		Simon succéda à Jonathas. 144
146. Réduction de la Grèce en province romaine, après la ruine de Corinthe.	Prise de Carthage et destruction de cette ville par Scipion Émilien.	Il délivre Jérusalem de la domination des Grecs. 143
		Le royaume de Pergame est réduit en province romaine en 149. — Nicomède III livre la Bithynie aux Romains en 75. — La petite Arménie est réduite en province romaine en 71. — La Syrie en 64 — L'Égypte en 30. — La Cappadoce en 17.

PROGRAMME OFFICIEL

POUR

L'ENSEIGNEMENT DE L'HISTOIRE DANS LES LYCÉES

CLASSE DE CINQUIÈME

Histoire ancienne

Seconde partie : Histoire de la Grèce.

I. Géographie de la Grèce antérieure et du littoral de la Méditerranée. ... 1-12

II. La religion. — Eléments de mythologie grecque. ... 12-32

III. Les légendes. — La race hellénique. — La guerre de Troie. — Invasion des Doriens. ... 32-55

IV. Des institutions de la Grèce pendant les derniers temps. — L'oracle de Delphes. — Les amphictyonies. — Les jeux olympiques. ... 55-65

V. Géographie politique de la Grèce à l'époque des guerres médiques. — Colonies grecques en Asie. — Le commerce et les arts en Ionie. ... 65-81

VI. Sparte : ses institutions sociales et militaires ; les rois, le sénat, les éphores. ... 81-95

VII. Athènes : l'ancienne royauté, les Eupatrides et l'archontat ; L'Aréopage. — Constitution de Solon. — Pisistrate et Clisthène. ... 95-113

VIII. De la première guerre médique. ... 113-125

IX. Des dernières guerres médiques. ... 125-146

X. Périclès. — Changement dans la constitution. — L'assemblée du peuple ; le conseil des Cinq-Cents ; les héliastes. — Les arts à Athènes ; constructions et principaux monuments ; l'Acropole. — Les lettres ; le théâtre et la chorégie. — Les orateurs. ... 146-160

XI. Depuis le commencement de la guerre du Péloponèse jusqu'à la paix de Nicias. — Première période de cette guerre. ... 160-167

XII. Deuxième période de la guerre du Péloponèse. — Les quatre cents et les trente. — Mort de Socrate. ... 167-190

XIII. Puissance de Sparte après la guerre du Péloponèse. — Expédition de Cyrus et retraite des Dix-mille. — Agésilas. — Traité d'Antalcidas. 190-204
XIV. Puissance de Thèbes. — Epaminondas. 204-224
XV. Puissance de la Macédoine. — Philippe. — Démosthène et Eschine. — Hégémonie macédonienne. 224-245
XVI. Alexandre. Conquête de l'Asie. Fondation d'Alexandrie. 245-257
XVII. Dernière période du règne d'Alexandrie. — Etendue de l'empire macédonien à la mort d'Alexandre. 257-280
XVIII. Démembrement de l'empire d'Alexandre. — De l'Egypte. 280-300
XIX. De l'empire des Séleucides et des principaux Etats qui s'en sont détachés. 300-335
XX. De la Grèce et de la Macédoine depuis la mort d'Alexandre jusqu'à leur réduction en provinces romaines. 335-352
XXI. Diffusion de l'esprit grec en Orient et en Occident. 352-362
       Tableau synchronique de l'histoire grecque. 363-368